中华环境保护基金会中国环境法治丛书

环境公益诉讼

案例精编

主　编　竺　效

副主编　曹　炜　梁晓敏　白香东　刘卓识

撰稿人　竺　效　曹　炜　梁晓敏　白香东
刘卓识　吴凯杰　田时雨　邱涛韬
蒙禹诺　孙　琴　张冯楠　程　宏
李　欣　张　舒　孟若琪　杨雪峥

中国人民大学出版社

·北京·

“中华环境保护基金会中国环境法治丛书”
编委会名单

序　言

曲格平

环境法是国家为了防止生产和生活活动中各类行为主体对环境资源的不合理利用，控制环境污染和生态破坏，所制定的各种法律行为规范。从历史上看，中国是较早建立相关环境法律行为规范的部分国家之一。

中国的环境法治建设是20世纪70年代开始起步的。1972年联合国召开的人类环境会议，拉开了全球环境保护运动的序幕，也启动了中国环境保护工作。1973年召开的第一次全国环境保护会议，将环保工作提到国家的议事日程；1979年颁布的《环境保护法》，使环保工作开始步入法治轨道，有关大气污染、水污染防治、海洋环境保护等的法律相继出台；1983年召开的第二次全国环境保护会议，正式把环境保护确定为我国的一项基本国策，有关环境保护的各项政策制度相继建立。

1992年联合国召开的环境与发展会议，推动环境保护进入国际事务的中心舞台。中国也在可持续发展战略的大背景下，加快了环境法治建设的进程，形成了又一个立法高潮。20世纪90年代以来，全国人大常委会相继制定、修改了《大气污染防治法》《固体污染物环境防治法》《水污染防治法》《环境噪声污染防治法》《放射性污染防治法》《环境影响评价法》《防沙治沙法》《水土保持法》《森林法》等；国务院和国务院有关部门也制定了大量行政法规和部门规章。由此中国环境法律的框架体系基本形成。

党的十八大以来，以习近平同志为核心的党中央站在战略和全局的高度，对生态文明建设及生态环境保护提出了一系列新思想、新论断、新要求，为努力建设美丽中国，实现中华民族永续发展，走向社会主义生态文明新时代，指明了前进方向和实现路径。尤其是习近平生态文明思想的确立，“用最严格的制度、最严密的法治”保护生态环境，已经成为广泛共识。

我们也应该看到，目前在一些环境领域，还存在一定的法律空白，如有毒化学品管理、生物多样性保护、生物技术安全等。同时，有法不依、执法不严的现象也比较普遍，在扩大环境公众参与方面做得还不够。

2015 年修订的《环境保护法》，使通过环境公益诉讼维护公众环境权益有了一定的法律保障。中华环境保护基金会是我国第一家以保护环境为宗旨的全国性公募基金会，作为民间组织，它在促进和推动中国的环境法治建设上，有着自己的独特优势。近年来，围绕环境法治建设，它资助和组织开展了环境法律培训、环保民间组织能力建设以及环境公益诉讼等活动，取得了良好的效果和社会影响。为了更好地通过案例普及环境法，切实为提升各个参与方依法保护环境的能力做一些工作，中华环境保护基金会组织专家编写了“中国环境法治丛书”，希望这个丛书能够成为社会各界学习环境法律知识、应用环境法律手段、维护环境法律权益的基本工具，为我国的环境法治建设起到积极推动作用。

前　言

近年来，我国环境公益诉讼的法治不断前行。2012年修改后的《民事诉讼法》第55条规定："对污染环境、侵害众多消费者合法权益等损害社会公共利益的行为，法律规定的机关和有关组织可以向人民法院提起诉讼。"该条第一次以明文立法方式在我国确立了民事公益诉讼制度。2014年修改的《环境保护法》第58条详细规定了提起环境民事公益诉讼的社会组织的适格条件。2015年《最高人民法院关于审理环境民事公益诉讼案件适用法律若干问题的解释》（法释〔2015〕1号，以下简称《环境民事公益诉讼司法解释》）设置了较为系统的环境民事公益诉讼司法审判规则。同年，《最高人民法院关于适用〈中华人民共和国民事诉讼法〉的解释》（法释〔2015〕5号，以下简称《民事诉讼法司法解释》）颁布，其中"十三、公益诉讼"部分对《民事诉讼法》第55条的规定进行了细化，明确了审理民事公益诉讼案件适用的一般规则。

为充分发挥检察机关的法律监督职能，维护国家利益和社会公共利益，2014年《中共中央关于全面推进依法治国若干重大问题的决定》提出"探索建立检察机关提起公益诉讼制度"。基于此项改革部署，2015年全国人大常委会颁布《全国人大常委会关于授权最高人民检察院在部分地区开展公益诉讼试点工作的决定》，授权最高人民检察院在13个省（自治区、直辖市）开展为期两年的检察机关提起公益诉讼试点工作。为落实此项工作，最高人民检察院于2015年先后出台《检察机关提起公益诉讼改革试点方案》和《人民检察院提起公益诉讼试点工作实施办法》（高检发释字［2015］6

号），以构建检察机关提起公益诉讼制度，来指导人民检察院的提起公益诉讼实践活动。最高人民法院也相应制定了《人民法院审理人民检察院提起公益诉讼案件试点工作实施办法》（法发〔2016〕6号），以指导人民法院进行相应的司法审判工作。

2017年6月27日，全国人大常委会通过《全国人民代表大会常务委员会关于修改〈中华人民共和国民事诉讼法〉和〈中华人民共和国行政诉讼法〉的决定》，此项修法主要包括两大内容：其一，对《民事诉讼法》作出修改，在第55条增加一款作为第2款，规定："人民检察院在履行职责中发现破坏生态环境和资源保护、食品药品安全领域侵害众多消费者合法权益等损害社会公共利益的行为，在没有前款规定的机关和组织或者前款规定的机关和组织不提起诉讼的情况下，可以向人民法院提起诉讼。前款规定的机关或者组织提起诉讼的，人民检察院可以支持起诉。"其二，对《行政诉讼法》作出修改，在第25条增加一款作为第4款，规定："人民检察院在履行职责中发现生态环境和资源保护、食品药品安全、国有财产保护、国有土地使用权出让等领域负有监督管理职责的行政机关违法行使职权或者不作为，致使国家利益或者社会公共利益受到侵害的，应当向行政机关提出检察建议，督促其依法履行职责。行政机关不依法履行职责的，人民检察院依法向人民法院提起诉讼。"为细化上位法的规定并总结试点工作经验，2018年3月1日最高人民法院和最高人民检察院联合发布《最高人民法院、最高人民检察院关于检察公益诉讼案件适用法律若干问题的解释》（法释〔2018〕6号）。

目前，我国已经形成了环境民事公益诉讼制度和环境行政公益诉讼制度并行的制度实践格局。在司法实务中，对于没有具体规则的案件，还会适用《最高人民法院关于人民调解协议司法确认程序的若干规定》（法释〔2011〕5号）、《最高人民法院关于执行〈中华人民共和国行政诉讼法〉若干问题的解释》（法释〔2000〕8号）、《最高人民法院关于民事诉讼证据的若干规定》（法释〔2011〕33号）、《最高人民法院关于审理环境侵权责任纠纷案件适用法律若干问题的解释》（法释〔2015〕12号）、《最高人民法院关于适用〈中华人民共和国行政诉讼法〉若干问题的解释》（法释〔2015〕9号)、《最高人民法院、最高人民检察院关于办理环境污染刑事案件适用法律若干问题的解释》（法释〔2016〕29号)、《最高人民法院关于适用〈中华人民共和国行政诉讼法〉的解释》（法释［2018］1号)。

环境公益诉讼法治实践急需法律教育与之适应，为其提供支撑的人才培养方案。为了给法律诊所、法律硕士、法律职业资格考试的学生编写一套通用的案例教材，并且总结我国环境公益诉讼司法实践中的相关问题，以为法学本科生、法律硕士生、法学硕士研究生、法学博士研究生等学习人员理解环境公益诉讼中的重点、难点问题，及为环境公益诉讼实践的一线法官、检察官、律师等实务人员的学习研讨，提供宝贵的经验支持，我于2017年5月萌发编写《环境公益诉讼实案释法》一书的想法。这本书得到中国人民大学法学院和中国人民大学出版社与我的科研团队的大力支持，于2018年9月在中国人民大学出版社正式出版。

2018年8月3日至5日在中国人民大学成功举办“环境公益诉讼法律实务高级研修班”。在此次课程中，中华环境保护基金会的工作人员了解到《环境公益诉讼实案释法》一书，并对这本书产生了极大的兴趣。在与中华环境保护基金会事业拓展部白香东先生深入交流之后，我们决定在《环境公益诉讼实案释法》一书的基础上，精选部分足以反映我国环境民事公益诉讼和环境行政公益诉讼发展的关键历史节点和特征的案例，扩展案例介绍的篇幅，以弥补《环境公益诉讼实案释法》中所呈现的案例因简版之“教学片段”式样而无法全面呈现案例全貌的缺憾；并以案例文书为基础，以“知识点关联及案例点评”的形式对再次精选精编的“案例文书”予以简要评析。我希望，通过这种形式在以真实案例诠释法学理论知识点的基础之上，进一步以典型案例的知识交叉性和复杂性训练读者掌握法律实践的真正能力。因此，我以此想法为引导主持编写了《环境公益诉讼案例精编》一书。《环境公益诉讼案例精编》一书更新了部分新近“浮出水面”的司法文书，以替换《环境公益诉讼实案释法》中引用的新闻报道。因此，在一定意义上，《环境公益诉讼案例精编》一书实现了对《环境公益诉讼实案释法》的内容精选、文书修订和目标升级。

本书的主要内容包括环境民事公益诉讼和环境行政公益诉讼两大类，共13章内容。其中第一章到第七章为环境民事公益诉讼相关内容，包括环境民事公益诉讼原告、环境民事公益诉讼被告、环境民事公益诉讼对象、环境民事公益诉讼的法律责任、环境民事公益诉讼特殊规则、环境民事公益诉讼的结案方式以及环境民事公益诉讼赔偿资金的管理；第八章到第十三章为环境行政公益诉讼相关内容，包括环境行政公益诉讼的概念及特点、环境行政公益诉讼原告、环境行政公益诉讼被告、环境行政公益诉讼对象、环境行政公益诉讼的诉讼请求和环境行政公益诉讼特殊规则。

基于编写目的和基本思路，本书的收录和章节编排以司法案例文书所展现的法理知识点及其相互间的理论逻辑为准。相关章节下的内容设置包括【案例文书】和【知识点关联及案例点评】两个部分。

【案例文书】本书中确定了案例名称的命名规则，即包括原告、被告、诉讼类型、知识点四部分信息，如湖南省益阳市环境与资源保护志愿者协会诉湖南林源纸业有限公司环境民事公益诉讼裁定管辖和集中管辖裁定案，重庆绿色志愿者联合会诉湖北省恩施自治州建始县磺厂坪矿业有限责任公司生态修复，检察院支持起诉案。读者可以依据案例名称的脚注信息获取原案例文书的案号信息。案例文书的选取以判决书或者其他案例文书为主，以新闻报道为辅。除了必要的精编加工，本书几乎全貌呈现了司法案例文书的主要内容，其目的主要是方便读者对案例有整体性的了解。有些案例涉及的知识点较多，因此在本书中可能出现多次使用的情况，但为了节省篇幅，避免赘述，当再次出现相同案例时，仅对与知识点相关的案件情况进行摘编，读者若需要案例文书全文，可以依据脚注信息提示去相应位置阅读案例文书全貌。但是本书中也存在案例文书的内容较短，即使多次使用也均呈现全貌的情况。此外，编者对案例进行了原告、被告、审理法院和案件基本情况的摘编，以使读者可以高效获取案件基本信息。部分案例经历了不同法院的审理，如果这些文书均有典型意义，则在本书的不同知识点中引用了不同审级法院针对同一案件的判决文书，例如江苏省徐州市人民检察院诉鸿顺造纸有限公司环境民事公益诉讼案用到了两份判决文书：江苏省徐州市中级人民法院（2015）徐环公民初字第 6 号民事判决书和江苏省高级人民法院（2016）苏民终 1357 号民事判决书。

【知识点关联及案例点评】此部分的内容大体分为三个部分：第一部分是指明案例涉及的知识点或其典型意义；第二部分是阐明案例涉及的知识点的内容，即知识点关联；第三部分是结合知识点对案例作出的点评。知识点关联主要阐述环境公益诉讼制度中具体的知识点，包括系统地阐释所涉及的环境与资源保护法理论知识，以及现行法律或者司法解释、政策文件等的规定。个别知识点还包括相关内容的历史或者域外经验、理论争议或者实务运用争议。对于部分存在一定争议的知识点，本书尽可能进行学理上的分析，并尽量采用理论或实务界的通说或一般观点，以为读者提供清晰的指引。鉴于本人之前主编并由法律出版社出版的《环境法入门笔记》一书，已经为各类学员的环境法教学和研习提供了较为系统、完整的入门级、一本通式的教材，本书的该部分内容，力求准确、简明、易于掌握。案例点评主要是对案例中的知识点再次阐明，与知识点前后呼应，强调和重申重点理论与法律规范；并对正确适用的情况进行阐述，尝试探讨通过法律解释学和法理的运用尽可能解决法律冲突、法律漏洞问题。希望这一环节能加深读者对知识点的理解，提高读者系统性和灵活性地运用知识点的能力。基于司法实践中情况的多样性，本部分视情况分别采用“一案一评”或者“多案一评”两种方式。“一案一评”是指某一案件的相关内容可以说明某一知识点的，在该案例之后直接进行点评。“多案一评”则是指某几个案例的相同内容或者相似内容可以说明或者可以对比说明某一知识点，甚至某一统一规定的法律规则在实践中遇到了不同的理解而导致适用不统一的，在几个案例之后统一进行点评。

由于本书对案例文书进行了编辑，为避免读者在阅读过程中对相关问题产生疑惑，特对相关问题进行说明。

（1）检察机关的称谓问题。检察机关提起环境行政公益诉讼存在实践先于法定规则的情况，因此在《检察公益诉讼司法解释》颁布之前，检察机关的诉讼主体称谓存在“公益诉讼人”“公益诉讼起诉人”两种。基于尊重原文书的内容，并以保留原文书中诉讼主体称谓的方式向读者展示我国环境行政公益诉讼规则之变化的双重考虑，本书在【案例文书】部分以原文书的称谓为准。但是，在有些公报案例中未明确指明检察机关作为诉讼主体时的称谓的情况下，本书中均以“公益诉讼起诉人”统称，例如山东省莱西市人民检察院诉莱西市水利局不依法履行职责行政公益诉讼案，安徽省金寨县人民检察院诉金寨县商务和粮食局、金寨县财政局不依法履行职责行政公益诉讼案，贵州省江口县人民检察院诉铜仁市国土资源局、贵州梵净山国家级自然保护区管理局违法行使职权环境行政公益诉讼案，宁夏回族自治区银川市西夏区人民检察院诉银川市水务局怠于履行职责行政公益诉讼案，吉林省大安市人民检察院诉大安市林业局法院裁定驳回起诉环境行政公益诉讼案。为了遵守司法解释及相关文件的法规范性，在【知识点关联及案例点评】部分原则上统一使用“公益诉讼起诉人”这一称谓。

（2）国家机构名称问题。本书中摘取的案例时间跨度较大，因此可能出现案例文书中涉及的相关国家机构经过国家机构调整更改名称的问题。为了尊重历史，以及确保原案例文书的规范性，本书【案例文书】中的机构名称均以文书产生时的国家机构名称为准，案例编写人员仅对文书中不规范的国家机构名称进行统一修改，如将“环保部”改为“环境保护部”等；有时根据论述语境在其称谓前加“原”，以表明该机构名称目前已经变更。

（3）典型事例。本书中有些知识点尚未有司法案例或者相应文书，为了完整展示知识点相关内容，本书在第七章以新闻报道为主，引用了两个典型事例，分别是贵州部分地区环境公益诉讼案件产生的生态损害赔偿资金交由全国性公募基金会管理，以及自然之友诉中丹公司环境污染专业信托机构管理资金案。因为典型事例中缺少相关主体信息，故未对【典型事例】中的内容依据【案例文书】的格式进行摘编。

本书的立意与特点决定了本书的章节安排和各章节知识点的选取必须以实际案例已经发生或已经呈现为决定因素，如果没有真实的案例，囿于

“巧妇难为无米之炊”的困境，编者只能无奈地向读者和各位同行事先声明歉意，并盼日后根据实践的发展进行补充。

此外，本书在文前部分设置了“常用法律、法规及司法解释等相关文件名称简称表”，并对本书所涉及的法律、政策文件、司法解释、标准、复函依颁布时间先后进行了排序。文中出现的法律、法规文件第一次即用简称，特殊情况下仍使用全称。

他山之石可以攻玉。根据中华环境保护基金会的提议，本书正文后附了美国环境公益诉讼的案例，以期作为比较研究之用。美国环境法律研究所（Environmental Law Institute）组织编写并以中文提供了这部分附件。这部分附件的编写人包括美国联合技术公司（United Technologies Corporation）负责环境合规事务的副总裁莱斯利·卡罗瑟斯（Leslie Carothers）女士，美国纽约 Sive，Paget & Riesel PC 律师事务所合伙人杰弗里·格瑞斯（Jeffrey Gracer）先生，美国加州 Farella Braun＋Martel LLP 律师事务所合伙人罗伯特·海因斯（Robert Hines）先生，美国环境法律研究所负责科研和出版的副总裁约翰·彭德格拉斯（John Pendergrass）先生，美国环境法律研究所公益法研究员泰勒·利利（Taylor Lilley）女士，美国环境法律研究所律师刘卓识先生；中文译者为刘卓识先生。中华环境保护基金会审定了该部分附件。

本书由我担任主编，由曹炜、梁晓敏、白香东和刘卓识担任副主编。参加本书正文编写的有竺效、曹炜、梁晓敏、白香东、刘卓识、吴凯杰、田时雨、邱涛韬、蒙禹诺、孙琴、张冯楠、程宏、李欣、张舒、孟若琪、杨雪峥。中国人民大学法学院曾鑫、苏影、王天乐、庞宇、侯欣妤和张梦协助了本书案例文书的收集。本书文前“常用法律、法规及司法解释等相关文件名称简称表”由梁晓敏、李欣和张舒整理。

我们有幸邀到曲格平先生为本书作序，在此表示由衷感谢！也特别感谢生态环境部法规与标准司别涛司长和中华环保基金会徐光秘书长领衔的编委会对本书写作出版的指导。本书在介绍知识点时援引了部分著作、论文，特别感谢从事环境法教学研究的所有学者，特别是本书所援引大作的各位著者、编者！中华环境保护基金会、中国生物多样性保护与绿色发展基金会、北京市朝阳区自然之友环境研究所、福建省绿家园环境友好中心、浙江省人民检察院为本书的编写提供了部分案例材料或案例信息，特此致敬和感谢！尤其感谢王文勇、葛枫、张延红、何艺妮、梁文芳在本书案例资料收集过程中提供的大力帮助与支持！我们特别致谢中华环境保护基金会对本书编写出版的资助！

虽然全体编者都尽力并努力，但由于编写者学识和能力有限，编写任务重、时间紧迫，本书还有很多不足之处，敬请读者批判指正。我们愿共同努力，成为中国环境法治在实践探索中不断发展之路上的一块鹅卵石，为全人类的可持续发展贡献绵薄之力。

中国人民大学法学院教授　竺效
2018 年 11 月 2 日于明德法学楼

常用法律、法规及司法解释等相关文件名称简称表

文件名称	本书使用的简称
《中华人民共和国合同法》	《合同法》
《中华人民共和国土地管理法》	《土地管理法》
《中华人民共和国企业破产法》	《企业破产法》
《中华人民共和国矿产资源法》	《矿产资源法》
《中华人民共和国森林法》	《森林法》
《中华人民共和国民法通则》	《民法通则》
《中华人民共和国侵权责任法》	《侵权责任法》
《中华人民共和国行政强制法》	《行政强制法》
《中华人民共和国草原法》	《草原法》
《中华人民共和国公司法》	《公司法》
《中华人民共和国环境保护法》	《环境保护法》
《中华人民共和国立法法》	《立法法》
《中华人民共和国大气污染防治法》	《大气污染防治法》
《中华人民共和国水法》	《水法》
《中华人民共和国固体废物污染环境防治法》	《固体废物污染环境防治法》
《中华人民共和国行政诉讼法》	《行政诉讼法》
《中华人民共和国民事诉讼法》	《民事诉讼法》
《中华人民共和国刑事诉讼法》	《刑事诉讼法》
《中华人民共和国水污染防治法》	《水污染防治法》
《中华人民共和国行政处罚法》	《行政处罚法》
《中华人民共和国环境影响评价法》	《环境影响评价法》
《中华人民共和国海洋环境保护法》	《海洋环境保护法》
《中华人民共和国畜牧法》	《畜牧法》
《中华人民共和国刑法》	《刑法》
《中华人民共和国人民陪审员法》	《人民陪审员法》
《最高人民法院关于人民调解协议司法确认程序的若干规定》(法释〔2011〕5号)	《人民调解协议司法确认程序司法解释》
《环境保护部关于加强土壤污染防治工作的意见》(环发[2008]48号)	《加强土壤污染防治工作意见》
《中华人民共和国自然保护区条例》	《自然保护区条例》
《中华人民共和国森林法实施条例》	《森林法实施条例》

中共中央办公厅、国务院办公厅印发《生态环境损害赔偿制度改革方案》的通知	《生态环境损害赔偿改革方案》
《最高人民法院关于执行〈中华人民共和国行政诉讼法〉若干问题的解释》（法释〔2000〕8号）	《最高院执行行政诉讼法司法解释》
《最高人民法院关于民事诉讼证据的若干规定》（法释〔2001〕33号）	《关于民事诉讼证据的若干规定》
《全国人大常委会关于授权最高人民检察院在部分地区开展公益诉讼试点工作的决定》	《公益诉讼试点工作决定》
《最高人民法院关于审理环境民事公益诉讼案件适用法律若干问题的解释》（法释〔2015〕1号）	《环境民事公益诉讼司法解释》
《最高人民法院关于适用〈中华人民共和国民事诉讼法〉的解释》（法释〔2015〕5号）	《民事诉讼法司法解释》
《检察机关提起公益诉讼改革试点方案》	《检察机关提起公益诉讼改革试点方案》
《人民检察院提起公益诉讼试点工作实施办法》（高检发释字［2015］6号）	《人民检察院公益诉讼试点工作办法》
《最高人民法院关于审理环境侵权责任纠纷案件适用法律若干问题的解释》（法释〔2015〕12号）	《环境侵权责任司法解释》
《生态环境损害赔偿制度改革试点方案》（中办发〔2015〕57号）	《生态环境损害赔偿改革试点方案》
《最高人民法院关于适用〈中华人民共和国行政诉讼法〉若干问题的解释》（法释〔2015〕9号）	《最高院行政诉讼法司法解释》（法释〔2015〕9号）
《人民法院审理人民检察院提起公益诉讼案件试点工作实施办法》（法发〔2016〕6号）	《人民法院审理人民检察院提起公益诉讼案件试点办法》
《最高人民法院、最高人民检察院关于办理环境污染刑事案件适用法律若干问题的解释》（法释〔2016〕29号）	《环境污染刑事案件司法解释》
《关于审理海洋自然资源与生态环境损害赔偿纠纷案件若干问题的规定》（法释〔2017〕23号）	《海洋自然资源与生态环境损害赔偿司法解释》
《最高人民法院关于适用〈中华人民共和国行政诉讼法〉的解释》（法释［2018］1号）	《最高院行政诉讼法司法解释》（法释［2018］1号）
《最高人民法院、最高人民检察院关于检察公益诉讼案件适用法律若干问题的解释》（法释〔2018〕6号）	《检察公益诉讼司法解释》
《关于生态环境损害鉴定评估虚拟治理成本法运用有关问题的复函》（环办政法函［2017］1488号）	《虚拟治理成本法运用的复函》

目 录

第一章　环境民事公益诉讼的原告

第一节　社会组织获取主体资格的要求

【案例文书 1】中华环保联合会诉海南天工生物工程有限公司环境民事公益诉讼原告起诉主体资格案①

上诉人（原审原告）：中华环保联合会

被上诉人（原审被告）：海南天工生物工程有限公司

审理法院：海南省高级人民法院

案件基本情况：上诉人中华环保联合会因与被上诉人海南天工生物工程有限公司（以下简称“海南天工”）水污染责任纠纷一案，不服海南省海口市中级人民法院（2013）海中法环民初字第 2 号民事裁定，向海南省高级人民法院（以下简称“海南高院”）提起上诉。

原审法院认为，《民事诉讼法》第 55 条规定：“对环境污染、侵害众多消费者合法权益等损害社会公共利益的行为，法律规定的有关机关和有关组织可以向人民法院提起诉讼。”* 根据上述规定，民事公益诉讼的起诉主体

---

* 本书部分章节中的“案件基本情况”有相当多的内容是引自判决书原文，对于其中个别地方存在的或者法规引用不精准，或者数字计算存疑，或者出现“××”等等问题，出于尊重原判决的考虑，只用 * 统一作出标注，而不予处理，望读者理解。——编者注

① 海南省高级人民法院（2013）琼立一终字第 155 号民事裁定书. 对部分案情的描述，参见王小钢. “原告资格递减”现象——对法律条文的历史解读. 环境经济，2013（10）：19－21.

具有法定性，即只有“法律规定的有关机关和有关组织”才可以向人民法院提起诉讼。鉴于目前的法律尚未对中华环保联合会作为民事公益诉讼的起诉主体资格作出明确规定，故中华环保联合会作为民事公益诉讼原告主体不适格，原审法院据此裁定驳回中华环保联合会的起诉。

上诉人中华环保联合会不服一审裁定，上诉称：（1）一审法院曲解《民事诉讼法》第55条的规定。从法律规范本身来看，有权提起环境公益诉讼的主体分为两类：一类为法律规定的机关，此类主体具有法定性，法律如有规定，则其有权起诉；另一类为有关组织，此类主体具有酌定性，即由司法机关判断某一组织的定位、职责与其所提起的环境污染案件之间是否具有足够的关联，并以此判断其是否为有关组织。一审法院擅自在“法律规定的机关”中加入“有关”两字，恰恰混淆了上述两类主体的区别，法律适用明显错误。（2）上诉人是经中华人民共和国国务院批准、民政部注册、环境保护部主管的社团法人，是由一批热心环保事业的人士、企业、事业单位自愿结成的、非营利性的、全国性的社团组织。《中华环保联合会章程》第6条明确规定，其主要任务之一为组织和协调各方面的社会资源，共同参与环境事业，加强社会监督，维护公众环境权益，协助和监督政府实现国家环境保护目标，促进中国环境事业发展。故上诉人具有独立的民事权利能力和行为能力，是中国境内维护环境权益的合法民事主体，上诉人有责任也有义务提起环境公益诉讼，具备相应的主体资格。驳回上诉人起诉有悖于建设社会主义生态文明的国家政策，请求二审法院予以纠正，维护上诉人的合法权益。

被上诉人海南天工答辩称：（1）一审法院适用法律正确，上诉人作为诉讼主体不适格。（2）答辩人已经积极采取措施防止污染。在收到上诉人的诉状后，答辩人高度重视，计划在2014年4月前正式关闭，本案继续诉讼已无实际意义。（3）上诉人是环境保护部主管下的组织，具有官方背景，并非完全独立于政府和企业，也非真正意义上的公益组织，故一审裁定适用法律正确，应予维持。

海南高院认为：（1）《民事诉讼法》第55条规定，“对污染环境、侵害众多消费者合法权益等损害社会公共利益的行为，法律规定的机关和有关组织可以向人民法院提起诉讼”。本条规定民事公益诉讼的起诉主体具有法定性，只有“法律规定的机关和有关组织”才有资格提起公益诉讼。但无论是“机关”还是“有关组织”，这两类主体只有经法定，才可提起公益诉讼。上诉人主张“有关组织”无须法定而应由司法机关根据实际情况进行判定没有法律依据。（2）上诉人主张《中华环保联合会章程》规定了上诉人具有提起环境公益诉讼的职责和义务，但该章程只对内具有约束力，不能以该章程有规定即认为上诉人是法律规定的、可以提起公益诉讼的组织。（3）上诉人主张一审法院在援引法律条文中将“法律规定的机关和有关组织”擅自改为“法律规定的有关机关和有关组织”，但从一审裁定的说理情况来看，该情况属笔误，应由一审法院裁定补正。综上，上诉人的上诉理由不能成立，法院不予支持。

法院裁定：依照《民事诉讼法》第 170 条第 1 款第 1 项、第 171 条之规定，裁定如下：驳回上诉，维持原裁定。

【知识点关联及案例点评】

本案中法院的生效裁定认为中华环保联合会不具有提起环境民事公益诉讼的主体资格。本案的争议焦点在于，环境民事公益诉讼的原告主体资格是否具有法定性。

根据《环境保护法》第 58 条和《环境民事公益诉讼司法解释》第 2、3、4、5 条的规定，有资格提起环境民事公益诉讼的社会组织需要满足的条件可以分为两类。

第一，积极条件，包括：（1）符合社会组织登记机构的级别要求。《环境保护法》第 58 条第 1 款第 1 项要求，适格的社会组织“依法在设区的市级以上人民政府民政部门登记”。《环境民事公益诉讼司法解释》第 3 条进一步规定，“设区的市，自治州、盟、地区，不设区的地级市，直辖市的区以上人民政府民政部门，可以认定为环境保护法第五十八条规定的‘设区的市级以上人民政府民政部门’”。

（2）专门从事环境保护公益活动连续 5 年以上。《环境保护法》第 58 条第1款第2项规定，适格社会组织应当“专门从事环境保护公益活动连续五年以上”。《环境民事公益诉讼司法解释》第4条进一步规定，“社会组织章程确定的宗旨和主要业务范围是维护社会公共利益，且从事环境保护公益活动的，可以认定为环境保护法第五十八条规定的‘专门从事环境保护公益活动’”。此外，这一条还规定，“社会组织提起的诉讼所涉及的社会公共利益，应与其宗旨和业务范围具有关联性”。司法审判中法院审查社会组织是否属于《环境保护法》第58条规定的“专门从事环境保护公益活动”，应“从章程规定的宗旨和业务范围是否包含维护环境公共利益；是否实际从事环境保护公益活动；以及提起环境公益诉讼所维护的环境公共利益是否与其宗旨和业务范围具有关联性等三个方面进行认定”[①]。

第二，消极条件，即连续5年无违法记录。《环境保护法》第58条第1款第2项规定适格的社会组织应当“专门从事环境保护公益活动连续五年以上且无违法记录”。《环境民事公益诉讼司法解释》第5条规定，“社会组织在提起诉讼前五年内未因从事业务活动违反法律、法规的规定受过行政、刑事处罚的，可以认定为环境保护法第五十八条规定的‘无违法记录’”。

在本案法院作出二审裁定时，现行《环境保护法》第58条尚未出台，《民事诉讼法》是当时环境民事公益诉讼的唯一立法依据。《民事诉讼法》第55条规定：“对污染环境、侵害众多消费者合法权益等损害社会公共利益的行为，法律规定的机关和有关组织可以向人民法院提起诉讼。”本条规定民事公益诉讼的起诉主体具有法定性，只有“法律规定的机关”和“法律规定的有关组织”才有资格提起民事公益诉讼。据此，判定中华环保联合会是否具有提起环境民事公益诉讼的资格，应当考察中华环保联合会是否属于“法律规定的有关组织”。

由于《民事诉讼法》没有进一步明确“法律规定的有关组织”的范围，

---

① 中国生物多样性保护与绿色发展基金会诉宁夏瑞泰科技股份有限公司等腾格里沙漠污染系列民事公益诉讼案. (2017-03-08) [2018-05-10]. https://www.chinacourt.org/article/detail/2017/03/id/2574328.shtml.

并且当时没有其他法律规定这一事项，因而本案法院以当时法律无明确规定为由否定中华环保联合会的原告资格是正确的。但随着《环境保护法》第58条的出台，作为环境民事公益诉讼原告主体的“法律规定的有关组织”已经有了明确规定，因而法院不能再以无明确规定为由否定社会组织的原告资格。需要注意的是，目前《民事诉讼法》第55条对环境民事诉讼原告主体资格的法定性要求依然有效，因而不符合《环境保护法》第58条规定的社会组织依然不具备环境民事公益诉讼的原告主体资格。

（案例编辑人：吴凯杰、李欣）

【案例文书2】自然之友、福建绿家园诉谢某某等环境民事公益诉讼原告起诉主体资格案[①]

上诉人（原审被告）：谢某某、倪某某、郑某某

被上诉人（原审原告）：北京市朝阳区自然之友环境研究所、福建省绿家园环境友好中心

原审被告：李某某

原审第三人：福建省南平市国土资源局延平分局、南平市延平区林业局

原审支持起诉人：中国政法大学环境资源法研究和服务中心（又称“中国政法大学污染受害者法律帮助中心”）

审理法院：福建省高级人民法院

案件基本情况：上诉人谢某某、倪某某、郑某某因与被上诉人北京市朝阳区自然之友环境研究所（以下简称“自然之友”）、福建省绿家园环境友好中心（以下简称“福建绿家园”）、原审被告李某某、原审第三人南平市国土资源局延平分局（以下简称“国土延平分局”）、南平市延平区林业局（以下简称“延平区林业局”）环境侵权责任纠纷一案，不服福建省南平市中级人民法院（2015）南民初字第38号民事判决，向福建省高级人民法院提起上诉。福建省高级人民法院依法组成合议庭于2015年12月7日公

① 福建省高级人民法院（2015）闽民终字第2060号民事判决书.

开开庭审理。

原审审理查明：中国文化书院绿色文化分院（英文名称为 Friends of nature，习称“自然之友”）作为社会团体分支机构，于 2003 年 5 月 8 日经民政部登记，并以“自然之友”名义开展环境保护公益活动。原告自然之友在此基础上于 2010 年 6 月 18 日在北京市朝阳区民政局登记成立，属于民办非企业单位，从事非营利性社会服务活动的社会组织。其章程规定的宗旨：倡导生态文明、从事环境研究、促进可持续发展。业务范围：固体废弃物处理技术研究及相关政策研究，固体废弃物对生态环境的影响研究，固体废弃物研究相关科普活动推广及相关环境教育推广。经北京市朝阳区民政局年度检查，2010 年度合格、2011 年度基本合格、2012 年度合格、2013 年度合格。原告自然之友提供了 2009 年至 2014 年各年度工作报告，内容主要体现为从事环境问题调查研究、保护生态环境、环保知识教育等公益活动，并声明自成立以来无违法记录。原告福建绿家园是 2006 年 11 月 7 日在福建省民政厅登记的民办非企业单位，是非营利性社会服务活动的社会组织。其章程规定的宗旨：普及公民环境保护意识，保护生态环境与生态平衡。业务范围：保护生态环境、传播环境文化、开展学术技术交流。经福建省民政厅年度检查，2009 年至 2013 年度均合格。原告福建绿家园提供了 2009 年至 2013 年各年度工作报告，内容主要体现为参与环境问题调查、保护生态环境、宣传环境保护等公益活动，并声明自成立以来无违法记录。

2005 年 5 月 18 日，经第三人国土延平分局许可，被告李某某取得证号为 3507020520004 的采矿许可证，采矿权人为被告李某某，矿山名称为南平市延平区恒兴石材厂，有效期限自 2005 年 4 月至 2008 年 8 月，矿区面积为 0.003 9 平方千米，矿种为饰面花岗岩，开采深度由 282 米至 252 米标高。被告李某某亦取得南平市延平区恒兴石材厂个体工商户营业执照。2008 年 6 月 3 日，经第三人国土延平分局许可，被告李某某取得证号为 3507020820014 的采矿许可证，有效期限自 2008 年 6 月至 2008 年 8 月，开采深度由 520 米至 483 米标高，采矿权人、矿山名称、矿区面积、矿种等与

3507020520004 的采矿许可证一致。2008 年 5 月 28 日，被告李某某向第三人国土延平分局缴纳了 10 000 元生态环境恢复保证金。被告李某某采矿过程中未依法取得占用林地许可证。2008 年 11 月福建省冶金工业设计院出具一份“南平市延平区砂基洋（恒兴）矿区饰面花岗岩开发利用方案”，对矿区水土保持、土地复垦、闭坑措施等作了可行方案。

2008 年 7 月 28 日，被告李某某与被告谢某某签订一份“采矿权转让合同”。2008 年 7 月 29 日，被告李某某与被告谢某某、倪某某、郑某某又重新签订一份内容相同的“采矿权转让合同”，约定：“被告李某某出让给被告谢某某、倪某某、郑某某的采矿矿区位于福建省南平市延平区太平镇葫芦山村，矿山名称为南平市延平区恒兴石材厂，矿区面积为 0.003 9 平方千米，矿种为饰面花岗岩，采矿权四至范围及界址为矿山范围扩大至现采矿点山顶整个范围。登记于李某某名下的采矿许可证证号为 3507020520004，李某某负责办理该采矿许可证续期 10 年，矿山范围扩大至现采矿点整个山顶范围。李某某领取续期采矿许可证之日起配合将采矿权人变更至谢某某名下。李某某负责协调开通矿山脚部至山顶的道路。”合同末尾注明：原 2008 年 7 月 28 日，被告李某某与被告谢某某单独签订的合同无效，以 2008 年 7 月 29 日被告李某某与被告谢某某、倪某某、郑某某三个股东共同重新签订的合同为有效合同。合同还约定了价款支付、违约责任等内容。该合同签订后，未经采矿权审批管理机关审批。被告谢某某、倪某某、郑某某三人经商量决定由被告谢某某具体负责矿山的采矿事宜。此后，在未依法取得占用林地许可证及办理采矿许可续期手续的情况下，被告谢某某、倪某某、郑某某改变被告李某某原有塘口位置，从山顶剥山皮、开采矿石，并将剥山皮和开采矿石产生的弃石往山下倾倒，直至 2010 年年初停止开采，造成林地原有植被被严重毁坏。被告谢某某、倪某某、郑某某还在矿山的塘口下方兴建了砖混结构的工棚用于矿山工人居住。在国土资源部门数次责令停止采矿的情况下，2011 年 6 月，被告谢某某、倪某某、郑某某还租用挖掘机到该矿山，在矿山边坡处开路和扩大矿山塘口面积，造成该处林地原有植被被严重毁坏。占用林地现场被用于采石、堆放弃石弃土，造成林地的原有植被被严重破坏。被告谢某某、倪某某、郑某某因犯非法占用农用地罪，于2014年7月28日被福建省南平市延平区人民法院分别判处有期徒刑1年6个月、1年4个月、1年2个月。三被告不服，提起上诉。福建省南平市中级人民法院二审裁定：驳回上诉，维持原判。

2010年3月26日，被告李某某出具委托书，委托被告谢某某、倪某某、郑某某代为办理证号3507020520004采矿许可证所属矿山的拆迁补偿相关事宜。

2014年11月13日，第三人国土延平分局向被告李某某登记的南平市延平区恒兴石材厂发出一份《关于缴纳矿山生态环境恢复治理保证金的通知》，要求缴纳矿山生态环境恢复治理保证金252 000元。

本案诉讼期间，原告自然之友委托北京中林资产评估有限公司评估。北京中林资产评估有限公司作出评估报告，意见为：生态修复项目的总费用在评估基准日的价值为110.19万元；价值损害即生态环境受到损害至恢复原状期间服务功能损失为134万元，其中损毁林木价值为5万元，推迟林木正常成熟的损失价值为2万元，植被被破坏导致碳释放的生态损失价值、森林植被破坏期生态服务价值、森林恢复期生态服务价值共127万元。

原告自然之友为本案支付评估费6 000元、律师费96 200元，为本案支出其他合理费用31 308元（合理的交通费22 840元、合理的住宿费4 148元，市内交通及用餐费参照《中央和国家机关差旅费管理办法》规定的标准并结合差旅费发票及案件合理的出差需要，确定为4 320元）；原告福建绿家园为本案支付律师费25 261元，为本案支出其他合理费用7 393.5元（交通费4 513.5元、住宿费400元，市内交通及用餐费参照《中央和国家机关差旅费管理办法》规定的标准并结合差旅费发票及案件合理的出差需要，确定为2 480元）。

原审法院认为，本案争议的主要焦点问题是：（1）原告自然之友、福建绿家园是否符合“从事环境保护公益活动连续五年以上”的主体资格要件；（2）被告谢某某、倪某某、郑某某、李某某是否应承担破坏生态环境的侵权责任，以及具体的责任形式和责任大小；（3）《环境民事公益诉讼司法解释》规定的生态环境受到损害至恢复原状期间服务功能损失是否适用于本案；（4）评估费用、律师费以及为诉讼支出的其他合理费用的确定问题；（5）第三人国土延平分局、延平区林业局是否应承担组织恢复植被的民事责任

1. 关于原告自然之友、福建绿家园的主体资格问题

《环境保护法》第58条规定："对污染环境、破坏生态，损害社会公共利益的行为，符合下列条件的社会组织可以向人民法院提起诉讼：（一）依法在设区的市级以上人民政府民政部门登记；（二）专门从事环境保护公益活动连续五年以上且无违法记录。"原告自然之友系2010年6月18日在北京市朝阳区民政局登记成立的民办非企业单位。虽然其自登记之日起至本案起诉之日止成立不满5年，但其在登记前已经依法从事环境保护公益活动，至提起本案诉讼前从事环境保护公益活动已满5年，且在本案诉讼过程中其登记设立已满5年，并无违法记录。因此，原告自然之友在本案中符合"从事环境保护公益活动连续五年以上"的主体资格要件。原告福建绿家园于2006年11月7日在福建省民政厅登记，是从事环境保护的非营利性的社会组织，专门从事环境保护公益活动连续5年以上且无违法记录。故原告自然之友、福建绿家园均符合《环境保护法》第58条规定，作为公益诉讼原告主体适格。

2. 关于被告谢某某、倪某某、郑某某、李某某是否应承担破坏生态的侵权责任，以及具体的责任形式和责任大小问题

被告谢某某、倪某某、郑某某非法占用林地共19.44亩，被告谢某某、倪某某、郑某某依法应当承担该部分被损坏林地植被的恢复义务。虽然被告李某某与被告谢某某、倪某某、郑某某签订了"采矿权转让合同"，但该合同因未经主管部门批准而未生效，且被告李某某在采矿许可证到期未经行政主管部门办理续期手续的情况下，擅自将矿山采矿权四至范围扩大至原采矿点整个山顶范围，并转让给被告谢某某、倪某某、郑某某采矿。对被告谢某某、倪某某、郑某某非法占用林地造成植被破坏的行为被告李某某具有共同过错，故被告李某某对被告谢某某、倪某某、郑某某非法占用

林地 19.44 亩应承担共同责任。由于被告李某某的原塘口 8.89 亩部分已被被告谢某某、倪某某、郑某某之后采矿期间所产生的弃石、弃土所掩埋，对该部分被告李某某与被告谢某某、倪某某、郑某某的责任无法区分，故被告谢某某、倪某某、郑某某也应对该部分承担共同恢复责任。《森林法》第 18 条规定："进行勘查、开采矿藏和各项建设工程，应当不占或者少占林地；必须占用或者征用林地的，经县级以上人民政府林业行政主管部门审核同意后，依照有关土地管理的法律、行政法规办理建设用地审批手续，并由用地单位依照国务院有关规定缴纳森林植被恢复费。"被告李某某和被告谢某某、倪某某、郑某某未经林业行政主管部门审批，为采矿先后非法占用林地共 28.33 亩，造成林地的原有植被被严重破坏，属于破坏生态环境、损害社会公共利益的行为。虽然被告李某某提出其采矿的矿区塘口早在 1995 年即已存在，但他没有提供证据，且根据国土资源部《矿山地质环境保护规定》第 24 条，"采矿权转让的，矿山地质环境保护与治理恢复的义务同时转让。采矿权受让人应当依照本规定，履行矿山地质环境保护与治理恢复的义务"。其受让采矿权的同时，也应承受恢复的义务。综上，被告谢某某、倪某某、郑某某、李某某依法应共同承担恢复林地植被的义务，如未在判决指定的期限内履行恢复林地植被的义务，则应共同赔偿生态环境修复费用 110.19 万元用于恢复林地植被。

3. 关于《环境民事公益诉讼司法解释》规定的生态环境受到损害至恢复原状期间服务功能损失是否适用于本案的问题

因新的法律、法规或者司法解释实施前的有关民事行为或者事件发生纠纷起诉到人民法院，在行为发生时的法律、法规或者司法解释没有明确规定时，可以适用新的法律、法规或者司法解释的规定。2015 年 1 月 7 日《环境民事公益诉讼司法解释》正式施行，该解释第 21 条规定："原告请求被告赔偿生态环境受到损害至恢复原状期间服务功能损失的，人民法院可以依法予以支持。"本案系于 2015 年 1 月 1 日立案受理，一审审理过程中上述司法解释颁布、实施，故该司法解释规定的生态环境服务功能损失，可以适用于本案。因此，原告主张被告赔偿生态环境受到损害至恢复原状期间的服务功能损失，予以支持。但因原告主张的损害价值134万元中的损毁林木价值5万元和推迟林木正常成熟的损失价值2万元属于林木所有者的权利，不属于植被生态公共服务功能的损失，故原告无权主张，不予支持；其余植被被破坏导致碳释放的生态损失价值、森林植被破坏期的生态服务价值、森林恢复期的生态服务价值合计127万元，属于生态公共服务功能的损失价值，予以支持。

4. 关于评估费用、律师费以及为诉讼支出的其他合理费用问题

根据《环境民事公益诉讼司法解释》第22条规定，原告自然之友主张的评估费用6 000元，属于为诉讼合理支出，予以支持；其主张的律师费96 200元在律师收费相关规定允许范围内，没有违反规定，予以支持；为诉讼支出的其他合理费用31 308元亦属必要，予以支持。原告福建绿家园主张的律师费25 261元系参照律师收费办法的规定，在收费幅度内按标的额约1%收取，合法合理，予以支持；为诉讼支出的其他合理费用7 393.5元，亦予以支持。

5. 关于第三人国土延平分局、延平区林业局是否应承担组织恢复植被的民事责任问题

本案中，第三人国土延平分局、延平区林业局作为对环境保护负有监督管理职责的行政执法部门，与本案处理结果没有民事法律利害关系，不应作为民事法律关系的第三人承担责任。

综上，依照《民法通则》第117条、第130条，《环境保护法》第58条和《环境民事公益诉讼司法解释》第18条、第20条、第21条、第22条之规定，原审法院判决：(1) 被告谢某某、倪某某、郑某某和李某某应于本判决生效后5个月内清除南平市延平区葫芦山砂基洋恒兴石材厂矿山采石处现存工棚、机械设备、石料和弃石，恢复被破坏的28.33亩林地功能，按照《造林技术规程》(DB35/T84—2005) 标准并结合当地林业行政部门人工造林技术要求在该林地上补种林木，并对补种的林木抚育管护3年（管护时间从补种的林木经验收合格之日起计算）；(2) 被告谢某某、倪某某、郑某某和李某某不能在第一项判决指定的期限内恢复林地植被，应于期限届满之

日起10日内共同赔偿生态环境修复费用110.19万元（支付到福建省南平市中级人民法院指定账户），该款用于本案的生态环境修复；（3）被告谢某某、倪某某、郑某某和李某某应于本判决生效后10日内共同赔偿生态环境受到损害至恢复原状期间服务功能损失127万元（支付到福建省南平市中级人民法院指定账户），该款用于本案的生态环境修复或异地公共生态环境修复；（4）被告谢某某、倪某某、郑某某和李某某应于本判决生效后10日内共同支付原告自然之友支出的评估费6 000元、律师费96 200元、为诉讼支出的其他合理费用31 308元，合计133 508元；（5）被告谢某某、倪某某、郑某某和李某某应于本判决生效后10日内共同支付原告福建绿家园支出的律师费25 261元、为诉讼支出的其他合理费用7 393.5元，合计32 654.5元；（6）驳回原告自然之友和福建绿家园的其他诉讼请求。如果未能按本判决指定的期间履行给付金钱义务，应当依照《民事诉讼法》第253条之规定，加倍支付迟延履行期间的债务利息。案件受理费26 335元、保全费5 000元，由被告谢某某、倪某某、郑某某和李某某共同负担30 775元；由原告自然之友和福建绿家园共同负担560元，该款依原告申请准予免交。

一审宣判后，原审被告谢某某、倪某某、郑某某不服，向福建省高级人民法院提起上诉。

上诉人谢某某、倪某某、郑某某上诉称：（1）原判对于上诉人是否构成侵权的主观过错未予查明，对于当地政府、相关行政执法部门当时制定的政策以及行政违法、不作为没有查明认定，将应当由当地人民政府、相关行政主管部门承担的责任全部归由上诉人承担，缺乏公平公正；（2）关于生态环境修复费用、生态环境受到损害至恢复原状期间服务功能损失的评估意见不能作为认定本案事实的依据；（3）《环境民事公益诉讼司法解释》规定的生态环境受到损害至恢复原状期间服务功能损失不能适用于本案，原判适用法律错误；（4）被上诉人自然之友提起本案诉讼时，依法设立时间不足5年，即专门从事环境保护公益活动达不到连续5年，不符合原告主体资格。综上，原判认定事实不清、适用法律错误、程序违法，请求撤销原审判决，改判驳回被上诉人的一审诉讼请求。

被上诉人自然之友、福建绿家园答辩称：(1) 上诉人在未经审批许可的情况下实施开采行为，主观过错明显，当地人民政府、相关行政主管部门当时制定的政策以及行政违法、不作为与上诉人的环境侵权后果没有直接必然的联系；(2) 评估意见系聘请具有森林资源评估能力的专家，对生态环境修复费用和生态环境受到损害至恢复原状期间的服务功能损失提出的专家意见，且专家出庭接受询问，应予采信；(3)《民法通则》《侵权责任法》均规定恢复原状、赔偿损失等民事责任承担方式，应包括赔偿生态环境受到损害至恢复原状期间服务功能损失。《环境民事公益诉讼司法解释》规定的生态环境受到损害至恢复原状期间服务功能损失可以适用于本案；(4) 自然之友已从事环境保护公益活动连续满 5 年以上，符合原告主体资格要件。综上，原判认定事实清楚、证据充分、适用法律正确、程序合法，请求驳回上诉，维持原判。

原审被告李某某答辩称：同意上诉人一方的上诉意见，请求改判驳回被上诉人对其提出的一审诉讼请求。

原审第三人延平区林业局答辩称：原判认定其作为对环境保护负有监督管理职责的行政执法部门，与本案处理结果没有民事法律利害关系，不应作为民事法律关系的第三人承担责任，此认定事实清楚、适用法律正确，请求二审法院予以维持。

原审支持起诉人中国政法大学环境资源法研究和服务中心提交意见称：上诉人破坏生态环境的行为严重违反了我国环境保护的法律法规，已经给社会公共利益造成重大损失。被上诉人多年来专门从事环境保护公益活动，符合环境民事公益诉讼的起诉条件，其支持被上诉人提起本案环境民事公益诉讼。

经二审审理查明，一审认定的事实清楚，福建省高级人民法院予以确认。

关于上诉人谢某某、倪某某、郑某某提出被上诉人自然之友不符合原告主体资格的上诉理由：经查，上诉人自然之友于 2010 年 6 月 18 日在北京市朝阳区民政局登记成立，其在登记前已经依法从事环境保护公益活动，虽然其自登记之日起至本案起诉之日止成立不满 5 年，但其提起本案诉讼前从事环境保护公益活动已连续满 5 年。故原判认定被上诉人自然之友符合《环境保护法》第 58 条规定，作为本案环境公益诉讼原告主体适格，并无不当，上诉人的此项上诉理由不能成立，不予支持。

关于上诉人谢某某、倪某某、郑某某提出其不应承担本案侵权责任的上诉理由：经查，上诉人谢某某、倪某某、郑某某未经林业行政主管部门审批，为采矿非法占用林地，直接造成 19.44 亩林地的原有植被被严重破坏，依法应当承担环境侵权责任。上诉人谢某某、倪某某、郑某某在采矿过程中占用林地，除直接造成上述 19.44 亩林地植被被破坏外，还将采矿所产生的弃石、弃土堆放掩盖在原审被告李某某原采石塘口所占用破坏的 8.89 亩林地上，双方对造成上述 8.89 亩林地植被被破坏的侵权责任已无法区分，应共同承担责任。原审被告李某某未经行政主管部门审批，擅自将矿山采矿权四至范围扩大至原采矿点整个山顶范围，并转让给上诉人谢某某、倪某某、郑某某采矿，对造成上述 19.44 亩林地植被被破坏，具有共同过错，双方应共同承担责任。本案上诉人谢某某、倪某某、郑某某及原审被告李某某实施了占用林地、破坏林地植被的侵权行为，所侵犯的客体是森林资源，而非矿产资源。根据《森林法》第 18 条的规定，无论上诉人谢某某、倪某某、郑某某与原审被告李某某实施占用林地的行为是否经人民政府相关行政主管部门审批同意，他们均应承担恢复林地植被的责任。因此，当地人民政府和相关行政主管部门是否存在行政违法、不作为的情形，不影响上诉人谢某某、倪某某、郑某某及原审被告李某某作为侵权人，承担本案的环境侵权责任。故原审认定上诉人谢某某、倪某某、郑某某及原审被告李某某应共同承担上述共计 28.33 亩林地植被被破坏的环境侵权责任，此认定事实清楚，于法有据，上诉人的此项上诉理由亦不能成立，不予支持。

关于上诉人谢某某、倪某某、郑某某提出生态环境修复费用、生态环境受到损害至恢复原状期间服务功能损失的评估意见不能作为认定本案事实依据的上诉理由。经查，该评估意见系具有资产评估资质的北京中林资产评估有限公司出具，虽未能提供评估人员的个人评估资格证书，但参与评估的主要人员具有生态学教授职称、生态学博士学历，其中评估人员厦门大学生态学教授李振基和生态学博士吴栋栋、景谦平在一审庭审中出庭接受质询，可以视其为专家意见。鉴于上诉人谢某某、倪某某、郑某某及原审被告李某某在一审和二审期间均未申请对本案生态环境修复费用、生态环境受到损害至恢复原状期间服务功能损失进行重新评估，根据《环境民事公益诉讼司法解释》第23条规定，原判将该评估意见视为专家意见予以参考，合理确定本案生态环境修复费用、生态环境受到损害至恢复原状期间服务功能损失，符合法律规定。故上诉人的此项上诉理由亦不能成立，不予支持。

关于上诉人谢某某、倪某某、郑某某提出《环境民事公益诉讼司法解释》规定的生态环境受到损害至恢复原状期间服务功能损失不能适用于本案的上诉理由。经查，因新的法律、法规或者司法解释实施前的有关民事行为或者事件发生纠纷起诉到人民法院，在行为发生时的法律、法规或者司法解释没有明确规定时，可以适用新的法律、法规或者司法解释的规定。《民法通则》《侵权责任法》均规定了侵权人应承担赔偿损失的侵权责任，但对赔偿损失的具体事项没有明确规定。本案于2015年1月1日被立案受理，一审审理过程中《环境民事公益诉讼司法解释》于2015年1月6日颁布、1月7日实施，该司法解释第21条规定："原告请求被告赔偿生态环境受到损害至恢复原状期间服务功能损失的，人民法院可以依法予以支持。"因此，该司法解释明确规定了生态环境受到损害至恢复原状期间服务功能损失属于赔偿损失的事项，可以适用于本案。故上诉人谢某某、倪某某、郑某某及原审被告李某某占用林地，造成林地植被被严重破坏，属于破坏生态环境、损害社会公共利益的行为。他们在共同承担恢复林地植被责任的同时，还应共同赔偿生态环境受到损害至恢复原状期间服务功能损失。上诉人的此项上诉理由亦不能成立，不予支持。

综上，福建省高级人民法院认为：上诉人谢某某、倪某某、郑某某的上诉理由和原审被告李某某的答辩意见缺乏事实和法律依据，不能成立，故对其上诉请求不予支持。被上诉人自然之友、福建绿家园以及原审第三人延平区林业局的答辩意见成立，予以支持。原判决认定事实清楚，适用法律正确，应予维持。

法院判决：依照《民事诉讼法》第170条第1款第1项之规定，判决驳回上诉，维持原判。

【知识点关联及案例点评】

本案二审法院判决自然之友具有环境公益诉讼原告主体资格，认定事实、适用法律正确。本案的核心争议点在于如何认定“专门从事环境保护公益活动连续五年以上”的起算点。

根据《环境保护法》第58条第1款第2项规定，适格社会组织应当“专门从事环境保护公益活动连续五年以上”。《环境民事公益诉讼司法解释》第4条进一步规定，“社会组织章程确定的宗旨和主要业务范围是维护社会公共利益，且从事环境保护公益活动的，可以认定为环境保护法第五十八条规定的‘专门从事环境保护公益活动’”。此外，这一条还规定，“社会组织提起的诉讼所涉及的社会公共利益，应与其宗旨和业务范围具有关联性”。司法审判中法院审查社会组织是否属于《环境保护法》第58条规定的“专门从事环境保护公益活动”，应“从章程规定的宗旨和业务范围是否包含维护环境公共利益；是否实际从事环境保护公益活动；以及提起环境公益诉讼所维护的环境公共利益是否与其宗旨和业务范围具有关联性等三个方面进行认定”①。

“专门从事环境保护公益活动连续五年以上”的起算点应为开始实际从事活动而非登记之时。《环境保护法》第58条第1款规定，满足“（一）依法在设区的市级以上人民政府民政部门登记；（二）专门从事环境保护公益活动连续五年以上且无违法记录”两个要件的社会组织，可以向人民法院提起环境民事公益诉讼。由此可见，“连续五年”只出现在第二个要件当

① 中国生物多样性保护与绿色发展基金会诉宁夏瑞泰科技股份有限公司等腾格里沙漠污染系列民事公益诉讼案.（2017-03-08）[2018-05-10]. https://www.chinacourt.org/article/detail/2017/03/id/2574328.shtml.

中，仅仅针对“专门从事环境保护公益活动”而言，而不应被理解为起诉人必须自登记之日起至提起诉讼时止已连续存续满 5 年以上。在本案中，原告自然之友的登记日期为 2010 年 6 月 18 日，民办非企业单位登记书的发证日期为 2013 年 9 月 27 日，而自然之友起诉的时间为 2015 年 1 月 1 日。可见，无论自然之友的登记时间还是发证时间，都距离本案起诉时间不足 5 年。但是，自然之友的前身中国文化书院绿色文化分院早在 1993 年即已成立并开始从事环境保护公益活动，距起诉时间已超过 5 年，因此应当认定自然之友专门从事环境保护公益活动已满 5 年。

福建省南平市中级人民法院和福建省高级人民法院均支持“专门从事环境保护公益活动连续五年以上”的起算点应为开始实际从事活动之时，认为根据《环境保护法》第 58 条规定，原告自然之友系 2010 年 6 月 18 日在北京市朝阳区民政局登记成立的民办非企业单位，虽然其自登记之日起至本案起诉之日止成立不满五年，但其在登记前已经依法从事环境保护公益活动，至提起本案诉讼前从事环境保护公益活动已满五年，并无违法记录。因此，原告自然之友在本案中符合“从事环境保护公益活动连续五年以上”的主体资格要件。

（案例编辑人：吴凯杰、李欣）

【案例文书 3】绿发会诉宁夏瑞泰科技股份有限公司环境民事公益诉讼原告起诉主体资格案[①]

再审申请人（一审起诉人、二审上诉人）：中国生物多样性保护与绿色发展基金会

被告：宁夏瑞泰科技股份有限公司

审理法院：最高人民法院

案件基本情况：再审申请人中国生物多样性保护与绿色发展基金会（以下简称“绿发会”）因起诉宁夏瑞泰科技股份有限公司（以下简称“瑞泰公司”）环境污染公益诉讼一案，不服宁夏回族自治区高级人民法院

---

① 最高人民法院（2016）最高法民再 47 号民事裁定书.

(2015) 宁民公立终字第6号民事裁定，向最高人民法院（以下简称“最高法”）申请再审。最高法裁定提审本案后，依法组成合议庭进行审理。

绿发会向宁夏回族自治区中卫市中级人民法院起诉称：瑞泰公司在生产过程中违规将超标废水直接排入蒸发池，造成腾格里沙漠严重污染，截至起诉时仍然没有整改完毕。请求判令瑞泰公司：（1）停止非法污染环境行为；（2）对造成环境污染的危险予以消除；（3）恢复生态环境或者成立沙漠环境修复专项基金并委托具有资质的第三方进行修复；（4）针对第二项和第三项诉讼请求，由法院组织原告、技术专家、法律专家、人大代表、政协委员共同验收；（5）赔偿环境修复前生态功能损失；（6）在全国性媒体上公开赔礼道歉；（7）承担绿发会支出的鉴定费、差旅费、律师费等合理费用；（8）承担本案诉讼费用。

一审法院认为：绿发会的宗旨与业务范围虽然是维护社会公共利益，但其章程中并未确定该基金会可从事《环境民事公益诉讼司法解释》第4条规定的“环境保护公益活动”，且该基金会的登记证书确定的业务范围也没有从事环境保护的业务，故绿发会不能被认定为《环境保护法》第58条规定的“专门从事环境保护公益活动”的社会组织。遂依照《环境保护法》第58条、《环境民事公益诉讼司法解释》第4条、《民事诉讼法》第123条的规定，裁定对绿发会的起诉不予受理。

绿发会不服一审裁定，向宁夏回族自治区高级人民法院提起上诉称：一审法院未能正确理解“环境”及“环境保护”的概念，从而错误得出绿发会的宗旨和业务范围中没有“从事环境保护公益活动”的结论。其上诉请求为：（1）撤销一审裁定；（2）依法受理绿发会的起诉。

二审法院认为：绿发会的上诉不符合《环境保护法》第58条和《环境民事公益诉讼司法解释》第4条、第5条的规定，上诉理由不能成立。遂依照《民事诉讼法》第170条第1款第1项、第171条、第175条的规定，裁定驳回绿发会的上诉，维持一审裁定。

绿发会不服二审裁定，向最高法申请再审称：（1）二审裁定没有写明事实和理由，也没有对上诉意见进行法律分析，就认定绿发会的上诉理由不符合《环境保护法》第58条和《环境民事公益诉讼司法解释》第4条、第5条的规定，不符合民事裁定应有的内容要求，不利于环境民事公益诉讼制度的有效实施。（2）一审裁定未能正确理解“环境”以及“环境保护”的概念，错误得出绿发会的宗旨和业务范围中没有“从事环境保护公益活动”的结论。绿发会的章程中的“生物多样性保护”“绿色发展事业”“生态文明建设”“人与自然和谐”“美好家园”等表述均属于环境保护的范畴。一审裁定单纯以没有“环境保护公益活动”的文字表述为由，认定绿发会未从事环境保护公益活动，属于对法律条文的机械理解，应予纠正。（3）绿发会实际从事环境保护公益活动的情况，也印证了其章程所确定的“环境保护公益活动”的宗旨和业务范围。《环境民事公益诉讼司法解释》第4条放宽了对于社会组织专门从事环境保护公益活动的审查标准，体现了鼓励社会组织依法提起环境民事公益诉讼的司法导向。绿发会自成立以来，一直从事环境保护相关公益活动。二审裁定错误理解《环境民事公益诉讼司法解释》的上述规定，适用法律错误，故请求：（1）撤销一审裁定和二审裁定；（2）依法受理绿发会的起诉。

最高法查明：一审期间，绿发会提交了基金会法人登记证书，显示其系在中华人民共和国民政部登记的基金会法人，提交了2009—2013年度检查合格的证明材料，显示其连续5年年检合格；提交了无违法记录声明，声明其5年内未因从事业务活动违反法律、法规的规定而受到行政、刑事处罚。二审期间，绿发会提交了“生态教育校园行”“环境公益诉讼案例研讨会”“中国自然保护区可持续发展管理研修班”“中美空气净化研讨会”“赴雅江拯救五小叶槭”等活动的照片，显示其组织或者参与了有关环境保护公益活动。再审期间，绿发会提交了其历史沿革介绍，显示其前身系1985年成立的中国麋鹿基金会，曾长期从事麋鹿种群保护和繁育工作；提交了海南省海口市中级人民法院（2015）海中法环民初字第1号、青岛海事法院（2015）青海法海事初字第117号等7份立案受理通知书，显示其提起的多起环境民事公益诉讼已被立案受理；提交了2014年度检查合格证明材料，显示其2014年年检合格。

最高法认为：本案系社会组织提起的环境污染公益诉讼。再审申请人绿发会认为，一审、二审法院认定其不是“从事环境保护公益活动”的社会组织，进而裁定不予受理其起诉，构成适用法律错误。故本案应围绕绿发会是否系专门从事环境保护公益活动的社会组织这一焦点进行审理。

为保障公众有序参与环境治理、确立和救济公众环境权益、依法追究侵权行为人法律责任，《民事诉讼法》第55条规定了环境民事公益诉讼制度，明确法律规定的机关和有关组织可以提起环境公益诉讼。因环境公共利益具有普惠性和共享性，没有特定的法律上直接利害关系人，有必要鼓励、引导和规范社会组织依法提起环境公益诉讼，以充分发挥环境公益诉讼功能。《环境保护法》第58条规定：“对污染环境、破坏生态，损害社会公共利益的行为，符合下列条件的社会组织可以向人民法院提起诉讼：（一）依法在设区的市级以上人民政府民政部门登记；（二）专门从事环境保护公益活动连续五年以上且无违法记录。符合前款规定的社会组织向人民法院提起诉讼，人民法院应当依法受理。”《环境民事公益诉讼司法解释》第4条进一步明确了对于社会组织“专门从事环境保护公益活动”的判断标准，规定“社会组织章程确定的宗旨和主要业务范围是维护社会公共利益，且从事环境保护公益活动的，可以认定为环境保护法第五十八条规定的‘专门从事环境保护公益活动’。社会组织提起的诉讼所涉及的社会公共利益，应与其宗旨和业务范围具有关联性”。故对于绿发会是否可以作为“专门从事环境保护公益活动”的社会组织提起本案诉讼，应重点从其宗旨和业务范围是否包含维护环境公共利益，其是否实际从事环境保护公益活动，以及所维护的环境公共利益是否与其宗旨和业务范围具有关联性等三个方面进行审查。

（1）关于绿发会的章程规定的宗旨和业务范围是否包含维护环境公共利益的问题。

社会公众所享有的在健康、舒适、优美环境中生存和发展的共同利益，表现形式多样。对于社会组织的宗旨和业务范围中是否包含维护环境公共利益，应根据其内涵而非简单依据文字表述作出判断。即使社会组织的章程未写明维护环境公共利益，但若其工作内容属于保护各种影响人类生存和发展的天然的和经过人工改造的自然因素的范畴，包括对大气、水、海洋、土地、矿藏、森林、草原、湿地、野生生物、自然遗迹、人文遗迹、自然保护区、风景名胜区、城市和乡村等环境要素及其生态系统的保护，则均应认定其宗旨和业务范围中包含维护环境公共利益。

我国 1992 年签署的联合国《生物多样性公约》指出，生物多样性是指陆地、海洋和其他水生生态系统及其所构成的生态综合体，包括物种内部、物种之间和生态系统的多样性。《环境保护法》第 30 条规定："开发利用自然资源，应当合理开发，保护生物多样性，保障生态安全，依法制定有关生态保护和恢复治理方案并予以实施。引进外来物种以及研究、开发和利用生物技术，应当采取措施，防止对生物多样性的破坏。"可见，生物多样性保护是环境保护的重要内容，亦属维护环境公共利益的重要组成部分。

绿发会的章程中明确规定，其宗旨为"广泛动员全社会关心和支持生物多样性保护和绿色发展事业，保护国家战略资源，促进生态文明建设和人与自然和谐，构建人类美好家园"，符合联合国《生物多样性公约》和《环境保护法》保护生物多样性的要求。同时，"促进生态文明建设""人与自然和谐""构建人类美好家园"等内容契合绿色发展理念，亦与环境保护密切相关，属于维护环境公共利益的范畴。故应认定绿发会的宗旨和业务范围中包含维护环境公共利益内容。

（2）关于绿发会是否实际从事环境保护公益活动的问题。

环境保护公益活动，不仅包括植树造林、濒危物种保护、节能减排、环境修复等直接改善生态环境的行为，还包括与环境保护有关的宣传教育、研究培训、学术交流、法律援助、公益诉讼等有利于完善环境治理体系，提高环境治理能力，促进全社会形成环境保护广泛共识的活动。绿发会在本案一审、二审及再审期间提交的历史沿革、公益活动照片、环境公益诉讼立案受理通知书等相关证据材料，虽未经质证，但在立案审查阶段，足以显示绿发会自 1985 年成立以来长期实际从事包括举办环境保护研讨会、组织生态考察、开展环境保护宣传教育、提起环境民事公益诉讼在内的环境保护活动，符合《环境保护法》和《环境民事公益诉讼司法解释》的规定。同时，上述证据亦证明绿发会从事环境保护公益活动的时间已 5 年，符合《环境保护法》第 58 条关于社会组织从事环境保护公益活动应 5 年以上的规定。

（3）关于本案所涉及的社会公共利益与绿发会的宗旨和业务范围是否具有关联性的问题。

依据《环境民事公益诉讼司法解释》第 4 条的规定，社会组织提起的公益诉讼涉及的环境公共利益，应与社会组织的宗旨和业务范围具有一定关联。此项规定旨在促使社会组织所起诉的环境公共利益保护事项与其宗旨和业务范围具有对应或者关联关系，以保证社会组织具有相应的诉讼能力。因此，即使社会组织起诉的事项与其宗旨和业务范围不具有对应关系，但若与其所保护的环境要素或者生态系统具有一定的联系，亦应基于关联性标准确认其主体资格。本案环境公益诉讼系针对腾格里沙漠污染提起。沙漠生物群落及其环境相互作用所形成的复杂而脆弱的沙漠生态系统，更加需要人类的珍惜利用和悉心呵护。绿发会起诉认为瑞泰公司将超标废水排入蒸发池，严重破坏了腾格里沙漠本已脆弱的生态系统，所涉及的环境公共利益之维护属于绿发会的宗旨和业务范围。

此外，绿发会提交的基金会法人登记证书显示，绿发会是在中华人民共和国民政部登记的基金会法人。绿发会提交的 2010—2014 年度检查证明材料显示，其在提起本案公益诉讼前 5 年年检合格。绿发会还按照《环境民事公益诉讼司法解释》第 5 条的规定提交了其 5 年内未因从事业务活动违反法律、法规的规定而受到行政、刑事处罚的无违法记录声明。据此，绿发会亦符合《环境保护法》第 58 条，《环境民事公益诉讼司法解释》第 2 条、第 3 条、第 5 条对提起环境公益诉讼的社会组织的其他要求，具备提起环境民事公益诉讼的主体资格。

综上，本案一审、二审裁定认定绿发会不具备提起环境民事公益诉讼的主体资格，系对《环境保护法》《环境民事公益诉讼司法解释》以及环境保护内涵的不当理解所致，适用法律确有错误，应予纠正。绿发会再审请求成立，应予以支持。

法院裁定：依照《环境保护法》第 58 条，《民事诉讼法》第 207 条第 1 款、第 170 条第 1 款第 2 项，《环境民事公益诉讼司法解释》第 1 条，《民事诉讼法司法解释》第 407 条第 2 款、第 332 条之规定，最高法裁定如下：(1) 撤销宁夏回族自治区高级人民法院（2015）宁民公立终字第 6 号民事裁定和宁夏回族自治区中卫市中级人民法院（2015）卫民公立字第 6 号民事裁定；(2) 本案由宁夏回族自治区中卫市中级人民法院立案受理。

【知识点关联及案例点评】

本案的争议焦点是应否认定绿发会为“专门从事环境保护公益活动”的社会组织。

根据《环境保护法》第 58 条第 1 款第 2 项规定，适格社会组织应当“专门从事环境保护公益活动连续五年以上”。《环境民事公益诉讼司法解释》第 4 条进一步规定，“社会组织章程确定的宗旨和主要业务范围是维护社会公共利益，且从事环境保护公益活动的，可以认定为环境保护法第五十八条规定的‘专门从事环境保护公益活动’”。此外，这一条还规定，“社会组织提起的诉讼所涉及的社会公共利益，应与其宗旨和业务范围具有关联性”。司法审判中法院审查社会组织是否属于《环境保护法》第 58 条规定的“专门从事环境保护公益活动”，应“从章程规定的宗旨和业务范围是否包含维护环境公共利益；是否实际从事环境保护公益活动；以及提起环境公益诉讼所维护的环境公共利益是否与其宗旨和业务范围具有关联性等三个方面进行认定”①。

《环境保护法》第 58 条规定，“专门从事环境保护公益活动”是认定社会组织符合提起环境民事公益诉讼的主体资格的要件之一。《环境民事公益诉讼司法解释》第 4 条进一步明确了对于社会组织“专门从事环境保护公益活动”的判断标准，即“社会组织章程确定的宗旨和主要业务范围是维护

---

① 中国生物多样性保护与绿色发展基金会诉宁夏瑞泰科技股份有限公司等腾格里沙漠污染系列民事公益诉讼案.（2017－03－08）［2018－05－10］. https：//www. chinacourt. org/article/detail/2017/03/id/2574328. shtml.

社会公共利益，且从事环境保护公益活动的，可以认定为环境保护法第五十八条规定的‘专门从事环境保护公益活动’。社会组织提起的诉讼所涉及的社会公共利益，应与其宗旨和业务范围具有关联性”。据此，对于绿发会是否可以作为“专门从事环境保护公益活动”的社会组织提起本案诉讼，应重点从其宗旨和业务范围中是否包含维护环境公共利益，其是否实际从事环境保护公益活动，以及所维护的环境公共利益是否与其宗旨和业务范围具有关联性等三个方面进行审查。

第一，社会组织的宗旨和业务范围是否“维护环境公共利益”，应依其内涵判断而非简单依据文字表述。社会组织章程即使未写明维护环境公共利益，但若其工作内容属于保护各种影响人类生存和发展的天然和经过人工改造的自然因素的范畴，包括对大气、水、海洋、土地、矿藏、森林、草原、湿地、野生生物、自然遗迹、人文遗迹、自然保护区、风景名胜区、城市和乡村等环境要素及其生态系统的保护，均应认定其宗旨和业务范围包含维护环境公共利益。此外，根据联合国《生物多样性公约》与《环境保护法》第30条的规定，生物多样性保护是环境保护的重要内容，亦属维护环境公共利益的重要组成部分。本案中，绿发会的章程中明确规定，其宗旨为“广泛动员全社会关心和支持生物多样性保护和绿色发展事业，保护国家战略资源，促进生态文明建设和人与自然和谐，构建人类美好家园”，符合联合国《生物多样性》和《环境保护法》保护生物多样性的要求。同时“促进生态文明建设”“人与自然和谐”“构建人类美好家园”等内容契合绿色发展理念，亦与环境保护密切相关，属于维护环境公共利益的范畴。故应认定绿发会的宗旨和业务范围包含维护环境公共利益内容。

第二，社会组织实际从事了环境保护公益活动。环境保护公益活动，不仅包括植树造林、濒危物种保护、节能减排、环境修复等直接改善生态环境的行为，还包括与环境保护有关的宣传教育、研究培训、学术交流、法律援助、公益诉讼等有利于完善环境治理体系、提高环境治理能力、促进全社会形成环境保护广泛共识的活动。在本案中，绿发会在一审、二审及再审期间提交的历史沿革、公益活动照片、环境公益诉讼立案受理通知书等相关证据材料足以显示，绿发会自1985年成立以来长期实际从事举办环境保护研讨会、组织生态考察、开展环境保护宣传教育、提起环境民事公益诉讼等环境保护活动，符合《环境保护法》和《环境民事公益诉讼司法解释》的规定。

第三，案件所涉及的社会公共利益与社会组织的宗旨和业务范围应具有关联性。此项规定旨在促使社会组织所起诉的环境公共利益保护事项与其宗旨和业务范围具有对应或者关联关系，以保证社会组织具有相应的诉讼能力。因此，即使社会组织起诉的事项与其宗旨和业务范围不具有对应关系，但若与其所保护的环境要素或者生态系统具有一定的联系，亦应基于关联性标准确认其主体资格。在本案中，沙漠生物群落及其环境相互作用所形成的复杂而脆弱的沙漠生态系统，更加需要人类的珍惜利用和细心呵护。绿发会起诉认为瑞泰公司在生产过程中违规将超标废水直接排入蒸发池，严重破坏了腾格里沙漠本已脆弱的生态系统，所涉及的环境公共利益之维护属于绿发会的宗旨和业务范围。

（案例编辑人：吴凯杰、李欣）

第二节　人民检察院的主体地位

【案例文书】广州市人民检察院诉张某某、邝某某环境民事公益诉讼原告资格案[①]

公益诉讼人：广东省广州市人民检察院

被告：张某某、邝某某

审理法院：广东省广州市中级人民法院

案件基本情况：法院经审理查明，原鳌头镇中心石灰石矿厂地块面积为50 020平方米，该地块土地权利人是从化区鳌头镇中塘村大石古经济合作社农民集体。该地块1998年状貌为独立工矿用地，2005年至2008年状貌

① 广东省广州市中级人民法院（2016）粤01民初107号民事判决书.

为独立工矿用地。2009 年至 2014 年状貌为坑塘水面，属于农用地性质。

案涉水塘的航空影像图显示，自 2013 年开始案涉水塘水面就可见垃圾。2014 年 6 月，从化区环保局在行政执法过程中发现，案涉水塘因倾倒淤泥致使水塘内漂浮有大量生活垃圾。2015 年 9 月 19 日至 2015 年 10 月 18 日，从化区市容环境卫生管理局按照从化区人民政府的要求，受纳填埋处理了从案涉水塘打捞的垃圾共 265 车，合计 5 174.4 吨（10 865 立方米）。环境保护部华南环境科学研究所、广州市从化区环境监理二所、中国广州分析测试中心的监测和检验显示，案涉水塘水体的氨氮值、化学需氧量、臭气浓度均超标。广州市从化区疾病预防控制中心监测发现，案涉水塘周边农户的水井水体亦不达标。从化区畜牧兽医渔业局向广东省广州市人民检察院出具《关于渔业养殖水质标准说明的复函》，载明：根据我国渔业水质标准（GB11607—1989）规定，渔业养殖用水中非离子氨含量应小于 0.05mg/L。非离子氨是氨氮在水中的存在形式，养殖鱼塘水中氨氮含量一般不能高于 1mg/L，否则将会对养殖鱼类产生毒性，严重时导致死亡。案涉水塘水中氨氮值高达 37.6mg/L，显然已经严重超标，不再适合进行水产养殖生产。

公益诉讼人为证明案涉水塘的承包人是张某某、管理者是邝某某、上述环境污染行为系两被告共同实施，提交了相关证据。庭审中，被告邝某某承认其是案涉水塘的实际承包人、经营管理者。被告张某某认为公益诉讼人提供的证据不能证明其是案涉水塘的实际承包人，其并非案涉的责任主体。张某某为证明其并非案涉水塘的实际承包人，提供了谈话笔录和调查笔录等证据。

2016 年 7 月，受从化区国土资源和规划局的委托，环境保护部华南环境科学研究所与广东省微生物研究所（广东省微生物分析检测中心）共同出具了“环境损害鉴定评估报告”，对案涉的大石古水塘倾倒垃圾污染事件环境损害进行了鉴定评估。

被告张某某、邝某某为证明污染行为发生后，邝某某对案涉水塘进行了整治，已将水质恢复至农田灌溉水标准，提交了“工程承包合同”“工程补充协议”“大石古社废矿场污染治理协议”“广州市从化区大石古社旁废矿场黑臭治理与维护合同”以及数份监测报告，其中 pH 值、氨氮、化学需氧量、悬浮物和总磷 5 项是重点监测项目。同时被告邝某某申请广州市安某测技术有限公司的工作人员黄某出庭作证，黄某称，广州市安某测技术有限公司作为第三方单位，是受委托对案涉大石古水塘的水质和周边空气进行检测而非治理。

另查明，环境保护部华南环境科学研究所是我国环境保护部所推荐的第一批环境损害鉴定评估推荐机构名录中的鉴定机构之一，该院拥有由国家发展和改革委员会所颁发的工程咨询单位资格证书，具备对生态建设和环境工程专业进行规划咨询、评估咨询、工程项目管理等资质。

再查明，广州中院在受理公益诉讼人提起的本案诉讼后，在《广州日报》上对案件的受理情况进行了公告，公告期为 30 日。公告期届满后，没有任何符合提起环境民事公益诉讼条件的组织申请参与本案诉讼。

广州中院认为，根据《公益诉讼试点工作决定》，全国人民代表大会常务委员会授权最高人民检察院在生态环境和资源保护等领域开展提起公益诉讼试点的工作，试点地区包括广东省。随后，广东省人民检察院指定广州市人民检察院作为试点单位之一。《人民法院审理人民检察院提起公益诉讼案件试点办法》第 1 条规定：“人民检察院认为被告有污染环境、破坏生态、在食品药品安全领域侵害众多消费者合法权益等损害社会公共利益的行为，在没有适格主体提起诉讼或者适格主体不提起诉讼的情况下，向人民法院提起民事公益诉讼，符合民事诉讼法第一百一十九第二项、第三项、第四项规定的，人民法院应当登记立案。”本案中，广东省广州市人民检察院作为授权的试点检察院向广州中院提起环境民事公益诉讼，在广州中院对案件受理情况进行公告的公告期满后，没有任何符合提起环境民事公益诉讼条件的组织申请参与本案诉讼，故广东省广州市人民检察院提起本案诉讼符合上述规定，各方当事人对其主体资格亦无异议，广州中院对此予以确认。

根据各方当事人的诉辩意见，广州中院确认本案的争议焦点为：（1）张某某是否亦为案涉水塘的承包人，应否与邝某某承担共同责任；（2）案涉水塘是否应恢复至地表水质量标准中的第Ⅴ类水标准；（3）案涉水塘受污染期间的环境功能损失费用的金额如何确定。

关于第一个争议焦点。根据《关于民事诉讼证据的若干规定》第73条第1款，广州中院认为，公益诉讼人所提交证据的证明力明显大于张某某、邝某某所提供的证据的证明力，虽邝某某自认其是案涉水塘的承包人，但不能否定张某某同为案涉水塘的承包人的事实，故认定张某某、邝某某为案涉水塘的承包人。《侵权责任法》第65条规定："因污染环境造成损害的，污染者应当承担侵权责任。"《环境民事公益诉讼司法解释》第18条规定："对污染环境、破坏生态，已经损害社会公共利益或者具有损害社会公共利益重大风险的行为，原告可以请求被告承担停止侵害、排除妨碍、消除危险、恢复原状、赔偿损失、赔礼道歉等民事责任。"本案中，张某某、邝某某作为案涉水塘的承包人，准许他人向案涉水塘倾倒垃圾并从中获取利益，使案涉水塘被污染，故张某某和邝某某应就其行为共同承担相应的民事责任。

关于第二个争议焦点。《环境民事公益诉讼司法解释》第20条第1款规定："原告请求恢复原状的，人民法院可以依法判决被告将生态环境修复到损害发生之前的状态和功能。"本案中，广州中院认定案涉水塘在受污染前的水质类别为地表水。根据《地表水环境质量标准》（GB 3838—2002），地表水划分为5类，所列的各类水质量标准中最低值为第Ⅴ类，故广州中院对于公益诉讼人提出的将案涉水塘的水质恢复至地表水质量标准第Ⅴ类水标准的诉讼请求予以支持。鉴于环境民事公益诉讼的目的在于被污染的环境得到修复，根据《环境侵权责任司法解释》第14条第2款关于"污染者在生效裁判确定的期限内未履行环境修复义务的，人民法院可以委托其他人进行环境修复，所需费用由污染者承担"的规定，为确保案涉水塘的水质得到修复，如张某某、邝某某逾期未能履行上述修复义务，广州中院将选定具有专业资质的机构代为修复，该费用应由张某某、邝某某共同承担。

关于第三个争议焦点。《环境民事公益诉讼司法解释》第21条规定："原告请求被告赔偿生态环境受到损害至恢复原状期间服务功能损失的，人民法院可以依法予以支持。”本案中因案涉水塘被污染，公益诉讼人请求两被告赔偿生态环境受到损害至恢复原状期间服务功能损失的请求有事实和法律依据，广州中院予以支持。

综上所述，公益诉讼人的诉讼请求有事实和法律依据，广州中院予以支持。

法院判决：依照《侵权责任法》第 65 条，《环境民事公益诉讼司法解释》第 8 条、第 18 条、第 20 条第 1 款、第 21 条、第 24 条，《环境侵权责任司法解释》第 14 条第 2 款，《关于民事诉讼证据的若干规定》第 73 条第 1 款的规定，广州中院判决如下。

（1）自本判决生效之日起 3 个月内，被告张某某、邝某某共同修复大石古社水塘水质到地表水第Ⅴ类水标准；逾期未修复的，由人民法院选定具有专业资质的机构代为修复，修复费用由被告张某某、邝某某共同承担。

（2）自本判决生效之日起 10 日内，被告张某某、邝某某共同赔偿生态环境受到损害至恢复原状期间服务功能损失费用 1 050 万元（以上款项上缴国库，用于修复被损害的生态环境）。如果未按本判决指定的期间履行给付金钱义务，应当依照《民事诉讼法》第 253 条规定，加倍支付迟延履行期间的债务利息。

【知识点关联及案例点评】

本案中，法院认定原告广州市人民检察院具有提起环境民事公益诉讼的主体资格，具有典型意义。

《民事诉讼法》第 55 条第 1 款规定“对污染环境、侵害众多消费者合法权益等损害社会公共利益的行为，法律规定的机关和有关组织可以向人民法院提起诉讼”，但未明确“法律规定的机关”的具体指向。依照宪法的规定，人民检察院是我国的法律监督机关，是环境公共利益的代表人，因而人民检察院具有提起环境民事公益诉讼的正当性。基于此，2015 年 7 月《公益诉讼试点工作决定》规定，在部分试点地区“人民法院应当依法审理人民检察院提起的公益诉讼案件”。之后，最高人民检察院发布的《检察机关提起公益诉讼改革试点方案》和《人民检察院公益诉讼试点工作办法》

细化了人民检察院提起公益诉讼的试点工作方案。经过两年的试点工作，人民检察院提起公益诉讼案件试点工作获得丰硕成果。

目前，人民检察院提起公益诉讼案件的试点已经结束，有关立法已经明确人民检察院作为环境民事公益诉讼原告的主体资格。2017 年，全国人大常委会通过《关于修改〈中华人民共和国民事诉讼法〉和〈中华人民共和国行政诉讼法〉的决定》，在《民事诉讼法》中增加第 55 条第 2 款——“人民检察院在履行职责中发现破坏生态环境和资源保护、食品药品安全领域侵害众多消费者合法权益等损害社会公共利益的行为，在没有前款规定的机关和组织或者前款规定的机关和组织不提起诉讼的情况下，可以向人民法院提起诉讼。前款规定的机关或者组织提起诉讼的，人民检察院可以支持起诉”。2018 年 3 月 1 日，最高人民法院、最高人民检察院发布《检察公益诉讼司法解释》，对检察机关提起民事公益诉讼的规则作出一般规定。该解释已于 2018 年 3 月 2 日正式实施。

根据《公益诉讼试点工作决定》，全国人民代表大会常务委员会授权最高人民检察院在生态环境和资源保护等领域开展提起公益诉讼试点的工作，试点地区包括广东省。随后，广东省人民检察院指定广州市人民检察院作为试点单位之一。《人民法院审理人民检察院提起公益诉讼案件试点办法》第 1 条规定：“人民检察院认为被告有污染环境、破坏生态、在食品药品安全领域侵害众多消费者合法权益等损害社会公共利益的行为，在没有适格主体提起诉讼或者适格主体不提起诉讼的情况下，向人民法院提起民事公益诉讼，符合民事诉讼法第一百一十九条第二项、第三项、第四项规定的，人民法院应当登记立案。”本案中，广州市人民检察院作为授权的试点检察院向广州中院提起环境民事公益诉讼。在广州中院对案件受理情况进行公告的公告期满后，没有任何符合提起环境民事公益诉讼条件的组织申请参与本案诉讼，故广州市人民检察院提起本案诉讼符合上述规定，具有提起环境民事公益诉讼的原告资格。2017 年修改后的《民事诉讼法》第 55 条也已明确规定了检察机关的环境民事公益诉讼原告资格。

（案例编辑人：吴凯杰、李欣）

第三节　环境民事公益诉讼原告起诉顺位

【案例文书 1】江苏省南京市人民检察院诉江苏安伟再生资源有限公司、喻某某等履行诉前程序后自行起诉环境民事公益诉讼案①

公益诉讼起诉人：江苏省南京市人民检察院

被告：江苏安伟再生资源有限公司、喻某某、赵某某、刘某某、纪某某

审理法院：江苏省南京市中级人民法院

案件基本情况：公益诉讼起诉人江苏省南京市人民检察院（以下简称“南京市检察院”）与被告江苏安伟再生资源有限公司（以下简称“安伟公司”）、喻某某等环境污染公益诉讼一案，于 2016 年 12 月 30 日立案受理后，法院依法适用普通程序，于 2017 年 1 月 3 日公告案件受理情况。在公告期限届满后，未收到其他机关或社会组织参加诉讼的申请。

事实和理由：2016 年 5 月 23 日，江苏省南京市雨花台区环境保护局接到公民举报，对位于南京市雨花台区雄风路 307 号的安伟公司进行检查，发现该公司无资质从事废旧电池回收，无防渗漏措施，厂房内有积水，部分积水呈酸性；擅自在厂房外下水口倾倒酸液，厂房外下水沟内废水呈酸性。该局遂在该公司厂房外雨水排放窨井内采集水样，对安伟公司采取查封措施，现场查封废旧电池约 20 吨、叉车一辆及账本，并责令安伟公司立即停止经营。同年 5 月 24 日，南京市雨花台区环境保护监测站出具（2016）环监（水）字第（050）号监测报告，载明：安伟公司排水口水质状况为 pH 值 1.32，铅 7.09mg/L。2016 年 11 月 21 日，南京市建邺区人民法院作出（2016）苏 0105 刑初 370 号刑事判决，认定安伟公司、喻某某、赵某某违反国家规定，倾倒、处置有毒、有害物质，严重污染环境，其行为已构成污染环境罪。后检察机关在履职过程中进一步调查查明，安伟公司于 2016 年 1 月 29 日领取企业法人营业执照，经营范围为再生资源、废旧物资回收等，

① 江苏省南京市中级人民法院（2016）苏 01 民初 1313 号民事判决书.

无废旧电池回收、处理废酸等危险废物的经营许可证。在安伟公司经营期间收购的废旧电池中，行业通称“大白”“管式”（或“含水”）的两种含有铅酸液的废旧电池共计约204.11吨。另查明，安伟公司成立前，喻某某、刘某某、纪某某合伙从事废旧电池回收，其中2014年1月至2016年1月23日期间共收购“大白”“管式”（或“含水”）两种含有铅酸液的废旧电池共计1 447.2吨。上述废旧电池中分别约有31.15吨、218.46吨，合计249.61吨未经处理的、含有大量重金属铅的强酸液，均在安伟公司、喻某某、赵某某、刘某某、纪某某二次销售前被非法倾倒，造成环境被严重污染。

南京市检察院主张：安伟公司及喻某某、赵某某、刘某某、纪某某无回收废旧电池资质从事回收业务，且明知其中的铅酸液属危险废物，会对环境造成严重污染，为追求更大利润仍将铅酸液非法倾倒。经环保部门检测水质状况，pH值为1.32，铅含量为7.09mg/L，已严重超过国家含铅废水排放企业执行标准《电池工业污染物排放标准》（GB 30484—2013）和《污水综合排放标准》（GB 8978—1996）的排放限值，破坏了国家生态环境，损害了社会公共利益，应当承担污染修复和生态恢复的损害赔偿责任。南京市检察院依法决定立案审查，并于2016年10月14日在《江苏法制报》刊发了公告。公告期间虽有两公益组织向南京市检察院寄送了书面申请，表示愿意作为原告向人民法院提起民事公益诉讼，但后又撤回申请。因无符合公益诉讼主体资格的组织起诉，社会公共利益仍处于受侵害状态，南京市检察院根据《民事诉讼法》第55条、《公益诉讼试点工作决定》和《人民检察院公益诉讼试点工作办法》第14条的规定，向法院提起诉讼，请求法院依法判决。

针对本案诉前程序，南京市检察院提交了2016年10月14日在《江苏法制报》上刊登的督促社会组织提起公益诉讼的公告、两家社会组织的回函，以证明本案诉前程序合法。对此各被告不持异议，法院予以确认。

1. 关于损害社会公共利益的事实是否存在及如何认定的问题

（1）公益诉讼起诉人的起诉意见书认定被告安伟公司、喻某某、赵某某在安伟公司成立后收购行业通称“大白”“管式”（或“含水”）的两种含有铅酸液的废旧电池共计约 204.11 吨，其中约 31.15 吨含有大量重金属铅的强酸液被非法倾倒，是否有事实依据？

根据南京市雨花台区人民检察院向新春兴公司调查中所取得的质检细则、收购记录、原始入库单和试验报告，环保部门的水质检测报告，安伟公司、喻某某、赵某某在公安机关调查时及本案庭审中认可安伟公司成立后倾倒铅酸液的陈述，结合庭审中专家的意见，法院认定，2016 年 1 月 29 日至 5 月 28 日，安伟公司成立后倾倒的铅酸液数量应为：“大白”18.33 吨［“大白”电池销售总重量（110.71＋1.95）吨×18％－1.95 吨（已扣杂重量）］＋“管式”11.76 吨［“管式”电池销售总重量（83.42＋0.89）吨×15％－0.89 吨（已扣杂重量）］＝30.09 吨。根据出售废旧电池给安伟公司的刘某乙、刘某甲在公安机关调查时的笔录，该二人向安伟公司出售废旧电池时已将其中的铅酸液倒掉，故应扣减该二人向安伟公司出售的“大白”“管式”废旧电池倾倒铅酸液的重量。南京市检察院、安伟公司、喻某某、赵某某对此均予以认可。杨某甲、喻某等人在公安机关的调查笔录中，未明确讲明在出售前自己倾倒了铅酸液，南京市检察院认为不足以作为扣减证据，故不应扣减。根据庭审中安伟公司提交的证据，应扣减的铅酸液重量为：刘某乙（“大白”5.654 吨×18％）＋（“管式”5.453 吨×15％）＋刘某甲（“大白”9.771 吨×18％）＋（“管式”23.734 吨×15％）＝7.15 吨。故安伟公司成立后倾倒的铅酸液数量实为 30.09 吨－7.15 吨＝22.94 吨。

（2）公益诉讼起诉人的起诉意见书认定 2014 年 1 月至 2016 年 1 月 23 日期间，喻某某、赵某某共收购“大白”“管式”（或“含水”）两种含有铅酸液的废旧电池共计 1 447.2 吨，其中 218.46 吨含有大量重金属铅的强酸液被非法倾倒，是否具有事实依据？

鉴于南京市检察院在诉讼中仅提交公安机关至新春兴公司调查的收购记录、原始入库单和试验报告等证据，未提交三人合伙期间有倾倒铅酸液行为的证据，以及（2017）苏 01 刑抗 2 号刑事判决书只将喻某某在安伟公司成立前的 2014 年 1 月至 2016 年 1 月期间，无危险废物经营许可证，从事废旧电瓶回收并作销售处理的非法经营行为作为刑事犯罪案件的酌定情节，并未认定为喻某某犯罪事实，结合本案庭审中，证人喻某、曹某证明未看到三人合伙期间有倾倒铅酸液行为的陈述，法院认定，现有证据不足以证明喻某某、刘某某、纪某某三人合伙期间倾倒了218.46吨铅酸液。

2. 关于损害社会公共利益赔偿责任承担主体如何确定问题

(1) 安伟公司成立后，安伟公司、喻某某、赵某某是否应当对污染环境承担连带赔偿责任？

《侵权责任法》第4条第1款规定："侵权人因同一行为应当承担行政责任或者刑事责任的，不影响依法承担民事责任。"第8条规定："二人以上共同实施侵权行为，造成他人损害的，应当承担连带责任。"因(2017)苏01刑抗2号刑事判决书认定安伟公司、喻某某、赵某某的行为均构成污染环境罪，且属共同犯罪，故本案应认定安伟公司、喻某某、赵某某在安伟公司成立后，共同实施了倾倒铅酸液的侵权行为，安伟公司、喻某某、赵某某应为本案环境侵权赔偿责任主体，依法应承担连带赔偿责任。

(2) 刘某某、纪某某是否应当作为本案共同被告与被告喻某某共同承担合伙期间污染环境所造成的损失？

《民事诉讼法》第132条规定："必须共同进行诉讼的当事人没有参加诉讼的，人民法院应当通知其参加诉讼。"《民事诉讼法司法解释》第73条规定："必须共同进行诉讼的当事人没有参加诉讼的，人民法院应当依照民事诉讼法第一百三十二条的规定，通知其参加；当事人也可以向人民法院申请追加。人民法院对当事人提出的申请，应当进行审查，申请理由不成立的，裁定驳回；申请理由成立的，书面通知被追加的当事人参加诉讼。"本案中，公益诉讼起诉人的起诉意见书认定2014年1月至2016年1月23日期间，喻某某、赵某某共收购"大白""管式"(或"含水")两种含有铅酸液的废旧电池共计1 447.2吨，其中218.46吨含有大量重金属铅的强酸液被非法倾倒。但这期间的收购及销售废旧电池行为有证据证明系喻某某、刘某某、纪某某三人合伙期间的经营行为。不追加刘某某、纪某某为本案共同被告，就无法查清该三人合伙期间是否向外倾倒了铅酸液，是否应当承担因污染环境的赔偿责任，故法院依法追加刘某某、纪某某为本案共同被告符合法律规定。《侵权责任法》第 66 条规定："因污染环境发生纠纷，污染者应当就法律规定的不承担责任或者减轻责任的情形及其行为与损害之间不存在因果关系承担举证责任。"但是，法律规定环境污染责任纠纷中实行因果关系的举证倒置原则，并不意味着所有的举证责任都由污染者承担，原告亦有责任证明污染者存在污染行为、损害事实的发生及与污染者有关联等。在环境侵权行为的构成要件中，除因果关系这一核心要件的举证责任倒置之外，侵权行为和损害事实这两个构成要件的举证责任并未倒置，仍然要由原告承担，因此，在适用因果关系证明责任倒置时还存在一个前提，即首先应由原告承担对侵权行为和损害事实的证明责任，只有在这两个要件事实被证实之后，被告才应对因果关系要件事实进行证明。原告未完成对前两个基础要件事实的证明，就要在法律上承担败诉后果。本案中，南京市检察院未能提供充足证据证明三人合伙期间有向外倾倒铅酸液的侵权行为，故其要求刘某某、纪某某与喻某某共同承担三人合伙期间污染环境所造成损失的诉讼请求，法院不予支持。

3. 关于赔偿方式和赔偿数额如何确定问题

虚拟治理成本是指工业企业或污水处理厂治理等量的排放到环境中的污染物应该花费的成本，即污染物排放量与单位污染物虚拟治理成本的乘积，而非被告安伟公司、喻某某、赵某某所称的新春兴公司正常处理未排放到环境中的铅酸液的成本。故对于被告安伟公司、喻某某、赵某某所称"安伟公司倾倒的铅酸液造成的环境污染所需承担的治理费用应以新春兴公司每吨实际需要花费 300 元的费用进行计算"的辩论意见，法院不予采纳。苏州星火公司系距南京较近的、由江苏省环境保护厅颁发危险废物经营许可证的企业，其提供的含铅废液（HW－31）报价 3 500 元/吨（含运输费）系市场价格，故南大环规院所作出的环境损害鉴定评估报告中以3 000元/吨作为虚拟治理成本的计算标准并无不当。

结合南大环规院所出具的环境损害鉴定评估报告和庭审中环境资源专家的意见及南京市检察院的起诉意见，本案应以虚拟治理成本的 4.5 倍计算生态环境赔偿数额，即安伟公司在经营期间非法倾倒铅酸液行为所应赔偿的生态环境修复费用为22.94吨×3 000元/吨×4.5=30.969万元。

综上所述，法院认为，被告安伟公司、喻某某、赵某某无资质从事收购废旧蓄电池业务，且明知其中的铅酸液属危险废物，会对环境造成严重污染，仍为一己私利，无视社会公共利益，将铅酸液非法倾倒在4类水环境功能区，导致地下水pH值超过国家规定排放标准7倍以上，对周边环境造成极大的损害，应依法承担生态环境修复费用，并应承担南京市检察院为本案支付的鉴定评估费用。南京市检察院主张被告安伟公司、喻某某、赵某某应以虚拟治理成本的3～4.5倍承担生态环境修复费用，具有事实和法律依据，法院予以支持。被告喻某某、刘某某、纪某某虽然于2014年1月至2016年1月23日无资质回收废旧电池的情况下，合伙经营废旧电池回收并销售，但现有证据尚不能完全证明三人合伙期间将废旧电池的铅酸液向外倾倒，故南京市检察院请求“判令喻某某、刘某某、纪某某赔偿生态环境修复费用，以虚拟治理成本655 380元的3～4.5倍计算赔偿数额”的诉讼请求，法院不予支持。

法院判决：经法院审判委员会讨论决定，依照《侵权责任法》第4条第1款、第8条、第15条第6项、第65条，《民事诉讼法司法解释》第108条，《环境民事公益诉讼司法解释》第20条第2款、第22条、第23条的规定，判决如下。

（1）被告安伟公司、喻某某、赵某某于本判决生效后30日内赔偿生态环境修复费用30.969万元，支付至公益诉讼起诉人南京市检察院账户（户名：南京市检察院暂扣案款专户；账号：08×××49；开户行：南京银行营业部）。如果未按本判决指定的期间履行给付金钱义务，应当依照《民事诉讼法》第253条规定，加倍支付迟延履行期间的债务利息。

（2）被告安伟公司、喻某某、赵某某于本判决生效后30日内连带支付公益诉讼起诉人南京市检察院鉴定评估费5万元（户名：南京市检察院暂扣案款专户；账号：08×××49；开户行：南京银行营业部）。

（3）驳回公益诉讼起诉人南京市检察院的其他诉讼请求。

案件受理费 4 645 元由被告安伟公司、喻某某、赵某某承担，于本判决生效后 10 日内支付至江苏省南京市中级人民法院账户。

【知识点关联及案例点评】

本案涉及检察机关履行环境民事公益诉讼公告程序，"寻找"法律规定的机关和有关组织作为原告起诉的程序机制，具有典型意义。

根据《环境保护法》第 58 条、《民事诉讼法》第 55 条、《环境民事公益诉讼司法解释》第 1 条的规定，有关组织和人民检察院均具有提起环境民事公益诉讼的原告资格。现有规定对这两种类型原告的诉讼顺位作出了制度安排，即环境民事公益诉讼先由社会组织起诉；社会组织不起诉的，由人民检察院提起环境民事公益诉讼。《人民检察院公益诉讼试点工作办法》第 13 条第 1 款规定："人民检察院在提起民事公益诉讼之前，应当履行以下诉前程序：（一）依法督促法律规定的机关提起民事公益诉讼；（二）建议辖区内符合法律规定条件的有关组织提起民事公益诉讼。有关组织提出需要人民检察院支持起诉的，可以依照相关法律规定支持其提起民事公益诉讼。"《检察公益诉讼司法解释》第 13 条第 1 款规定，人民检察在履行职责中发现破坏生态环境损害社会公共利益的行为，拟提起公益诉讼的，应当依法公告。因此，本案中人民检察院通过登报的方式履行诉前程序，符合现行规定。实践中，检察机关公告的方式较多样化，既可以通过报纸、电视台、电台等传统媒体，也可通过检察工作或公益诉讼相关的专门网站、微博、微信公众号等，发出相关"寻找"原告的信息。人民检察院通过公告方式"寻找"原告，应当面向全国范围内符合法定条件的社会组织。

（案例编辑人：梁晓敏、李欣）

【案例文书 2】江苏省徐州市人民检察院诉鸿顺造纸有限公司履行诉前程序后自行起诉环境民事公益诉讼案[①]

公益诉讼人：江苏省徐州市人民检察院

被告：徐州市鸿顺造纸有限公司

---

① 江苏省徐州市中级人民法院（2015）徐环公民初字第 6 号民事判决书.

审理法院：江苏省徐州市中级人民法院

案件基本情况：公益诉讼人江苏省徐州市人民检察院（以下简称“徐州市人民检察院”）与被告徐州市鸿顺造纸有限公司（以下简称“鸿顺公司”）环境污染公益诉讼一案，法院于2015年12月28日受理后，于2015年12月31日公告案件受理情况。在公告期届满后，并未收到其他机关或社会组织参加诉讼的申请。

法院经审理查明，2013年4月27日，徐州市铜山区环境保护局柳新环境监察中队经现场监察发现鸿顺公司年产6万吨高强瓦楞纸项目存在“厂区南侧有暗排口，直接排入砖厂的废坑及周围沟渠，有废水排放的现象。污水处理设施不能正常运转，生产厂区环境混乱”等问题，并向鸿顺公司发出环境监察建议书，建议该公司立即停止违法排放行为、停产整改。2013年5月10日，徐州市铜山区环境保护局再次现场监察，记录显示：该公司未生产，污水处理厂部分运行，暗排管已封堵，无漏水现象。现场环境监察意见为：恢复生产时告知环保部门，加强管理，严禁超标污水进入苏北堤河。

2014年4月5日至6日，鸿顺公司私设暗排管违法排放未经处理的生产废水600吨，污水汇入苏北堤河。徐州市铜山区环境保护局2014年4月18日作出铜环责改字〔2014〕21号责令改正环境违法行为决定书，责令该公司立即拆除暗排管。2014年5月12日，徐州市铜山区环境保护局向鸿顺公司发出铜环罚字〔2014〕25号行政处罚决定书，对鸿顺公司处以人民币5万元的罚款。2014年8月14日，鸿顺公司缴纳5万元罚款。2014年8月18日，徐州市铜山区环境保护局进行环境行政执法后督察现场检查，记录显示：该公司已停止年产6万吨高强瓦楞纸技改项目的生产行为，暗排管已拆除，罚款已缴清。

2015年2月24日至25日，鸿顺公司临时设置直径为20厘米的铁质排放管，将未经处理的生产废水经该公司污水处理厂南侧排入苏北堤河，排放量为2 000吨，污染周边环境。徐州市铜山区环境监测站于2015年2月25日对该公司的外排废水进行采水样监测，数据显示“化学需氧量为1 180mg/L，氨氮为28.2mg/L，总磷为1.60mg/L”，比《纸浆造纸工业水污染物排放标准》（GB3544—2008）表2标准分别超标12.1倍、2.5倍、1倍。2015年3月12日，徐州市铜山区环境保护局作出铜环罚字〔2015〕6号行政处罚决定书，对鸿顺公司处以人民币10万元的罚款。2015年3月12日，徐州市铜山区环境保护局作出涉嫌环境违法适用行政拘留处罚移送书，将案件移送公安机关。2015年3月25日至4月4日，鸿顺公司经理王某奎被公安机关行政拘留10日。2015年4月27日，鸿顺公司缴纳罚款10万元。

另查明，公益诉讼人为调查取证，支付专家咨询费用3 000元。

经公益诉讼人及被告当庭确认，本案的争议焦点是：（1）被告应否承担恢复原状的法律责任？（2）公益诉讼人主张被告2014年、2015年两次排放的共计2 600吨生产废水，相应的生态环境修复费用为26.91万元，能否成立？（3）公益诉讼人主张如被告不能将其污染的环境恢复原状，则应赔偿生态环境修复费用及生态环境受到损害至恢复原状期间的服务功能损失，其数额以26.91万元为基数计算3～5倍，是否具有事实和法律依据？（4）被告已缴纳的行政罚款15万元应否在本案的赔偿中予以抵扣？

1. 关于被告应否承担恢复原状民事责任的问题

法院认为：被告违反《水污染防治法》等法律规定，先后在2013年、2014年、2015年连续3次违法排放废水，且2014年、2015年排放的废水直接排入苏北堤河，造成环境污染。依据损害担责原则，被告应依法承担相应的法律责任。

从监测记录来看，虽然监测过程中分别取距离污染源远近不同的5个监测点进行监测后予以评价，但监测结论仍应以被告外排的废水为准，外排废水经流后稀释、淡化是必然结果，不能以此认为未对环境造成损害或损害程度较小。被告认为环保部门的监测数据显示苏北堤河水样超标程度不高，进而认为污染程度很轻的主张不能成立。

污染源必然因河水流动而向下游扩散，倾倒处的水质即便好转也不意味着地区水生态环境已修复或好转。对于地区生态环境而言，依然有修复的必要。无论客观上被告是否有能力将生态环境恢复原状或是否能够提出修复方案，都不能对抗其承担责任的事实和法律依据，不能成为其不承担恢复原状责任的理由。即使现在苏北堤河的水质已达标准、不需修复，依然需要用替代修复方案对地区生态环境进行修复，被告依然需要承担替代修复责任。本案中，鉴于被告已明确表示没有能力将环境恢复原状，亦不能提出修复方案，为确保生态环境修复的实现，依据《环境民事公益诉讼司法解释》第20条规定，本案中可以直接确定被告所应承担的生态环境修复费用来替代恢复原状的责任。

2. 关于非法排放2 600吨废水产生的生态环境修复费用计算问题

根据双方申请的技术专家的当庭陈述，技术专家均认可对于本案生态环境修复费用可按照环境保护部《关于开展环境污染损害鉴定评估工作的若干意见》（环发〔2011〕60号）和《环境损害鉴定评估推荐方法》（第Ⅱ版），采用“虚拟治理成本法”确定。根据《环境损害鉴定评估推荐方法》（第Ⅱ版），所谓虚拟治理成本是指工业企业或污水处理厂治理等量的排放到环境中的污染物应该花费的成本，即污染物排放量与单位污染物虚拟治理成本的乘积。单位污染物虚拟治理成本是指突发环境事件发生地的工业企业或污水处理厂的单位污染物治理平均成本。在量化生态环境损害时，可以根据受污染影响区域的环境敏感程度分别乘以一定的倍数作为环境损害数额的上下限值。

双方申请的技术专家均认为：苏北堤河的水质应执行《地表水环境质量标准》（GB3838—2002）灌溉功能要求的Ⅴ类水质标准，生态环境损害数额倍数取值范围为1.5～3倍。同时，双方技术专家对鸿顺公司2014年及2015年两次违法排放共计2 600吨污水、所排放生产污水的每吨治理单价为50元亦无分歧，分歧仅在于倍数的确定，即公益诉讼人申请的技术专家提出2 600吨均按2.07确定倍数，被告申请的技术专家提出2015年2 000吨按2.0确定、2014年600吨按1.9确定。公益诉讼人申请的技术专家认为：被告2014年的生产工艺与2015年的相同，排放的污染物及对环境造成的损害应该是相同的，故应取相同的倍数。被告申请的技术专家认为：2014年排放的600吨废水，缺乏对水质的分析，又由于时间较为久远，不确定因素较多，考虑物价变化等情况，建议倍数取值略低。

法院认为，被告2014年及2015年两次违法排放2 600吨污水，所排放生产污水每吨治理单价为50元，有相应证据予以证实，双方均无异议，可以确认。根据双方意见，结合本案实际情况，本案可采用《环境损害鉴定评估推荐方法》（第Ⅱ版）中的“虚拟治理成本法”确定生态环境修复费用。

对于2015年排放的2 000吨废水环境损害数额计算倍数的确定，双方申请出庭的技术专家意见并不存在较大差距，但被告提出取第Ⅴ类地表水的下限值1.5倍缺乏合理性。考虑到本次污染物主要是有机废水且以耗氧物为主，其修复需要一定周期、具有一定难度，经流沟渠汇入苏北堤河对周边环境造成了一定程度的破坏，法院认为，综合考虑本次污染行为的污染物成分、被破坏的生态环境状况等因素，可以取双方申请的技术专家意见关于倍数取值的平均值即2.035倍，作为本次生态环境损害数额的倍数取值。

至于2014年被告违法排放生产污水600吨所造成的生态环境损害数额，环保部门在查处时未进行水质监测，被告亦称不能提供相应证据证实该次排放污染物的具体情况。鉴于被告的生产工艺、受污染环境情况与2015年的基本相同，虽被告申请的技术专家提出不同意见，但在被告没有其他相反证据证明的情况下，倍数取值应与2015年的一致，即2.035。

因此，法院确认被告2014年及2015年两次共计违法排放2 600吨污水，按照“虚拟治理成本法”计算的生态环境修复费用为2 600×50×2.035＝264 550（元）。

3. 关于全案损害赔偿数额认定问题

为查明案件事实，法院于2016年3月21日依法组织公益诉讼人、被告进行现场查看，确认被告2013年4月、2014年4月、2015年2月三次违法排污的地点、外环境情况、被告目前的污水处理设备运行情况，并制作现场查看视频及现场示意图。公益诉讼人及被告对上述视频及示意图予以确认。

根据双方当事人针对本争议焦点的举证及质证意见，双方当事人对证据的真实性均无异议，可以将其作为认定案件事实的依据。

结合当事人陈述及法院现场查看情况，法院另查明与本争议焦点有关的以下事实。

鸿顺公司年产6万吨高强瓦楞纸技改项目环境影响报告于2008年8月20日经徐州市环境保护局徐环项〔2008〕75号文件批复，各类污染物年排放总量初步核定为：废水量≤195 030吨/年，COD≤33.54吨/年，SS≤33.54吨/年。2009年9月，徐州市环境保护局委托铜山县（即现铜山区）环境保护局对上述技改项目进行环保设施竣工验收。2009年9月，鸿顺公司的污染物排放监测计量装置已与铜山县（即现铜山区）环境保护局监控中心联网，实现了对废水排放总量和COD的连续监测，做到了数据实时传输。江苏省环境保护厅2014年12月给被告颁发的排放污染物许可证规定，执行《纸浆造纸工业水污染物排放标准》（GB3544—2008）表2中“制浆和造纸联合生产企业”排放标准，废水排放总量限值为19.5万吨/年。根据环评要求，被告的生产废水不能排放到地面水体，只能用于回用或者灌溉。

苏北堤河主要沿35米等高线，自沛县龙固向南，到铜山区张谷山入顺堤河后进入京杭运河不牢河段。苏北堤河铜山段，河道位于徐沛运河与顺堤河之间，全长23.56千米，是徐州市铜山区湖西地区灌溉排涝的主要河道之一。苏北堤河柳新（江苏省徐州市铜山区柳新镇）段，全长5.1千米，沿线有多条中沟与桃园河相通，是柳新镇魏庄大沟以南桃园河以北地区的一条排涝结合农田灌溉的河道。

鸿顺公司位于徐州市铜山区柳新镇，成立于1990年，现注册资本6 000万元，2010年至2012年间该公司曾被民政部门登记为社会福利企业，至2015年12月，仍有部分××*人职工。2013年至2015年间，鸿顺公司运行上述年产6万吨高强瓦楞纸技改项目，正常生产经营。

法院认为：

（1）根据本案事实，在确定被告所应承担的生态环境修复费用时，应不限于2 600吨污水的排放行为所造成的环境损害数额，而应酌情考虑相关

* 判决书原文。

因素，予以合理确定。《环境民事公益诉讼司法解释》第23条规定，生态环境修复费用难以确定或者确定具体数额所需鉴定费用明显过高的，人民法院可以结合污染环境、破坏生态的范围和程度、生态环境的稀缺性、生态环境恢复的难易程度、防治污染设备的运行成本、被告因侵害行为所获得的利益以及过错程度等因素，并可以参考负有环境保护监督管理职责的部门的意见、专家意见等，予以合理确定。本案中，被告2014年4月及2015年2月两次被行政查处，其违法排放的生产废水分别为600吨、2 000吨，但2013年4月被告违法排放生产废水的数量并不确定。从被告年产6万吨高强瓦楞纸技改项目的环境影响报告、建设项目竣工环境保护验收申请表等证据看，被告运行的生产设备每天废水排放量最高可达960吨，按照排污许可证最多每年也可有19.5万吨的污水排放量。经法院依法释明，被告亦不能提供近年的产量、污水产生量、防治污染物设施建设和运行情况等相关证据证明其违法排污量仅限于2 600吨。根据《民事诉讼法司法解释》第108条规定，法院确信被告的实际排污量远大于2 600吨的事实具有高度可能性。

从公益诉讼人提供的被告税务报表等证据看，被告在2013年至2015年间处于正常生产经营状态。被告自认高强瓦楞纸市场价在2 000～2 100元/吨，以年产6万吨的生产规模看，被告具有相对较大的生产规模，亦可能获得较高的经营利益。每吨50元的防治污染设备运行成本，意味着违法偷排能获取较高的非法利益。从行政机关查处的被告连续3年、3次违法排污情况看，被告都是故意违法，且采用偷埋、私设暗排管等方式实施违法行为。被告为追求利益最大化，多次故意实施违法排污行为，在环保部门给予环境监察建议、处以罚款后，仍加大违法排污量，实施环境污染行为。可见，被告的主观过错较为明显。

环境侵权行为及后果的复杂性、长久性、隐蔽性、迁移性等特点，导致其危害性强、损害范围广且难以及时固定证据。根据法院确认的事实，不能仅就2 600吨的排污事实确定被告的赔偿责任。鉴于被告的实际排污量及对生态环境实际造成的损害大小难以准确确定，本案应根据上述司法解释的规定，综合考虑案件事实及相关因素，酌情合理确定生态环境修复费用。

（2）在确定被告所应承担的赔偿数额时，应将生态环境受到损害至恢复原状期间的服务功能损失作为酌定因素。《环境民事公益诉讼司法解释》第21条规定，原告请求被告赔偿生态环境受到损害至恢复原状期间服务功能损失的，人民法院可以依法予以支持。所谓生态环境受到损害至恢复原状期间的服务功能损失即期间损失，据《环境损害鉴定评估推荐方法》（第Ⅱ版），是指生态环境损害发生至生态环境恢复到基线状态期间，生态环境因其物理、化学或生物特性改变而导致向公众或其他生态系统提供服务的丧失或减少，即受损生态环境从损害发生到其恢复至基线状态期间提供生态系统服务的损失量。

恢复原状或赔偿生态环境修复费用只考虑了生态环境交换价值的恢复，没有考虑生态环境使用价值的损失。本案中，仅就遭受损害的苏北堤河而言，在生态环境受到损害至恢复原状期间，其所承担的沿线灌溉和排涝等功能必然受到影响。公益诉讼人申请出庭的技术专家提出：高浓度水排入后会存在灌溉时引的水不能符合灌溉需要，河流功能就受影响，排涝过程中苏北堤河和京杭运河是相通的，就会影响京杭运河的水质，同时也会影响京杭运河的功能。双方申请出庭的技术专家均认为：本案的期间损失客观存在，但是难以准确计算。对此，法院认为，鉴于本案受污染环境的复杂性、功能的多样性，按照《环境损害鉴定评估推荐方法》（第Ⅱ版），服务功能损失在本案中也是难以准确计算的。鉴于此项损失客观存在，在确定被告所应承担的赔偿费用时，应予以酌情考虑。

4. 关于被告接受行政处罚已缴纳的15万元罚款应否在本案赔偿数额中予以抵扣的问题

法院认为，被告因行政违法而被行政机关处以行政处罚，并不影响其民事责任的承担。被告主张直接抵扣赔偿数额没有法律依据，但在确定本案中被告所应承担的环境污染责任时，被行政机关处罚的情况也是一个酌定因素，故对被告已缴纳15万元行政罚款的事实可酌情予以综合评判。

综上所述，法院认为，公益诉讼人主张被告应以2 600吨废水造成的生态环境损害数额为基数在 3 至 5 倍区间承担最终赔偿数额，具有事实和法律依据，亦具有合理性。综合考虑已查明的具体污染环境情节、被告的违法程度及主观过错程度、防治污染设备的运行成本、被告的生产经营情况及因侵害行为所获得的利益、污染环境的范围和程度、生态环境恢复的难易程度、生态环境的服务功能等因素，法院酌情确定被告所应当承担的生态环境修复费用及生态环境受到损害至恢复原状期间服务功能损失共计为 105.82 万元，并应承担公益诉讼人为本案支付的专家费用 3 000 元。

法院判决：依照《侵权责任法》第 15 条第 5 项、第 6 项和第 65 条，《环境民事公益诉讼司法解释》第 13 条、第 15 条、第 20 条、第 21 条、第 22 条、第 23 条，《人民法院审理人民检察院提起公益诉讼案件试点办法》第 2 条、第 3 条、第 4 条，《民事诉讼法司法解释》第 108 条之规定，判决如下：

（1）被告鸿顺公司于本判决生效后 30 日内赔偿生态环境修复费用及生态环境受到损害至恢复原状期间服务功能损失共计人民币 105.82 万元，支付至徐州市环境保护公益金专项资金账户。

（2）被告鸿顺公司于本判决生效后 10 日内支付公益诉讼人为本案支付的合理费用人民币 3 000 元。

案件受理费 14 324 元，由被告鸿顺公司负担。

如果未按判决指定的期间履行给付金钱义务，应当依照《民事诉讼法》第 253 条之规定，加倍支付迟延履行期间的债务利息。

【知识点关联及案例点评】

本案的典型意义在于检察机关履行诉前程序后，自行提起环境民事公益诉讼。

现有规定对两种类型原告的诉讼顺位作出了制度安排：人民检察院作为原告提起环境民事公益诉讼需要履行诉前程序，即环境民事公益诉讼先由社会组织起诉；社会组织不起诉的，人民检察院再提起环境民事公益诉讼。《人民检察院公益诉讼试点工作办法》第 14 条规定：“经过诉前程序，法律规定的机关和有关组织没有提起民事公益诉讼，或者没有适格主体提起诉讼，社会公共利益仍处于受侵害状态的，人民检察院可以提起民事公益诉讼。”《检察公益诉讼司法解释》第 13 条第 2 款规定，公告期满，法律规定的机关和有关组织不提起诉讼的，人民检察院可以向人民法院提起诉讼。人民检察院履行诉前程序后，有关社会组织没有提起民事公益诉讼或者没有适格主体提起诉讼，则人民检察院可以提起民事公益诉讼。

本案中徐州市人民检察院通过“点对点”的方式，向徐州市符合提起环境民事公益诉讼主体资格的三家环保社会组织发出了督促起诉意见书，告知其有权向人民法院提起诉讼。人民检察院履行民事公益诉讼诉前程序时还应注意履行程序的范围。在司法实践中，人民检察院履行诉前公告程序时应当面向全国符合法定条件的社会组织。

（案例编辑人：梁晓敏、李欣）

【案例文书 3】绿发会申请作为共同原告参加诉讼后原起诉人盐城市人民检察院撤诉之环境民事公益诉讼案[①]

原告：中国生物多样性保护与绿色发展基金会

被告：扬州市邗江腾达化工厂、东台市奥凯化工物资贸易有限公司、江苏宝众宝达药业有限公司、泰兴市康鹏专用化学品有限公司、江苏大华化学工业有限公司、江苏美乐肥料有限公司、张某某

审理法院：江苏省盐城市中级人民法院

案件基本情况：公益诉讼人江苏省盐城市人民检察院与被告扬州市邗江腾达化工厂（以下简称“腾达化工厂”）、东合市奥凯化工物资贸易有限公司（以下简称“奥凯公司”）、江苏宝众宝达药业有限公司（以下简称“宝众宝达公司”）、泰兴市康鹏专用化学品有限公司（以下简称“康鹏公司”）、江苏大华化学工业有限公司（以下简称“大华公司”）、江苏美乐肥料有限公司（以下简称“美乐公司”）、张某某环境污染责任纠纷公益诉讼一案，法院于 2016 年 6 月 20 日立案后，依法适用普通程序并组成合议

① 江苏省盐城市中级人民法院（2016）苏 09 民初 117 号民事判决书.

庭，于6月24日公告案件受理情况。6月28日，中国生物多样性保护与绿色发展基金会（以下简称“绿发会”）申请参加诉讼，经法院准许列为共同原告。8月1日公益诉讼人江苏省盐城市人民检察院以本案已有适格主体提起公益诉讼为由申请撤回起诉。9月6日，法院裁定准许江苏省盐城市人民检察院撤回起诉。

根据当事人陈述和经审查确认的证据，法院认定事实如下：2013年8月至2015年4月期间，在张某某无危险废物经营许可证，也未办理危险废物转移手续的情况下，腾达化工厂将其生产过程中产生的浓度为74%的废酸合计28 370吨，以每吨200元～300元的价格交给张某某进行处置，且未对张某某予以必要的监管，也没有与美乐公司联系核实。案件审理过程中，法院主持调解，因各方当事人意见分歧较大，调解未成功。

法院认为，根据各方当事人的诉辩意见，本案的争议焦点涉及事实和法律适用两个方面，具体包括：（1）六家企业的被张某某倾倒至河流中的副产品酸、废酸的数量；（2）各被告处分案涉副产酸、废酸的行为与环境损害之间是否存在因果关系？（3）本案是否存在需要修复的环境损害，以及生态环境修复费用如何计算？（4）原告要求被告连带承担本案评估费用、律师费以及为诉讼支出的其他费用的诉讼请求能否成立？

1. 关于六家企业的被张某某倾倒至河流中的副产酸、废酸数量的问题

（1）腾达化工厂被倾倒的废酸数量为2 870吨；（2）奥凯公司、宝众宝达公司被倾倒的废酸数量为2 520吨；（3）康鹏公司被倾倒的废酸数量为270吨；（4）大华公司被倾倒的副产酸数量为490吨；（5）美乐公司被倾倒的副产酸数量为1 863. 931吨。

2. 关于各被告处分案涉副产酸、废酸的行为与环境损害之间是否存在因果关系的问题

副产酸、废酸均属于危险化学品，其生产、出售、运输、储存和处置有专门的规范。《水污染防治法》第29条第1款规定，禁止向水体排放油类、酸类、碱类或者剧毒废液。《固体废物污染环境防治法》第57条第3款规定，禁止将危险废物提供或委托给无经营许可证的单位从事收集、储存、

利用、处置的经营活动。副产酸作为企业生产化工产品过程中产生的副产品，在无法进入市场的情况下，应当按照国家法律、法规的规定由有资质处理危险废物的正规机构进行处置。危险化学品和化工产品生产企业，需要全面了解其主营产品和主营产品生产过程中产生的副产品是否具有高度危险性、是否会造成环境污染；需要使其主营产品的生产、出售、运输、储存和处置符合相关法律规定，亦需使其副产品的生产、出售、运输、储存和处置符合相关法律规定，避免对生态环境造成损害或者产生造成生态环境损害的重大风险。本案中，被告腾达化工厂、奥凯公司、宝众宝达公司、康鹏公司、大华公司、美乐公司在生产过程中产生的或经手的其他公司生产过程中产生的副产酸、废酸，属于危险化学品。其对副产酸、废酸的处置负有较高的注意义务，必须采取一切必要的、可行的措施，防止危险废物最终被倾倒。各被告对江苏省环境科学学会 2015 年 10 月 23 日出具的评估技术报告的评估程序、平均治理单价、危险废物鉴别检测取样方法和样本数量等事项提出质疑，试图以此说明其处置的副产酸、废酸不属于危险废物，其无害化处置成本低于评估技术报告确定的报价，但并未否认案涉副产酸、废酸的浓度以及 pH 值小于 2 的测试结论。实际上，无论案涉副产酸、废酸是否属于危险废物，法律均明文禁止向水体予以排放。而且，评估技术报告确定的无害化处置案涉副产酸、废酸的价格，能客观反映事件所在地污染物实际治理平均成本。《环境保护法》第 66 条规定，提起环境损害赔偿诉讼的时效期间为 3 年，从当事人知道或者应当知道其受到损害时起计算。本案受侵害的利益为社会公共利益，公安机关和环保行政主管部门是在 2015 年才发现社会公共利益和公众环境利益受到了七名被告的侵害。因此，原告绿发会的起诉没有超过法定的诉讼时效期间，被告大华公司对此提出的异议不能成立。

虽然六家企业并未直接实施倾倒行为，但是其在明知副产酸市场低迷、对其进行无害化处理费用高昂的情况下，将相当数量的副产酸、废酸交张某某处置，必然存在极大环境污染风险。腾达化工厂、奥凯公司、康鹏公司在未办理危险废物转移“五联单”的情况下，为了降低处置成本，以明显低于市场价的方式将废酸交无处置危险化学品资质的张某某处置。宝众宝达公司亦是出于这种目的，将生产过程中产出的废酸交无处置资质的奥凯公司处置，且未对奥凯公司后续的处置行为进行必要的监督管理。大华公司在未与美乐公司签订书面协议，没有任何证据能证明张某某是美乐公司代表的情况下，就将生产出的废酸交张某某运往美乐公司，既未向张某某索要美乐公司的入库单，也未与美乐公司进行核实确认。美乐公司明知双昌公司未办理易制毒化学品购买备案证明，仍将丰山公司以贴补运费的方式销售给它的副产酸转卖给双昌公司，从中赚取差价。它既疏于对张某某进行监管，也从未与双昌公司核实张某某运输的废酸数量。由此可见，六家企业在明知副产酸、废酸极有可能被张某某非法倾倒的情况下，对此持放任态度。它们向并不具备副产酸、废酸处置能力和资质的企业和个人销售、处置的行为，应被视为一种在防范污染物对环境污染损害方面的不作为。案涉副产酸和废酸实际上已处于一种失控的危险状态，这不仅给张某某提供了污染源，也在客观上为张某某牟取非法利益提供了必要条件。张某某作为酸液的倾倒者和排放行为的组织者，直接造成串场河、通榆河等河流大面积受污染，严重损害社会公共利益和公众环境权益。因此，各被告的行为与串场河、通榆河等河流环境污染损害之间具有因果关系。《侵权责任法》第66条规定，因污染环境发生纠纷，污染者应当就法律规定的不承担责任或者减轻责任的情形以及其行为与损害之间不存在因果关系承担举证责任。《环境侵权责任司法解释》第1条第2款规定，污染者不承担责任或者减轻责任的情形，适用《海洋环境保护法》《水污染防治法》《大气污染防治法》等环境保护单行法的规定。本案中，各被告未能举证证明其存在法律规定的不承担责任或者减轻责任的情形，也未能举证证明其行为与环境损害之间不存在因果关系，因此，各被告应当对其造成的环境损害承担侵权责任。

3. 关于本案是否存在需要修复的环境损害，以及生态环境修复费用如何计算的问题

虽然河流具有一定的自净能力，但是水体自净能力是有限的。一旦污

染物浓度大于水体环境容量，水体的自净功能便逐渐退化。在污染物浓度不断升高，超过水体自净极限的时候，水体将丧失自净能力，从而需要人工修复。众所周知，向水体倾倒近 8 000 吨浓度达到 50％以上的危险废物，必然会对河流的水质、水生物、河床、河岸和河流下游区域的生态环境功能以及自然资源造成严重的破坏。如不及时修复，污染的累积势必会超出环境的承载能力，甚至有可能造成对区域生态环境功能的永久性损害。由于河流具有流动性，污染物会随着水流的方向流动至盐城等下游地区。即使倾倒处水质好转，水体的自净功能得到修复，也不能据此否认案涉水体的水质、水生态环境曾经受到创伤，更不能否认水生态服务功能及其生态经济价值已经遭受损害，特别是不能否认污染物曾给沿岸和下游地区居民的饮水安全带来巨大危险的客观事实。因此，不能以部分水域的水质得到恢复为由，免除污染者所应承担的环境修复责任。本案中，倾倒副产酸、废酸时间持续之长、倾倒数量之大、危害区域之广，势必会导致污染物在区域范围内不断扩散。水环境是随着水体的流动而不断变化的，生态环境损害无法通过工程措施完全修复，故属于《环境损害鉴定评估推荐方法》（第Ⅱ版）规定的环境污染所致生态环境损害无法通过恢复工程完全恢复、恢复成本远远大于其收益或缺乏生态环境损害修复评价指标的情形，可以采用虚拟治理成本法来计算环境修复费用。评估技术报告以治理案涉副产酸、废酸的市场平均价为标准，认定治理六家企业的副产酸、废酸所需成本，该成本即《环境损害鉴定评估推荐方法》（第Ⅱ版）所称的虚拟治理成本。通榆河、车路河等六条河流的环境功能区类型为第Ⅲ类地表水，串场河、王港河为第Ⅳ类地表水。根据《突发环境事件应急处置阶段环境损害评估推荐方法》的规定，第Ⅲ类地表水生态环境损害的数额按虚拟治理成本的 4.5～6 倍计算；对于第Ⅳ类地表水生态环境损害的数额按虚拟治理成本的 3～4.5 倍计算。《侵权责任法》第 65 条规定，因污染环境造成损害的，污染者应当承担侵权责任。《环境侵权责任司法解释》第 1 条规定，因污染环境造成损害，不论污染者有无过错，污染者应当承担侵权责任。本案中，张某某为案涉副产酸、废酸的直接倾倒者，无论其是否存在过错，只要其行为与环境污染损害之间存在因果联系，其就应当承担相应的环境侵权责任。《侵权责任法》第 8 条规定，二人以上共同实施侵权行为，造成他人损害的，应当承担连带责任。《环境侵权责任司法解释》第 2 条规定，两个以上污染者共同实施污染行为造成损害，被侵权人根据侵权责任法第八条规定请求污染者承担连带责任的，人民法院应予支持。本案中，六家企业在明知副产酸、废酸极有可能被非法倾倒的情况下，不但未将污染物交有资质的单位处置，而且违反国家环境保护法律和危险废物出售、运输、处置等规定，分别向张某某提供污染源。这是其在防范污染物对环境污染损害方面的不作为，也是张某某非法倾倒副产酸、废酸的前提条件。尽管各企业与张某某之间没有向河流倾倒副产酸、废酸的意思联络，但各企业与张某某之间的行为结合在一起，造成了对通榆河、串场河等八条河流的环境污染损害，形成了客观上的行为关联，故各企业与张某某之间分别构成了环境共同侵权行为，依法应当承担连带责任。《侵权责任法》第 12 条规定，二人以上分别实施侵权行为造成同一损害，能够确定责任大小的，各自承担相应的责任；难以确定责任大小的，平均承担赔偿责任。《环境侵权责任司法解释》第 3 条第 2 款规定，两个以上污染者分别实施污染行为造成同一损害，每一个污染者的污染行为都不足以造成全部损害，被侵权人根据《侵权责任法》第 12 条规定请求污染者承担责任的，人民法院应予支持。本案中，数个污染者分别实施污染行为，数个污染行为之间是相互独立的，各污染行为都不足以造成案涉全部的损害，而且六家企业的被张某某非法倾倒的副产酸、废酸的时长、区域、吨数、浓度等各有不同，对生态环境和自然资源的破坏程度也有所区别，损害后果和责任份额可以分别确认。因此，六家企业应根据各自责任大小承担按份责任。《环境侵权责任司法解释》第 4 条规定，两个以上污染者污染环境，对污染者承担责任的大小，人民法院应当根据污染物的种类、排放量、危害性以及有无排污许可证、是否超过污染物排放标准、是否超过重点污染物排放总量控制指标等因素确定。据此，法院根据各企业被倾倒副产酸、废酸的浓度、直接排放吨数、排放总量、河流类型、持续时长、是否受过环境行政处罚，以及有无加大投入，从源头上降低环境风险等因素，综合认定各被告所应承担的生态环境修复费用。

4. 关于原告要求被告连带承担本案评估费用、律师费以及为诉讼支出的其他费用的诉讼请求能否成立的问题

《环境民事公益诉讼司法解释》第22条规定，原告请求被告承担检验、鉴定费用，合理的律师费以及为诉讼支出的其他合理费用的，人民法院可以予以支持。

法院判决：依照《环境保护法》第4条、第58条、第66条，《侵权责任法》第8条、第12条、第65条、第66条，《水污染防治法》第19条第1款，《固体废物污染环境防治法》第57条第3款，《民法通则》第108条，《环境侵权责任司法解释》第1条第2条、第3条第2款、第4条，《环境民事公益诉讼司法解释》第20条第2款、第22条，《民事诉讼法》第15条、第55条、第64条，《民事诉讼法司法解释》第90条规定，判决如下：

（1）被告张某某应赔偿生态环境修复费用89 650 654.80元，其中，被告腾达化工厂、被告张某某应共同赔偿35 157 500元，并承担连带责任；被告奥凯公司、被告宝众宝达公司与被告张某某应共同赔偿2 268万元，并承担连带责任；被告康鹏公司、被告张某某应共同赔偿405 000元，并承担连带责任；被告大华公司、被告张某某应共同赔偿8 575 000元，并承担连带责任；被告美乐公司、被告张某某应共同赔偿22 833 154.80元，并承担连带责任。上述款项主要用于盐城地区水环境修复。

（2）被告张某某、腾达化工厂、奥凯公司、宝众宝达公司、康鹏公司、大华公司、美乐公司应于本判决生效之日起2年内，分3期将本判决第一项所列款项支付完毕。

（3）被告张某某应于判决生效后10日内支付原告绿发会为本案诉讼支出的合理费用41 763.5元，其中，腾达化工厂、奥凯公司、宝众宝达公司、康鹏公司、大华公司、美乐公司分别在16 378.02元、10 565.41元、188.67元、394.64元、10 636.76元内与张某某承担连带责任。

（4）驳回原告绿发会的其他诉讼请求。

【知识点关联及案例点评】

本案是人民检察提起环境民事公益诉讼，法院进行审前公告的典型案件。本案的焦点是人民检察院提起环境民事公益诉讼案件不同阶段公告程序的衔接问题。环境民事公益诉讼的公告程序有两个关键问题：第一，相关主体必须履行公告程序，第二，不同程序、阶段的公告程序衔接问题。

依据《环境民事公益诉讼司法解释》第10条的规定，人民法院受理环境民事公益诉讼后，应当公告案件受理情况。有权提起诉讼的其他机关和社会组织在公告之日起30日内申请参加诉讼，经审查符合法定条件的，人民法院应当将其列为共同原告。《检察机关提起公益诉讼改革试点方案》和《人民检察院公益诉讼试点工作办法》中均规定，人民检察院在提起民事公益诉讼之前，应当依法督促或者支持法律规定的机关或有关组织提起民事公益诉讼，期限为1个月。前述内容分别规定了人民法院和人民检察院在民事公益诉讼不同程序、阶段的公告义务。人民检察院的诉前公告程序主要是基于人民检察院为民事公益诉讼督促起诉主体的主体定位。法院的审前公告程序主要是为了保障其他具有起诉资格的相关主体的起诉权利。出现该案中相关问题的主要原因是，不同诉讼阶段中公告程序的设定和衔接规则不够明确、合理。仅设定公告程序，但是未明确两种公告程序的衔接机制，较易引起司法资源浪费。为了解决这个问题，《检察公益诉讼司法解释》第17条第2款规定，“人民检察院已履行诉前公告程序的，人民法院立案后不再进行公告”。

《检察机关提起公益诉讼改革试点方案》将“法律规定的机关和有关组织没有提起民事公益诉讼，社会公共利益仍处于受侵害状态”，作为检察机关提起民事公益诉讼的条件。此后的相关法律和司法解释中均遵循这一思路。因此，应当从法理上定位，在当前环境民事公益诉讼制度构架中，将检察机关定位为提起环境民事公益诉讼的补充起诉主体。本案中，绿发会申请参加诉讼，盐城市人民检察院申请撤诉，亦符合规则设计的初衷。

（案例编辑人：梁晓敏、邱涛韬、李欣）

【案例文书4】山东省烟台市人民检察院诉王某某、马某某环境民事公益诉讼未履行诉前公告程序案[①]

公益诉讼人：山东省烟台市人民检察院

被告：王某某、马某某

审理法院：山东省烟台市中级人民法院

案件基本情况：公益诉讼人山东省烟台市人民检察院与被告王某某、马某某环境污染公益诉讼一案，法院于2017年1月3日立案后，依法适用普通程序，于2017年1月5日公告案件受理情况。在公告期届满后，法院并未收到其他机关或社会组织参加诉讼的申请。

根据当事人陈述和经审查确认的证据，法院认定如下事实。

2014年2月至4月期间，王某某、马某某在未办理任何注册、安检、环评等手续的情况下，在莱州市柞村镇消水庄村沙场大院北侧车间从事盐酸清洗长石颗粒项目，王某某提供场地、人员和部分资金，马某某出资建设反应池、传授技术、提供设备、购进原料、出售成品。在作业过程中产生约60吨的废酸液，该废酸液被王某某先储存于厂院北墙外的废水池内。废酸液储存于废水池期间存在明显的渗漏迹象，渗漏的废酸液对废水池周边土壤和地下水造成污染。后废酸液又通过厂院东墙和西墙外的排水沟被排入村北的消水河，对消水河内水体造成污染。2014年4月底，王某某、马某某盐酸清洗长石颗粒作业被莱州市公安局查获关停后，盐酸清洗长石颗粒剩余的20余吨废酸液被王某某填埋在反应池内。该废酸液经莱州市环境监测站监测和莱州市环境保护局认定，监测pH值小于2，根据国家危险废物名录及危险废物鉴定标准和鉴别方法，属于废物类别为HW34废酸中代码为900-300-34的危险废物。2016年6月1日，被告人马某某因犯污染环境罪，被判处有期徒刑1年6个月，缓刑2年，并处罚金人民币2万元（所判罚金已缴纳）；被告人王某某犯污染环境罪，被判处有期徒刑1年2个月，缓刑2年，并处罚金人民币2万元（所判罚金已缴纳）。

---

① 山东省烟台市中级人民法院（2017）鲁06民初8号民事判决书.

莱州市公安局办理王某某污染环境刑事案中，莱州市公安局食药环侦大队“现场勘验检查工作记录”中记载：“中心现场位于消水沙场院内北侧一废弃车间内。车间内西侧南北方向排列有两个长 20m、宽 6m、平均深 1.5m 的反应池，反应池底部为斜坡。车间北侧见一夹道，夹道内见三个长 15m、宽 2.6m、深 2m 的水泥池。”现车间内西侧的北池废酸液被沙土填埋，受污染沙土总重为 223 吨。

2015 年 11 月 27 日，莱州市公安局食品药品与环境犯罪侦查大队委托山东省环境保护科学研究设计院环境风险与污染损害鉴定评估中心对莱州市王某某、马某某污染环境案造成的环境损害程度及数额进行鉴定评估。该机构于 2016 年 2 月作出莱州市王某某、马某某污染环境案环境损害检验报告，认定：本次评估可量化的环境损害为应急处置费用和生态环境损害费用，应急处置费用为酸洗池内受污染沙土的处置费用 5.6 万元，生态环境损害费用为偷排酸洗废水造成的生态损害修复费用 72 万元，合计为 77.6 万元。

2016 年 4 月 6 日，莱州市人民检察院向莱州市环境保护局发出莱检民（行）行政违监［2016］37068300001 号检察建议书，“建议对消水河流域的其他企业、小车间等的排污情况进行全面摸排，看是否还存在向消水河流域排放污染物的行为”。莱州市环境保护局于同年 5 月 3 日回复称：“我局在收到莱州市人民检察院检察建议书后，立即组织执法人员对消水河流域的企业、小车间的排污情况进行全面排查，经严格执法，未发现有向消水河流域排放废酸等危险废物的环境违法行为。”

2017 年 2 月 8 日，法院会同公益诉讼人及王某某、马某某、烟台市环保局、莱州市环保局、消水庄村委对王某某、马某某实施侵权行为造成的污染区域，包括酸洗池内的沙土和周边居民区的部分居民家中水井地下水，进行了现场勘验并取样监测，取证现场拍摄照片 22 张。环保部门向法院提交了 2017 年 2 月 13 日水质监测达标报告（8 个监测点位的水质监测结果均为达标）及其委托山东恒诚检测科技有限公司出具的 2017 年 2 月 14 日酸洗池固体废物检测报告（酸洗反应南池－40cm pH 值＝9.02，－70cm pH 值＝9.18，北池－40cm pH 值＝2.85，－70cm pH 值＝2.52）。公益诉讼人向法院提交的2017年3月3日由莱州市环境保护局委托山东恒诚检测科技有限公司对王某某酸洗池废池的检测报告载明：反应池南池－1.2m pH值＝9.7，北池－1.2m pH值＜2。公益诉讼人认为，《危险废物鉴别标准浸出毒性鉴别GB 5085.3—2007》和《土壤环境监测技术规范》（HJ/t 166—2004）规定，pH值≥12.5或者≤2.0时为具有腐蚀性的危险废物。国家危险废物名录（2016版）HW34废酸一项900-300-34类为“使用酸进行清洗产生的废酸液”，HW49其他废物一项900-041-49类为“含有或沾染毒性、感染性危险废物的废弃包装物、容器、过滤吸附介质”。案涉酸洗池内受污染沙土属于危险废物，酸洗池内的受污染沙土总量都应该按照危险废物进行处置。

审理中，王某某、马某某未能提交环境治理方案，亦未能主动联系经双方当事人共同选择、由法院确认具有实施受污染沙土处置资质的单位进行相应的污染治理。

2015年7月1日，第十二届全国人民代表大会常务委员会第十五次会议通过《公益诉讼试点工作决定》，授权最高人民检察院在生态环境和资源保护、国有资产保护、国有土地使用权出让、食品药品安全等领域开展提起公益诉讼试点，试点地区确定为山东等地。2015年7月1日，最高人民检察院印发《检察机关提起公益诉讼改革试点方案》的通知，授权山东等地人民检察院开展试点工作。2015年9月1日，山东省人民检察院通知自即日起在烟台等地施行人民检察院提起公益诉讼试点工作。截至2016年12月22日，烟台市无可做公益诉讼原告的适格环保组织。

上述事实有公益诉讼人提交的《公益诉讼试点工作决定》、《检察机关提起公益诉讼改革试点方案》、《人民检察院公益诉讼试点工作办法》、《山东省检察机关提起公益诉讼试点实施方案》、烟台市民政局出具的《关于目前烟台市缺乏环境公益诉讼适格主体的说明》、山东省莱州市人民法院作出的（2016）鲁0683刑初136号刑事判决书、莱州市公安局王某某污染环境案刑事侦查材料、莱州市人民检察院于2016年4月6日向莱州市环境保护局发出的莱检民（行）行政违监［2016］37068300001号检察建议书、2017年3月3日山东恒诚检测科技有限公司的检测报告、专家咨询报告、法院现场勘验及酸洗池固体废物检测报告和水质监测报告、国家危险废物名录和危险废物鉴别标准通则等证据证实，双方当事人均无异议，法院予以确认。

法院认为：

1. 关于原告、被告诉讼主体资格问题

根据《民事诉讼法》第55条（对污染环境、侵害众多消费者合法权益等损害社会公共利益的行为，法律规定的机关和有关组织可以向人民法院提起诉讼）及《公益诉讼试点工作决定》《检察机关提起公益诉讼改革试点方案》《人民检察院公益诉讼试点工作办法》《山东省检察机关提起公益诉讼试点实施方案》的有关规定，在烟台市无可做公益诉讼原告的适格环保组织之情形下，山东省烟台市人民检察院可以作为公益诉讼人对王某某、马某某的污染行为所造成的损害提起民事公益诉讼。

根据《侵权责任法》第4条第1款关于“侵权人因同一行为应当承担行政责任或者刑事责任的，不影响依法承担侵权责任”之规定，王某某、马某某违反国家规定，排放和处置有毒物质，严重污染环境造成损害，依法应当承担侵权责任。

2. 关于王某某、马某某的侵权行为认定问题

（1）关于案涉危险废物数量及处置费用的认定问题。

审理中，山东恒诚检测科技有限公司出具的检测报告指出：案涉酸洗反应南池－40cm、－70cm及－1.2m深度的pH值均在正常值范围内；北池－1.2m pH值＜2，属于危险废物。案涉酸洗池的北池内原为王某某、马某某使用盐酸进行长石颗粒清洗产生的废酸液，后其用沙土进行了填埋，根据《国家危险废物名录》（2016版）HW34废酸一项900－300－34和HW49其他废物一项900－041－49的规定，现整个池中填埋的沙土吸附池中的废酸液，成为含有或沾染腐蚀性、毒性的危险废物。山东省环境保护科学研究设计院环境风险与污染损害鉴定评估中心出具的环境损害检验报告中，将酸洗池北池内受污染沙土总量223吨作为危险废物量，参照《环境污染损害数额计算推荐方法》中给出的“土地资源参照单位修复治理成本”清洗法的单位治理成本250元～800元/吨，本案取值250元/吨予以计算处置费用5.6

万元（具体计算方法为：20m×6m×平均深度 1.3m×密度 1.3t/m^3＝203t 沙土＋20t 废酸＝223t×250 元/t＝5.6 万元），具有事实和法律依据，并无不当，法院予以采信。

(2) 关于案涉土壤、地表水及地下水污染生态损害修复费用的认定问题。

莱州市环境监测站监测报告显示，废水池内残留废水的 pH 值＜2，属于强酸性废水。王某某、马某某通过废水池、排水沟排放的酸洗废水系危险废物，亦为有毒物质，污染环境，致部分居民家中水井颜色变黄，气味呛人，无法饮用。监测发现部分居民家中井水的 pH 值低于背景值，氯化物、总硬度远高于背景值，且明显超标。储存于废水池期间渗漏的废水渗透至周边土壤和地下水，排入沟内的废水流入消水河。案涉污染区域周边没有其他类似污染源，可以确定受污染地下水系由黄色、具有刺鼻气味且氯化物浓度较高的污染物所致，即是王某某、马某某实施的环境污染行为造成的。

2017 年 2 月 13 日水质监测报告显示，在原水质监测范围内的部分监测点位，水质监测结果达标。根据地质环境监测专家出具的意见，可知在消除污染源阻断污染因子进入地下水环境的情况下，随着上游地下水径流和污染区地下水径流扩大区域的地下水稀释及含水层岩土的吸附作用，污染水域的地下水浓度将逐渐降低，水质逐渐好转。至于地下水污染区域，随着时间的推移，在地下水径流水动力的作用下，整个污染区将逐渐向下游移动扩大。经过一定时间后，原污染区可能达到有关水质要求标准，但这并不意味着地区生态环境好转或已修复，王某某、马某某仍应当承担其污染区域的环境生态损害修复责任。在王某某、马某某不能自行修复的情况下，根据《环境污染损害数额计算推荐方法》和《突发环境事件应急处置阶段环境损害评估推荐方法》的规定，应采用虚拟治理成本法估算王某某、马某某偷排废水造成的生态损害修复费用。虚拟治理成本是指工业企业或污水处理厂治理等量的排放到环境中的污染物应该花费的成本，即污染物排放量与单位污染物虚拟治理成本的乘积。单位污染物虚拟治理成本是指突发环境事件发生地的工业企业或污水处理厂单位污染物治理平均成本。在量化生态环境损害时，可以根据受污染影响区域的环境功能敏感程度分别乘以1.5～10的倍数作为环境损害数额的上下限值。关于本案受污染区域的土壤、第Ⅲ类地下水及消水河第Ⅴ类地表水生态损害修复费用，山东省环境保护科学研究设计院环境风险与污染损害鉴定评估中心出具的环境损害检验报告中取虚拟治理成本的6倍，按照已生效的莱州市人民法院（2016）鲁0683刑初136号刑事判决书认定的偷排酸洗废水60吨的数额计算，造成的生态损害修复费用为72万元，即单位虚拟治理成本2 000元/t×60t×6倍=72万元，具有事实和法律依据，并无不当，法院予以采信。

3. 关于侵权责任问题

《侵权责任法》第65条规定："因污染环境造成损害的，污染者应当承担侵权责任。"第66条规定："因污染环境发生纠纷，污染者应当就法律规定的不承担责任或者减轻责任的情形及其行为与损害之间不存在因果关系承担举证责任。"山东省莱州市人民法院作出的（2016）鲁0683刑初136号刑事判决书认定王某某、马某某实施的环境污染行为与所造成的环境污染损害后果之间存在因果关系，王某某、马某某对此没有异议，并且已经发生法律效力。根据《环境保护法》第64条，《侵权责任法》第8条、第65条、第66条，《环境侵权责任司法解释》第14条之规定，王某某、马某某应当对其污染环境造成社会公共利益受到损害的行为承担侵权责任。

综上，公益诉讼人关于判令被告王某某、马某某消除危险，处置酸洗池内受污染沙土，对莱州市柞村镇消水庄村沙场大院北侧车间周边地下水、土壤和消水河内水体的污染部分恢复原状；如不能恢复原状、消除危险，判令被告王某某、马某某赔偿酸洗池内受污染沙土处置费用及偷排酸洗废水造成的生态损害修复费用，合计77.6万元的诉讼请求理由正当，证据确凿，依法应予支持。

法院判决：依据《环境保护法》第64条，《侵权责任法》第4条第1款、第8条、第65条、第66条，《环境侵权责任司法解释》第14条及《民事诉讼法》第55条等有关规定，判决如下：

（1）被告王某某、马某某在本判决生效之日起30日内在烟台市环境保护局的监督下按照危险废物的处置要求将酸洗池内受污染沙土223吨进行处置，消除危险；如不能自行处置，则由环境保护主管部门委托第三方进行处置，被告王某某、马某某赔偿酸洗危险废物处置费用5.6万元，支付至烟台市环境公益诉讼基金账户。

（2）被告王某某、马某某在本判决生效之日起90日内对莱州市柞村镇消水庄村沙场大院北侧车间周边地下水、土壤和消水河内水体的污染治理制定修复方案并进行修复，逾期不履行修复义务或者修复未达到保护生态环境社会公共利益标准的，赔偿因其偷排酸洗废水造成的生态损害修复费用72万元，支付至烟台市环境公益诉讼基金账户。

如被告未按本判决指定的期间履行给付金钱义务，应当依照《民事诉讼法》第253条之规定，加倍支付迟延履行期间的债务利息。

案件受理费11 560元，由王某某、马某某负担。

【知识点关联及案例点评】

本案主要争议点是人民检察院提起环境民事公益诉讼履行诉前公告程序的范围。

现有规定对两种类型原告的诉讼顺位作出了制度安排，即：环境民事公益诉讼先由社会组织起诉；社会组织不起诉的，人民检察院再提起环境民事公益诉讼。人民检察院提起民事公益诉讼之前应履行诉前程序，“经过诉前程序，法律规定的机关和有关组织没有提起民事公益诉讼，或者没有适格主体提起诉讼，社会公共利益仍处于受侵害状态的，人民检察院可以提起民事公益诉讼”[①]。《检察公益诉讼司法解释》也规定，人民检察院在拟提起公益诉讼之前，应当依法公告，“公告期满，法律规定的机关和有关组织不提起诉讼的，人民检察院可以向人民法院提起诉讼”[②]。

本案中人民检察院以其所在地没有适格环保组织为由，未履行诉前公

① 《人民检察院公益诉讼试点工作办法》第14条。

② 《检察公益诉讼司法解释》第13条第2款。

告程序而直接提起环境民事公益诉讼。《检察机关提起公益诉讼改革试点方案》、《人民检察院公益诉讼试点工作办法》和《检察公益诉讼司法解释》均规定人民检察院提起民事公益诉讼前应当履行诉前公告程序，但是对于人民检察院履行诉前公告程序的范围有不同规定。《检察机关提起公益诉讼改革试点方案》和《检察公益诉讼司法解释》没有限定人民检察院作出诉前公告的地域范围。《人民检察院公益诉讼试点工作办法》第 13 条第 2 项规定“建议辖区内符合法律规定条件的有关组织提起民事公益诉讼”，从而将人民检察院公告的范围限缩到辖区内的适格社会组织。从制度设计原意和法律规范体系性解释两方面来看，不应当限定人民检察院履行诉前公告程序的地域范围。作出这一判断的主要理由是：第一，公益诉讼制度的设计原意是鼓励适格社会组织为维护社会公共利益提起公益诉讼。第二，《环境保护法》第 58 条规定，“依法在设区的市级以上人民政府民政部门登记”的社会组织可以向人民法院提起诉讼。《环境民事公益诉讼司法解释》第 2 条和第 3 条分别对此规定作出详细解释。这些规定均未限制适格社会组织起诉的地域范围。事实上，《检察机关提起公益诉讼改革试点方案》和《检察公益诉讼司法解释》也贯彻了这一“立法”原意。《人民检察院公益诉讼试点工作办法》第 13 条第 2 项的规定实际上会产生因诉前公告程序而导致社会组织丧失程序上的起诉权的后果。而公益诉讼维护公共利益的真正高效实践，需要有效调动多元的资源，而非检察机关事事“冲锋陷阵”。因此，需要尽量控制和降低这一程序机制可能造成的潜在影响的程度。依据法律规范体系性解释的方法，人民检察院履行诉前公告程序的对象应为全国的适格社会组织。

（案例编辑人：梁晓敏、李欣）

第二章　环境民事公益诉讼的被告

第一节　环境民事公益诉讼的自然人被告

【案例文书1】江苏省连云港市赣榆区环境保护协会诉王某某单个自然人环境民事公益诉讼案[①]

原告：江苏省连云港市赣榆区环境保护协会

被告：王某某

审理法院：江苏省连云港市中级人民法院

案件基本情况：原告江苏省连云港市赣榆区环境保护协会（以下简称“赣榆环保协会”）诉称，2012年下半年以来，被告王某某在连云港市赣榆区石桥镇石岭村石英石加工厂内，在酸洗池中使用盐酸清洗石英石，将酸洗过程中产生的含酸废水通过渗坑排放至连云港市赣榆区龙北干渠，导致龙北干渠及与其相连的芦沟河受到污染。被告王某某先后排放含酸废水100余吨，造成河流污染，破坏环境，损害了公共利益，应赔偿整治河流的费用。请求依法判令被告王某某赔偿因排放含酸废水而造成的环境损害损失109 000元，承担原告因本案诉讼而发生的合理费用3 500元。

法院经审理查明，2012年以来，被告王某某在经营石英石加工厂期间，未依法在环境保护部门办理“排污许可证”，购买工业废盐酸清洗石英石，

① 江苏省连云港市中级人民法院（2014）连环公民初字第00002号民事判决书.

将酸洗过程中产生的100余吨含酸废水通过渗坑排放至连云港市赣榆区龙北干渠，导致龙北干渠及与其相连的芦沟河受到严重污染，损害了公共利益。后经当地环境保护部门处理，该石英厂已停止经营。2013年6月26日至7月10日，原赣榆县环境监测站对被告王某某污染水域污水、地表水进行多次环境监测，被告的排水出口及龙北干渠等处的污水及受污染的河水中pH值和氟化物严重超标，其中pH值最高超标4.38倍，氟化物最高超标45.8倍。被告的排污水体龙北干渠属通榆河北延送水工程部分，应符合国家地表水环境质量Ⅲ类标准。根据环境保护部《关于开展环境污染损害鉴定评估工作的若干意见》确定的环境污染损害数额计算推荐方法，第Ⅲ类地表水污染修复费用的确定原则为虚拟治理成本的4.5～6倍。经评估，100吨浓度为10%的酸性废水的虚拟治理成本约为14 616.7元。

另查明，原告赣榆环保协会为提起公益诉讼，实际支出律师费用3 500元。

法院认为，《水污染防治法》第29条规定，禁止向水体排放油类、酸液、碱液或者剧毒废液；第35条规定，禁止利用渗井、渗坑、裂隙和溶洞排放、倾倒含有毒污染物的废水、含病原体的污水和其他废弃物。被告王某某未经环境保护主管部门批准取得“排放污染物许可证”，违法采取酸洗方式清洗石英石，将酸洗后的含酸废水未进行无害化处理即通过渗坑排放，造成水污染并影响了水域周边土壤等生态环境。其应对其造成的环境污染损害承担赔偿责任。对原告赣榆环保协会提起公益诉讼，连云港市人民检察院支持起诉要求被告赔偿公共利益损害的主张，法院予以支持。根据出庭专家的评估意见，100吨含酸废水的治理成本约14 616.7元，因其未经处理即行排放导致治理成本扩大，无法具体测算对环境和生态的损害程度，依据环境保护部《关于开展环境污染损害鉴定评估工作的若干意见》中环境污染损害数额计算推荐方法，采取虚拟成本治理法符合本案实际。结合被告王某某排放废酸的数量及环境监测评估意见等，对其造成的环境损害赔偿数额，法院酌情认定为75 000元。被告王某某主张其经济非常困难，自愿在经济赔偿能力不足的情况下，通过提供有益于环境保护的劳务活动抵补其对环境造成的损害。这符合“谁污染，谁治理，谁损害，谁赔偿”的环境立法宗旨，较单纯赔偿更有利于环境的修复与治理，法院予以采纳。在本案审理过程中，连云港市赣榆区环境保护局发函同意对被告王某某提供劳务进行监管。参照目前全国职工日工资标准，被告王某某提供环境保护劳务的工作量应相当于其环境污染赔偿不足的金额。原告作为不以营利为目的的公益组织，为提起公益诉讼支出的合理费用应由被告承担。

法院判决：依据《环境保护法》第 41 条，《水污染防治法》第 85 条、《侵权责任法》第 15 条、第 65 条，《民事诉讼法》第 15 条、第 55 条、第 148 条之规定，判决如下：

（1）被告王某某赔偿其对环境污染造成的损害人民币 51 000 元，于本判决书生效后 10 日内交付到法院指定的财政专户，用于对生态环境恢复和治理。

（2）被告王某某于本判决生效后 2 年内提供总计 960 小时的环境公益劳动（每月至少 6 次，每次不低于 6 小时），以弥补其环境损害赔偿金的不足部分，该项劳务执行由连云港市赣榆区环境保护局负责监督和管理。

（3）被告王某某于本判决生效后 10 日内支付原告赣榆环保协会为提起公益诉讼支出的费用 3 500 元。

如果未按本判决指定的期间履行上述给付金钱义务，应当依照《民事诉讼法》第 253 条的规定，加倍支付迟延履行期间的债务利息。

案件受理费 1 762 元，由被告王某某负担。

【案例文书 2】自然之友、福建绿家园诉谢某某等环境民事公益诉讼连带责任案[①]

原告：北京市朝阳区自然之友环境研究所、福建省绿家园环境友好中心

被告：谢某某、倪某某、郑某某、李某某

① 福建省高级人民法院（2015）闽民终字第 2060 号民事判决书．此案判决书主要内容参见第一章［案例文书 2］“自然之友、福建绿家园诉谢某某等环境民事公益诉讼原告起诉主体资格案”。

支持起诉人：福建省南平市人民检察院、中国政法大学环境资源法研究和服务中心

第三人：福建省南平市国土资源局延平分局、南平市延平区林业局

审理法院：福建省高级人民法院

案件基本情况：2008年7月底，被告谢某某、倪某某、郑某某未经批准，擅自从被告李某某手中购得南平市延平区葫芦山砂基洋恒兴石材厂矿山的采矿权，三人经商量决定由谢某某具体负责矿山的采矿事宜。此后，在未依法取得占用林地许可证及办理采矿许可延期手续的情况下，谢某某提议，改变李某某原有塘口位置，从山顶往下开采。这得到倪某某、郑某某的同意。谢某某指挥从山顶剥山皮，开采矿石，并将剥山皮和开采矿石产生的弃石往山下倾倒。谢某某、倪某某、郑某某还在矿山的塘口的下方兴建了砖混结构的工棚用于矿山工人居住，直至2010年年初停止开采，造成原有植被严重毁坏。经鉴定，确认谢某某、倪某某、郑某某采石破坏林地面积共计18 890.6平方米，折28.33亩。其中，李某某原采石塘口毁坏林地植被8.89亩。谢某某、倪某某、郑某某在山顶采石毁坏林地植被19.44亩。

被告谢某某、倪某某、郑某某非法占用林地共19.44亩，依法应当承担该部分损坏林地植被的恢复义务。虽然被告李某某与被告谢某某、倪某某、郑某某签订了“采矿权转让合同”，但该合同未经主管部门批准，且被告李某某在采矿许可证到期未经行政主管部门办理续期手续的情况下，擅自将矿山采矿权四至范围扩大至原采矿点整个山顶范围，并出让给被告谢某某、倪某某、郑某某采矿，被告李某某对被告谢某某、倪某某、郑某某非法占用林地造成植被破坏的行为具有共同过错，故被告李某某对被告谢某某、倪某某、郑某某非法占用林地19.44亩应承担共同责任。由于被告李某某的原塘口8.89亩部分已被被告谢某某、倪某某、郑某某之后采矿期间所产生的弃石、弃土掩埋，对该部分植被损坏被告李某某与被告谢某某、倪某某、郑某某的责任无法区分，故被告谢某某、倪某某、郑某某也应对该部分植被损坏承担共同恢复责任。

【案例文书3】中华环保联合会诉谭某某、方某某环境民事公益诉讼按份责任案[①]

上诉人（原审被告）：方某某

被上诉人（原审原告）：中华环保联合会

原审被告：谭某某

原审支持起诉机关：广东省广州市白云区人民检察院

审理法院：广东省广州市中级人民法院

案件基本情况：上诉人方某某因与被上诉人中华环保联合会、原审支持起诉机关广东省广州市白云区人民检察院、原审被告谭某某环境污染责任纠纷一案，不服广东省广州市白云区人民法院（2014）穗云法钟民初字第64号民事判决，提起上诉。

一审法院经审理查明：2011年8月，方某某收取了谭某某支付的鱼塘租金4 000元，将其承包的位于广州市白云区钟落潭镇白土村的两个鱼塘（土名：月角地）转租给谭某某。双方签订“协议”约定：“谭某某租用方某某鱼塘二个，每年按3万元租金租用。从2011年9月1日起开始计租。租用期间，方某某要保证谭某某运泥车辆在村路或鱼塘边发生争执主动出面处理。”从2011年9月1日起，谭某某使用粤A×××××号货车运送不明固体污泥至其租用的上述白土村鱼塘，并向其中一个面积为0.75亩的鱼塘倾倒大量污泥。两天后，因污泥发出异味，方某某向村委会反映。2011年9月3日凌晨，谭某某向鱼塘倾倒污泥时被白土村村民委员会的治安队员发现。村委会当场制止谭某某的行为，对其罚款1 000元。谭某某当时立下“保证书”，保证以后不再将污泥倾倒在白土村范围内。之后方某某收回鱼塘，向被倾倒污泥的鱼塘内撒上石灰粉后继续在鱼塘里养鱼至今。

2011年9月14日，广州市白云区环境保护局到上述被倾倒污泥的鱼塘进行现场检查取样，责令塘主方某某立即停止倾倒污泥，封堵鱼塘周边，防止二次污染。随后，广州市白云区环境保护局委托广州市环境保护科学

---

① 广东省广州市中级人民法院（2015）穗中法民一终字第3804号民事判决书.

研究院对白土村鱼塘倾倒污泥事件的环境影响、产生的经济损失和治理成本等问题进行评估。广州市环境保护科学研究院于 2012 年 8 月出具“广州市白云区钟落潭镇白土村鱼塘倾倒污泥环境污染损害评估报告”，对本次环境污染事件的环境损害分析为：“本次事件向鱼塘倾倒不明固体污泥 110 车，污泥在鱼塘内经阳光照射后散发出臭味，对周边村民的生产生活造成了影响。池塘属农用地，用于水产和禽类养殖。污泥排入池塘，影响了养殖功能的使用。池塘水没有外排，尚未对周边水质产生明显影响。池塘周边植物生长尚属正常，尚未出现明显危害现象。”对固体污泥的成分分析和性质判断为：“为了分辨本次污泥的性质，白云区环境监测站委托中国广州分析测试中心和广东省生态环境与土壤研究所分析测试中心分别对污泥和底泥进行分析，结果为：参考《农用污泥中污染物控制标准》（GB 4284—84），铜和锌超过相应限值，达不到农用污泥标准，会对池塘造成污染。”经过分析本次污染事件的主要污染物指标对水生生物的毒害、环境经济损失和治理成本，该评估报告的结论为：“（一）总体分析：要恢复池塘养殖功能，必须清除倾倒的污泥，并将底泥挖起清运，同时对池塘内被污染的塘水进行处理，达到农用水标准。（二）结论：广州市白云区钟落潭镇白土村鱼塘倾倒污泥环境污染损害造成的直接经济损失为监测分析费用 4 660 元、污染物处理费 4 092 432 元，合共 4 097 092 元。”

一审诉讼中，中华环保联合会申请“广州市白云区钟落潭镇白土村鱼塘倾倒污泥环境污染损害评估报告”的评估人员张某出庭作证，并当庭接受质询，拟证实该环境污染损害评估报告是客观的、合理的。张某的证人证言主要内容为：“我方在环保部作了相关的研讨和培训，根据环境污染损害的规范文件进行评估。因为是污染后才报告到环保部门，案涉地方不是环保部门的长期检测点，故对污染前的状况我方无法掌握，在不清楚污染前状况的情况下取样（包括底泥和污泥）是已经受了污染的情况，所以仅就取样产生的污染影响以及按照正常没有受污染时的情况进行修复来评估。我方根据环保部门委托其他机构作出的污泥、底泥测试报告进行评估，案涉鱼塘的污泥中铜超过了农用污泥污染物控制标准的参考低值，锌超过了农用污泥污染物控制标准的参考高值，铜、锌等物质在鱼塘里，与鱼、植物包括其他成分会存在综合效应，产生生物损害，并且这种污染损害存在离子状态和分子状态，对于污染泥土或被已经污染的泥土，只要不被清理掉，污染不但会存在，还有可能扩大。原来倾倒的污泥如果经过一定的稀释或水的冲稀，混合的含量会变化，故底泥和污泥会出现数据上的差异。石灰只能减轻水和部分上层底泥的危害，经过化学反应重金属会沉淀或转变为其他状态，但并没有消除，重金属污染后重金属的量逐渐富集到一定程度可能会对人体造成损害，损害是存在的、长久的。按照国家的标准，要把污染源泥清理掉。修复鱼塘需把水运走处理，或在现场设置一个污水处理站，底泥的处理也是在现场处理，处理方式有很多种，需根据现场施工情况、时间、成本、设备、技术等由有资质的公司去处理。在我方作出该环境污染损害报告的时候没有要求需具备污染物修复处理费的评估资质，作出报告之后才有资质要求，但不是强制性的要求，只是一种参考。我方是参照国家相应的法律法规作出专业的评判，根据系数要求在保守的情况下按最低标准去估算作出结论。”举证期限内，方某某未提供证据证实其出租给谭某某的鱼塘在谭某某倾倒污泥前已受到污染，并在原审庭审中自认鱼塘被污染后至今未清理倾倒的污泥和被污染的底泥。

以上事实，有“协议”、收据、承包耕地明细表、情况说明、“保证书”、询问笔录、现场检查记录、分析检验报告、环境污染损害评估报告、证人证言、照片及当事人陈述等证据证实。

一审法院认为：双方对于谭某某向方某某承租的位于广州市白云区钟落潭镇白土村土名为月角地的鱼塘倾倒不明固体污泥、造成环境污染的事实均无异议，原审法院对该侵权事实予以认定。根据《侵权责任法》第65条的规定，谭某某作为直接侵权人应当对此承担侵权责任。由于案涉鱼塘是集体的财产，方某某作为承包人承包集体的鱼塘后，应当根据鱼塘的土地性质合理使用，从事农业生产养殖，而不应擅自改变鱼塘原本的农用性质。但方某某作为鱼塘的承包人，在明知谭某某租赁鱼塘是用于倾倒污泥的情况下，既没有向集体土地的所有人报备承包鱼塘用地性质的变更，也未审查所倾倒的污泥来源和成分，反而承诺保证在谭某某的运泥车辆在村路或鱼塘边发生争执时主动出面处理，将鱼塘转租给谭某某倾倒污泥牟利，致使环境受到污染。由此可见，方某某对本次环境污染事件亦负有过错。方某某与谭某某共同实施了侵权行为，对环境造成了污染，损害了公众利益，两人的行为构成共同侵权，因此，方某某应当与谭某某共同承担连带责任。

方某某抗辩称鱼塘被倾倒污泥之前已经受到污染，且鱼塘及周围环境经过3年的自然净化和养护，状况已经得到明显改善，中华环保联合会要求其承担责任理据不足。对此原审法院认为，首先，根据《侵权责任法》第66条规定，“因污染环境发生纠纷，污染者应当就法律规定的不承担责任或者减轻责任的情形及其行为与损害之间不存在因果关系承担举证责任”。方某某并未提供任何证据证实月角地鱼塘被谭某某倾倒污泥前已因其他事件形成污染，同时，方某某提供的照片只能证实鱼塘周边表面的环境状况，并不足以证实污泥对于鱼塘的土壤、水质、养殖功能及周边环境等没有造成实质性的污染损害，因此，方某某提供的证据无法证实其存在法律规定的不承担责任或者减轻责任的情形，亦无法证实其行为与鱼塘污染的损害后果之间不存在因果关系，方某某对此应当承担举证不能的责任。其次，广州市环境保护科学研究院是专业的环境保护科研机构，其根据广州市白云区环境保护局的委托，经过现场勘查，依据相关法律法规、参照相应行业标准和技术规范对白土村鱼塘倾倒污泥事件的环境影响进行评估，评估程序合法。并且，作出该环境污染损害评估报告的评估人员出庭接受了质询，阐明只要被重金属污染的泥土没有被清理掉，污染不但会持续存在，还有可能扩大，经过化学反应重金属会沉淀或转变为其他状态，不会从根本上消除，重金属的量逐渐富集到一定程度可能会对人体造成损害。由此可见，只要污染源没有被清理，重金属通过食物链的浓缩和富集会对鱼塘及周边环境形成持续的污染危害，这种危害是长期存在的，并不能通过自然净化或撒上石灰予以消除。综合以上两点，方某某既未提供证据证实鱼塘在倾倒污泥前已经受到污染，亦未提供充分证据证实谭某某向鱼塘倾倒污泥所造成的鱼塘土壤污染损害已经消除。因此，方某某的上述抗辩理据不足，一审法院不予采纳。

中华环保联合会作为专门从事环境保护公益活动的全国性、非营利性社团组织，对危害社会公益的行为提起公益诉讼，为当地百姓消除环境污染损害。一审法院对中华环保联合会这种积极维护公共利益的行为予以赞许。对于污染环境、破坏生态、损害社会公共利益的行为，人民法院可以判决污染者承担停止侵害、排除妨碍、消除危险、恢复原状、赔偿损失、赔礼道歉等民事责任。专家证人到庭亦明确说明修复鱼塘至污染损害发生之前的状态和功能是合理可行的。因此，中华环保联合会主张要求谭某某、方某某恢复鱼塘原状的诉讼请求合理合法，一审法院对此予以支持。鉴于谭某某、方某某已经停止了侵权行为，一审法院对于中华环保联合会提出的第一项停止侵权行为的诉讼请求不予支持。谭某某经一审法院公告送达起诉状副本和开庭传票，逾期未到庭参加诉讼，一审法院依法缺席判决。

综上所述，一审法院依照《民法通则》第 124 条、第 134 条，《侵权责任法》第 8 条、第 15 条、第 65 条、第 66 条、第 67 条，《环境保护法》(1989 年) 第 6 条、第 41 条，《民事诉讼法》第 15 条、第 55 条、第 92 条、第 144 条之规定，判决如下：(1) 自本判决生效之日起 6 个月内，谭某某与方某某共同修复广州市白云区钟落潭镇白土村鱼塘（土名：月角地）到本次污染损害发生之前的状态和功能（标准由环保部门审核）；逾期未修复的，由环保部门指定具有专业清污资质的机构代为修复，修复费用由谭某某与方某某共同承担，并相互负连带责任；(2) 驳回中华环保联合会的其他诉讼请求。本案原审受理费 200 元，由谭某某和方某某共同负担（自本判决生效之日起 5 日内，谭某某和方某某共同向一审法院交纳受理费 200 元）。

上诉人方某某不服一审法院上述判决，向二审法院提起上诉称：一审判决认定事实不清、证据不足。理由如下：(1) 谭某某是本案的污染者，方某某及全体白土村村民是本案的受害人，方某某在本案环境污染事件中不是共同侵权人，没有共同侵权的意思表示，也不存在过失，相反，方某某积极地管理和有效地阻止侵权行为的继续。(2) 以中华环保联合会提供的证据“广州市白云区钟落潭白土村鱼塘倾倒污泥环境污染损害评估报告”用来证明本案污染的损害结果是不充分的，仅以其作为认定本案损害结果的依据不足。(3) 目前，邻村一间汽车散热器厂和一涂艺厂对水流和鱼塘的污染与本案的关联性尚存疑，需要进一步的数据予以明确其关联性。(4) 本案一审法院当庭作出判决，判令本案由方某某和谭某某连带承担案涉鱼塘的修复责任，恢复到环保部门认可的环境标准，否则由环保部门负责修复再由方某某和谭某某负担费用。现实情况是谭某某根本联系不到，如果方某某和谭某某在规定期限内没有使环境指标达到环保部门的审核标准，那方某某向环保部门支付的费用问题就不在本案法院审理的权限范围内。本案不应一并作出处理，而应另案处理，且属于行政法律关系案件。(5) 一审遗漏应当参加诉讼的第三人，村委会应当参与诉讼。方某某只是鱼塘的承包人，村委会才是鱼塘所有人。(6) 本案真正的侵权人即产生污泥的企业没有参与诉讼，谭某某只是运输者。(7) 本案一审是当庭宣判，宣判后方某某提交了补充证据，其中一份为监测站报告，显示 2012 年 3 月案涉场地水质水表的检测为安全，符合国家有关标准。(8) 关于本案鱼塘修复问题，鱼塘目前一直在养鱼，方某某及其家属亦一直食用该鱼塘的鱼，此时鱼塘的环境已经和附近的鱼塘没有差别，应对鱼塘的水质及所养鱼类的受污染程度及鱼塘目前状态再一次进行评估。综上所述，一审法院判决认定事实不清，证据不足。为维护方某某的民事权益，现提起上诉，请二审法院判令：(1) 撤销广东省广州市白云区人民法院 (2014) 穗云法钟民初字第 64 号民事判决，驳回中华环保联合会的全部诉讼请求，由谭某某一人承担全部责任；(2) 本案一审、二审诉讼费由中华环保联合会负担。

被上诉人中华环保联合会二审答辩称：(1) 本案不存在遗漏村委会作为诉讼主体的问题。方某某是鱼塘的承租人，具有独立的法律地位，可以作为本案的责任人。村委会所涉是另外的法律关系，其是否参与诉讼不影响本案认定。(2) 谭某某经公告送达等合法程序传唤没有到庭参加诉讼，故无法查明污泥的来源和实际产生者。(3) 标准合法不影响侵权责任的认定。(4) 本案应由方某某和谭某某承担连带责任。根据《侵权责任法》第 9

条的规定，方某某向谭某某出租鱼塘并提供便利条件，且在书面协议中明确承诺出现问题后出面处理，方某某明知谭某某租用鱼塘是用于倾倒污泥，具有明显错误，故针对方某某的过错，本案判决方某某承担连带责任是合法的。(5) 本案除了评估报告外还有其他证据予以证实，证据之间形成了证据链。(6) 方某某对其所述没有证据证明，第三方是否有过错不影响本案责任承担。(7) 判决履行中的代执行问题，不属于其他法律关系，一审判决合法有据。综上，请求驳回方某某的上诉请求。

原审被告谭某某经法院合法传唤而未到庭参加诉讼，亦未发表书面意见。

支持起诉机关广州市白云区人民检察院发表了二审支持起诉意见：2011 年 9 月，方某某与谭某某签订协议，由方某某将自己承包的鱼塘以每年 30 000 元的金额租给谭某某，并保证在谭某某的运泥车辆在村路或鱼塘边发生争执时主动出面处理。2011 年 9 月上旬，谭某某先后运载 100 余车污泥倾倒在鱼塘中。污泥在阳光的照射下散发臭味，给鱼塘周边村民的生活造成不良影响。经鉴定，污泥中铜和锌含量超过《农用污泥中污染物控制标准》所规定的限制。池塘属农用地，用于水产和禽类养殖，污泥排入池塘会造成污染，影响其养殖功能。谭某某向农用地鱼塘倾倒污泥，对鱼塘及周边环境造成污染；方某某明知谭某某向鱼塘倾倒污泥，仍将鱼塘租赁给其使用，根据《民法通则》第 124 条、第 130 条、第 134 条之规定，谭某某和方某某均应承担民事责任。为保护公共环境安全，维护公共环境利益，根据《民事诉讼法》第 15 条的规定，特支持中华环保联合会提起环境民事公益诉讼，请求依法判处。

二审法院经查明，确认一审法院认定的事实。

二审法院另查明，中华环保联合会一审的诉讼请求为：判令谭某某、方某某立即停止对广州市白云区钟落潭镇白土村的环境污染侵权行为，并采取修复措施清理鱼塘内污泥及被污染底泥，恢复鱼塘养殖，或承担恢复鱼塘原状所需的环境污染处理费 4 092 432 元，诉讼费由谭某某、方某某承担。

2011年9月27日，广州市白云区环境监测站向中国广州分析测试中心提供样品并委托其对污泥进行检测，该中心于2011年10月17日作出第2011005849a号检测报告，检测出污泥中的铜含量为327mg/kg，锌含量为1 020mg/kg；2011年12月9日，广州市白云区环境监测站向广东省生态环境与土壤研究所分析测试中心提供样品并委托其对底泥进行检测，该中心于2012年1月12日作出第W20110099号分析检验报告，检测出底泥中的铜含量为253mg/kg，锌含量为750mg/kg。2012年8月，广州市环境保护科学研究院以上述两份报告为依据，作出了“广州市白云区钟落潭镇白土村鱼塘倾倒污泥环境污染损害评估报告”。

2011年10月28日，中国广州分析测试中心出具《检测报告更正说明》，将第2011005849a号检测报告中的接样日期“2011年5月27日”更改为“2011年9月27日”，检测日期“5月27日至6月7日”更改为“9月27日至10月17日”，签发日期“2011年6月7日”更改为“2011年10月17日”。2012年1月26日，广东省生态环境与土壤研究所分析测试中心出具《关于W20110099报告中人名出现错误的说明》，确认在发出报告时将样品编号“方某某”写成“亏运双”。二审期间，方某某对第一份更正说明不予认可，并表示日期的更改超出了笔误的范围；对第二份有关名字错误的说明予以认可。

二审法院再查明，中华环保联合会系由民政部批准设立的社会团体法人，其业务范围为组织开展环境论坛、法律援助、宣传教育、国际国内交流合作开发、咨询服务、展览展示，其主管部门为环境保护部。

二审法院认为，《民事诉讼法》第55条规定：“对污染环境、侵害众多消费者合法权益等损害社会公共利益的行为，法律规定的机关和有关组织可以向人民法院提起诉讼。”本案为环境污染责任纠纷，中华环保联合会作为专门从事与环境相关活动的非营利性社会团体，依法有权对损害社会公共利益的行为提起环境民事公益诉讼。《民事诉讼法》第15条规定：“机关、社会团体、企业事业单位对损害国家、集体或者个人民事权益的行为，可以支持受损害的单位或者个人向人民法院起诉。”广东省广州市白云区人民检察院作为国家法律监督机关，在社会公共利益遭受损害的情况下，支持中华环保联合会提起环境民事公益诉讼，具有合法性和正当性。《民事诉讼法》第168条规定："第二审人民法院应当对上诉请求的有关事实和适用法律进行审查。"结合当事人双方在二审的诉辩情况，本案二审争议的焦点主要为：（1）本案证据能否证明污染环境的行为已造成损害？（2）方某某主张的导致涉案污染的其他原因是否存在？（3）方某某应否承担侵权责任？（4）原审法院判决谭某某和方某某的承担责任方式是否合理？

关于第一个问题。方某某上诉认为"广州市白云区钟落潭镇白土村鱼塘倾倒污泥环境污染损害评估报告"不能证明本案污染的损害结果。《侵权责任法》第65条规定："因污染环境造成损害的，污染者应当承担侵权责任。"本案为环境民事公益诉讼，中华环保联合会提起诉讼的目的在于保护公共环境安全和利益，因此判断本案被诉污染环境的行为是否构成侵权，应当以社会公共利益是否受到损害为标准。中国广州分析测试中心和广东省生态环境与土壤研究所分析测试中心对案涉鱼塘的污泥和底泥进行检测分析，并作出了相应的检验和检测报告，其中，污泥中的铜含量为327mg/kg、锌含量为1 020mg/kg，底泥中的铜含量为253mg/kg、锌含量为750mg/kg。虽然中国广州分析测试中心作出的第2011005849a号检测报告存在日期错误的瑕疵，但经该中心更正说明，不影响其检测数据的真实性。广州市环境保护科学研究会依据上述两份报告的检测、检验结果，并参照《农用污泥中污染物控制标准》（GB 4284—84）对案涉鱼塘的污泥和底泥进行了判断，据此作出的"广州市白云区钟落潭镇白土村鱼塘倾倒污泥环境污染损害评估报告"具备科学性和合理性，可以作为本案认定事实的依据。谭某某倾倒污泥的行为造成鱼塘污泥中的铜、锌重金属超标，损害了社会公共利益，构成环境污染侵权，其依法应承担相应的法律责任。

关于第二个问题。《侵权责任法》第66条规定："因污染环境发生纠纷，污染者应当就法律规定的不承担责任或者减轻责任的情形及其行为与损害之间不存在因果关系承担举证责任。"方某某为证明案涉鱼塘在被谭某某承包前已经受到污染，提供了《广州日报》的报道为证。对此二审法院认为，

《广州日报》报道上游工厂排放污水的时间为2012年3月9日，而案涉鱼塘被谭某某倾倒污泥的时间为2011年9月1日，无法证明案涉鱼塘在倾倒污泥前已经受到污染，也无法否认案涉鱼塘污泥、底泥的铜、锌重金属超标与谭某某倾倒污泥行为之间的因果关系。因此，法院对该证据不予采信。

关于第三个问题。《侵权责任法》第8条规定："二人以上共同实施侵权行为，造成他人损害的，应当承担连带责任。"本次污染虽然是由谭某某倾倒污泥的行为所直接引起的，但案涉鱼塘系由方某某承包和实际控制，如果没有方某某出租鱼塘提供场所和便利，谭某某不可能独自向案涉鱼塘倾倒污泥，因此本次污染的损害后果是由谭某某倾倒污泥的行为和方某某出租鱼塘的行为直接结合所共同导致的，故二人构成共同侵权，应当承担连带责任。对于方某某上诉认为其没有共同侵权的意思表示，也不存在过失的问题，参照《环境侵权责任司法解释》第1条规定——"因污染环境造成损害，不论污染者有无过错，污染者应当承担侵权责任。污染者以排污符合国家或者地方污染物排放标准为由主张不承担责任的，人民法院不予支持。"——方某某主观上是否存在故意或过失，不影响其承担侵权责任。即便如此，方某某作为案涉鱼塘的承包人，其在主观上虽然没有污染鱼塘的故意，但其为了获得经济利益而放任谭某某倾倒成分和来源均不明的污泥，未尽到合理的注意义务，其主观上仍然存在过错。方某某认为村委会应当参与诉讼，二审法院认为，虽然本次污染发生的地点为广州市白云区钟落潭镇白土村，但污染者是谭某某和方某某二人，村委会与本案的处理结果并没有法律上的利害关系，故法院对方某某该意见不予采纳。

关于第四个问题。《环境侵权责任司法解释》第13条规定："人民法院应当根据被侵权人的诉讼请求以及具体案情，合理判定污染者承担停止侵害、排除妨碍、消除危险、恢复原状、赔礼道歉、赔偿损失等民事责任。"鉴于案涉鱼塘的重金属污染会对人体造成损害，且修复案涉鱼塘是合理可行的，而谭某某和方某某作为共同侵权人，均负有恢复鱼塘原状的责任，故一审法院判令二人共同修复案涉鱼塘及连带承担修复费用的处理正确，二审法院予以确认。方某某为证明案涉鱼塘水质已经达标，提交了广州市白云区环境监测站出具的监测报告。对此二审法院认为，本案环境污染损害结果是污泥中的铜、锌重金属含量超标，该监测报告仅能证明鱼塘水已经符合《渔业水质标准》，而无法证明污泥中的铜、锌含量已经达标。因此，该监测报告不能证明案涉鱼塘已经恢复到受污染前的状态。方某某上诉认为该鱼塘仍在继续养鱼，有必要重新评估。对此二审法院认为，鱼塘能继续养鱼与重金属污染已经消除之间没有必然的联系，方某某无充分证据推翻原检测、检验报告，故法院对其意见不予采纳，谭某某和方某某应根据本案现有证据所证明的损害结果承担相应的侵权责任。

关于修复费用的承担问题。《侵权责任法》第 14 条规定："连带责任人根据各自责任大小确定相应的赔偿数额；难以确定责任大小的，平均承担赔偿责任。支付超出自己赔偿数额的连带责任人，有权向其他连带责任人追偿。"谭某某和方某某作为共同侵权人，虽然应当连带承担修复费用，但谭某某和方某某分别承担的修复费用数额应当根据各自责任的大小来确定。谭某某直接倾倒污泥导致污染的发生，其对损害结果的发生起到主要作用；而方某某仅为倾倒污泥提供场所和便利，且在事后又积极向村委会反映情况，配合村委会阻止了谭某某的继续倾倒行为，其行为对损害结果的发生仅起到次要作用。因此，谭某某和方某某的责任大小并不相同，法院综合考虑本案的具体情况，酌情确定谭某某应承担 80%的责任，方某某应承担 20%的责任。谭某某和方某某应当按照上述比例承担相应的修复费用，二人支付超过自己应承担的部分的，有权向另一方追偿。一审法院未考虑谭某某和方某某的责任大小，处理欠妥。对此二审法院予以纠正。

方某某认为向环保部门支付的费用问题不属于法院审理的范畴。对此二审法院认为，《民事诉讼法司法解释》第 503 条第 1 款规定："被执行人不履行生效法律文书确定的行为义务，该义务可由他人完成的，人民法院可以选定代履行人；法律、行政法规对履行该行为义务有资格限制的，应当从有资格的人中选定。必要时，可以通过招标的方式确定代履行人。"《环境侵权责任司法解释》第 14 条第 2 款规定："污染者在生效裁判确定的期限内未履行环境修复义务的，人民法院可以委托其他人进行环境修复，所需费用由污染者承担。”由此可知，修复鱼塘属于谭某某和方某某履行生效法律文书所确定的行为义务，如果二人逾期未履行，应当由人民法院选定代为修复的机构，而非由环保部门指定。一审法院处理不当，二审法院予以纠正。鉴于二审法院已确认由人民法院选定代为修复的机构，故已不存在向环保部门支付修复费用的问题。至于修复费用的具体承担，属于本案民事执行阶段的事宜。

本案环境污染不仅会损害个人的身体健康、财产等权益，还涉及不特定多数人的权益，甚至殃及子孙后代。可见，此类侵权除具有一般侵权行为的私害性外，更具有公害性。鉴于个体受害者的时间、金钱和精力有限，难以应付专业性强、案情复杂的环境侵权诉讼，而不特定的受害群体又存在难以组织和协调进行诉讼的弱点，如果没有专门的社会组织主张权利，就会陷入环境污染损害无法得到救济的尴尬境地。中华环保联合会提起本案公益诉讼，弥补了环境公益救济主体的重要缺失，无论是对个人权益还是对社会公共利益的保护，都显得非常必要和及时；而广东省广州市白云区人民检察院作为国家法律监督机关，在社会公共利益受到损害的情况下，支持中华环保联合会提起诉讼，对于维护人民群众的环境资源权益和推动环境保护制度建设，具有积极意义。二审法院对中华环保联合会和广东省广州市白云区人民检察院的行为予以赞许。本案的侵权人谭某某和方某某，为牟取个人私利而不顾环境受到污染，损害了社会公共利益，必须承担相应的侵权责任。二审法院在此对该二人的行为予以谴责。令人遗憾的是，本案直接倾倒污泥的谭某某至今未出庭应诉，导致无法查清污泥的来源，因此有环境保护职能的行政机关也应当追根溯源，并以此为契机建立污染治理的长效机制，有效杜绝此类随意倾倒固体污染物的行为，切实保护好生态环境。本案作为环境民事公益诉讼，其审理的意义并不仅仅是惩治某个污染者，更重要的是警醒我们思考如何防止固体污染物的扩散，从而推动生态环境的保护和环境友好型社会的建立，因为生态环境是最公平的公共产品和最普惠的民生福祉，不仅关涉当前的社会公共利益，还与我们每一个人甚至千秋万代的利益息息相关，希望本案的处理有利于促进环境正义和代际公平。

综上，上诉人方某某的上诉理由部分有理，二审法院予以支持，一审查明事实清楚，但适用法律有误，二审法院依法予以改判。

法院判决：依照《侵权责任法》第 8 条、第 14 条、第 65 条、第 66 条，《民事诉讼法》第 15 条、第 55 条、第 168 条、第 170 条第 1 款第 2 项，《环境侵权责任司法解释》第 1 条、第 13 条、第 14 条，《民事诉讼法司法解释》第 503 条第 1 款之规定，判决如下：

（1）撤销广东省广州市白云区人民法院（2014）穗云法钟民初字第 64 号民事判决第二项。

（2）变更广东省广州市白云区人民法院（2014）穗云法钟民初字第 64 号民事判决第一项为：自本判决生效之日起 6 个月内，谭某某与方某某共同修复广州市白云区钟落潭镇白土村鱼塘（土名：月角地）到本次污染损害发生之前的状态和功能（标准由环保部门审核）；逾期未修复的，由人民法院选定具有专业清污资质的机构代为修复，修复费用由谭某某与方某某共同承担，并互负连带责任。

（3）本判决第二项确定的修复费用，由谭某某承担 80%，方某某承担 20%。如谭某某、方某某支付超过自己应承担的部分，有权向另一方追偿。

（4）驳回中华环保联合会的其他诉讼请求。

本案一审受理费 200 元，由上诉人方某某负担 40 元，原审被告谭某某负担 160 元；二审案件受理费 200 元，由上诉人方某某负担 40 元，原审被告谭某某负担 160 元。

【知识点关联及案例点评】

上述三个案例均是自然人作为环境民事公益诉讼被告的典型案例。

环境民事公益诉讼被告是指因污染环境、破坏生态的行为导致环境公共利益受损害而被提起环境民事公益诉讼的人。这里的人包括自然人和法人。除了单独主体外，两个以上自然人、两个以上法人或者两个以上自然人和法人可以作为环境民事公益诉讼的共同被告。环境民事公益诉讼的自然人被告是指由于污染环境、破坏生态行为造成环境公共利益损害而被有关社会组织或者法律规定的机关提起环境民事公益诉讼追究责任的自然人。依据被起诉的自然人主体数量不同，可以分为单个的自然人被告和自然人共同被告。其中，在自然人共同被告的案件中，共同被告之间可能有连带责任或按份责任的分摊关系。按份责任的具体承担可以依据《侵权责任法》第 67 条规定予以确定，即“两个以上污染者污染环境，污染者承担责任的大小，根据污染物的种类、排放量等因素确定”。

案例 1 中，被告因违法排放含酸废水造成河流污染，损害社会公共利益，因此被告应承担相应的法律责任。依据《环境侵权责任司法解释》第 2 条的规定，两个以上行为人共同实施污染环境、破坏生态行为造成损害，行为人承担连带责任。《环境侵权责任司法解释》第 4 条规定：“两个以上污染者污染环境，对污染者承担责任的大小，人民法院应当根据污染物的种类、排放量、危害性以及有无排污许可证、是否超过污染物排放标准、是否超过重点污染物排放总量控制指标等因素确定。”案例 2 中，四被告人对于损害行为具有共同故意，并且最终损害后果具有完整不可分性，因此四被告人之间承担连带责任。案例 3 中，承包人和污染物直接排放行为人之间存在租赁关系，两个加害行为人对造成的损害结果所应承担的责任因原因力大小而存在区别。二审法院基于此对两被告之间的责任份额进行划分，最终确定两被告依照按份责任承担相应比例的修复费用。

（案例编辑人：梁晓敏、李欣）

第二节　环境民事公益诉讼的法人被告

【案例文书 1】中华环保联合会诉德州晶华集团振华有限公司大气污染单个法人环境民事公益诉讼案[①]

原告：中华环保联合会

被告：德州晶华集团振华有限公司

---

① 山东省德州市（地区）中级人民法院（2015）德中环公民初字第 1 号民事判决书.

审理法院：山东省德州市（地区）中级人民法院

案件基本情况：原告中华环保联合会与被告德州晶华集团振华有限公司（以下简称“振华公司”）大气环境污染责任纠纷公益诉讼一案，法院于2015年3月24日受理后，于2015年3月25日公告案件受理情况。在公告期满后，未收到其他机关或社会组织参加诉讼的申请。

法院经审理查明，原告中华环保联合会于2005年4月22日经民政部登记注册后成立，其宗旨、业务范围及年检均符合《民事诉讼法》《环境保护法》有关环境民事公益诉讼主体的要求。被告振华公司成立于2000年，经营范围包括电力生产、平板玻璃、玻璃空心砖、玻璃深加工、玻璃制品制造等。根据德州市环境保护监测中心站的监测，2012年3月、5月、8月、12月，2013年1月、5月、8月，振华公司废气排放均能达标。2013年11月，2014年1月、5月、6月、11月，2015年2月，排放二氧化硫、氮氧化物及烟粉尘存在超标排放情况。德州市环境保护局分别于2013年12月、2014年9月、2014年11月、2015年2月对振华公司进行行政处罚，处罚数额均为10万元。2014年12月，山东省环境保护厅对振华公司进行行政处罚，处罚数额10万元。2015年3月23日，德州市环境保护局责令振华公司立即停产整治，2015年4月1日之前全部停产，停止超标排放废气污染物。原告中华环保联合会起诉之后，2015年3月27日，振华公司的生产线全部放水停产，并于德城区天衢工业园以北养马村新选厂址，原厂区准备搬迁。在本案审理阶段，为证明被告振华公司超标排放造成的损失，2015年12月，原告中华环保联合会与环境保护部环境规划院订立技术咨询合同，委托后者对振华公司排放大气污染物致使公私财产遭受损失的数额，包括污染行为直接造成的财产损坏、减少的实际价值，以及为防止污染扩大、消除污染而采取必要合理措施所产生的费用进行鉴定。2016年5月，环境保护部环境规划院环境风险与损害鉴定评估研究中心根据已经双方质证的法院调取的证据作出评估意见，鉴定结果为：振华公司位于德州市市区内，周围多为居民小区；原有浮法玻璃生产线三条，1＃浮法玻璃生产线已于2011年10月全面停产，2＃生产线600t/d优质超厚玻璃生产线和3＃

生产线400t/d高档优质汽车玻璃原片生产线仍在生产。(1)污染物性质，主要为烟粉尘、二氧化硫和氮氧化物。《德州晶华集团振华有限公司关于落实整改工作的情况汇报》等有关资料显示：截至2015年3月17日，振华公司浮法二线未安装或未运行脱硫和脱硝治理设施；浮法三线除尘、脱硫设施已于2014年9月投入运行。(2)污染物超标排放时段的确认。二氧化硫超标排放时段为2014年6月10日—2014年8月17日，共计68天；氮氧化物超标排放时段为2013年11月5日—2014年6月23日、2014年10月22日—2015年1月27日，共计327天；烟粉尘超标排放时段为2013年11月5日—2014年6月23日，共计230天。(3)污染物排放量。在鉴定时段内，由于企业未安装脱硫设施造成二氧化硫全部直接排放进入大气的超标排放量为255吨，由于企业未安装脱硝设施造成氮氧化物全部直接排放进入大气的排放量为589吨，由于企业未安装除尘设施或除尘设施处理能力不够造成部分烟粉尘直接排放进入大气的排放量为19吨。(4)单位污染物处理成本。根据数据库资料，二氧化硫的单位治理成本为0.56万元/吨，氮氧化物的单位治理成本为0.68万元/吨，烟粉尘的单位治理成本为0.33万元/吨。(5)虚拟治理成本。根据《环境空气质量标准》、《环境损害鉴定评估推荐方法》(第Ⅱ版)、《突发环境事件应急处置阶段环境损害评估技术规范》，本案项目处环境功能二类区，生态环境损害数额为虚拟治理成本的3～5倍，本报告取参数5，二氧化硫的虚拟治理成本共计713万元，氮氧化物的虚拟治理成本共计2 002万元，烟粉尘的虚拟治理成本为31万元。鉴定结论：被告在鉴定期间超标向空气排放二氧化硫共计255吨、氮氧化物共计589吨、烟粉尘共计19吨，单位治理成本分别按0.56万元/吨、0.68万元/吨、0.33万元/吨计算，虚拟治理成本分别为713万元、2 002万元、31万元，共计2 746万元。在本案审理过程中，原告中华环保联合会申请环境保护部环境规划院专家吴琼出庭，就二氧化硫、氮氧化物、烟粉尘超标排放给大气造成的损害、污染物排放时间、污染物排放量、单位治理成本、虚拟治理成本、生态损害赔偿数额的确定以及被告投入运营设备是否会对虚拟治理成本产生影响提出专家意见，法院予以准许。吴琼认为，二氧化硫、氮氧化物以及烟粉尘是酸雨的前导物，超标排放肯定会对财产及人身造成损害，进而对生态环境造成损害，使大气环境的生态服务价值功能受到损害，影响大气环境的清洁程度和生态服务价值功能；因被告单位项目区域周围多为居民社区，属于环境保护域内保护的敏感点，按照环境损害评估推荐方法虚拟治理成本可取3～5倍，可取较高值为参数5；被告已经投入的运营设备对虚拟治理成本的计算不会产生影响，且虚拟治理成本中不包含惩罚性赔偿因素。

另查明，原告中华环保联合会支付技术咨询合同费用10万元；原告中华环保联合会与山东康桥律师事务所于2016年4月20日订立委托代理合同，约定按照诉讼标的2 746万元计算代理费，为436 100元，但未提交交款凭证或发票，原告中华环保联合会亦承认至开庭之日该费用未发生；原告中华环保联合会主张为诉讼支出交通住宿等费用1万元，但未提交支付凭证。

还查明，被告振华公司曾分别与德州峰骋液压机械有限公司、张家港市锦明环保工程装备有限公司、德州海山水电暖设备安装有限公司等公司订立施工合同或购销合同，就2＃生产线、3＃生产线脱硫除尘项目供货、施工、安装、制作等进行了约定，各合同约定价款总计为1 815万元，被告振华公司要求将此费用从赔偿数额中扣除。

法院认为，根据双方的起诉与答辩，双方争议焦点为：（1）本案原、被告主体是否适格？（2）被告振华公司应承担何种民事责任？损害赔偿数额如何计算？

关于焦点一，本案原、被告主体是否适格：《环境保护法》第58条规定，对污染环境、破坏生态、损害社会公共利益的行为，符合下列条件的社会组织可以向人民法院提起诉讼：（1）依法在设区的市级以上人民政府民政部门登记；（2）专门从事环境保护公益活动连续5年以上且无违法记录。原告中华环保联合会系2005年4月22日在民政部登记成立的社会组织，自登记之日至本案起诉之日成立满5年，从事环境保护公益活动满5年，并无违法记录。庭审中，被告振华公司对原告中华环保联合会作为环保公益组织提起本案诉讼亦无异议。因此，原告中华环保联合会是本案的适格主体。

根据《环境民事公益诉讼司法解释》第 1 条规定，法律规定的机关和有关组织依据《民事诉讼法》第 55 条、《环境保护法》第 58 条等法律的规定，对已经损害社会公共利益或者具有损害社会公共利益重大风险的污染环境、破坏生态的行为提起诉讼，符合《民事诉讼法》第 119 条第 2 项、第 3 项、第 4 项规定的，人民法院应予受理；第 18 条规定，对污染环境、破坏生态，已经损害社会公共利益或者具有损害社会公共利益重大风险的行为，原告可以请求被告承担停止侵害、排除妨碍、消除危险、恢复原状、赔偿损失、赔礼道歉等民事责任。法院认为，企业事业单位和其他生产经营者超过污染物排放标准或者重点污染物排放总量控制指标排放污染物的行为可以视为具有损害社会公共利益重大风险的行为。被告振华公司超量排放的二氧化硫、氮氧化物、烟粉尘会影响大气的服务价值功能，其中，二氧化硫、氮氧化物是酸雨的前导物，超量排放可导致酸雨，从而造成财产及人身损害；烟粉尘的超量排放将影响大气能见度及清洁度，亦会造成财产及人身损害。被告振华公司自 2013 年 11 月起，多次超标向大气排放二氧化硫、氮氧化物、烟粉尘等污染物，经环境保护行政管理部门多次行政处罚仍未改正。其行为属于法律规定的"具有损害社会公共利益重大风险的行为"，故被告振华公司是本案的适格被告。

关于焦点二，被告振华公司应承担何种民事责任、损害赔偿数额如何计算：根据《环境民事公益诉讼司法解释》第 18 条的规定，环境民事公益诉讼案件承担责任的方式包括六种：停止侵害、排除妨碍、消除危险、恢复原状、赔偿损失、赔礼道歉。原告中华环保联合会关于被告振华公司立即停止超标向大气排放污染物以及在省级以上媒体上向社会公开赔礼道歉的诉讼请求于法有据。根据法院查明的事实，被告振华公司已于 2015 年 3 月 27 日放水停产，停止使用原厂区，可认定被告振华公司已经停止侵害。环境权益具有公共权益的属性，从经济学角度而言，环境资源是一种综合性的财产，在美学层面上，优良的环境可以成为人的精神活动的对象。被告振华公司超标向大气排放污染物，其行为侵害了社会公共的精神性环境权益，其应当承担赔礼道歉的民事责任。关于生态损害赔偿费用：为证明被告振华公司因其行为应当承担的生态损害赔偿数额，原告中华环保联合会以双方提交的证据以及法院向环境保护机关调取的证据为依据，委托环境保护部环境规划院进行鉴定评估，经评估，二氧化硫的单位治理成本为0.56万元/吨，超标排放255吨，虚拟治理成本为142.8万元（0.56万元/吨×255吨）；氮氧化物的单位治理成本为0.68万元/吨，超标排放589吨，虚拟治理成本为400.52万元（0.68万元/吨×589吨）；烟粉尘的单位治理成本为0.33万元/吨，超标排放19吨，虚拟治理成本为6.27万元（0.33万元/吨×19吨）。

法院认为，第一，原告中华环保联合会提交的鉴定评估报告虽系单方委托作出，评估机构具有法定资质，评估事项与待证事实有关，评估依据均已经过原、被告双方的质证，具备证据的真实性、客观性、关联性，且被告振华公司未举出相反证据推翻该鉴定评估报告，法院认为该报告可以作为认定事实的依据。第二，根据德州市环境保护局《关于德州晶华集团振华有限公司高档优质汽车玻璃原片项目环境影响评价执行标准的意见》、《环境空气质量标准》（GB 3095—2012）、《环境损害鉴定评估推荐方法》（第Ⅱ版）、《突发环境事件应急处置阶段环境损害评估技术规范》的规定，利用虚拟治理成本法计算得到的环境损害可以作为生态环境损害赔偿的依据。被告振华公司所在区域为空气功能二类区，按照规定，环境空气二类区生态损害数额为虚拟治理成本的3～5倍，法院认定按虚拟治理成本的4倍计算生态损害数额，即2 198.36万元（142.8万元×4＋400.52万元×4＋6.27万元×4）。第三，《侵权责任法》第66条规定，因污染环境发生纠纷，污染者应当就法律规定的不承担责任或者减轻责任的情形及其行为与损害之间不存在因果关系承担举证责任。《环境侵权责任司法解释》第7条规定，污染者举证证明下列情形之一的，人民法院应当认定其污染行为与损害之间不存在因果关系：（1）排放的污染物没有造成该损害可能的；（2）排放的可造成该损害的污染物未到达该损害发生地的；（3）该损害于排放污染物之前已经发生的；（4）其他可以认定污染行为与损害之间不存在因果关系的情形。被告振华公司主张其已投入脱硫设备，运营成本 1 815 万元，应当据此减轻责任。法院认为，鉴定评估报告是在对被告振华公司现有脱硫、除尘设备予以确认的情况下对污染物超标排放量及治理成本进行的认定，被告振华公司该项请求不属于法律规定的不承担责任或者减轻责任的情形，故对被告振华公司该项抗辩法院不予认可。关于原告中华环保联合会要求被告振华公司赔偿因超标排放污染物造成的损失 780 万元，法院认为，原告中华环保联合会该项诉讼请求的依据是《大气污染防治法》第 99 条及《环境保护法》第 59 条，该两条规定的是行政处罚而非民事责任，且《环境民事公益诉讼司法解释》中并未规定惩罚性赔偿，故原告中华环保联合会该项诉讼请求法律依据不足，法院不予支持。关于原告中华环保联合会“增设大气污染防治设施，经环境保护行政主管部门验收合格并投入使用后方可进行生产经营活动”的诉讼请求，因该项诉讼请求不属于《环境民事公益诉讼司法解释》规定的承担责任的方式中的任何一种，加之被告振华公司已经放水停产，原厂停止使用，另选新厂址，故对原告中华环保联合会该项诉讼请求法院不予支持。关于评估费用、律师费以及为诉讼支出的其他合理费用问题，根据《环境民事公益诉讼司法解释》第 22 条规定，原告请求被告承担检验、鉴定费用，合理的律师费以及为诉讼支出的其他合理费用的，人民法院可以予以支持。原告中华环保联合会主张的评估费用 10 万元，属于为诉讼的合理支出，法院予以支持；其主张的律师费 40 万元及其他诉讼支出费用 1 万元，因原告中华环保联合会承认关于律师费仅订立委托合同，未实际支付，且未就诉讼支出 1 万元提交支付凭证，故关于此项请求，法院不予支持。

法院判决：依照《民法通则》第 124 条，《侵权责任法》第 66 条，《环境保护法》第 58 条，《环境侵权责任司法解释》第 8 条，《环境民事公益诉讼司法解释》第 1 条、第 2 条、第 18 条、第 20 条、第 22 条、第 23 条，判决如下：

（1）被告振华公司于本判决生效之日起 30 日内赔偿因超标排放污染物造成的损失 2 198.36 万元，支付至德州市专项基金账户，用于德州市大气环境质量修复；

（2）被告振华公司在省级以上媒体上向社会公开赔礼道歉；

（3）被告振华公司于本判决生效之日起10日内支付原告中华环保联合会所支出的评估费10万元；

（4）驳回原告中华环保联合会其他诉讼请求。

如未按本判决指定的期间履行给付金钱义务，应当依照《民事诉讼法》第253条之规定，加倍支付迟延履行期间的债务利息。

案件受理费182 000元，由被告振华公司负担。

如不服本判决，可在判决书送达之日起15日之内向法院递交上诉状，并按对方当事人的人数或者代表人的人数提出副本，上诉于山东省高级人民法院。

【知识点关联及案例点评】

本案是法人作为唯一被告的环境民事公益诉讼典型案例。

环境民事公益诉讼的法人被告是指由于污染环境、破坏生态行为造成社会公共利益受损害而被有关社会组织或者法律规定的机关提起环境民事公益诉讼追究责任的法人。依据被起诉的法人数量对环境民事公益诉讼的法人被告进行划分，可以分为单独的法人被告和法人共同被告。其中，在存在法人共同被告的案件中，共同被告之间可能还存在连带责任或按份责任分摊关系。至于按份责任的具体承担问题，可以按照《侵权责任法》第67条规定予以确定，即“两个以上污染者污染环境，污染者承担责任的大小，根据污染物的种类、排放量等因素确定”。在司法实践中，法人作为被告的形态多样，本案中的形态为：单个法人实施损害社会公共利益的行为而作为环境民事公益诉讼的被告。

根据《环境民事公益诉讼司法解释》第1条的规定，法律规定的机关和有关组织依据相关法律的规定，对已经损害社会公共利益或者具有损害社会公共利益重大风险的污染环境、破坏生态的行为提起诉讼。振华公司属于从事玻璃深加工及玻璃制品的制造的企业，在生产经营过程中超标排放二氧化硫、氮氧化物和烟粉尘。二氧化硫和氮氧化物的过量排放会导致酸雨的产生，烟粉尘的过量排放则会降低大气的能见度，对环境和人体造成严重的损害。振华公司自 2013 年 11 月起，多次向大气超标排放二氧化硫、氮氧化物、烟粉尘等污染物，曾 5 次受到环保部门的行政处罚却未能改正。一方面，其超标排污行为已经损害了社会公共利益；另一方面，其多次受到行政处罚仍未改正，其行为属于“具有损害社会公共利益的重大风险”的行为。因此，振华公司属于本案的适格被告。

（案例编辑人：张冯楠、李欣）

【案例文书 2】自然之友诉北京都市芳园房地产开发有限公司、北京九欣物业管理有限公司环境民事公益诉讼连带责任案[①]

原告：北京市朝阳区自然之友环境研究所

被告：北京都市芳园房地产开发有限公司、北京九欣物业管理有限公司

审理法院：北京市第四中级人民法院

案件基本情况：2015 年 7 月 23 日上午，北京市第四中级人民法院正式受理北京市朝阳区自然之友环境研究所（以下简称“自然之友”）诉北京都市芳园房地产开发有限公司（以下简称“都市芳园房地产”）、北京九欣物业管理有限公司（以下简称“九欣物业”）固体废物污染责任纠纷。自然之友诉称，位于北京市昌平区东小口镇的都市芳园小区，有一个总面积约 200 亩的湖泊湿地。自 2014 年 10 月起，二被告不顾居民群众的反对，在没有办理许可手续的情况下，非法组织施工作业，将建筑垃圾和建筑开槽土等倾倒入湖，填埋湖泊区域，严重破坏了植被、湿地等生态系统。至今，倾倒建筑垃圾等填湖行为仍在进行，原有湖泊区域四分之三以上被渣土填满，连接社区东西两岸的桥梁随之拆除，正常生长的植物群落遭到毁坏，原来的良好生态环境消失殆尽。

经小区业主多次向政府反映、举报，昌平区城市管理综合行政执法监

---

① 北京四中院受理首例环境民事公益诉讼案件.（2015 - 07 - 23）［2018 - 04 - 07］. https：//www. chinacourt. org/article/detail/2015/07/id/1672024. shtml. 历时 3 年，北京首例环境公益诉讼案开庭审理.（2018 - 08 - 21）［2018－10－2］. http：//www. fon. org. cn/index. php? option＝com _ k2&view＝item&id＝13208：3&Itemid＝176.

察局调查认定：2014 年 10 月 21 日，都市芳园房地产张贴通知，声称该公司决定将小区湖面进行平整绿化。10 月 22 日，该公司雇用车队开始进行填埋作业，回填土大多是工地渣土。都市芳园房地产按照 200 元/车的价格收取相关渣土，但不具备渣土消纳许可证。10 月 25 日，城管执法人员向都市芳园房地产送达了“责令改正通知书”。

2018 年 8 月 16 日上午 9 时 30 分，该案在北京市第四中级人民法院公开开庭审理。案件审理过程中，原、被告双方围绕事实和法律问题进行了举证质证和法庭辩论。围绕本案诉争的主要问题，二被告的主要观点是，其 2014 年开始进行施工作业时，湖泊区域已经干涸，不再是湿地生态环境，因此填土行为没有造成生态破坏。原告自然之友认为，案涉人工湖属于湿地，随着北京地下水位下降，自然干缩，但仍然季节性存水，仍发挥着湿地生态服务功能。被告的填土行为及后续绿化行为，使湖泊区域原有湿地生态服务功能丧失殆尽，破坏了生态，损害了社会公共利益。

庭审过程中，法院对其委托的鉴定机构的鉴定意见进行开示和说明。2016 年 6 月，法院委托环境保护部环境规划院作为鉴定机构，就本案的填埋渣土行为是否对原生态系统造成重金属污染及生态破坏进行鉴定。鉴定机构 2018 年 4 月出具的鉴定报告认为，被告的填埋行为造成人工湿地消失，导致“原有人工湿地的洪水调蓄、地下水补给和气候调节服务丧失”。2018 年 7 月 31 日庭前证据交换后，鉴定机构又对其出具的鉴定报告进行了补充，补充报告认为：“已采取恢复措施（即被告绿化行为）的服务价值超出了受到损害的服务价值，不需要再采取其他生态恢复措施。”

原告对补充鉴定报告所采取的价值等值分析方法和作出的结论均有异议，认为湿地生态系统所具有的防洪调蓄、固碳释氧、涵养水源、净化空气、维护生物多样性等生态服务功能，不能被简单地替代。此外，原告在开庭前未收到补充鉴定报告全本，因此无从得知该结论的详细计算过程，原告已经当庭向法院申请获取该补充鉴定报告全本。

【知识点关联及案例点评】

本案是两个法人共同造成环境污染、生态破坏而成为环境民事公益诉讼共同被告的典型案例。

环境民事公益诉讼的法人被告是指由于污染环境、破坏生态行为造成社会公共利益受损害而被有关社会组织或者法律规定的机关提起环境民事公益诉讼追究责任的法人。依据被起诉的法人数量对环境民事公益诉讼的法人被告进行划分，可以分为单独的法人被告和法人共同被告。其中，存在法人共同被告的案件中，共同被告之间可能还存在连带责任或按份责任分摊关系。至于按份责任的具体承担问题，可以按照《侵权责任法》第67条规定予以确定，即“两个以上污染者污染环境，污染者承担责任的大小，根据污染物的种类、排放量等因素确定”。在司法实践中，法人共同被告的形态多样，此案中的形态为：两个以上法人共同实施损害社会公共利益行为而作为环境民事公益诉讼的共同被告。

本案中，两被告在未办理相关许可手续的情况下，擅自在都市芳园小区内倾倒建筑垃圾填埋湖泊。该行为严重破坏了周边的生态环境系统，直接影响了区域生态功能的发挥，对社会公共利益造成了严重的损害。本案中，两被告共同组织了垃圾填湖作业，二者的行为在时间和空间上具有一致性，相结合而共同导致环境损害后果的发生，因此两被告应当承担连带责任。

（案例编辑人：张冯楠）

【案例文书3】绿发会诉深圳市速美环保有限公司、浙江淘宝网络有限公司环境民事公益诉讼网店与平台连带责任案[①]

原告：中国生物多样性保护与绿色发展基金会

被告：深圳市速美环保有限公司、浙江淘宝网络有限公司

审理法院：浙江省杭州市中级人民法院

案件基本情况：深圳市速美环保有限公司（以下简称“速美公司”）在淘宝网开设网上商铺，长期销售可以快速降低汽车尾气排放，使机动车尾气年检得以过关的所谓“年检神器”系列产品。目前该公司生产的“三

① 一公司在淘宝网销售汽车“年检神器”被起诉.（2016-10-27）[2018-04-07]. http://zqb.cyol.com/html/2016-10/27/nw.D110000zgqnb_20161027_1-06.htm.

元催化器火莲花金属软载体汽车尾气超标治理净化器”等相关产品累计售出3万余件。中国生物多样性保护与绿色发展基金会（以下简称“绿发会”）相关负责人表示，速美公司通过研发、生产、销售违法的临时性机动车污染控制装置，广泛散布临时更换污染控制装置的手法，在有意规避年检的情况下，帮助尾气排放不达标车辆顺利通过年检，从而架空了环境保护部规定的汽车尾气排放标准。在当前我国雾霾污染形势严峻的大环境下，这种行为对我国大气污染防控工作造成了极为严重的影响。由绿发会联合多位律师共同起草的起诉状同时也指出：浙江淘宝网络有限公司（以下简称“淘宝公司”）作为网络交易平台，以不作为的方式帮助该企业实现非法销售，对社会公共利益造成了实质损害。据《侵权责任法》第9条，教唆、帮助他人实施侵权行为的，应当与行为人承担连带责任。2016年10月26日，绿发会以速美公司、淘宝公司为被告，向浙江省杭州市中级人民法院提起诉讼。2016年11月8日浙江省杭州市中级人民法院立案。该案于2018年9月7日下午在杭州市中级人民法院进行开庭审理。

【知识点关联及案例点评】

本案的争议焦点是网络销售平台可否以不作为方式与网上店铺共同造成环境污染，进而作为环境民事公益诉讼的共同被告。欲明确淘宝公司的法律责任，首先应当明确其在案涉法律关系中的法律地位。淘宝公司作为第三方交易平台，为速美公司和客户搭建交易平台并提供技术支持，其并非实际的交易方，但属于速美公司的经营场所提供者。

近年来，我国电子商务蓬勃发展，创新了商品经济的交易模式，促进了社会经济的增速发展，但也为市场监管带来了新的问题和挑战。网络交易具有隐蔽性强、速度快等特点，为许多不法行为的滋生创造了条件。本案被一审法院受理，至少已经证明司法实践可以接受这类共同被告类型。相信本案的审理对于界定环境民事公益诉讼案件中适格被告的范围，明确网络销售平台对平台商户的监管义务，及后续产生的连带法律责任，都具有重要意义。期待后续研究能够明确和完善相关规则。

（案例编辑人：张冯楠）

【案例文书4】绿发会诉湖北宜化化工股份有限公司、湖北宜化肥业有限公司环境公益诉讼母子公司连带责任案[①]

原告：中国生物多样性保护与绿色发展基金会

被告：湖北宜化化工股份有限公司、湖北宜化肥业有限公司

审理法院：湖北省汉江中级人民法院

案件基本情况：2015年9月，某网友在各大论坛实名举报湖北宜化集团保险粉厂违法偷排剧毒工业废水。同年10月9日，湖北宜化化工股份有限公司（以下简称“湖北宜化”）称：收到湖北省宜昌市环境保护局行政处罚及停产整治决定书，责令对其保险粉车间停产整治、并处罚款10万元。2016年3月，有环境志愿者去到湖北省宜昌市猇亭区宜化工业园，发现园区内一片恶臭，附近植被不开花、不结果。

中国生物多样性保护与绿色发展基金会（以下简称“绿发会”）认为，该公司2015年9月29日将生产废水倾倒于湖北宜化肥业有限公司（以下简称“宜化肥业”）磷石膏渣场，导致污染面积达500亩，对周边居民的生产、生活和生命健康造成严重影响，对水库和长江带来极大安全隐患。此外，宜化肥业作为磷石膏渣场的管理单位，放任、协助湖北宜化污染环境，应共同承担法律责任。绿发会请求人民法院判令湖北宜化及其子公司，在3个月内清除磷石膏渣场附近污染物，并将被破坏的500亩山林植被修复到损害发生之前的状态和功能。2016年4月9日，湖北宜化公告称：公司及子公司宜化肥业收到环境民事公益起诉状，诉讼理由是公司倾倒生产废水，对周边居民的生命健康造成严重影响，对水库和长江带来极大安全隐患。

法院在审理原告绿发会诉被告湖北宜化、宜化肥业环境污染责任纠纷一案过程中，主持双方当事人达成和解协议，并根据《环境民事公益诉讼司法解释》第25条规定，将协议内容公告如下：(1) 被告湖北宜化保险粉生产线对环境污染的危险行为已消除，原告绿发会消除危险的诉讼请求得

① 被指污染500亩山林 湖北宜化遭环境诉讼.（2016-04-25）［2018-04-07］. http://epaper.bjnews.com.cn/html/2016—04/25/content_632343.htm? div=—1.

以实现。（2）被告宜化肥业在案发磷石膏渣场的使用期限内逐步对磷石膏渣场进行覆土，在使用期满后2年内完成全面覆土工作，达到适宜于植物、农作物生长的条件。（3）被告湖北宜化、宜化肥业为加大对环境保护、环境事业的支持力度，特在宜昌设立峡江生态保护专项资金，首期500万元资金，入账凭据经法院审查后归档保存，并交原告绿发会一份复印件存档。（4）峡江生态保护专项资金由湖北省汉江市中级人民法院、绿发会、湖北宜化、宜化肥业、当地环保部门共同监督、管理使用。（5）原告绿发会为本案诉讼支出的合理费用以被告湖北宜化、宜化肥业审核后的发票和已经签订并生效的合同为准，由被告湖北宜化、宜化肥业全部承担。发票和合同中涉及第三方的保密事项部分无须被告湖北宜化、宜化肥业审核。案件受理费由被告湖北宜化、宜化肥业承担。（6）专项资金管理办法在本协议签订后45日内由原告绿发会与被告湖北宜化、宜化肥业共同拟定完毕，被告湖北宜化、宜化肥业在本协议签订后45日内注入500万元到专项资金账户。[①]

【案例文书5】中华环保联合会、自然之友诉中国石油天然气股份有限公司及其吉林油田分公司环境民事公益诉讼裁定驳回案[②]

上诉人（原审原告）：中华环保联合会、北京市朝阳区自然之友环境研究所

被上诉人（原审被告）：中国石油天然气股份有限公司、中国石油天然气股份有限公司吉林油田分公司

审理法院：北京市高级人民法院

案件基本情况：上诉人北京市朝阳区自然之友环境研究所（以下简称“自然之友”）、中华环保联合会，因与被上诉人中国石油天然气股份有限公司（以下简称“中石油”）、中国石油天然气股份有限公司吉林油田分公

① 湖北省汉江中级人民法院公告.（2016-06-01）[2018-10-03]. http://news.163.com/16/0601/06/BOF4TGG700014AED.html.

② 北京市高级人民法院（2017）京民终538号民事裁定书.

司（以下简称“中石油吉林分公司”）环境污染责任纠纷一案不服北京市第四中级人民法院（2016）京04民初122号民事裁定，向北京市高级人民法院提起上诉。

自然之友在一审中诉称：经其工作人员及相关人员一起到吉林省松原市乌兰图噶林场图噶林区大德营子村西南进行调查，发现中石油吉林分公司存在诸多违法问题，应当承担相应责任。松原采气厂系中石油吉林分公司的内设机构，中石油吉林分公司是中石油在松原市设立的分公司，中石油未对中石油吉林分公司的环境违法问题进行有效监管，未督促油泥、油土等危险废物及含油泥浆按规定处理、处置，未对因偷排生产废水而受污染的土壤及地下水进行彻底有效修复的问题进行查处，故亦应承担责任。故诉至法院，要求：（1）判令被告立即消除危险，将吉林省松原市乌兰图嘎林场图嘎林区大德营子村西南约两公里的渗坑（近北纬44°33′57″、东经124°17′00″）及周边未清除的危险废物、松原采气厂采油四队4井组周边的危险废物（含埋入地下的油泥、非法放置的油土）、位于大德营子村西南约两公里的渗坑（近北纬44°33′35″、东经124°16′39″）及周边危险废物依法进行彻底处置，对含油泥浆依法处置，消除前述危险废物及含油泥浆对土壤及地下水等生态环境造成的危险；（2）判令被告立即恢复原状，即将因被告利用渗坑偷排污水受影响范围内的土壤及地下水恢复原状，将埋入地下的油泥、含油泥浆、非法放置的油土所影响的土壤及地下水恢复原状；（3）判令被告赔偿土壤生态环境受到损害至恢复原状期间的服务功能损失费（以鉴定、评估结果为准）；（4）判令被告赔礼道歉，在国家级媒体上发布10日以上的赔礼道歉公告；（5）判令被告承担原告因本案诉讼和执行而发生的合理费用，包括差旅费、调查取证费、专家证人费用、评估鉴定费、律师费等费用（以实际发生金额为准）；（6）本案诉讼费用由被告承担。

中华环保联合会基于与自然之友所诉污染问题相似的事实理由向一审法院申请与自然之友作为共同原告，并诉请一审法院：（1）判令被告对2013年11月26日中央电视台经济半小时报道中的渗坑（地址为：松原采气厂采油二队f2—48站旁边，位于伏龙泉镇，近北纬44°24′16″、东经

124°35′60″；中石油吉林分公司乾安采油厂采油八队与九队围墙外，近北纬44°46′39″、东经123°59′9″，与近北纬44°43′74″、东经123°59′03″，吉林省松原市乌兰图嘎林场图嘎林区大德营子南山附近）及危险废物存放地的周边土壤及地下水恢复原状；（2）本案另一原告自然之友在诉状中所提诉讼请求的前四项；（3）判令被告承担中华环保联合会因本案诉讼而发生的合理费用，包括差旅费、调查取证费、监测费、专家证人费用、评估鉴定费、律师费等费用；（4）本案诉讼费用由被告承担。

一审法院向中华环保联合会作出“参加诉讼通知书”，通知其作为原告参加本案诉讼。

一审法院经审查认为，根据《环境民事公益诉讼司法解释》第6条第1款之规定——“第一审环境民事公益诉讼案件由污染环境、破坏生态行为发生地、损害结果地或者被告住所地的中级以上人民法院管辖。”——本案中石油吉林分公司作为依法设立并领取营业执照、有一定组织机构和财产的分支机构，属于《民事诉讼法》第48条所规定的“其他组织”的范畴，具备相应的诉讼主体资格。《民事诉讼法司法解释》第52条进一步明确规定：“民事诉讼法第四十八条规定的其他组织是指合法成立、有一定的组织机构和财产，但又不具备法人资格的组织，包括：……（五）依法设立并领取营业执照的法人的分支机构……”公司对于分公司承担的是终局意义上的民事责任，如分公司的财产不足以清偿债务，可在案件执行阶段追加公司作为执行主体，由公司承担民事责任。本案属环境污染责任纠纷，中石油吉林分公司作为分支机构具备相应的诉讼主体资格，可以以自有的财产对外独立承担民事责任，且现无证据证实中石油直接实施污染环境、破坏生态的行为，故中石油并非本案适格被告。综上，依照《民事诉讼法》第119条、第154条第1款第3项，《民事诉讼法司法解释》第208条第3款之规定，裁定驳回自然之友、中华环保联合会对中石油的起诉。

自然之友、中华环保联合会不服一审裁定，认为一审裁定认定事实错误、适用法律错误，上诉至北京市高级人民法院，请求依法撤销一审裁定。

理由如下：(1) 一审法院在被上诉人提出管辖异议，且本案不违反专属管辖、级别管辖规定的情况下，遗漏二被上诉人提交的管辖权异议申请事项，直接主动审查案件管辖权，违反《民事诉讼法》第127条的规定。(2) 一审法院在管辖权异议的程序性审查中对被上诉人的主体资格进行的审查系实体审查，违反了对管辖权异议仅作程序性审查的规定。同时，上诉人的上诉请求中不仅包括财产性的诉讼请求，还包括主张预防性责任承担方式、赔礼道歉的诉讼请求等，法院不能要求原告只能在执行阶段通过追加责任主体的方式对财产部分的民事责任予以实现。(3) 在民事诉讼中，关于原告能否同时起诉公司与分公司的问题，法律中没有禁止性规定。(4) 本案有明确的被告，且二被告名称准确，均具备诉讼主体资格，一审法院裁定适用《民事诉讼法》第119条的规定驳回上诉人对中石油的起诉，适用法律错误。

被上诉人中石油答辩称：一审裁定认定事实准确、适用法律正确、论证说理充分，被答辩人的上诉理由不能成立，请求二审法院依法驳回其上诉请求，维持一审裁定。具体理由为：(1) 一审裁定并未对管辖权异议作出处理，不存在一审法院主动对管辖权异议进行审查的情形；(2) 被答辩人关于一审裁定“实际是进行了实体审查”的上诉理由，欠缺事实和法律依据；(3) 一审裁定关于分公司具备相应的诉讼主体资格，可以以自己的财产对外独立承担民事责任，答辩人在未直接实施相关行为的情况下并非适格被告的观点，符合法律规定；(4) 司法实践中根本就不存在将公司和分公司列为共同被告的共识，更不存在根据共识裁判案件的规则；(5) 一审裁定认定事实准确、适用法律正确、说理充分，应予维持。

被上诉人中石油吉林分公司所持答辩意见与中石油的基本一致，同时认为：一审裁定所针对的是被告适格问题，而非管辖异议问题，被答辩人对此理解有误；一审裁定关于“如分公司的财产不足以清偿债务，可在案件执行阶段追加公司作为执行主体”的论述，并无不妥。

二审法院经审理查明，中石油、中石油吉林分公司分别在一审中提出管辖异议申请书，并提交了最高人民法院(2009)民申字第389号民事裁定书等法律文书的复印件作为管辖异议申请的附件。最高人民法院(2009)民申字第389号民事裁定书，对申请再审人白某某与被申请人中石油、中国石油天然气股份有限公司吉林石化分公司（以下简称“吉林石化公司”）生命权、健康权、身体权赔偿纠纷一案进行了审查，认为：“本案的侵权责任主体为吉林石化公司，侵权行为发生地为吉林省吉林市，吉林石化公司是依法设立并领取营业执照、有一定组织机构和财产的法人分支机构，符合《民事诉讼法》第49条第2款规定的‘其他组织’的法定条件。吉林石化公司具备相应的诉讼主体资格，可以以自有的财产对外独立承担民事责任。为便于案件审理、方便当事人诉讼，二审裁定驳回白某某的起诉并无不当。白某某在取得相关证据后，可向侵权发生地人民法院提起赔偿诉讼。”并维持了一、二审法院驳回原告对中石油的起诉之裁定。

二审法院认为，本案系环境民事公益诉讼案件。《环境民事公益诉讼司法解释》第6条规定，第一审环境民事公益诉讼案件由污染环境、破坏生态行为发生地、损害结果地或者被告住所地的中级以上人民法院管辖。本案中，一审法院系被告中石油住所地的中级人民法院，而非污染环境行为发生地或损害结果地的法院。因此，在管辖权裁定作出之前，一审法院先对中石油的主体适格问题进行判断，并不违反现行法律规定。本案情况与最高人民法院(2009)民申字第389号民事裁定书中的诉讼主体情况完全一致：实施具体侵权行为的主体均系依法设立并领取营业执照、有一定组织机构和财产的法人分支机构；侵权行为地均在该法人分支机构所在地；当事人均以该法人分支机构及设立它的公司法人为共同被告提起民事诉讼。在有先例裁判的情形下，一审法院裁定驳回自然之友、中华环保联合会对中石油的起诉并无不当，应予维持。

法院裁定：依照《民事诉讼法》第170条第1款第1项、第171条、第175条之规定，裁定如下：

驳回上诉，维持原裁定。

案件受理费70元，由上诉人自然之友、中华环保联合会负担（于本裁定生效之日起7日内向一审法院交纳)。

【知识点关联及案例点评】

上述两个案例属于母公司和子公司、总公司和分公司作为环境民事公益诉讼共同被告的典型案例，二者的区别在于母公司和总公司是否直接实施了污染环境、破坏生态的行为。

环境民事公益诉讼的法人被告是指由于污染环境、破坏生态行为造成社会公共利益受损害而被有关社会组织或者法律规定的机关提起环境民事公益诉讼追究责任的法人。依据被起诉的法人数量对环境民事公益诉讼的法人被告进行划分，可以分为单独的法人被告和法人共同被告。其中，在存在法人共同被告的案件中，共同被告之间可能还存在连带责任或按份责任分摊关系。关于按份责任的具体承担问题，可以按照《侵权责任法》第67条的规定予以确定，即“两个以上污染者污染环境，污染者承担责任的大小，根据污染物的种类、排放量等因素确定”。在司法实践中，法人共同被告的形态多样，目前存在的形态有：两个以上法人共同实施损害社会公共利益的行为而作为环境民事公益诉讼的共同被告；一个法人为其他直接实施损害社会公共利益的行为的法人提供帮助而作为环境民事公益诉讼的共同被告；母公司与子公司共同实施损害社会公共利益的行为而作为环境民事公益诉讼的共同被告。

案例4是母公司与子公司共同实施污染环境、破坏生态的行为，造成社会公共利益受损害而作为环境民事公益诉讼共同被告的典型案例。本案中，被告湖北宜化与宜化肥业系母子公司关系，废水倾倒行为的实施者虽为母公司湖北宜化，但其子公司宜化肥业是废水倾倒地磷石膏渣场的直接管理单位。虽然母公司与子公司在法律上系相互独立的法人主体，但在日常的生产经营过程中，母、子公司的关系十分密切。湖北宜化将生产废水倾倒于宜化肥业的磷石膏渣场，可见母、子公司在生产废水的处理问题上已达成一致，子公司接受母公司的废水处置决定并为其提供倾倒地，因此，二者应当共同承担法律责任。宜化肥业作为磷石膏渣场的管理单位，存在实际过错：其对于母公司的倾倒废水行为明显知情，在知情的情况下放任其倾倒，并导致生态环境损害后果的发生。环境侵权行为方式既有作为也有不作为，宜化肥业虽非生产废水的直接倾倒者，但对其母公司的废水倾倒行为放任不管，怠于履行对磷石膏渣场的基本监管义务，系帮助其母公司湖北宜化实施损害社会公共利益的环境污染行为，故其应承担连带责任。本案对于司法实践中法院在环境民事公益诉讼中认定母、子公司因共同实施损害社会公共利益的行为而承担连带责任具有重要意义。

案例 5 的争议焦点是未具体实施污染环境、破坏生态行为的总公司是否可以与分公司一起作为环境民事公益诉讼的共同被告。《民事诉讼法》第 48 条第 1 款规定："公民、法人和其他组织可以作为民事诉讼的当事人。"依据《民事诉讼法司法解释》第 52 条第 5 项的规定，"依法设立并领取营业执照的法人的分支机构"属于《民事诉讼法》第 48 条规定的"其他组织"。因此，依照法律规定，本案中石油吉林分公司作为中石油的分支机构属于《民事诉讼法》第 48 条规定的"其他组织"。民事诉讼当事人是指，"因民事上的权利义务关系发生纠纷，以自己的名义进行诉讼，要求法院行使民事裁判权并受人民法院生效裁判拘束的人"①。《公司法》第 14 条第 1 款规定："分公司不具有法人资格，其民事责任由公司承担。"民事实体法和程序法看似作出了不同规定。"民事诉讼法对法人的分支机构的诉讼主体地位的规定，是对其在作为被告情况下的程序处理，这一规定与实体法中规定的民事责任主体的规定并不冲突。"② 司法实践中，分公司是否能作为被告参加诉讼存在争议。具体案件中诉讼当事人的选择应考虑两个因素③：第一，原告选择的被告范围；第二，分公司的责任能力大小。"当事人以法人的分支机构与其法人为共同被告的情况下，法人的分支机构如果没有较强的支付

① 江必新. 新民事诉讼法理解适用与实务指南. 北京：法律出版社，2012：184.

② 奚晓明，杜万华. 最高人民法院民事诉讼法司法解释适用解答. 北京：人民法院出版社，2015：79.

③ "在当事人只选择法人的分支机构作为被告的情况下，法人可以直接判决法人的分支机构承担法律责任。在当事人选择法人为被告，而不以法人的分支机构为被告的情况下，要以法人的分支机构的责任能力大小以及是否有特殊法律规定区别处理，法人的分支机构如果具有较强的偿付能力，或者是有特殊的法律规定的，应当以法人的分支机构为被告，而不能以法人为被告。"奚晓明，杜万华. 最高人民法院民事诉讼法司法解释适用解答. 北京：人民法院出版社，2015：79－80.

能力，在判决分支机构承担责任的同时，可以确定法人承担补充责任。”[①]因为其他组织的财产不足以单独承担民事责任时，法人要代替其承担民事责任。若原告将法人作为共同被告，法院可以确定法人的补充责任。一审法院仅考虑分公司责任能力大小，以中石油吉林分公司“可以以自有的财产对外独立承担民事责任”而裁定驳回原告对中石油的起诉。二审法院以具有相似情况的民事裁定书为参照，维持一审法院的裁定。最高人民法院（2009）民申字第389号民事裁定书是针对生命权、健康权、身体权损害案件管辖作出的裁定，被申请人承担的责任主要是财产责任。本案是环境民事公益诉讼，被告人承担的责任分为赔偿性责任、恢复性责任和预防性责任，其责任承担方式不仅仅为财产责任。并且依据公司法的规定，总公司对分公司具有内部管理权利。因此，环境民事公益诉讼中未具体实施污染环境、破坏生态行为的母公司能否可以被列为共同被告，除了考虑原告的选择、分公司的责任能力外，还需要基于环境民事公益诉讼案件中承担责任方式的特殊性考虑其他因素。

案例5中，两原告不服终审裁定，向最高人民法院申请再审。最高人民法院认为本案符合再审情形，于2018年3月21日裁定再审。

（案例编辑人：张冯楠、梁晓敏、李欣）

第三节　作为共同被告的自然人和法人

【案例文书】常州市环境公益协会与储某某、常州市博世尔物资再生利用有限公司等环境民事公益诉讼自然人和法人共同被告案[②]

原告：常州市环境公益协会

被告：储某某、常州市博世尔物资再生利用有限公司、无锡金科化工

---

① 沈德咏. 最高人民法院民事诉讼法司法解释理解与适用：上. 北京：人民法院出版社，2015：228.

② 江苏省常州市中级人民法院（2014）常环公民初字第2号民事判决书.

有限公司、无锡翔悦石油制品有限公司、常州精炼石化有限公司

审理法院：江苏省常州市中级人民法院

案件基本情况：原告常州市环境公益协会（以下简称“公益协会”）诉被告储某某、常州市博世尔物资再生利用有限公司（以下简称“博世尔公司”）、无锡金科化工有限公司（以下简称“金科公司”）、无锡翔悦石油制品有限公司（以下简称“翔悦公司”）、常州精炼石化有限公司（以下简称“精炼公司”）环境污染责任纠纷公益诉讼一案，法院于2014年7月18日立案受理。

法院经审理查明，博世尔公司成立于2008年7月，成立时的名称为常州市君创固体废物再生利用有限公司，从事利用废灰、废渣制造免烧砖和提炼次氧化锌的生产经营；经营地址为常州市武进区湟里镇东安农行北；2011年更名为博世尔公司，注册资金调整为100万元。至2012年，博世尔公司停止了生产经营活动，其场地交由储某某使用。

储某某自2012年9月1日起至2013年12月11日案发，在博世尔公司的场地上从事“含油滤渣”的处置经营。储某某不具备危险废物经营许可证，按照《危险废物经营许可证管理办法》的规定，不能从事危险废物的收集、储存和处置。在上述期间，储某某利用被告金科公司的危险废物经营许可证及该公司名义与被告翔悦公司签订“废油处置合同”，与被告精炼公司签订“油渣、白土渣回收协议”，将从翔悦公司、精炼公司处违规购置的油泥、滤渣提炼废润滑油进行销售牟利。翔悦公司、精炼公司明知储某某没有危险废物经营许可证，违反规定在没有办理危险废物转移联单的情况下向储某某提供了相关危险废物。

2013年4月至8月间，常州市武进区环境保护局接群众举报，多次至被告博世尔公司现场检查，责令被告储某某停止废油回收加工，将露天堆放的原料、燃料移至室内储存，防止渗滤液及场地水排入外环境；对厂东侧河浜采取拦积油污措施，对厂内含油滤渣、活性炭等物资委托有资质单位进行规范处置。

2013年12月11日，被告储某某在博世尔公司厂区内被公安民警抓获

归案，场地上存有约 1 200 吨废油渣。储某某、翔悦公司以及向储某某提供废油渣的于某某因涉嫌污染环境罪由常州市武进区人民检察院向常州市武进区人民法院提起公诉。2014 年 9 月 9 日，常州市武进区人民法院以储某某犯污染环境罪，判处其有期徒刑 4 年，并处罚金人民币 20 万元；以翔悦公司犯污染环境罪，判处罚金人民币 50 万元；以于某某犯环境污染罪，判处其有期徒刑 3 年，缓期 5 年执行，并处罚金人民币 10 万元。

本案审理中，为确定环境污染损害价值、制订环境修复方案，法院依照法定程序委托常环公司进行评估鉴定，同时为鼓励环境污染当地群众积极参与环境修复，要求常环公司出具三套环境生态修复方案。2014 年 8 月 6 日，法院将三套方案在受污染场地周边予以公示，并于 8 月 12 日到现场以发放问卷的形式收集公众意见。法院以该公众意见作为重要参考并结合案情最终确定了环境生态修复方案，要求常环公司按照生态环境修复方案提出鉴定结论。常环公司于 2014 年 9 月 3 日向法院提供了“常州市博世尔物资再生利用有限公司场地环境污染损害评估技术报告”，该报告的结论为按法院确定的方案修复博世尔公司场地内被污染的环境和生态，需要支出人民币 2 830 700 元。本案的评估费用为人民币 359 700 元。

以上事实，有储某某、于某某、须某某在公安机关的讯问或询问笔录，博世尔公司的工商档案材料，常州市武进区人民法院（2014）武环刑初字第 2 号刑事判决书，“常州市博世尔物资再生利用有限公司场地环境污染损害评估技术报告”等证据证实。各方当事人均无异议，法院予以确认。

以下事实，各方当事人存在争议。法院结合本案的证据对案件争议事实认定如下。

（1）被告博世尔公司对于储某某在无经营许可证的情况下使用其场地及设备进行“含油滤渣”的处置经营是明知的。储某某自 2012 年 9 月 1 日起至 2013 年 12 月 11 日被抓获为止，在博世尔公司场地内从事“含油滤渣”处置经营长达 1 年之久。对此，博世尔公司称其对于储某某使用其场地处置危险废物的行为不知情不符合常理。博世尔公司当庭提供了由储某某在 2013 年 10 月 22 日署名的“承诺书”，其内容为：“从 2013 年 10 月 22 日起，由于本人生产原因，造成博世尔物资再生利用有限公司土地不能利用，由本人负责，运输装料除外。”该承诺书清楚地表明，博世尔公司对于储某某使用其土地是明知的，且博世尔公司本身系从事废物利用、化工生产的单位，其对环保基本知识和环保基本要求应当是明知的。结合储某某系租用场地的陈述，法院认定博世尔公司系明知储某某在其场地内无证从事危险废物处理，仍同意由储某某使用其场地。

（2）被告金科公司将危险废物经营许可证借给被告储某某使用。储某某、储某辉在公安机关的陈述材料，以及翔悦公司、精炼公司经办人的陈述，可以证明金科公司副总经理储某辉系储某某的同学，其明知储某某在自行处置危险废物，仍然向储某某提供了加盖公章的危险废物经营许可证复印件，为储某某收集、储存、处置危险废物提供了支持。

（3）截至2013年2月，翔悦公司负责油泥、滤渣处置的经办人于某某仅向金科公司提供近10吨的油泥滤渣并办理了转移联单，其余共计200余吨油泥滤渣交由无危险废物经营许可证的储某某非法处置。2014年3月，经江苏省固体有害废物登记和管理中心认定，翔悦公司产生的含油滤渣属于危险废物“石油炼制过程中产生的废弃过滤黏土”，废物代码为251-012-08，应委托有资质的单位处置利用。该事实有常州市武进区人民法院（2014）武环刑初字第2号刑事判决书中于某某的陈述为证，法院予以确认。

（4）精炼公司自2012年3月至2013年10月间，向储某某提供精炼公司所产生的白土渣和油渣共500余吨。2014年1月，经江苏省固体有害废物登记和管理中心认定，精炼公司产生的白土渣属于危险废物“石油炼制过程中产生的废气过滤黏土”，废物代码为251-012-08；产生的废油渣属于危险废物“石油炼制过程中产生的酸焦油和其他焦油”，废物代码为251-013-11。该事实有精炼公司经办人须某某在公安机关的陈述为证，法院予以确认。

综合各方的诉辩主张，法院归纳本案的争议焦点为以下三项：（1）公益协会作为本案原告主体是否适格？（2）本案中五被告是否应承担侵权责任？分别应如何承担侵权责任？（3）常环公司作出的“常州市博世尔物资再生利用有限公司场地环境污染损害评估技术报告”是否能作为证据使用？其结论能否被采信？

针对争议焦点一，法院认为，本案原告公益协会具备原告的主体资格。当前，我国面临环境污染严重、生态系统退化的严峻形势，已经严重影响到人民群众的生命健康和经济社会的可持续发展。目前，我国已将建设生态文明确定为国家战略。为实现这一目标，必须建立系统完整的生态文明制度体系和法律体系，用制度体系和法律体系来保护生态环境。在立法上，体现为《民事诉讼法》第55条的规定：“对污染环境、侵害众多消费者合法权益等损害社会公共利益的行为，法律规定的机关和有关组织可以向人民法院提起诉讼。”上述法律，强调了作为公益诉讼的原告，如为机关则应当由法律规定，如为有关组织，则不受限制。由于环境公益诉讼除了能够有效维护环境公共利益，还具有独特的社会调节功能和政策形成功能，并具有有效弥补行政管理手段不足的功能，因而立法者对于“有关组织”作为公益诉讼的原告持放宽的态度，即根据《社会团体登记管理条例》《民办非企业单位登记管理暂行条例》《基金会管理条例》规定的保持一定开放性的社会团体、民办非企业单位以及基金会等，依法均可以成为公益诉讼的原告。而本案的原告系以从事环境保护公益事业为宗旨的社会团体，其成为公益诉讼的原告符合《民事诉讼法》第55条规定的要求。

针对争议焦点二，法院认为，本案中五被告的行为已构成环境污染共同侵权，应对环境污染损害结果承担连带赔偿责任。

被告储某某违反国家规定，在未向常州市武进区环境保护局报批环境影响评价文件，未配套验收大气污染防治设施，未建成固体污染物污染环境防治设施，且未取得危险废物经营许可证的情况下，使用博世尔公司的场地及设备，以金科公司的危险废物经营资质及该公司名义，将从翔悦公司、精炼公司购买的油泥、滤渣进行非法处置，污染周边环境，造成损失2 830 700元。其行为已构成刑事犯罪。同时根据我国《侵权责任法》第4条、第65条之规定，储某某的行为构成环境污染侵权，基于该行为所承担之刑事责任不影响其同时承担侵权责任，故其应对该2 830 700元全部承担民事赔偿责任，并应支付评估费用。

被告博世尔公司明知储某某无危险废物经营许可证，对于储某某在公司住所地非法从事危险废物处置的行为未予制止，实际上为储某某持续实施环境污染行为提供了场所和便利，造成其场地内环境污染损害结果的发生。博世尔公司之行为，与本案中其他四被告之行为相互结合，共同导致损害结果的发生。根据我国《侵权责任法》第 8 条之规定，此属于共同侵权。博世尔公司应对该损害结果承担连带责任。

金科公司副总经理储某辉在明知储某某存在违规自行处置危险废物行为的前提下，在储某某提供的以其公司名义与翔悦公司签订的“废油处置协议”（以下简称“协议”）上加盖其公司公章，并将盖有本公司公章的危险废物经营许可证复印件（以下简称“复印件”）交由储某某使用。金科公司对于储某某要利用其危险废物经营许可证从事非法处置危险废物的行为在主观上是明知的。而金科公司在“协议”上加盖公章并将复印件交储某某使用的行为，成为储某某与翔悦公司、精炼公司签订协议，购买危险废物自行进行处置的前提条件。金科公司之该行为，与其他四被告之行为相互结合，共同导致环境污染损害结果的发生，故其应按照《侵权责任法》第 8 条之规定承担连带责任。

被告翔悦公司和被告精炼公司在生产经营过程中均产生危险废物，根据《危险废物经营许可证管理办法》第 15 条的规定，其不能将危险废物提供或委托给无经营许可证的单位进行收集、储存、处置。依法委托其他单位处置危险废物应当支付相应处置费用，同时应当办理危险废物转移联单。本案中，翔悦公司和精炼公司违规操作，将其生产经营过程中产生的危险废物交由不具备资质的储某某处置，非但没有办理危险废物转移联单，不支付相应处置费用，还向储某某收取该危险废物的出售价款。其主观上对于储某某违规自行处置危险废物的行为是明知的。该两公司之行为与其余三被告之行为相互结合，与环境污染损害结果之发生具有必然的因果关系，故根据《侵权责任法》第 8 条之规定，其同样应承担环境污染侵权连带责任。

针对争议焦点三，法院认为，常环公司作出的“常州市博世尔物资再生利用有限公司场地环境污染损害评估技术报告”能作为证据使用，其结论应被采信。本案当事人就鉴定机构的确定未达成一致，法院根据最高人民法院《关于民事诉讼证据的若干规定》第26条之规定，指定鉴定机构。常环公司已在江苏省法院网的鉴定评估平台备案，具备鉴定资质，法院指定其担任鉴定机构，符合程序要求。后常环公司组织专业人员，按照法律法规和技术规范所规定的工作程序进行评估，其结论具有科学性，故其报告应作为本案的证据加以采信。

根据我国目前的环境形势，在发展经济和保护环境之间，应当坚持环境保护优先的原则，即决不能以牺牲环境为代价来追求经济利益。对于整个社会而言，保护环境就是维护整体利益、长远利益和合法利益。我们应当以司法手段来改变环境污染“违法成本低、行政执法难、司法案件少、处置效果差”的现状，应当依法使环境污染者付出沉重的代价，更重要的是保护和恢复被污染的生态环境。因此，本案被告应承担侵权责任，进行经济补偿；受付方应为环境恢复的实施方，该费用只能用于环境修复。据此，法院确定，赔偿款支付至江苏省常州市生态环境法律保护公益金专用账户。

法院判决：依照《侵权责任法》第4条、第8条、第65条，《民事诉讼法》第55条、第152条的规定，判决如下：

（1）储某某于本判决发生法律效力之日起90日内向江苏省常州市生态环境法律保护公益金专用账户支付环境修复赔偿金2 830 700元；向常环公司支付评估费用359 700元。

（2）博世尔公司、金科公司、翔悦公司、精炼公司对上述第一项判决储某某应承担的责任承担连带责任。

如果未按本判决指定的期间履行给付金钱义务，应当依照《民事诉讼法》第253条之规定，加倍支付迟延履行期间的债务利息。

案件受理费32 324元，由五被告共同承担。

如不服本判决，可在判决书送达之日起15日内，向法院递交上诉状并按对方当事人的人数提交上诉状副本，上诉于江苏省高级人民法院，同时按《诉讼费交纳办法》规定向该院预交上诉案件受理费。

【知识点关联及案例点评】

本案是自然人与法人基于共同意思实施污染环境、破坏生态的行为，损害社会公共利益，而作为环境民事公益诉讼共同被告的典型案例。

环境民事公益诉讼中作为共同被告的自然人和法人是指由于共同实施污染环境、破坏生态的行为，损害社会公共利益，而被有关社会组织或者法律规定的机关作为共同被告提起环境民事公益诉讼追究责任的自然人和法人。

自然人和法人基于意思联络，其污染环境、破坏生态的行为造成同一个损害后果，损害社会公共利益的，应当作为共同被告对损害后果承担连带责任。《环境侵权责任司法解释》第2条规定："两个以上污染者共同实施污染行为造成损害，被侵权人根据侵权责任法第八条规定请求污染者承担连带责任的，人民法院应予支持。"本案中，公益协会作为社会公共利益代表，针对五被告提起环境民事公益诉讼。法院经审理之后认定，五被告对损害结果的发生具有共同故意，因此本案中自然人与法人应作为共同被告。

（案例编辑人：梁晓敏、李欣）

第三章　环境民事公益诉讼的对象

第一节　污染环境损害社会公共利益

【案例文书】中华环保联合会诉江苏省宜兴市江山生物制剂有限公司污染环境损害社会公共利益环境民事公益诉讼案①

原告：中华环保联合会

被告：宜兴市江山生物制剂有限公司

审理法院：江苏省无锡市中级人民法院

案件基本情况：原告中华环保联合会与被告江苏省宜兴市江山生物制剂有限公司（以下简称“江山制剂公司”）水污染责任纠纷环境公益诉讼一案，江苏省无锡市中级人民法院（以下简称“无锡中院”）于2014年7月8日受理后，依法组成合议庭，于2014年9月15日公开开庭进行了审理。

无锡中院经审理查明：江山制剂公司于1999年10月26日设立，许可经营项目包括环氧漆稀释剂、环氧富锌底漆、丙烯酸烘漆、冰乙酸漆稀释剂、氨基清烘漆、氨基漆稀释剂的制造；一般经营项目包括酵母粉的加工，酵母浸膏、塑料制品、水性涂料、ac系列橡塑粉料的制造，三类化学试剂的分装，化工产品及原料的销售，氨基涂料、丙烯酸涂料的制造，环氧涂

---

① 江苏省无锡市中级人民法院（2014）锡环公民初字第2号民事判决书.

料的配制；生产经营地濒临太湖（距离太湖约两公里），背靠农田，处于太湖流域生态红线一级管控区内。

1999年10月9日，筹建中的江山制剂公司就酵母浸膏、三类化学试剂分装项目新建向环保部门提交“建设项目环境影响申报表”，其中环境影响初步分析明确：异味、噪声、废渣、废水、废液对环境有一定影响，废渣、废液做猪饲料。1999年10月21日，负责审批的江苏省宜兴市环境保护局批复：同意项目的申办，但必须严格执行“三同时”制度，经验收合格后方可生产。2000年11月30日，江山制剂公司就酵母浸膏项目变更向环保部门提交“建设项目环境影响申报表”，其中环境影响初步分析明确：噪声、废渣、烟尘对环境有一定影响，废渣出售作饲料。2000年11月30日，负责审批的江苏省宜兴市环境保护局批复：同意变更经营地址、原经营范围不变，同意项目的申办，但必须严格执行“三同时”制度，经验收合格后方可生产。

2001年2月9日，江山制剂公司就环氧涂料、稀释剂制造、塑料制品制造项目向环保部门提交“建设项目环境影响申报表”，其中环境影响初步分析明确：燃煤烟尘、异味、生活废水对环境有一定影响。2001年2月12日，负责审批的江苏省宜兴市环境保护局批复：同意项目的申办，但必须严格执行“三同时”制度，经验收合格后方可生产。

2001年8月25日，江山制剂公司就酵母浸膏年产180吨、环氧涂料年产150吨项目向环保部门提交“建设项目环境保护工程（设施）竣工验收报告表”。2001年11月6日，环保部门验收组的验收意见为：（1）依据宜环监站验字（三）第3－020号报告，其水、气、声均能达标排放，渣外运作饲料，同意通过验收并予以正式投产；（2）企业必须制定严格的环保管理规章制度，抓好长效管理，落实岗位责任制，抓考核，抓落实，进一步完善台账记录，坚持治理设施正常运转，确保达标排放；（3）对操作工进行专业培训，熟悉操作流程，严格控制生产过程中的跑、冒、滴、漏；（4）深化治理，搞好厂区绿化。据此，江苏省宜兴市环境保护局审批同意通过验收并予以正式投产。

2002年8月13日，江山制剂公司就亚硫酸钠、酒石酸、四乙酸二钠、磷酸二氢钾分装项目新建向环保部门提交“建设项目环境影响申报（登记）表”（工业和其他项目类），其中拟采取的污染防治措施明确：生产过程无“三废”排放，包装瓶采用塑料新瓶，不进行清洗。2002年8月14日，江苏省宜兴市环境保护局批复：根据无锡市环保局意见，在不进行包装瓶清洗及场地清洗的情况下，确保无任何废水排放的前提下，同意企业申报项目在江山制剂公司内建设，该项目仅进行分装、不进行生产。

2003年10月15日，江山制剂公司就氨基涂料、丙烯酸涂料、水性涂料项目向环保部门提交“建设项目环境影响申报（登记）表”，其中拟采取的污染防治措施明确：新增项目生产工艺为物理搅拌过程，整体无“三废”排放。2003年10月17日，江苏省无锡市环境保护局审批意见：在符合镇发展和用地规划要求、生产工艺纯属物理搅拌、生产废水零排放的前提下，委托宜兴市环保局审批和管理该项目，有关材料报我局备案。2003年10月24日，江山制剂公司就氨基涂料、丙烯酸涂料、水性涂料项目向环保部门提交“建设项目环境影响报告表”。2003年10月27日，江苏省宜兴市环境保护局批复：（1）同意氨基涂料、丙烯酸涂料、水性涂料项目在洋溪镇和渎村建设；（2）生产工艺必须严格按照环评所述方案执行，清洗废水经沉淀后回用，废水严格做到零排放；（3）生活污水经化粪池消化处理后做农肥使用；（4）噪声必须经隔音和衰减后达标排放；（5）过滤产生的滤渣填埋处理；（6）污染物排放执行环评报告表中所列标准；（7）试生产应报请批准，在试生产二个月内，必须报请验收，经验收合格后方可正式生产。依据“建设项目环境影响报告表”以及环评单位填写的“建设项目环境保护审批登记表”，被告应执行的污染物排放标准为：《大气污染物综合排放标准》gb16297—1996表2、《污水综合排放标准》gb8978—1996表4中二级；污染物控制指标：cod（化学需氧量）处理前浓度为350mg/l，允许排放浓度为150mg/l。2005年9月21日，环境保护主管部门审批同意江山制剂公司“氨基涂料、丙烯酸涂料”项目通过环保竣工验收，准予正式投产。

2004年7月5日，江山制剂公司就酵母粉加工项目向环保部门提交

"建设项目环境影响申报（登记）表"（工业和其他项目类），其中拟采用的污染防治措施明确：无"三废"排放。2004 年 7 月 5 日，江苏省无锡环保局批复：根据企业申报情况，同意酵母粉加工项目的申报，生产工艺严格按照申报内容进行，企业必须做好环境保护工作。

2006 年 7 月 26 日，江山制剂公司就橡塑粉料项目向环保部门提交"建设项目环境影响申报（登记）表"（工业类）。江苏省宜兴市环境保护局审批同意橡塑粉料项目立项，要求企业委托有资质的环评中介结构编制环境影响报告表报请审批，环评报告未经批准，不得开工建设。2006 年 8 月 11 日，江山制剂公司就 ac 系列橡塑粉料项目向环保部门提交"建设项目环境影响报告表"。2006 年 8 月 30 日，江苏省宜兴市环境保护局批复：（1）按照"清污分流、雨污分流"完善厂区排水管网建设，该项目实施过程中无废水产生，不得设置废水排放口；（2）本项目实施过程中应按照报告表要求，粉碎、过筛等工序都必须使用密闭设备进行生产，确保粉尘零排放；（3）生产设施要采取有效降噪措施，使厂界噪音满足《工业企业厂界噪音标准》（gb12348—90）中Ⅱ类标准，白天≤60db（a），夜间≤50db（a）；（4）对生产过程中可能产生的无组织排放源要加强管理，生产过程中的无组织排放必须满足《大气污染物综合排放标准》（gb16297—1996）、《工业企业设计卫生标准》（tj36—79）和《工作场所有害因素职业接触限值》（gbz2—2002）中的标准；（5）生产过程中若有扰民现象，则必须无条件停产；（6）按《江苏省城市居住区和单位绿化标准》（gb32/139—95）的要求做好厂区绿化工作，厂区绿化要考虑乔、灌、草相结合，厂界要设置一定宽度的绿化带；（7）报告表经批准后，如项目的性质、规模、地点、采用的生产工艺、拟采用的防止污染及防止生态破坏的措施发生重大变动或自批准之日起满 5 年方开工建设的，需报请重新审批；（8）在三个月试生产期限内，必须报请"三同时"验收，经验收合格后方可正式投产。2007 年 1 月 19 日，江苏省宜兴市环境保护局审批同意江山制剂公司 ac 系列橡塑粉料项目通过环保竣工验收，准予正式投产。

2014 年 3 月 25 日，江苏省无锡市环境保护局对江山制剂公司作出锡环罚决（2014）13号行政处罚决定书。该处罚决定书认定：2013年8月21日，江山制剂公司场地冲洗废水流经雨水沟至外环境，厂区内清（雨）水排水口外排废水氨氮16.8mg/l、总氮27mg/l、总磷1.8mg/l，超过了国家和江苏省规定的排放标准；江山制剂公司的行为违反了《水污染防治法》第22条第2款关于“禁止私设暗管或者采取其他规避监管的方式排放水污染物”的规定。江苏省无锡市环境保护局据此作出决定：责令江山制剂公司立即改正，并处以罚款人民币6万元整。目前，行政处罚决定已经生效，江山制剂公司也已按期缴纳了罚款。

被告江山制剂公司在接受江苏省无锡市环境保护局行政处罚的过程中，于2013年10月8日向环保部门提交了整改方案：(1) 维护并修复空气吸收装置，并恢复正常运行；(2) 对隔套冷却水采用循环回用方式，循环使用；(3) 对公司职工厕所生活污水，在原三格式化粪池的基础上，再增加三格变成六格式化粪池，并采用中转收集后用水泵提升直接打入污水管网；(4) 对职工食堂采用油水分离装置，进入公司污水收集池处理，纳管排放；(5) 对原办公楼生活污水进行纳管并对微量渗漏采用截污收集，用泵提升直接进入污水管网；(6) 对原清（雨）水出水口进行封堵改造，调至公司厂区西南侧作为清（雨）水口排放；(7) 对南围墙清（雨）水总出水口及其管道进行改造，并进行水泥浇筑硬覆盖。

2013年10月后，原告中华环保联合会接到群众举报后，在调查过程中对被告江山制剂公司南围墙外沟渠拍摄的照片显示：被告江山制剂公司有通过雨水管道排放污水的情况，并已对周边环境造成了一定的污染。

2014年7月18日，无锡中院对被告江山制剂公司采取了证据保全和行为保全措施，查封、扣押了被告江山制剂公司自成立以来至2014年7月期间的生产报表、生产日志、原辅材料台账及环评相关资料，对被告江山制剂公司的污水处理、排放及对周边环境的污染状况进行拍照、录像，委托无锡市环境保护局分别在被告厂区雨水收集池、雨水排放口、污水处理设施中的接触氧化池和厂区围墙西侧橘园内水池采集了水样进行检测鉴定；同时，裁定被告江山制剂公司立即停止排放废水、污染环境行为。

2014年7月23日，江山制剂公司就存在的环境保护问题向无锡中院提交升级整改方案，并拟半个月内施工完成：（1）由于厂区办公楼前雨水沟修建年代久，原采用的是地下水泥导管，加上淤泥沉积较多，密封性较差，所以，公司将该废弃雨水沟改成地面明沟；（2）为了方便上级职能部门的监管，公司对厂区雨污分流进行认真规划，并制作成不锈钢雨污分流图上墙，方便职能部门系统了解公司雨污分流情况。上述整改方案经当地环保部门同意并经无锡中院确认后，由被告江山制剂公司予以实施。

2014年8月4日，无锡市环境保护局向无锡中院提交了（14）环监（水）字第（049）号监测报告、“无锡市环境保护局现场调查（勘察）笔录”、“关于对宜兴市江山生物制剂有限公司现场采样说明”。

2014年9月9日，被告江山制剂公司在实施完毕上述整改方案后向无锡中院提交了“关于宜兴市江山生物制剂有限公司已完成全部环境整改内容并经宜兴市环保局验收通过的报告”，并附宜兴市环境保护局《宜兴市江山生物制剂有限公司整改验收意见》。报告和验收意见明确：被告于2013年9月初开始进行厂区环境改造，主要整改内容包括封堵原清（雨）水排放口，将初期雨水收集系统改建成明沟收集，重新铺设雨污分流管道，对厂区外沟渠进行“雨污分流”改造，职工生活污水改造接入污水管网，维护环保处理设施，更换污水处理设施内的填充层，检修废气处理设施，修复吸收塔；2014年8月完成全部改造工程，实现了“雨污分流”。2014年9月4日，宜兴市环境保护局对江山制剂公司环境改造工程进行了验收，验收意见为：（1）企业通过全面的环境整改，完成了“雨污分流”系统，完善了厂区排水管网的建设；（2）企业内部必须制定完善的环境管理体系和环境管理制度，落实各项防范措施，坚持环保治理设施长期有效运行，确保达标排放；（3）同意江山制剂公司通过环境整改验收。

另查明：中华环保联合会是经中华人民共和国民政部登记注册，由中华人民共和国环境保护部主管的非营利、全国性社会组织，成立于2005年；业务范围包括组织开展维护环境权益活动和环境法律援助、维护公众合法环境权益，开展环境领域公众参与、社会监督，开展环境法律咨询、环保宣传以及国际民间环境交流与合作等。

又查明：中华环保联合会为提起本环境污染公益诉讼，聘请律师进行前期调查、代理诉讼等活动，支出律师费 41 600 元。

无锡中院认为：环境作为人类赖以生存和发展的物质基础，与全体公民的利益和福祉息息相关。《环境保护法》第 2 条规定，“……环境，是指影响人类生存和发展的各种天然的和经过人工改造的自然因素的总体，包括大气、水、海洋、土地、矿藏、森林、草原、湿地、野生生物、自然遗迹、人文遗迹、自然保护区、风景名胜区、城市和乡村等”。保护环境既是国家的一项基本国策，也是每个单位和公民的法定义务。依照《环境保护法》第 6 条（一切单位和个人都有保护环境的义务，并有权对污染和破坏环境的单位和个人进行检举和控告）、《水污染防治法》第 10 条（任何单位和个人都有义务保护水环境，并有权对污染损害水环境的行为进行检举）和《民事诉讼法》第 55 条（对污染环境、侵害众多消费者合法权益等损害社会公共利益的行为，法律规定的机关和有关组织可以向人民法院提起诉讼）之规定，原告中华环保联合会作为从事环境保护公益事业的非营利组织，为保护环境健康与安全提起环境公益诉讼的行为，值得鼓励和支持，对其诉讼主体资格依法予以确认。

本案中，被告江山制剂公司作为对环境会产生影响的生产经营企业，在新建、扩建或变更相关项目的过程中，按规定向环保部门提交了相应的环境影响申报（登记）表或环境影响报告表，并获得了环保部门的审批及验收。江山制剂公司在生产经营过程中，应严格按照环保部门批复的要求履行达标排放、污染物控制等环境保护义务，但是无锡市环境保护局在 2013 年 8 月 21 日发现被告江山制剂公司存在“采取其他规避监管的方式排放水污染物”的违法行为，并给予其行政处罚；原告中华环保联合会现场拍摄的照片也显示了被告江山制剂公司通过雨水管道排放污水的情况；无锡中院委托无锡市环境保护局进行水质取样检测的报告也显示，被告江山制剂公司厂区内雨水收集池与雨水排放口尚有高浓度的化学需氧量（cod）检出；在无锡中院采取保全措施后，被告提出了雨污分流的进一步整改方案，经当地环保部门同意并经无锡中院确认后实施，故对被告江山制剂公司违法排污的事实，法院予以确认。考虑到被告江山制剂公司毗邻太湖（距离太湖约两公里），背靠农田，处于太湖生态红线一级管控区内，如被告江山制剂公司的违法排污行为长期延续下去，将会对周围生态环境以至太湖水环境造成难以估量的严重后果，危及当地生态环境的安全与健康。依据《环境保护法》第 41 条第 1 款——“造成环境污染危害的，有责任排除危害，并对直接受到损害的单位或者个人赔偿损失”——并参照《侵权责任法》第 21 条——“侵权行为危及他人人身、财产安全的，被侵权人可以请求侵权人承担停止侵害、排除妨碍、消除危险等侵权责任”——之规定，原告中华环保联合会作为环境公益诉讼发起人请求被告江山制剂公司停止对环境的侵害、排除危害于法有据，法院予以支持。

被告江山制剂公司在无锡中院采取保全措施后，制定了提标升级改造方案，该方案报请当地环保部门同意并经无锡法院确认后予以了实施。在本案审理期间，被告实施的雨污分流改造工程全部完成，并通过了当地环保部门的验收，完善了厂区排水管网的建设，排除了通过雨水管道排放污水的可能，基本消除了废水排放、污染环境的潜在危险。对此，法院予以确认。尽管如此，为进一步验证、巩固被告江山制剂公司环境整改行为的有效性、持久性，被告江山制剂公司尚应在之后的一段时间内持续地主动接受环保部门的监督、检查，并按宜兴市环境保护局《宜兴市江山生物制剂有限公司整改验收意见》第 2 条的要求，制定完善的环境管理体系和环境管理制度，落实各项防范措施，坚持环保治理设施长期有效运行，确保达标排放。

对于原告中华环保联合会请求被告江山制剂公司承担其支出的律师费问题，尽管目前尚无明确的法律规定，但由败诉方承担胜诉方的全部或部分律师费用契合法律的公平正义，也有先例可循；尤其本案属环境公益诉讼，参照最高人民法院《关于全面加强环境资源审判工作为推进生态文明建设提供有力司法保障的意见》第 14 条（环境公益诉讼的原告请求被告赔偿预防损害发生或恢复环境费用、破坏自然资源等生态环境造成的损失以及合理的律师费、调查取证费、鉴定评估费等诉讼支出的，可以根据案件审理情况予以支持）和第15条（在原告胜诉时，原告支出的合理的律师费、调查取证费、鉴定评估费等费用可以判令由被告承担）之规定精神，结合本案原告律师调查取证的次数、难度以及实际参加诉讼等情况，原告中华环保联合会诉请被告承担41 600元律师费应属合理要求，法院予以支持；原告中华环保联合会诉请被告另承担400元交通费，因未提供相应证据予以证明，法院不予支持。

法院判决：依照《环境保护法》第6条、第41条第1款，《水污染防治法》第10条第1款、第22条，《侵权责任法》第15条、第21条，《民事诉讼法》第55条之规定，判决如下：

（1）被告江山制剂公司必须严格按照环保部门批复的环境影响申报表或报告表的要求组织生产经营，禁止江山制剂公司向周边环境排放污水和其他污染物、污染破坏环境。

（2）被告江山制剂公司按宜兴市环境保护局《宜兴市江山生物制剂有限公司整改验收意见》第2条的要求，在本判决生效之日起3个月内制定完善的环境管理体系和环境管理制度，落实各项防范措施，坚持环保治理设施长期有效运行，确保达标排放；并在本判决生效满3个月之日起10日内向无锡中院及环境保护部门提交一份环境整改实施情况报告。

（3）被告江山制剂公司在本判决生效之日起3个月内每月向无锡中院提交一份由宜兴市环境保护局或无锡市环境保护局对企业生产排污情况进行监测、检查的报告。

（4）如被告江山制剂公司不按期提交环境整改实施情况报告、环保部门监测检查报告，或者环保部门监测检查报告显示被告江山制剂公司存在违法排污或其他污染环境行为，则依照《民事诉讼法》第111条第1款第6项之规定追究被告江山制剂公司的法律责任。

（5）原告中华环保联合会支出的律师费41 600元由被告江山制剂公司负担，该款项在本判决生效之日起10日内由被告江山制剂公司直接支付给原告中华环保联合会。

(6) 驳回原告中华环保联合会其他诉讼请求。

案件受理费 840 元，由被告江山制剂公司负担，于本判决生效之日起 10 日内缴付至无锡中院。

【知识点关联及案例点评】

本案是因污染环境行为损害社会公共利益而被提起环境民事公益诉讼的典型案例。

污染环境损害的公共利益是社会全体成员为实现人类的可持续发展而对整体环境质量产生的客观需求，以个体环境权益为基础，但有别于个体环境利益及个体利益简单相加形成的群体环境利益。[①] 污染环境行为是指利用环境容量、向环境排放污染物或抛弃废物，因超过环境自净能力而导致环境本身物理、生物、化学等特性发生改变，使生活环境和生态环境受到污染，危害人体健康、生命安全的行为。污染环境行为导致社会公共利益受到损害的，即构成污染环境损害社会公共利益。根据《环境保护法》第 58 条规定，对污染环境、破坏生态，损害社会公共利益的行为，符合条件的社会组织可以向人民法院起诉。《民事诉讼法》第 55 条第 1 款规定："对污染环境、侵害众多消费者合法权益等损害社会公共利益的行为，法律规定的机关和有关组织可以向人民法院提起诉讼。"《环境民事公益诉讼司法解释》第 8 条规定，原告起诉时需要提交被告的行为已经损害社会公共利益或者具有损害社会公共利益重大风险的初步证明材料。因此，污染环境造成社会公共利益损害的客观事实，成为环境公益诉讼所规制的对象。

被告江山制剂公司通过雨水管道排放生产废水，并散发出刺鼻的气味，造成水体、空气超出自身的净化能力，发生物理、化学、放射性的改变，造成水体恶化、局部空气质量恶化，影响水体、空气的有效利用，威胁人体健康和环境保护。本案中，由于江山制剂公司的排污行为导致了太湖附近区域的不特定人的人身、财产损失，因而中华环保联合会作为公共利益

① 王树义. 环境法前沿问题研究. 北京：科学出版社，2012：226.

代表向无锡中院提起诉讼。无锡中院认定被告的排污行为长期延续下去，将对周围的生态环境以及太湖的水环境造成难以估量的严重后果，危及当地环境的健康与安全，即认可被告的排污行为损害了社会公共利益。特别应注意的是，污染环境损害社会公共利益不同于污染环境造成的私益损害，污染环境的行为造成私益损害即污染行为造成私人主体的人身、财产损失，私人主体据此可提起环境侵权之诉，不同于本案由中华环保联合会提起的环境公益诉讼。

（案例编辑人：程宏、李欣）

第二节　破坏生态损害社会公共利益

【案例文书】江苏省淮安市环境保护科学学会诉王某、袁某破坏生态（环境）损害社会公共利益环境民事公益诉讼案[①]

原告：江苏省淮安市环境保护科学学会

被告：王某、袁某

审理法院：江苏省淮安市中级人民法院

案件基本情况：2010 年 7 月，王某未经主管部门批准，将江苏省盱眙县河桥兴旺采石厂转让给袁某。江苏省盱眙县国土资源局核定“河桥兴旺采石厂（裂山）”开采年限自 2010 年 8 月 1 日至 2011 年 8 月 1 日，但是到期后袁某依然私自采取机械挖掘手段，继续非法开采玄武岩，销售牟利，破坏生态资源。为此，江苏省淮安市环境保护科学学会向江苏省淮安市中级人民法院提起诉讼，要求被告王某、袁某赔偿侵害生态（环境）、非法开采玄武岩损失 1 819 859 元，要求被告承担生态（环境）修复义务或者支付生态（环境）修复费用 50 万元。随后不久，江苏省淮安市中级人民法院公开开庭审理了环保组织——江苏省淮安市环境保护科学学会起诉被告王某、

① 淮安首例环境民事公益诉讼案件开审.（2016－05－10）［2018－04－06］. http：//hbj. huaian. gov. cn/hjgl/hjkj/content/3541648. html.

袁某生态（环境）损害公益诉讼案件。

【知识点关联及案例点评】

本案是因破坏生态行为损害社会公共利益而被提起环境民事公益诉讼的典型案例。

生态损害是“指人为的活动已经造成或者可能造成人类生存和发展所必须依赖的生态（环境）的任何组成部分或者其任何多个部分相互作用而构成的整体的物理、化学、生物性能的任何重大退化”①。破坏生态行为导致社会公共利益受到损害的，即构成破坏生态而损害社会公共利益。根据《环境保护法》第58条规定，对污染环境、破坏生态，损害社会公共利益的行为，符合条件的社会组织可以向人民法院起诉。

生态系统是一个有机的组合体，对生态系统内任何一个自然因素的破坏，都会导致对整个系统的破坏。一方面，生态破坏区别于环境污染，生态破坏表现为通过“生态破坏行为——环境——生态……‘人类’的路径”② 直接造成对环境的损害。另一方面，生态破坏行为一般不会造成人身损害、私人财产权益损害，而是造成该区域内人类赖以生存的生态（环境）整体上发生物理、化学、生物性能的重大退化，因此，生态破坏损害社会公共利益区别于生态破坏造成的私益损失。本案中被告袁某非法开采玄武岩，并没有直接危及任何私人的人身、财产安全，但会造成玄武岩资源稀缺、玄武岩地区环境退化以及玄武岩所带来的人类美学价值的损失，这些都属于不合理利用自然资源所带来的社会公共利益的损失。因此，本案中江苏省淮安市环境保护科学学会针对王某、袁某的生态破坏行为造成社会公共利益受损而向江苏省淮安市中级人民法院提起了环境民事公益诉讼。

（案例编辑人：程宏、李欣）

---

① 竺效. 生态损害的社会化填补法理研究. 北京：中国政法大学出版社. 2017：42.

② 吕忠梅. 环境司法理性不能止于“天价”赔偿：泰州环境公益诉讼案评析. 中国法学，2016（3）：244-264.

第三节　具有损害社会公共利益重大风险的污染环境、破坏生态行为

【案例文书1】自然之友诉中国水电顾问集团新平开发有限公司等预防性环境民事公益诉讼案①

原告：北京市朝阳区自然之友环境研究所

被告：中国水电顾问集团新平开发有限公司、中国电建集团昆明勘测设计研究院有限公司

审理法院：云南省楚雄彝族自治州中级人民法院

案件基本情况：云南省红河（元江）干流戛洒江一级水电站（以下简称“戛洒江电站”）于2016年3月29日开工建设，计划2017年11月大江截流，2020年年底全部机组投产。北京市朝阳区自然之友环境研究所（以下简称“自然之友”）认为，戛洒江电站的建设运行将使中国面积最大的绿孔雀栖息地遭到严重破坏，极有可能造成绿孔雀种群区域性灭绝，还会对陈氏苏铁（国家一级保护植物）、黑颈长尾雉（国家一级保护动物）等多种珍稀保护物种的生存造成威胁，并对红河流域仅存的尚保存较为完整的干热河谷季雨林生态系统造成极大破坏。2017年7月12日，自然之友向云南省楚雄彝族自治州中级人民法院（以下简称“楚雄中院”）提起诉讼，以中国水电顾问集团新平开发有限公司、中国电建集团昆明勘测设计研究院有限公司为被告，要求判令二被告共同消除戛洒江水电站建设对绿孔雀、陈氏苏铁等珍稀濒危野生动植物以及热带季雨林、热带雨林侵害的危险，立即停止该水电站建设，不得截流蓄水，不得对该水电站淹没区域的植被进行砍伐等。2017年8月14日上午，自然之友收到楚雄中院的立案通知书。

---

① 刁凡超. 云南绿孔雀栖息地遭“水电”威胁，预防性环境公益诉讼获立案.（2017-08-15）[2018-03-22]. http://www.thepaper.cn/newsDetail_forward_1762645.

2018年8月28日下午，全国首例濒危野生动物保护预防性公益诉讼——绿孔雀栖息地保护案在云南省昆明市中级人民法院环境资源审判庭开庭。本案的争议焦点是被告中国水电顾问集团新平开发有限公司、中国电建集团昆明勘测设计研究院有限公司红河干流戛洒江一级水电站项目的大坝建设、清库砍伐、蓄水淹没等相关行为是否是生态破坏行为，是否对淹没区的生态构成重大风险。

原告环保组织自然之友认为，被告水电工程淹没区所涉及的双柏县和新平县区域是濒危野生动物绿孔雀在中国现有种群数量最大、密度最高的重要栖息地，电站建设对绿孔雀关键性栖息地具有重大环境损害风险，极可能导致绿孔雀种群区域性灭绝。原告向法院提供的政府文件、大量视频、照片、专家意见、文献、证人证言等，证明绿孔雀在该水电工程淹没区河滩上饮水、觅食、开屏求偶、沙浴、嬉戏，即淹没区河滩地是绿孔雀重要的栖息地。

被告首先质疑了原告方专家证人的专业性，并辩称：绿孔雀的主要栖息地位于恐龙河自然保护区内，动物可能会越过保护区界活动；虽然它们有时会在淹没区河滩地活动，但该区域并不是绿孔雀的栖息地。

中科院昆明植物研究所刘健博士是我国苏铁研究领域的专家。他在该水电工程淹没区绿汁江调研时发现，绿汁江分布有上千株国家一级保护植物陈氏苏铁，是至今该物种在国内发现群体数量最多的地区。被告水电项目将对淹没区的苏铁种群造成毁灭性影响。而在该项目的环评报告中仅提到6株苏铁，均为元江苏铁。

另一被告中国电建集团昆明勘测设计研究院有限公司的代理人再次质疑原告方专家证人的专业性，并在法庭上辩称：在进行环评相关工作时并未发现原告提交的大量苏铁存在，并表示如在清库工作中发现珍贵物种，将及时采取措施。

此外，除了绿孔雀和苏铁，淹没区也是其他多种珍稀濒危动植物的重要生境。专业人士在调研过程中还发现，淹没区有干果榄仁、红椿、多种兰科植物等国家二级保护植物，以及黑颈长尾雉、褐渔鸮、绿喉蜂虎等国家二级保护动物。这里的生物多样性之所以这么丰富而独特，是因为这里还保存有原始的热带季雨林植被及沟谷中的热带雨林片段。而该水电工程将严重破坏该地原始的干热河谷季雨林生态系统，造成无法估量的生物多样性损失。在该项目的环评报告的中并未提及有热带雨林片段。

两被告坚持认为其并无主观恶意和过错，未对淹没区的生态构成重大风险，因此不应承担原告诉称的责任。在法庭询问该水电工程未来是否复工时，被告回复称需等待各管理部门的指令。①

【案例文书2】绿发会诉雅砻江流域水电开发有限公司预防性环境民事公益诉讼案②

原告：中国生物多样性保护与绿色发展基金会

被告：雅砻江流域水电开发有限公司

审理法院：四川省甘孜藏族自治州中级人民法院

案件基本情况：2015年9月17日，原告中国生物多样性保护与绿色发展基金会向四川省甘孜藏族自治州中级人民法院（以下简称“甘孜中院”）递交诉状，提起对被告雅砻江流域水电开发有限公司的公益诉讼。原告诉称，根据五小叶槭雅江种群的分布区海拔高度和拟建水电站蓄水水位高度对比数值，可以准确预见，电站水库正常蓄水后，将淹没雅江县五小叶槭的绝大部分分布区，对五小叶槭的生存构成严重威胁，急需进行抢救性保护。此外，原告还认为，为了修建水电站而修建的道路，即雅砻江牙根二级水电站准备工程“对外交通专用公路”，路线设计经过五小叶槭的生长区域，会对五小叶槭雅江种群的生存构成严重影响。原告要求依法判令被告立即采取适当措施，确保不因雅砻江水电梯级开发计划的实施而破坏珍贵濒危野生植物五小叶槭的生存；同时还要求依法判令被告在采取的措施不

① 开庭为了挽救绿孔雀最后的完整栖息地.（2018-08-30）[2018-10-03]. http://www.fon.org.cn/index.php?option=com_k2&view=item&id=13220:2018-08-30-02-37-33&Itemid=176.

② 蒲晓磊. 首例预防性公益诉讼或成样本.（2016-01-12）[2018-03-21]. http://www.legalweekly.cn/article_show.jsp?f_article_id=11604.

足以消除对五小叶槭的生存威胁之前，暂停水电站及其辅助设施（含配套道路）的一切建设工程。2015 年 12 月 21 日，甘孜中院对这起全国首例保护濒危植物公益诉讼予以立案。

【案例文书 3】自然之友诉云南华润电力（西双版纳）有限公司等预防性环境公益诉讼案[①]

原告：北京市朝阳区自然之友环境研究所

被告：云南华润电力（西双版纳）有限公司、中国电建集团昆明勘测设计研究院有限公司

审理法院：云南省玉溪市中级人民法院

案件基本情况：北京市朝阳区自然之友环境研究所（以下简称“自然之友”）与植被专家、鱼类专家现场调查发现，位于云南省西双版纳傣族自治州勐腊县境内的回龙山水电站建设区和淹没区内的植被中大部分为具有极高生态价值的热带雨林，且水电站所在的河流罗梭江（又叫小黑江、补远江、南班江）是澜沧江流域鱼类唯一洄游通道。2018 年 2 月 23 日，为保护西双版纳热带雨林和澜沧江珍稀鱼类唯一洄游通道，原告自然之友向云南省玉溪市中级人民法院（以下简称“玉溪中院”）起诉，被告为回龙山水电站建设项目的建设方云南华润电力（西双版纳）有限公司和环境影响评价单位中国电建集团昆明勘测设计研究院有限公司。玉溪中院审查后当面送达立案通知书。原告诉请法院判令回龙山电站建设单位停止砍伐、破坏回龙山水电站库区的国家重点保护植物、热带雨林等植被，消除回龙山水电站库区未砍伐、破坏的国家重点保护植物、热带雨林等植被，澜沧江、罗梭江流域鱼类洄游通道和西双版纳国家级自然保护区被毁灭、阻隔、淹没的危险；判令建设单位支付已砍伐、破坏的国家重点保护植物、热带雨林等植被从被破坏日起至生态功能自然恢复期间的生态服务功能损失费（具体金额以评估或专家意见为准），用于当地的生态保护，环评单位承担

① 自然之友. 当场立案！保护西双版纳热带雨林和澜沧江珍稀鱼类唯一洄游通道，我们在行动.（2018－02－24）[2018－04－02]. https：//mp. weixin. qq. com/s/VzStEvtaJUCZTfQa6L86RQ.

赔偿损失的连带责任。

【知识点关联及案例点评】

上述三起案件都是社会组织针对尚未发生的生态损害提起的预防性环境公益诉讼案件：案例 1 以预防水电项目的建设运行对绿孔雀及其栖息地等的生态破坏为目的；案例 2 以预防水电项目的建设运行对五小叶槭及其生长区域的生态破坏为目的；案例 3 则以预防水电项目的建设运行对热带雨林与珍贵鱼类的生态破坏为目的。在立案阶段，这三起案件的共同问题是被诉行为是否具有造成损害社会公共利益的重大风险。

2014 年《环境保护法》第 5 条规定了“风险防范”原则，体现了《环境保护法》预防环境风险与损害的基本理念。《环境民事公益诉讼司法解释》第 1 条贯彻这一理念，环境民事公益诉讼的对象包括“已经损害社会公共利益或者具有损害社会公共利益重大风险的污染环境、破坏生态的行为”。此种“具有损害社会公共利益重大风险的污染环境、破坏生态的行为”是指尚未发生实际损害但是具有发生损害重大风险的污染环境、破坏生态的行为。在实践中，争议主要集中在如何认定“具有损害社会公共利益重大风险”。当前，司法界一般认为，对于尚未发生实际损害后果的污染环境、破坏生态行为，社会组织提交被告具有《环境保护法》第 63 条所规定情形，以及其他具有现实和紧迫的重大风险的初步证明材料的，可以认定为已经提交“被告的行为具有损害社会公共利益重大风险的初步证明材料”。

据此，考虑到上述案件的预防性目的与被诉行为特征，判断被诉行为是否构成环境民事公益诉讼对象的关键在于判断被诉行为是否构成“具有损害社会公共利益重大风险的生态破坏行为”。其中，判断被诉行为是否“具有损害社会公共利益重大风险”是其中争议的焦点。

“具有损害社会公共利益重大风险”指尚未发生实际损害，但是具有发生损害的重大风险。学理上依照环境损害发生的可能性程度，区分了危险、风险和剩余风险三个概念。危险相较于风险，区别主要在于在发生的盖然性上风险低于危险，危险有其明显的预知可能性，而风险则具有更大的不确定性。[①] 对于应当在何种意义上理解“重大风险”的具体内涵，《环境民事公益诉讼司法解释》没有提供进一步的解释。但考虑到责任承担方式必须法定，《环境民事公益诉讼司法解释》第19条规定，人民法院只能受理请求“消除危险”的案件，而不能受理请求“消除风险”的案件，因而对“重大风险”的理解、适用应当以“危险”为限。环境民事公益诉讼中“消除危险”中的“危险”应当是“可能的环境危害”，一般是指运用通常的知识或者经验，就足以判断决策对象具有较高的对公众环境权益等造成具体危害的可能性的状态。[②] 因此，“重大风险”是指依据诉讼中能够掌握的证据材料和现有的科学技术水平，能够判断可能发生具体环境损害的重大危险，不包括无法确定具体环境损害及其可能性的情形。[③]

以上典型案例对于法院在司法实践中判断“具有损害社会公共利益重大风险”具有重要意义。

（案例编辑人：吴凯杰、李欣）

第四节　具体环境要素损害

【案例文书1】自然之友诉现代汽车（中国）投资有限公司大气污染环境民事公益诉讼案[④]

原告：北京市朝阳区自然之友环境研究所

被告：现代汽车（中国）投资有限公司

审理法院：北京市第四中级人民法院

案件基本情况：2013年9月，北京市环境保护局对现代汽车（中国）投资有限公司自韩国进口的全新胜达3.0车型进行了车辆环保一致性抽检，抽检的

---

① 张旭东. 预防性环境民事公益诉讼程序规则思考. 法律科学，2017（4）：164-172.

② 奚晓明. 最高人民法院关于环境民事公益诉讼司法解释理解与适用. 北京：人民法院出版社，2015：272.

③ 同②273.

④ 现代汽车一车型尾气超标 环保组织提起公益诉讼.（2016-06-03）[2018-04-06]. http://finance.ifeng.com/a/20160603/14457696_0.shtml.

3辆车 VIN 型号分别为 KMHST81D3DU191438、KMHST81D2DU141596、KMHST81DXDU144228。后经2013年12月和2014年1月两次复检，北京市环境保护局于2014年1月20日对检测结果进行了确认，最终认定现代汽车（中国）投资有限公司自2013年3月1日至2014年1月20日进口到中国并在北京销售的全新胜达3.0车型的排气污染数值中颗粒物排放一项数值超过《轻型汽车（点燃式）污染物排放限值及测量方法（北京Ⅴ阶段）》（DB11/946—2013）的限值。北京市朝阳区自然之友环境研究所（以下简称“自然之友”）针对现代汽车（中国）投资有限公司汽车尾气超标污染向北京市第四中级人民法院提起大气公益诉讼。2016年6月，环保组织自然之友诉现代汽车（中国）投资有限公司的环境公益诉讼获得立案。2017年8月10日，案件在北京市第四中级人民法院开庭审理。

【案例文书2】自然之友、绿发会诉江苏常隆化工有限公司等土壤污染环境民事公益诉讼案①

原告：北京市朝阳区自然之友环境研究所、中国生物多样性保护与绿色发展基金

被告：江苏常隆化工有限公司、常州市常宇化工有限公司、江苏华达化工集团有限公司

支持起诉单位：中国政法大学环境资源法研究和服务中心、苏州工业园区绿色江南公众环境关注中心

审理法院：江苏省常州市中级人民法院

案件基本情况：原告北京市朝阳区自然之友环境研究所（以下简称“自然之友”）、中国生物多样性保护与绿色发展基金会（以下简称“绿发会”）与被告江苏常隆化工有限公司（以下简称“常隆公司”）、常州市常宇化工有限公司（以下简称“常宇公司”）、江苏华达化工集团有限公司（以下简称“华达公司”）环境污染公益诉讼一案，江苏省常州市中级人民法院（以下简称“常州中院”）于2016年5月16日立案后，依法适用普通

---

①　江苏省常州市中级人民法院（2016）苏04民初214号民事判决书.

程序，于2016年5月21日公告了案件受理情况。常州中院于2016年12月21日公开开庭进行了审理，原告自然之友的委托诉讼代理人宋君，原告绿发会的委托诉讼代理人赵光，被告常隆公司的委托诉讼代理人周旭东、蔡学恩，被告常宇公司的委托诉讼代理人周坚、谢鑫，被告华达公司的委托诉讼代理人成华、汪旭东到庭参加诉讼。中国政法大学环境资源法研究和服务中心、苏州工业园区绿色江南公众环境关注中心（以下简称“绿色江南”）向常州中院提交书面意见，协助原告调查取证，支持提起公益诉讼；中国政法大学环境资源法研究和服务中心指派委托诉讼代理人祝文贺，绿色江南指派法定代表人方应君、委托诉讼代理人蒋海萍参加庭审。

常州中院经审理查明以下事实。

（1）三被告的生产经营基本情况。

常隆、常宇、华达公司原厂址地块（即常隆地块）位于常州市新北区龙虎塘街道，主要包括常隆公司常州农药厂、华达公司华达化工厂、常宇公司原厂址，总面积约为26.2公顷。该地块东侧为通江路，隔路为腾龙苑；南侧为辽河路及地铁（建设中），隔路为天合国际学校和常州外国语学校；西侧为村庄拆除后遗留空地；北侧为藻江河支流，隔河为村庄拆除后遗留空地。常隆公司是由原常州农药厂、原常州有机化工厂改制组建而成的有限责任公司，其中原常州农药厂厂址系本案所涉地块，占地面积约为18.7公顷。常州农药厂成立于1979年2月，是一家专业生产农药原药及制剂、农药中间体、化工中间体等精细化工产品的国营化工企业，所生产的产品包括十八酰氯、双碳酰氯、2—氰基苯酚、间苯二甲酰氯、除草剂和杀虫剂可湿性粉剂、除草剂和杀虫剂乳油类等几十种。2000年4月，常州农药厂改制为以国有资本、职工持股会和自然人为投资主体的有限责任公司，至2014年5月，其中的国有资本转让给深圳诺普信农化股份有限公司后，常隆公司成为民营股份制企业。2006年，常州农药厂启动搬迁工作，2009年全面停产，至2010年6月完成搬迁。2010年8月常州农药厂原厂址地块土地交付常州市新北国土储备中心。常宇公司原为武进县龙虎塘合成化工厂，由樊家行政村创办于1989年，占地面积约4.6公顷，企业性质为村办集体所有制企业。1995年1月，化工厂完成股份合作制改革，同年7月化工厂更名为常州市常宇化工厂。2004年起，常宇化工厂在原厂址经营的纳税记录为零。2004年5月，常宇化工厂进行改制，由集体所有制企业变更为有限责任公司，公司名称为常州市常宇化工有限公司。常宇公司所生产的产品包括甲萘酚、甲萘胺、尼文酸等，生产使用的化工原料包括精萘、硫黄、硝酸、硫化钠等。2007年，常宇公司启动搬迁工作，至2008年年底全厂停产，开始搬迁。华达公司下属子公司华达化工厂厂址系本案所涉地块，占地面积约3.2公顷。华达化工厂成立于1990年5月，性质为乡镇集体经济，1997年12月改制为股份合作制企业。2005年4月，华达化工厂变更为江苏华达化工有限公司，性质变更为有限责任公司，其中的农村集体经济组织的股权退出。华达化工厂原厂址内除华达化工厂外，历史上还设立过常州华大明化工有限公司、常州华捷化工有限公司和常州新兴华大明化工有限公司。其中，常州华大明化工有限公司成立于1995年，由华达化工厂、日本大内新兴化学工业株式会社和日本国株式会社明城商会合资兴建；常州华捷化工有限公司成立于2000年，由华达化工厂与捷克NOROMO国际贸易有限公司合资兴建；常州新兴华大明化工有限公司成立于2002年，由华达化工厂、日本大内新兴化学工业株式会社和日本国株式会社明城商会合资兴建。华达化工厂及相关合资企业所生产的产品包括甲萘胺、工业级甲萘酚、橡胶防老剂、显像液中间体等，生产使用的化工原料包括精萘、硝酸、硫黄、硫酸、甲萘酚、苯胺、甲醇等。2009年年底华达化工厂全部停产并完成搬迁。

（2）案涉地块受污染情况。

常隆、常宇、华达公司在生产经营期间对案涉地块的土壤及地下水造成了污染。2011年3月至5月，常州市新北区政府拟对常隆地块进行商业住宅项目开发，委托原常州市环境保护研究所对案涉地块内土壤和地下水污染情况进行了调查。根据现场调查、实验室分析结果和场地水文地质特点分析显示，案涉地块的土壤和地下水污染严重，环境风险不可接受，必须对污染场地实施修复。其中：1）常隆公司在常州农药厂厂区，初步估计受污染的土壤约 44 740 平方米，主要受挥发酚、钡、铜、铅、总石油烃、苯系物、氯苯、1，2—二氯乙烷、二氯甲烷、氯仿、四氯化碳等的污染。该地块地下水污染严重，涉及区域包括整个地块，面积约 172 367 平方米。该地块地下水无机指标，包括高锰酸盐指数、硫酸盐指数、氯化物指数等，大部分都超过中国地下水质量标准的类标准。该地块地下水主要受锑、砷、钡、铍、镉、铜、铅、镍、苯胺、苯系物、氯苯、总石油烃等的污染。2）常宇公司在常宇公司厂区，初步估计受污染的土壤约 16 390 平方米，主要受挥发酚、铅、萘、总石油烃、氯苯、氯仿等的污染。该地块地下水污染区域约 24 732 平方米，地下水无机指标，包括挥发酚指数、高锰酸盐指数、氯化物指数、硝酸盐指数等，超过中国地下水质量标准的类标准。该地块地下水主要受铍、总石油烃、四氯化碳、氯苯等的污染。3）华达公司在华达公司厂区，初步估计受污染的土壤约 9 360 平方米，主要受挥发酚、砷、铅、锌、萘、总石油烃、氯苯、氯仿等的污染。另外部分区域土壤中甲萘胺的浓度很高。该地块地下水污染区域约 20 027 平方米，主要受挥发酚、高锰酸盐、硫酸盐、亚硝酸盐、总石油烃、氯苯等的污染，另外，地下水中甲萘胺的浓度很高。

（3）关于案涉地块土壤、地下水受污染状况的调查情况。

2011 年，常州市新北区政府拟利用常隆地块进行商业住宅开发。为了解该地块的土壤、地下水受污染情况，2011 年 3 月至 5 月，常州市新北区政府委托原常州市环境保护研究所对常隆地块内土壤和地下水的污染情况进行了调查，编制了“常隆（华达、常宇）公司原厂址地块场地环境调查技术报告”和“常隆（华达、常宇）公司原厂址地块场地健康风险评估报告”。2013 年，由于《污染场地风险评估技术导则》风险评估的参数、模型有变化，常州市环境科学研究院编制了“常隆（华达、常宇）公司原厂址地块健康风险评估修编报告”，重新估算土壤修复面积、修复土方量，提出了住宅类用地类型、工业及其他用地类型下的地下水修复面积及修复量。2013 年 8 月，根据调查及风险评估结果，常州市环境科学研究院编制了

“常隆（华达、常宇）公司原厂址地块污染场地土壤和地下水修复技术方案”，方案中提出污染土壤采用“异位—资源化利用＋局部区域隔离”的修复方法，即将污染场地－6米以上的污染土壤挖出，利用现有的新型干法水泥回转窑生产装置，作为水泥厂原料进行资源化利用，对－6米以下未达到修复目标的污染土壤采取隔离的措施；污染地下水修复采用“原位化学氧化”的修复方法，即将化学氧化剂通过注入井引入地下水含水层，让药剂与地下水充分接触，发生氧化反应，从而去除或降解地下水中的污染物，以达到修复效果。上述历次方案的制定、调整，均组织召开了由中科院南京土壤研究所、南京环境科学研究所、东南大学、南京大学、中科院烟台海岸带研究所等单位的专家参加的评审会，并获得通过。

（4）关于案涉地块土壤、地下水的修复情况。

2014年3月，一期污染土壤修复工程正式实施。至2015年12月底，已完成一期修复区域95％污染土壤的异位资源化利用。后因修复过程中次生的空气异味对常州外国语学校师生等项目地块周边敏感人群产生影响，修复工程全面停止，剩余5％的污染土壤未修复，地下水修复工程亦未开展。2016年年初，常隆地块由商业开发用地转变性质为公共绿化用地。常州外国语学校受污染场地影响事件发生后，国务院教育督导委员会派出专项督导组，环保部、江苏省政府联合成立环保调查组，国家卫计委和江苏省卫计委成立医疗卫生专家组，赴常州开展督导、调查和分析研究等工作。调查组认为常州外国语学校校园环境安全，但常隆地块修复工作的施工和监管存在问题，要求常州市政府抓紧制定并实施常隆地块污染防控和修复方案。常州市政府采取应急措施，编制了“常隆（华达、常宇）公司原厂址地块污染场地应急处置方案”和“常隆（华达、常宇）公司原厂址地块污染场地技术方案调整报告”，将原污染土壤“异位—资源化利用＋局部区域隔离”的修复方案，调整为整体覆土封盖的修复方案。2016年2月15日，案涉地块污染场地土壤修复调整工程完成，并通过验收。常州市政府要求常州市新北区政府具体负责实施常隆地块防控修复工作。2016年5月，江苏圣泰环境科技股份有限公司编制了“常隆（华达、常宇）公司原厂址地块污染场地防控技术方案”（以下简称“防控技术方案”）。该方案按照长期场地污染防控的总体思路，以最基本目标即确保场地和周边敏感人群的环境健康安全为前提条件，分三个阶段（2016—2020年、2021—2035年、2036年以后）细化目标和工作要求。2016年8月，常州市环境监测中心编制了“常隆（华达、常宇）公司原厂址地块环境监控实施方案”（以下简称“监控实施方案”）。该方案确定了常隆地块内及周边环境空气、地表水、地下水、土壤气的五年环境监控计划。2016年9月26日，常州市环境监测中心主持召开了“监控实施方案”专家评审会，由中国环境监测总站、南京市环境监测中心站、常州市环境科学研究院组成专家组，对该方案进行了咨询评议。专家一致认为该方案内容翔实，总体合理可行。目前根据方案内容，已经逐步开展环境空气、地表水、地下水、土壤气监测。现已完成地表水常规指标、特征指标以及生物指标的监测；完成环境空气中挥发性有机物（55种），对环芳烃（16种）的24小时连续监测；完成常隆地块及周边地下水与土壤气的采样检测分析，分析因子包括常规指标、特征指标、生物指标等，首次检测结果显示各项指标正常。在“防控技术方案”基础上，2016年8月至9月，常州黑牡丹建设投资有限公司委托常州春秋农业机械有限公司开展了常隆地块喷淋系统的布设，该系统通过保持土壤湿度可以阻碍土壤中气体的挥发。2016年9月，为了更好地实施“防控技术方案”，常州黑牡丹建设投资有限公司委托中科院南京土壤研究所编制“常隆（华达、常宇）地块环境污染防控工程实施方案”，并承担补充调查、场地覆土性能评估、风险评估及地下水污染模拟和编制后续场地环境污染防控实施技术方案等相关工作。2016年10月，根据实施方案的需求，中科院南京土壤研究所编制完成“常隆（华达、常宇）公司原厂址地块环境污染防控工程—场地补充调查方案”（以下简称“防控工程—场地补充调查方案”），确定土壤地下水以及水文地质补充调查的实施方案。2016年10月16日，中科院南京土壤研究所组织召开了“防控工程—场地补充调查方案”的专家评审会，由中国环境科学研究院、北京市环境保护科学研究院、江苏省环境监测中心、中国地质大学、中科院烟台海岸带研究所的专家组成专家组，对该方案进行了咨询评议。专家一致认为该方案编制依据充分，设计合理，研究方法和技术路线可行，目标与考核指标明确，工作程序符合相关技术规范与要求，野外施工潜在环境风险分析详细，预防及处置措施得当，应急方案准备充分。2016 年 11 月，该方案逐步开展加密调查、野外测试、取样及检测工作，因考虑调查勘探过程中可能产生的二次污染、气候条件、周边环境影响等因素，目前未大面积开展调查作业，正在试验准备阶段，计划利用学校节假期间完成场地调查工作。该方案计划于 2017 年 9 月完成场地补充调查野外作业及相关实验检测，完成场地调查报告、风险评估、地下水模型等技术报告编写；于 2017 年 10 月出具防控工程实施方案，于 2017 年年底开始实施工程措施，第一阶段选用对场地扰动较少的地下水抽提处理技术和工程措施。该技术通过设置在地下水污染区的抽水井，将受污染的地下水抽提到地面进行处理，可以有效降低污染物总量。

以上事实，由各方当事人提供的证据及常州中院调查的证据予以证实。

本案各方争议焦点为：（1）本案诉讼标的是否具有公益性？（2）两原告请求三被告消除危险或赔偿环境修复费用、赔礼道歉的诉讼请求是否能够成立？

针对争议焦点一，常州中院认为，本案诉讼标的具有公益性。原常州市环境保护研究所受常州市新北区政府委托于 2011 年所作的“常隆（华达、常宇）公司原厂址地块场地环境调查技术报告”和“常隆（华达、常宇）公司原厂址地块场地健康风险评估报告”显示，案涉地块的土壤和地下水污染严重，环境风险不可接受，必须对污染场地实施修复。上述证据足以证明，长期化工生产经营对案涉地块的土壤、地下水造成了污染。由于土壤与地下水之间存在高度关联性，且地下水存在一定的流动性，因而，案涉地块的化工生产排放的污染物并非仅仅损害了土地使用权人的利益，而是同时具有损害社会公共利益的风险，故两原告的起诉具有公益性。

针对争议焦点二，常州中院认为，两原告关于请求三被告消除危险或赔偿环境修复费用、赔礼道歉的诉讼请求不能成立。(1) 案涉地块于2009年由常州市新北国土储备中心协议收储并实际交付。常州市政府及常州市新北区政府在本案诉讼开始前即对案涉地块实施应急处置，并正在组织开展相应的环境修复。常州市政府对相关环境空气、地表水、地下水、土壤气进行监测的结果表明，案涉地块的土壤和地下水对外界环境的威胁已经得到初步控制。《关于加强土壤污染防治工作意见》(环发［2008］48号) 第8项规定：造成污染的单位已经终止，或者由于历史等原因确实不能确定造成污染的单位或者个人的，被污染的土壤或者地下水，由有关人民政府依法负责修复和治理；该单位享有的土地使用权依法转让的，由土地使用权受让人负责修复和治理。有关当事人另有约定的，从其约定；但是不得免除当事人的污染防治责任。常州市政府实施的环境应急处置与修复行为符合上述规定的要求，也符合国务院《土壤污染防治行动计划》的规定。在常州市政府正在实施环境修复的过程中，三被告没有可能取代政府实施环境修复行为。(2) 案涉地块因承载化工产品生产而产生的环境污染始于20世纪七八十年代，土壤污染现状系历经长期发展过程而形成。案涉地块上的生产企业亦历经国有、集体企业产权制度改革，股权转让，中外合资等复杂变迁。在此期间，有关环境污染侵权责任的法律法规逐步完善，企业环境保护法律责任逐步严格，防治污染的技术手段逐步发展。案涉地块的环境污染系数十年来化工生产积累叠加造成的，但两原告未提交可以清晰界定三被告与改制前各个阶段生产企业各自应当承担的环境污染侵权责任的责任范围、责任形式、责任份额以及责任金额的证据。综上，在案涉地块的环境污染损害修复工作已由常州市新北区政府依法组织开展，环境污染风险已得到有效控制，后续的环境污染监测、环境修复工作仍然正在实施的情况下，两原告提起本案公益诉讼维护社会环境公共利益的诉讼目的已在逐步实现。因此，对两原告提出的判令三被告消除危险或赔偿环境修复费用、赔礼道歉的诉讼请求，法院依法不予支持。对于两原告主张由三被告承担律师费、差旅费等相关费用，法院亦不予支持。

法院判决：依照《民事诉讼法》第55条、第64条、第142条，《环境民事公益诉讼司法解释》第1条的规定，判决如下：

驳回原告自然之友、绿发会的诉讼请求。

案件受理费1 891 800元，由两原告自然之友、绿发会共同负担。

【案例文书3】河南省企业社会责任促进中心诉河南省洛阳市吉利区辉鹏养殖专业合作社等畜禽养殖污染环境民事公益诉讼案①

原告：河南省企业社会责任促进中心

被告：河南省洛阳市吉利区辉鹏养殖专业合作社、关某某、河南省国有孟州林场

审理法院：河南省洛阳市中级人民法院

案件基本情况：自1993年起，关某某在河南省国有孟州林场东南部建养殖场从事畜禽养殖活动至今。该养殖场未依法制作环境影响评价报告，未办理环保审批手续，未建设污染治理设施。养殖废水的一部分经两个水泥沉淀池简单沉淀后经二道河进入黄河，另一部分直接排入无防渗措施的渗坑。养殖粪便露天堆放在围墙外无任何防渗措施的渗坑中，未采取无害化处理等措施。2013年7月10日及2013年9月12日，环保部门两次向关某某的养殖场下达了“环境违法行为限期改正通知书”，要求其立即停止违法行为、拆除影响饮用水源地的养殖建筑设施、消除污染、恢复地貌，但该养殖场至今仍然在从事养殖、排污活动。2016年9月19日，河南省企业社会责任促进中心作为原告，以河南省洛阳市吉利区辉鹏养殖专业合作社、关某某、河南省国有孟州林场为被告，向河南省洛阳市中级人民法院提起环境公益诉讼，请求判令三被告共同承担以下责任：（1）立即停止实施排放污水、臭气、粪便等侵权行为；（2）排除危害，拆除养殖场所和设施，或承担相应的代履行费用；（3）采取措施，消除其养殖行为造成的污染，将污染物和现场垃圾清理完毕，平整土地，或承担相应的代履行费用；（4）承担原告因本案支出的律师费、调查费等实际费用共计10万元。

---

①　赵红旗. 河南检察机关首次支持起诉环境公益诉讼案.（2016-09-28）[2018-04-06]. http://www.spp.gov.cn/dfjcdt/201609/t20160928_168305.shtml.

【案例文书4】江苏省镇江市生态环境公益保护协会诉江苏优立光学眼镜公司土壤污染环境民事公益诉讼案①

原告：江苏省镇江市生态环境公益保护协会

被告：江苏优立光学眼镜有限公司

审理法院：江苏省镇江市中级人民法院

案件基本情况：原告江苏省镇江市生态环境公益保护协会诉被告江苏尊龙光学有限公司（以下简称“尊龙公司”）、江苏优立光学眼镜有限公司（以下简称“优立公司”）环境污染责任纠纷民事公益诉讼一案，江苏省镇江市中级人民法院（以下简称“镇江中院”）于2014年12月30日受理后，依法组成合议庭，于2015年4月22日、2015年9月17日、2016年4月26日三次公开开庭审理，支持起诉机关江苏省丹阳市人民检察院的助理检察员出庭参加诉讼。原告于2016年5月27日向镇江中院申请撤回对尊龙公司的起诉，镇江中院另行裁定准许。

镇江中院经审理查明：优立公司是尊龙公司等企业成立的生产树脂眼镜镜片的中外合资企业。在树脂镜片磨边、修边工段产生的树脂玻璃质粉末，是本案被倾倒的污染物（以下简称该类废物）。尊龙公司产生的该类废物于2006年被丹阳市环境保护科技咨询服务中心作出的环境影响报告表认定为危险废物HW13。优立公司产生的该类废物于2015年被丹阳市环境保护科技咨询服务中心作出的环境影响报告表认定为危险废物HW13，归类于“饱和或者废弃的离子交换树脂（900－015－13）”。按照上述环评，应将该类废物交由危险废物处置单位按照危险废物处置。2014年4月至7月期间，优立公司将约5.5吨该类废物交给货车司机陈某星、武某强、周某平，上述3名货车司机将该类废物倾倒于丹阳市开发区小杜巷村一拆迁空地，造成环境污染。优立公司当庭陈述称该公司当时未审查上述3名货车司机有无该类废物处置能力，未审查废物流向，也未将上述废物的数量、流向、储存、处置等信息向丹阳市环境保护局申报。事发后，丹阳市环境保

① 江苏省镇江市中级人民法院（2015）镇民公初字第00003号民事判决书.

护局组织江苏祥睿建设工程有限公司对污染场地进行初步清理，对该废物连同被污染的土壤进行挖掘并将它们运送至镇江风华废弃物处置有限公司保管，共约 28 吨。原告于 2014 年 12 月 30 日向镇江中院提起环境公益诉讼，请求判令两被告采取措施消除环境污染，承担固体废物暂存、前期清理以及验收合格的费用，或者赔偿因处理其环境污染物所需的相关费用合计人民币 234 400 元。

在案件审理期间，经镇江中院调解，原告与两被告于 2015 年 9 月 24 日自愿达成如下调解协议：（1）优立公司自愿将暂存于镇江风华废弃物处置有限公司的所有树脂粉末混合物交由有资质的危险废物处置单位处置；（2）优立公司自愿承担相关废物暂存于镇江风华废弃物处置有限公司的存储费用共计 5 万元；（3）优立公司自愿承担前期处置费用共计 18 000 元；（4）第二项和第三项费用自本协议生效后一周内支付，由丹阳市环境保护局协助支付给相关单位；（5）上述协议自签字或盖章后成立，经镇江中院送达调解书后生效。镇江中院依法对该协议进行公告，公告期间未收到异议。被告优立公司自愿承担诉讼费。2015 年 11 月初，经丹阳市环境保护局同意并监督，优立公司将相关废物运回该公司保管。优立公司已将相关废物初步分离，并将其中 5 吨树脂眼镜镜片修边粉末送交镇江新宇固体废物处置有限公司处置，处置费用 5 000 元/吨，剩余废物约 23 吨为土壤与少量树脂粉末的混合物，仍保存于优立公司。优立公司已自愿向镇江风华废弃物处置有限公司支付暂存费用 5 万元，向江苏祥睿建设工程有限公司支付前期处置费用 18 000 元。原告于 2016 年 5 月 27 日向镇江中院申请撤回关于前期清理费用、暂存费用、验收合格费用、处置 28 吨废物中的 5 吨树脂粉末的诉讼请求。

另查明：经丹阳市环境监测站委托，江苏康达检测技术有限公司对上述废物倾倒地被污染的土壤进行检测，未发现挥发性有机物、半挥发性有机物。经镇江中院委托鉴定，鉴定机构江苏省环境科学研究院回函称，该类废物未列于《国家危险废物名录》（2008 版），且无代表性指标进行检测。经镇江中院调取，上海松江区环境保护局审批的“上海依视路光学有限公司三期工程调整项目”环境影响评价报告表载明，自 1995 年上海依视路光学有限公司一期项目开始，该类废物被环境评价作为一般工业固体废物交第三方综合利用；江苏省固体废物监督管理中心《关于对树脂镜片废屑固废性质认定请示的复函》载明，该类废物不属于“树脂、乳胶、增塑剂、胶水/胶合剂生产过程中产生的不合格产品、废副产品（261－036－13）”。鉴于对该类废物的属性确定和管理，将影响丹阳眼镜产业数百家企业的安全清洁生产模式、生产成本、产业竞争格局以及区域危险废物处置产能的调整，为规范丹阳眼镜产业的固体废物管理，镇江中院于 2015 年 11 月 25 日依法向丹阳市环境保护局、丹阳市眼镜商会发出（2015）镇中法建字第 7 号司法建议书，建议依法重新评定该类固体废物的属性、准确定性并依法移送涉嫌犯罪的环境污染案件、科学制订废物防治及回收利用方案、强化企业污染防治的主体责任。收到镇江中院的司法建议后，丹阳市环境保护局于 2015 年 12 月 6 日组织吴以中、林凯、高兴保 3 名专家进行现场调查、论证，形成“有关树脂镜片磨边、修边废屑的固废属性专家咨询意见”，认为在树脂镜片的生产过程中，固化后的毛坯镜片在磨边、修边工艺产生的废屑不属于“树脂、乳胶、增塑剂、胶水/胶合剂生产过程中产生的不合格产品、废副产品（261－036－13）”以及“饱和或者废弃的离子交换树脂（900－015－13）”。丹阳市眼镜商会委托南京大学环境规划设计研究院有限公司（甲级环评机构）对树脂镜片磨边、修边废屑进行危险特性专项评价。2016 年 3 月南京大学环境规划设计研究院有限公司作出“江苏明月光学眼镜有限公司树脂镜片磨边、修边废屑危险特性专项评价报告”（以下简称“南大专项评价报告”），结论为：经属性判别分析，该固体废物不具有易燃性、腐蚀性、反应性、浸出毒性、毒性物质含量的特性，经采样和检测结果分析，该固体废物不具有急性毒性，据此认定江苏明月光学眼镜有限公司树脂镜片磨边、修边废屑不具有危险特性。该报告建议采用“交由第三方综合利用”或“无害化焚烧”等方式进行处置；参照固废相关环保管理要求，采取“转移五联单”的办法管理，妥善进行固废的转移运输、处置工作，明确固体废物转移去向等。专家吴以中于 2016 年 3 月 12 日对“南大专项评价报告”出具“专家函审意见”，认为该报告的评价结论可信。丹阳市眼镜商会向丹阳市环境保护局申请“南大专项评价报告”备案。丹阳市环境保护局于2016年3月22日同意备案。丹阳市环境保护局认可“南大专项评价报告”，认可丹阳市眼镜商会提出的该类废物集中处置方案，并愿意监督优立公司依法处置剩余废物。

还查明：至2015年，丹阳市该类废物均被环境评价认定为危险废物HW13，交由危险废物处置单位焚烧，处置成本为3 300～5 000元/吨。

案件审理期间，镇江中院依法向丹阳市环境保护局调取相关执法监管材料：（1）根据统计，丹阳市现有镜片生产企业100余家，环评中废镜片屑产生量159.56吨。根据固废网申报平台提供的年实际处置量，2014年申报处置企业6家，年处置量29.06吨；2015年申报处置企业8家，年处置量28.13吨，大量废屑去向不明。（2）该局没有处理过该类案件，未提交该类废物具有危险特性的执法资料。（3）眼镜镜片企业非法处置的主要情形有：非法倾倒、焚烧，自行交无资质的单位收集处置。（4）环保部门的主要执法方式：按照环评，要求企业交有资质的单位处置。2016年1月丹阳市眼镜商会协同各会员企业，建立该类废物处置协议档案管理机制；每月登记该类废物处置数据，依据企业上报数据、过磅单进行核对，建立企业明细账和汇总台账；企业、商会、句容洁鑫环卫有限公司、句容绿色动力再生能源有限公司（系经江苏省环境保护厅审批的生活垃圾焚烧发电项目）、环保部门实行“转移五联单”制度，进行全过程管控。截至2016年3月底，该商会已有14家规模企业（包括优立公司在内）签订了集中处置协议，约定的年处置该类固废数量共约617吨，已通过集中收集送交句容绿色动力再生能源有限公司焚烧发电处置105吨，平均成本为950元/吨。目前，丹阳市眼镜商会正在联系筹建该类废物的回收处置项目，此项目系将该类废物物理粉碎后作为高档防滑涂料的填料，以实现该类废物的资源化利用，彻底解决该类废物的环境污染问题。

上述事实由经依法质证、双方对真实性均无异议的证据证实。

镇江中院认为：

（1）关于企业的污染治理责任。

《固体废物污染环境防治法》第30条规定，产生工业固体废物的单位应当建立、健全污染环境防治责任制度，采取防治工业固体废物污染环境的措施。第32条第1款规定，国家实行工业固体废物申报登记制度。产生工业固体废物的单位必须按照国务院环境保护行政主管部门的规定，向所在地县级以上地方人民政府环境保护行政主管部门提供工业固体废物的种类、产生量、流向、储存、处置等有关资料。第85条规定，造成固体废物污染环境的，应当排除危害，依法赔偿损失，并采取措施恢复环境原状。本案中，被告优立公司在未审查3名货车司机有无处置能力、未审查废物流向的情况下，非法交付废物，且未将该类废物的数量、流向、储存、处置等有关资料向环保主管部门申报，应对由此造成的环境污染承担治理责任。

（2）关于该类废物属性的确定。

1）危险废物的认定应严格按照危险废物鉴别程序认定。《固体废物污染环境防治法》第88条第4项规定，危险废物，是指列入国家危险废物名录或者根据国家规定的危险废物鉴别标准和鉴别方法认定的具有危险特性的固体废物。依据《危险废物鉴别标准通则》（GB 5058.7—2007）“4 鉴别程序”规定，对危险废物的鉴别应按照以下程序进行：“4.1 依据《固体废物污染环境防治法》《固体废物鉴别导则》判断待鉴别的物品、物质是否属于固体废物，不属于固体废物的，则不属于危险废物。4.2 经判断属于固体废物的，则依据《国家危险废物名录》判断。凡列入《国家危险废物名录》的，属于危险废物，不需要进行危险特性鉴别（感染性废物根据《国家危险废物名录》鉴别）；未列入《国家危险废物名录》的，应按照第4.3条的规定进行危险特性鉴别。4.3 依据GB 5058.1—GB 5058.6 鉴别标准进行鉴别，凡具有腐蚀性、毒性、易燃性、反应性等一种或一种以上危险特性的，属于危险废物。4.4 对未列入《国家危险废物名录》或根据危险废物鉴别标准无法鉴别，但可能对人体健康或生态环境造成有害影响的固体废物，由国务院环境保护行政主管部门组织专家认定。”本案中，该类废物不属于

《国家危险废物名录》中的危险废物，丹阳市环境保护科技咨询服务中心在未进行危险属性鉴别、未经国务院环境保护行政主管部门组织专家认定的情况下，在环境评价中将该类废物认定为危险废物 HW13，没有法律和科学依据。2）该类废物不具有危险特性。经查，江苏康达检测技术有限公司对上述废物倾倒地被污染的土壤进行检测，未发现挥发性有机物、半挥发性有机物。依据上海松江区环境保护局审批的“上海依视路光学有限公司三期工程调整项目”环境影响报告表，上海依视路光学有限公司自 1995 年一期项目开始，即将该类废物作为一般工业固体废物交第三方综合利用，实践已有 20 余年。树脂眼镜镜片长期使用于世界各地，长期与人体接触，安全性已成为众所周知的事实，其修边粉末系物理磨边、修边产生，丹阳市为全球树脂镜片主要产地，丹阳市环境保护局亦未能提供该类废物具有危险性的执法资料。“南大专项评价报告”认定江苏明月光学眼镜有限公司树脂镜片磨边、修边废屑不具有危险特性；经环保专家审查，“南大专项评价报告”的评价结论可信，丹阳市环境保护局亦予认可。综上，“南大专项评价报告”的认定江苏明月光学眼镜有限公司树脂镜片磨边、修边废屑不具有危险特性，具有科学和法律依据，予以采信。

（3）关于该类废物的监管和处置。

环保主管部门有权在依法科学认定的基础上，对于属性明确的物质确定统一的监管标准，避免对不同企业的同类物质分别进行危险属性鉴别。其一，法律并未规定对不同企业的同类废物必须分别进行属性鉴别。环保主管部门有权依据法律规定认定某类物质属于一般固体废物还是危险废物，对于属性明确的物质，无须针对不同企业分别进行危险属性鉴别。其二，环境保护应坚持科学性并尽量降低不必要的成本。危险废物的属性鉴别费用高、耗时长，是产业发展的重要成本。在对单一企业特定物质的属性依法科学认定的基础上，基于科学的一般原理，该结论可以适用于采用同类原材料、同类生产工艺产生的同类物质。因此环保主管部门在依法科学认定的基础上，可就属性明确的某类物质设定统一的监管标准，避免对不同企业的同类物质分别进行属性鉴别。其三，《国家危险废物名录》的设定，即是准确认定危险废物并避免分别鉴别的典范，按照“举重以明轻”的原则，对于已依法认定的某类一般固体废物，环保主管部门可以在属性明确、安全稳定、处置可控的前提下，设定豁免清单，避免分别进行危险属性鉴别。如此，不仅可节省鉴别费用和时间成本，还可避免因错误归入危险废物而挤占紧缺的危险废物处置产能。由于一般固体废物的种类远远多于危险废物的种类，该类清单的论证和设立具有重要的环保和经济意义。因此，对于作为一般固体废物的该类废物，丹阳市环境保护局可以依法设定统一的监管标准，要求相关企业依法处置，无须对不同企业的同类废物分别进行属性鉴别。在本案审理期间，当事人已自愿达成调解协议，同意对该类废物按照危险废物处置，调解协议经公告，并未收到异议，但因本案涉及丹阳市树脂镜片产业的安全清洁生产和环境监管模式，在该类废物的属性已经科学认定的情况下，依据《环境民事公益诉讼司法解释》第25条第2款之规定，本案应改采判决方式。

综上所述，被告优立公司非法处置该类废物约5.5吨，导致环境污染，应承担前期清理费用、暂存费用，并依法处置相关废物（被倾倒的该类废物及被污染的土壤），故对于原告的相关诉讼请求，镇江中院予以支持。在本案审理期间，优立公司已按照调解协议主动支付前期清理费用、暂存费用，主动将上述废物中的5吨树脂粉末依法处置，已依法履行相关责任，相关诉讼请求已经实现，因此原告撤回关于前期清理费用、暂存费用、验收合格费用、处置5吨树脂粉末的诉讼请求，不损害公共利益，镇江中院予以准许，相关诉讼费亦依法不再收取。对于暂存于优立公司的约23吨剩余废物，系土壤和少量该类废物的混合物，因该类废物无危险性，相关剩余废物亦无危险性，故应在丹阳市环境保护局的监督下按照一般固体废物依法处置。

法院判决：依据《环境保护法》第64条、《侵权责任法》第65条、《固体废物污染环境防治法》第85条、《民事诉讼法》第15条、第55条、第142条之规定，判决如下：

被告优立公司应于本判决生效后一个月内在丹阳市环境保护局监督下

按照一般固体废物依法处置暂存于该公司的约23吨废物（树脂镜片磨边、修边粉末与土壤混合物）。

本案诉讼费375元，由被告优立公司负担，限于本判决生效后10日内交纳至镇江中院。

【案例文书5】自然之友、福建绿家园诉谢某某、倪某某等破坏森林环境民事公益诉讼案①

上诉人（原审被告）：谢某某、倪某某、郑某某

被上诉人（原审原告）：北京市朝阳区自然之友环境研究所、福建省绿家园环境友好中心

原审被告：李某某

原审第三人：福建省南平市国土资源局延平分局、南平市延平区林业局，

原审支持起诉人：中国政法大学环境资源法研究和服务中心（又称中国政法大学污染受害者法律帮助中心）

审理法院：福建省高级人民法院

案件基本情况：2008年7月，被告人谢某某、倪某某、郑某某未经批准，从李某某手中购得福建省南平市延平区葫芦山砂基洋恒兴石材厂矿山的采矿权。三被告人在未办理采矿许可延期手续和未取得占用林地许可证的情况下，改变被告李某某原有塘口位置从山顶剥山皮、开采矿石，并将剥山皮和开采矿石产生的弃石往山下倾倒，直至2010年年初停止开采，造成林地原有植被严重毁坏。在国土资源部门数次责令停止采矿的情况下，2011年6月份，被告谢某某、倪某某、郑某某还雇用挖掘机到该矿山，在矿山边坡处开路和扩大矿山塘口面积，占用林地用于采石、堆放弃石弃土，造成林地的原有植被被严重破坏。

北京市朝阳区自然之友环境研究所（以下简称“自然之友”）、福建省

---

① 福建省高级人民法院（2015）闽民终字第2060号民事判决书. 此案判决书主要内容参见第一章［案例文书2］“自然之友、福建绿家园诉谢某某等环境民事公益诉讼原告起诉主体资格案”.

绿家园环境友好中心（以下简称“福建绿家园”）向福建省南平市中级人民法院提起环境公益诉讼。一审法院作出判决，判令四名被告人在5个月内，清除矿山工棚、机械设备等，恢复被破坏的28.33亩林地的功能，在林地上补种林木，并抚育保护3年；如不能在指定期间内恢复林地植被，则应共同赔偿生态环境修复费用110.19万元，共同赔偿生态环境受损恢复原状期间的服务功能损失127万元，用于原地的生态修复，或异地公共生态修复。四被告人不服，提起上诉。

法院判决：依照《民事诉讼法》第170条第1款第1项之规定，判决：驳回上诉，维持原判。

【案例文书6】绿发会诉中卫市美利源水务有限公司等沙漠污染环境民事公益诉讼案[①]

原告：中国生物多样性保护与绿色发展基金会

被告：中卫市美利源水务有限公司、宁夏蓝丰精细化工有限公司、宁夏华御化工有限公司、宁夏大漠药业有限公司、宁夏中卫市大龙化工科技有限公司、宁夏瑞泰科技股份有限公司、宁夏明盛染化有限公司、中卫市鑫三元化工有限公司

审理法院：宁夏回族自治区中卫市中级人民法院

案件基本情况：原告中国生物多样性保护与绿色发展基金会（以下简称“绿发会”）因与被告中卫市美利源水务有限公司（以下简称“美利源公司”）土壤污染责任纠纷一案，于2015年8月8日提起诉讼。宁夏中卫市中级人民法院经审查后裁定不予受理。绿发会不服，提起上诉。宁夏回族自治区高级人民法院予以维持。绿发会仍不服，向最高人民法院申请再审。最高人民法院经过审理，裁定撤销原审裁定，指令宁夏中卫市中级人民法院受理。

法院在审理过程中，通过双方当事人在庭前会议中陈述、交换证据、发表质证意见、征求专家意见等方式，认定以下事实：美利源公司第二污

① 宁夏回族自治区中卫市中级人民法院（2016）宁05民初12号民事调解书.

水处理厂于2011年建成并投入使用，是一家从事污水收集、处理和深度净化业务的企业。2014年9月，腾格里沙漠环境污染事件被媒体曝光。美利源公司向中卫市政府申请对第二污水处理厂原有污水处理设施设备进行提标、提级改造。2014年9月5日，中卫市发展和改革委员会以卫发改发（2014）265号《关于中卫市第二污水处理厂升级改造工程项目可行性研究报告的批复》对此予以批复。美利源公司自此开始进行提标、提级改造。2015年2月13日，环保部西北督查中心检查时发现美利源公司污水处理设施长期运行不正常，废水超标排放，并形成了巨大污水池。2015年5月5日，环保部下发《关于对腾格里沙漠地区环境污染问题挂牌督办的通知》（环办【2015144号】），要求美利源公司于2015年9月底前完成挂牌督办事项整改。2015年5月11日，中卫市发展和改革委员会又以卫发改发（2015）142号《关于中卫市第二污水处理厂升级改造工程项目可行性研究报告的补充批复》、卫发改发（2015）176号《关于中卫市第二污水处理厂升级改造工程初步设计方案的批复》通过了美利源公司新的设计方案。2015年7月6日，中卫市环境保护局以卫环函（2015）316号《关于中卫市第二污水处理厂升级改造项目环境影响报告书》通过了环境影响评估。美利源公司安排部署了提标、提级改造工程的落实。2015年8月初，美利源公司委托北京高能时代环境技术公司和宁夏煜环春雨环保科技公司分别采用“芬顿高级氧化处理工艺”和“活性炭吸附过滤技术”对氧化塘存水进行回抽应急处理。经过处理，原存水水质达到了《城镇污水处理厂污染物排放标准》（GB 18918—2002）一级A排放标准。截至2015年9月20日，美利源公司已将氧化塘污水处理达标后，输送至宁夏美利纸业有限公司4#氧化塘进行综合利用。对氧化塘底部的剩余污水，美利源公司再次委托同济大学建筑设计研究院编制了“中卫工业园区氧化塘剩余存水应急处理处置方案”，依托升级改造完成后的污水处理设施，采用“折点加氯法”对氧化塘存水进行处置。截至2016年1月6日，氧化塘存水402.83万立方米全部处置完毕，污水处置过程由宁夏石油化工环境科学研究院进行了全程监理。2015年7月25日，美利源公司委托北京国环清华环境工程设计研究院对氧化塘底泥进行环境调查及风险评估，编制了“中卫工业园区氧化塘底泥调查评估报告”，该报告认为，“所有底泥样品中污染物浓度检测结果均低于《建设用地土壤污染风险筛选指导值》中的筛选值，污水处理厂氧化塘底泥不会产生人群终生暴露健康危害，对周边土壤的环境影响在可接受范围内”。2015 年 9 月，美利源公司委托北京博诚立新环境科技有限公司对氧化塘的地下水进行调查与评估，编制了“中卫工业园区氧化塘场地地下水调查与评估报告”，该报告认为“氧化塘存水已对周边地下水造成污染影响，污染因子主要为氨气，但污染影响范围较小，不会对人体健康产生危害，无须进行修复措施”。2015 年 12 月 21 日，中卫市环保局以卫环函［2015］622 号、623 号对“中卫市工业园区氧化塘底泥调查评估报告”“中卫工业园区氧化塘场地地下水调查与评估报告”作出批复，认为评估调查结论可信，美利源公司可对氧化塘底泥按照该报告确定的方案进行挖掘、填埋处置。2016 年 1 月 30 日，中卫市环保局组织专家对氧化塘污水处置项目竣工环境保护工作进行了审查，审查结论为：“项目执行了环境影响评价及环境监理制度，地下水及氧化塘底泥调查评估结论可信，氧化塘整治达到了预期效果，同意项目通过竣工环境保护验收”。为达到对污水处理厂出水水质的进一步深度净化，经专家和相关部门论证后，美利源公司于 2016 年年初在氧化塘原址上进行了人工湿地项目建设，该项目占地面积 1 724 亩，建设布水系统及拦水坝 3 座、集水堰 3 座，安装曝气机 60 台、围堰 8 878米、挡水墙 2 027 米、巴歇尔计量槽 2 座，种植水生植物 177.5 亩、乔灌木 1 258 株、人工水草 10 万平方米，建设在线监测站 1 座等配套设施，现已建设完成并开始试运行；人工湿地采用“表面流湿地工艺”，对污水处理厂达到一级 A 标准的出水进行深度降解和净化，处理后的出水水质达到地表水Ⅳ类标准。截至 2017 年 5 月底，美利源公司为预防和治理整改已投入资金 219 155 234 元。绿发会为本案诉讼支出律师代理费 10 万元、差旅费 14 375 元、专家费用 45 625 元，共计 16 万元。

在庭前会议和调解过程中，绿发会通过实地查看审核美利源公司治理整改的证据材料，核实其支出费用的合同、票据，对美利源公司的整改工作予以认可，并认为美利源公司通过治理整改，停止了非法排污，消除了现实危险和潜在危险，并通过了环保部门组织的验收，实现了其诉讼目的。对于其他诉讼请求，绿发会愿意与美利源公司协商解决。

法院调解：当事人自愿达成如下协议：(1) 被告美利源公司承担100万元费用，用于本地环境服务功能修复，于调解书生效后10日内支付至中卫市中级人民法院执行账户；(2) 被告美利源公司因其环境污染行为向社会公众公开赔礼道歉；(3) 被告美利源公司承担原告绿发会因本案产生的专家咨询费、差旅费、律师代理费等合理费用共计16万元，于调解书生效后10日内支付至中卫市中级人民法院执行账户。

法院于2017年7月25日将调解协议在法院公告栏、《人民法院报》进行了为期30日的公告。公告期满后未收到任何意见或建议。

法院认为，上述协议不违反法律规定和社会公共利益，予以确认。

【案例文书7】绿发会诉内蒙古霍煤鸿骏铝电有限责任公司等破坏草原环境民事公益诉讼案[①]

原告：中国生物多样性保护与绿色发展基金会

被告：内蒙古霍煤鸿骏铝电有限责任公司、内蒙古霍煤鸿骏高精铝业有限责任公司

审理法院：内蒙古自治区通辽市中级人民法院

案例基本情况：自2007年开始，内蒙古霍煤鸿骏铝电有限责任公司在生产电解铝的过程中，大量排放氟化物。氟化物对我国北方仅存的天然草原生态环境和生物多样性造成大面积的严重伤害，并威胁到农产品主产区的畜产品的质量和安全，严重影响了附近数十平方公里农牧民的正常生产生活。2015年7月，根据志愿者及媒体对内蒙古通辽市扎鲁特旗阿日昆都楞镇草场被污染的举报和报道，中国生物多样性保护与绿色发展基金会对

---

① 中国绿发会. 中国科协九大会议交流材料 | 环境公益诉讼工作（二）.（2016-05-19）[2018-04-06]. http://www.chinadevelopmentbrief.org.cn/org1689/news—1691—1.html. 张驰，康烁辰. 内蒙古通辽：铝厂严重污染草原生态 牧民多年维权无果.（2016-08-15）[2018-04-06]. http://www.mzyfz.com/html/1468/2016-08-15/content-1214655.html.

两涉事企业内蒙古霍煤鸿骏铝电有限责任公司、内蒙古霍煤鸿骏高精铝业有限责任公司提起环境公益诉讼。该诉讼是该基金会第一起针对草原生态系统的诉讼。

【案例文书8】中华环保联合会诉江苏宁沪高速公路股份有限公司噪声污染环境民事公益诉讼案①

原告：中华环保联合会

被告：江苏宁沪高速公路股份有限公司

审理法院：江苏省无锡市中级人民法院

案件基本情况：2007年4月起，案涉江苏省无锡市梓旺村村民黄某等陆续向当地政府部门信访，反映沪宁高速公路江苏段扩建工程完工营运后产生的交通噪声污染问题，当地政府部门要求江苏宁沪高速公路股份有限公司安装声屏障进行降噪。此后，虽然江苏宁沪高速公路股份有限公司进行整改，安装了声屏障当地村民仍反映交通噪声污染严重，整改措施未能解决交通噪声扰民问题。2010—2011年，江苏省无锡市环保局陆续向江苏宁沪高速公路股份有限公司发函，要求进一步采取更换声屏障材质、延长声屏障距离等整改措施，但仍未能彻底解决案涉村庄的交通噪声污染问题。中华环保联合会于2014年3月20日向江苏省无锡市中级人民法院提起噪声污染责任环境民事公益诉讼。

中华环保联合会提起噪声污染责任环境民事公益诉讼后，江苏省无锡市中级人民法院进行了周密细致的调查工作，并委托有关环境监测站进行监测。在此基础上，法院主持制定调解方案，约定由江苏宁沪高速公路股份有限公司于调解协议签订后6个月内，采取包括延长、加装、加高声屏障，更换声屏障材质等整改措施进行降噪。双方当事人对调解协议均予确认。

---

① 中华环保联合会诉江苏宁沪高速公路股份有限公司噪声污染责任纠纷环境民事公益诉讼案.(2015-09-16)[2018-04-06]. http://legal.people.com.cn/n/2015/0916/c399097-27592261.html.

【案例文书9】自然之友诉北京都市芳园房地产开发有限公司等破坏湿地环境民事公益诉讼案[①]

原告：北京市朝阳区自然之友环境研究所

被告：北京都市芳园房地产开发有限公司、北京九欣物业管理有限公司

审理法院：北京市第四中级人民法院

案件基本情况：2015年7月23日上午，北京市第四中级人民法院正式受理北京市朝阳区自然之友环境研究所（以下简称“自然之友”）诉北京都市芳园房地产开发有限公司（以下简称“都市芳园房地产”）、北京九欣物业管理有限公司（以下简称“九欣物业”）固体废物污染责任纠纷。

自然之友诉称：位于北京市昌平区东小口镇的都市芳园小区，有一个总面积约200亩的湖泊湿地。自2014年10月起，二被告不顾居民群众的反对，在没有办理许可手续的情况下，非法组织施工作业，将建筑垃圾和建筑开槽土等倾倒入湖，填埋湖泊区域，严重破坏了植被、湿地等生态系统。至今，倾倒建筑垃圾等填湖行为仍在进行，原有湖泊区域四分之三以上被渣土填满，连接社区东西两岸的桥梁随之拆除，正常生长的植物群落遭到毁坏，原来的良好生态环境消失殆尽。

经小区业主多次向政府反映、举报，昌平区城市管理综合行政执法监察局调查认定：2014年10月21日，都市芳园房地产张贴通知，声称该公司决定将小区湖面进行平整绿化。10月22日，该公司雇用车队开始进行填埋作业，回填土大多是工地渣土。都市芳园房地产按照200元/车的价格接收相关渣土，但不具备渣土消纳许可证。10月25日，城管执法人员向都市芳园房地产送达“责令改正通知书”。

2018年8月16日上午9时30分，该案在北京市第四中级人民法院公

---

① 自然之友诉开发商“垃圾填湖”.（2015-07-24）[2018-04-06]. http://news.ifeng.com/a/20150724/44242079_0.shtml. 李万祥. 北京首例环境民事公益诉讼受理.（2015-07-28）[2018-04-06]. http://paper.ce.cn/jjrb/html/2015-07/28/content_251038.htm. 历时3年，北京首例环境公益诉讼案开庭审理.（2018-08-21）[2018-10-02]. http://www.fon.org.cn/index.php?option=com_k2&view=item&id=13208:3&Itemid=176.

开开庭审理。案件审理过程中，原、被告双方围绕事实和法律问题进行了举证质证和法庭辩论。围绕本案诉争的主要问题，二被告的主要观点是，其2014年开始进行施工作业时，湖泊区域已经干涸，不再是湿地生态环境，因此填土行为没有造成生态破坏。原告自然之友认为：案涉人工湖属于湿地，随着北京地下水位下降，自然干缩，但仍然季节性存水，仍发挥着湿地生态服务功能。被告的填土行为及后续绿化行为，使湖泊区域原有湿地生态服务功能丧失殆尽，破坏了生态，损害了社会公共利益。

庭审过程中，法院对其委托的鉴定机构的鉴定意见进行开示和说明。2016年6月，法院委托环境保护部环境规划院作为鉴定机构，对本案中的填埋渣土行为是否对原生态系统造成重金属污染及生态破坏进行鉴定。鉴定机构于2018年4月出具的鉴定报告认为，被告的填埋行为造成人工湿地消失，导致“原有人工湿地的洪水调蓄、地下水补给和气候调节服务丧失”。2018年7月31日庭前证据交换后，鉴定机构又对其出具的鉴定报告进行了补充，补充报告认为：“已采取恢复措施（即被告绿化行为）的服务价值超出了受到损害的服务价值，不需要再采取其他生态恢复措施。”

原告对补充鉴定报告所采取的价值等值分析方法和作出的结论均有异议。原告认为，湿地生态系统所具有的防洪调蓄、固碳释氧、涵养水源、净化空气、维护生物多样性等生态服务功能，不能被简单地替代。此外，原告在开庭前未收到补充鉴定报告全本，因此无从得知该结论的详细计算过程。原告已经当庭向法院申请获取报告全本。

【案例文书10】贵州省青年法学会诉深圳市博达煤电开发有限公司、遵义桂冠风力发电有限公司水土流失环境民事公益诉讼案①

原告：贵州省青年法学会

被告：深圳市博达煤电开发有限公司、遵义桂冠风力发电有限公司

① 王家梁. 贵州首例水土流失环境公益诉讼案开审. (2017－09－15) [2018－04－06]. http://www.fon.org.cn/index.php?option=com_k2&view=item&id=12823&Itemid=178.

审理法院：贵州省遵义市中级人民法院

案件基本情况：深圳市博达煤电开发有限公司、遵义桂冠风力发电有限公司投资建设了贵州遵义洪关太阳坪风电场。根据该项目的水土保持方案报告书载明，项目所在地位于贵州省生态功能区划中的中部湿润亚热带喀斯特脆弱生态区。风电场建设工程的施工不可避免地占压、扰动地表植被，形成裸露地表，从而降低工程区域内的林草覆盖率；该风电场在施工期间新增的千余吨水土流失量，足以证明被告的违法行为客观上造成生态环境被破坏、生态系统服务功能下降的事实。2017 年 3 月 17 日，贵州省遵义市中级人民法院立案受理原告贵州省青年法学会与被告深圳市博达煤电开发有限公司、遵义桂冠风力发电有限公司水土流失生态破坏公益诉讼一案。

【案例文书 11】绿发会诉河南省新郑市薛店镇人民政府、薛店镇花庄村民委员会、新郑市林业局、新郑市旅游和文物局、新郑市教育体育局破坏古枣树公益诉讼案[①]

原告：中国生物多样性保护与绿色发展基金会

被告：新郑市薛店镇人民政府、薛店镇花庄村民委员会、新郑市林业局、新郑市旅游和文物局、新郑市教育体育局

审理法院：河南省郑州市中级人民法院

案件基本情况：原告中国生物多样性保护与绿色发展基金会（以下简称“绿发会”）诉被告河南省新郑市薛店镇花庄村民委员会（以下简称“花庄村民委员会”）、新郑市薛店镇人民政府（以下简称“薛店镇人民政府”）、新郑市林业局、新郑市旅游和文物局、新郑市教育体育局环境公益诉讼一案，河南省郑州市中级人民法院（以下简称“郑州中院”）于 2016 年 5 月 5 日立案后，依法适用普通程序，于 2016 年 5 月 9 日公告了案件受理情况。

郑州中院经审理查明：原告绿发会的登记管理机关是民政部，业务主

① 河南省郑州市中级人民法院（2016）豫 01 民初 705 号民事判决书.

管部门是中国科学技术协会，住所地在北京。该基金会的章程确定的宗旨是广泛动员全社会关心和支持生物多样性保护与绿色发展事业，保护国家战略资源，促进生态文明建设和人与自然和谐，构建人类美好家园。该基金会声明之前5年未因从事业务活动违反法律、法规的规定而受过行政、刑事处罚。

2014年2月18日，新郑市发展和改革委员会作出《关于对新郑市薛店镇第三社区（好想你）新型社区项目立项请示的批复》，该项目建设地点位于新郑市薛店镇S102省道北侧、解放北路西侧。2014年8月《新郑市政府投资项目相关部门初步意见》显示，新郑市薛店镇第三社区完全小学建设项目，位于薛店镇第三社区，薛店镇S102省道北侧，解放北路西侧。2014年10月31日，新郑市发展和改革委员会作出《关于新郑市薛店镇好想你社区幼儿园项目可行性研究报告的批复》，同意实施薛店镇“好想你”社区幼儿园项目，拟建地点位于薛店镇S102省道北侧、解放北路西侧，东临园林大道，西邻“好想你”社区。因上述项目拟占用土地属花庄村集体所有，土地上栽种有枣树，2014年1月，经薛店镇人民政府组织、协调，花庄村民委员会相关人员带领本村人员和施工队在未依法办理采伐和移栽手续的情况下，对位于花庄村西北地的枣树进行移栽。经新郑市森林公安局认定，此次共移栽枣树1 870棵，涉及198.5亩枣林地。薛店镇人民政府称，上述枣树被移栽至王张村的中华古枣园内。经郑州中院现场勘查，位于王张村的枣树移入地现场有死亡枣树680棵。对于薛店镇人民政府移栽枣树的行为，新郑市林业局曾于2014年3月18日下发过通知，要求其补种移栽树木5倍（9 500株）的树木，并于2015年3月31日之前完成。郑州中院于2016年6月28日对位于花庄村的枣树移出地现场进行现场勘查发现，案涉土地上已建成三层楼房一座，公示栏显示系薛店镇花庄村完全小学幼儿园项目。

另查明，薛店镇花庄村树立有编号为“新保038”号的新郑市薛店镇花庄村保护区牌子，该牌载明对位于新郑市薛店镇花庄村的1 023亩古枣林实施文物级保护。该古枣林共有百年以上古枣树17 660株，其中一级保护古枣树691株（树龄500年以上，并实施单株挂牌保护），二级保护古枣树

1 857株（树龄 300—499 年），三级保护古枣树 15 112 株（树龄 100—299 年）。保护单位为新郑市人民政府，责任单位有新郑市林业局、新郑市红枣科学研究院和新郑市旅游和文物局。

原告认为，薛店镇人民政府及花庄村民委员会移栽枣树致死的行为造成了生态破坏和自然环境受损的后果，为维护公共利益，特提起环境公益诉讼。此外，原告认为，新郑市林业局、新郑市旅游和文物局未尽到林业及文物监管职责，新郑市教育体育局非法占用林地建设学校的行为，共同导致了枣树大面积死亡的后果，因此要求五被告共同承担环境侵权民事责任。

郑州中院认为：

(1) 关于本案侵权行为主体的确定问题。侵权责任应当由实施侵权行为的人承担。本案中，经薛店镇人民政府组织、协调，花庄村民委员会相关人员带领本村人员在未依法办理采伐和移栽手续的情况下，对位于花庄村西北地的枣树进行移栽，并导致被移栽的枣树死亡的后果。该行为后果应由薛店镇人民政府和花庄村民委员会共同承担。在枣树被移栽过程中，新郑市林业局与新郑市旅游和文物局可能存在是否履行了行政监管职责的问题。新郑市教育体育局仅负责案涉土地上的学校建设，新郑市林业局、新郑市旅游和文物局、新郑市教育体育局均未实施非法移栽枣树的侵权行为。故原告要求新郑市林业局、新郑市旅游和文物局、新郑市教育体育局共同承担侵权责任的诉讼请求不能成立，法院不予支持。

(2) 关于被告薛店镇人民政府及花庄村民委员会是否应当承担破坏生态的侵权责任的问题。《环境保护法》第 64 条规定，因污染环境和破坏生态造成损害的，应当依照《侵权责任法》的有关规定承担侵权责任，即对破坏生态的行为造成环境损害也准许适用侵权责任法的相关规定。本案中，薛店镇人民政府及花庄村民委员会在未办理采伐手续的情况下，违法移栽枣树 1 870 棵，并导致被移栽的枣树死亡，致使生态环境被破坏，依照上述法律及司法解释的规定，其应当承担破坏生态的侵权责任。

(3) 关于被告薛店镇人民政府和花庄村民委员会应当承担哪些侵权责

任的问题。《环境民事公益诉讼司法解释》第18条规定，对污染环境、破坏生态，已经损害社会公共利益或者具有损害社会公共利益重大风险的行为，原告可以请求被告承担停止侵害、排除妨碍、消除危险、恢复原状、赔偿损失、赔礼道歉等民事责任；第19条规定，原告为防止生态环境损害的发生和扩大，请求被告停止侵害、排除妨碍、消除危险的，人民法院可以依法予以支持。结合原告的诉讼请求，分析如下。

1）关于原告请求判令被告停止侵害的诉讼请求。《环境民事公益诉讼司法解释》第1条对环境民事公益诉讼的起诉条件作了规定，这一规定中明确环境民事公益诉讼不仅可以针对已经发生的损害社会公共利益的行为，也可以针对具有损害社会公共利益重大风险的行为。薛店镇人民政府及花庄村民委员会未办理移栽手续移栽花庄村1 870棵枣树的行为虽已实施结束，但在薛店镇范围内，仍存在数量巨大的枣树，多数枣树树龄较长，为防止被告继续非法实施破坏生态的行为，故对原告请求判令被告停止侵害的诉讼请求予以支持，判令被告薛店镇人民政府及花庄村民委员会停止继续实施非法移栽或者采伐枣树的行为。

2）关于原告要求被告恢复林地、植被或者承担林地、植被恢复费用的诉讼请求。《环境民事公益诉讼司法解释》第20条规定，原告请求恢复原状的，人民法院可以依法判决被告将生态修复到损害发生之前的状态和功能。无法完全修复的，可以准许采用替代性修复方式。被告薛店镇人民政府及花庄村民委员会未经林业行政主管部门审批，在未办理移栽手续的情况下移栽1 870棵枣树并致枣树大面积死亡，属于破坏生态环境、损害社会公共利益的行为，依据上述法律规定，其应当承担恢复林地、植被的法律责任。结合《森林法实施条例》第39条第2款的规定，判令被告薛店镇人民政府及花庄村民委员会根据气候状况，在判决生效后10个月内按照技术要求补种被移栽致死的枣树数目5倍的林木，并对林木抚育管护3年（管护时间从补种的树木经林业行政主管部门验收合格之日起计算）。不能在指定期限内恢复林地、植被的，法院将依法指定由第三方代为恢复，恢复费用由被告薛店镇人民政府和花庄村民委员会共同承担。

3）关于原告要求被告赔偿林地、植被被破坏产生的人文和自然环境损失的诉讼请求。在本案证据质证过程中，原告表示，本案所涉及的人文及自然环境损失，对应的是相关司法解释规定的期间服务功能损失。《环境民事公益诉讼司法解释》第21条规定，原告请求被告赔偿生态环境受到损害至恢复原状期间服务功能损失的，人民法院可以依法予以支持。新郑市是我国的红枣之乡，本案涉及枣树树龄较长，承载着当地群众的记忆和乡愁。被告薛店镇人民政府和花庄村民委员会在未办理移栽手续的情况下，违法移栽枣树的行为，对社会公共利益造成了损害，应当赔偿生态环境受到损害至恢复原状期间的服务功能损失。鉴于服务功能损失的确定具有很强的专业性和技术性，原告提交的"咨询报告书"也未提供人文及自然环境损失的具体数额，经咨询有关专家，依据《第八次全国森林资源清查河南省森林资源清查成果》及《河南林业生态省及提升工程建设绩效评估报告》，河南省2016年平均每亩林地的森林生态价值为3 644.15元（森林生态价值包括涵养水源、保育土壤、固碳释氧、营养物质积累、净化环境、生物多样性、农田防护、森林休憩等价值），参照这一数据，本案涉及的198.5亩枣林地一年的森林生态价值为723 363.78元。根据本案侵权责任人破坏生态的范围和程度、生态环境的稀缺性、生态环境恢复的难易程度、侵权责任人过错程度等因素，酌定服务功能损失为所涉枣林地5年的森林生态价值，判令被告薛店镇人民政府及花庄村民委员会赔偿服务功能损失3 616 818.9元。

4）关于原告要求建立古枣树展示园，展示因移栽致死的枣树及其制品的诉讼请求。《环境保护法》第5条规定了环境保护坚持保护优先、预防为主、综合治理、公众参与、损害担责的原则。考虑上述原则，建立展示园可以起到警示教育、预防后续侵害继续发生、便于公众参与监督等作用，而且，从事环境警示教育也可视为一种替代性修复方式，故对该请求法院予以准许。从因地制宜的角度出发，判令被告薛店镇人民政府在位于王张村的有大量死亡枣树的枣树移入地现场展示因移栽致死的古枣树，并于本判决生效后30日内在该枣树移入地现场设立警示标志，作为今后对生态环境保护的宣传、教育和警示基地。

5）关于原告请求判令追回古枣树树干及其制品的诉讼请求。法院认为，公益诉讼的核心在于其公共性，涉及不特定多数人的利益。针对破坏生态的行为，请求保护个体或个别组织的财产权益的，不属于公益诉讼的范围，而属于普通民事诉讼即私益诉讼。因枣树的树干属于特定村民或村集体的财产，追回或者返还财产应当属于特定村民或者村集体的返还请求权，依法属于私益诉讼范畴。本案原告作为公益诉讼起诉人提出这一诉讼请求于法无据，故对该诉讼请求法院不予支持。

6）对于原告要求被告赔礼道歉的诉讼请求，法院依法予以支持。被告薛店镇人民政府及花庄村民委员会应当于判决生效后 10 日内向法院提交赔礼道歉文稿，就其未经合法程序移栽枣树并致使枣树大面积死亡，导致生态环境遭到破坏、损害社会公共利益的侵权行为向公众赔礼道歉，该文稿经法院审核后应于 30 日内在国家级媒体上公布。

7）关于原告要求被告承担本次诉讼的差旅费、调查费、案件受理费、律师费等共计 517 031 元的诉讼请求。根据《环境民事公益诉讼司法解释》第 22 条的规定，原告请求被告承担检验、鉴定费用，合理的律师费以及为诉讼支出的其他合理费用的，人民法院可以依法予以支持。原告提交了 2016 年 3 月 24 日至 2016 年 11 月 30 日的差旅费等费用 17 031 元，结合原告调查取证、立案等必要活动，上述费用的支出具有合理性，法院予以支持。律师案件调查费用 500 000 元（共 5 张发票，每张 100 000 元），原告认为该款项包括案件调查费和律师费，但未说明具体进行了哪些调查工作及费用支出情况，也未提供律师费收费计算说明、北京市律师服务收费政府指导价标准等内容予以辅证，故对律师费部分酌定支持100 000元。

法院判决：依照《环境保护法》第 5 条、第 64 条，《环境民事公益诉讼司法解释》第 1 条、第 18 条、第 19 条、第 20 条、第 21 条、第 22 条，《民事诉讼法》第 119 条之规定，并经郑州中院审判委员会讨论决定，判决如下：

（1）被告薛店镇人民政府及花庄村民委员会停止继续实施违法移栽或者采伐枣树的行为；

（2）被告薛店镇人民政府及花庄村民委员会应于本判决生效后 10 个月

内，根据气候状况，按照《造林技术规程》(GB/T 15776—2016) 标准并结合当地林业部门造林技术要求补种因被移栽致死的枣树数目5倍的林木，并对补种的林木抚育管护3年（管护时间从补种的林木经验收合格之日起计算）；不能在指定期限内恢复林地植被的，法院将依法指定由第三方代为恢复，恢复费用由被告薛店镇人民政府和花庄村民委员会共同承担；

(3) 被告薛店镇人民政府及花庄村民委员会应于本判决生效后10日内，共同赔偿生态环境受到损害至恢复原状期间的服务功能损失3 616 818.9元（支付到法院指定账户），该款用于本案的生态环境修复或异地公共生态环境修复。

(4) 被告薛店镇人民政府在本判决生效后在位于王张村的枣树移入地现场展示因移栽致死的古枣树，并于本判决生效后30日内在该枣树移入地现场设立警示标志，作为今后对生态环境保护的宣传、教育和警示基地；

(5) 被告薛店镇人民政府及花庄村民委员会应当于判决生效后10日内向法院提交赔礼道歉文稿，就其未经法定程序移栽枣树致死，导致生态环境遭到破坏、损害社会公共利益的侵权行为向公众赔礼道歉，该文稿经法院审核后应于30日内在国家级媒体上公布；

(6) 被告薛店镇人民政府及花庄村民委员会应于本判决生效后10日内支付原告绿发会差旅费、律师费等费用共计117 031元；

(7) 驳回原告绿发会的其他诉讼请求。

如果未能按本判决指定的期间履行给付金钱义务，应当依照《民事诉讼法》第253条之规定，加倍支付迟延履行期间的债务利息。

案件受理费35 734元，由被告薛店镇人民政府及花庄村民委员会共同负担。

【案例文书12】绿发会诉河南省郑州市上街区峡窝镇马固村民委员会等文物毁坏民事公益诉讼案[①]

原告：中国生物多样性保护与绿色发展基金会

---

① 河南省郑州市中级人民法院（2015）郑民二初字第125号民事调解书.

被告：河南省郑州市上街区峡窝镇马固村村民委员会、郑州市上街区人民政府、郑州市上街区峡窝镇人民政府、郑州市上街区文化广电新闻出版局

审理法院：河南省郑州市中级人民法院

案件基本情况：原告中国生物多样性保护与绿色发展基金会（以下简称“绿发会”）向河南省郑州市中级人民法院起诉，请求：（1）依法判令郑州市上街区峡窝镇马固村村民委员会、郑州市上街区人民政府、郑州市上街区峡窝镇人民政府、郑州市上街区文化广电新闻出版局在国家级媒体上为马固村文物毁坏事件向全国人民道歉；（2）依法判令郑州市上街区人民政府、郑州市上街区峡窝镇人民政府、郑州市上街区文化广电新闻出版局重新规划原马固村地区，对三氏祠和关帝庙两处不可移动文物原地保护，对已经拆除的王德魁故居、张连伟民居、王洪顺民居、王广林故居、马固村教堂采取遗址保护措施；（3）依法判令郑州市上街区峡窝镇马固村村民委员会、郑州市上街区人民政府、郑州市上街区峡窝镇人民政府、郑州市上街区文化广电新闻出版局在马固村建立文物博物馆，在博物馆内复建已经拆除的五处不可移动文物；（4）依法判决郑州市上街区峡窝镇马固村村民委员会、郑州市上街区人民政府、郑州市上街区峡窝镇人民政府、郑州市上街区文化广电新闻出版局承担绿发会为本次诉讼而支出的差旅费、调查费、案件受理费和必须支出的律师费等一切必要的费用。

法院调解：法院在审理本案过程中主持调解，双方当事人经慎重考虑，自愿达成如下协议：

（1）由郑州市上街区峡窝镇马固村村民委员会、郑州市上街区人民政府、郑州市上街区峡窝镇人民政府、郑州市上街区文化广电新闻出版局四方对王氏宗祠和关帝庙两处不可移动文物实施原地保护。部分加固修缮地方需履行正规审批手续，经文物专家评审通过在不伤及不可移动文物本身情况下方可实施。上述文物保护工作的进程及相关报批手续接受绿发会监督。

（2）经绿发会确认，郑州市上街区人民政府已对王氏宗祠和关帝庙周

边重新规划，规划方案已经文物专家评通过，现正履行报批手续。

上述实施过程及相关报批手续接受绿发会监督。

(3) 关帝庙大门两侧坐南朝北门房共有两间（含过厅），长 33.8 米，宽 5.3 米，共计 179.14 平方米；庙内西侧四间房屋，长 39.1 米，宽 6.3 米，共计 246.33 平方米。此六间房屋共计 425.47 平方米。加固修缮后作为“上街区（马固）文化展示中心”（暂定名），用来展示已经拆除的王德魁故居、张连伟民居、王洪顺民居、王广林故居、马固村教堂及马固历史文化。

(4) 2016 年 6 月规划、环境影响评价均审批通过的，位于郑州市上街区登封路与江北路交叉口西北角的市民文化中心项目，是政府直接面向市民提供服务的场所，着力为市民提供一站式的市民服务功能，同时也是丰富市民精神文化、展示城市文明的重要平台，是展示城市的窗口。该项目拟于二层设立文化中心，用于展示上街区历史文化传承。截至本协议签订时，征地工作已完成，目前处于施工准备阶段。

郑州市上街区人民政府承诺市民文化中心二层文化中心展示区城有不少于 500 平方米的区域用于展示上街区历史文化，其中包括马固村现存及被拆除的共七处不可移动文物及郑州市上街区峡窝镇马固村村民委员会所属文物的构件、模型、照片等能反映该村文物、文化、风纪的物件，使后人了解马固村的历史传承。

若上述市民文化中心项目主体未在两年内（自本协议生效之日起计算）完成，则由绿发会与郑州市上街区人民政府协商，在上街区其他地点选址建立文化展示中心，面积仍旧不低于 500 平方米，所有费用由郑州市上街区峡窝镇马固村村民委员会、郑州市上街区人民政府、郑州市上街区峡窝镇人民政府、郑州市上街区文化广电新闻出版局负责。

(5) 上述第三条、第四条所列 3 处共计 925.47 平方米的房屋用作上街区和马固历史文化展示，其内展品陈列、复建文物、展室市局、文字简介、图片展览等多个项目规划、设计、布展必须经绿发会书面同意方可实施。

(6) 上述第三条所列“上街区（马固）文化展示中心”（暂定名）于本协议生效后 6 个月内完成。

(7) 上述第三条、第四条所列“上街区(马固)文化展示中心”(暂定名)作为绿发会提出的建立文物博物馆的替代性措施，建成后由绿发会指派专人监督。监督人员的差旅费由郑州市上街区峡窝镇马固村村民委员会承担。

郑州市上街区人民政府承诺在建的市民文化中心项目接受绿发会监督，直至该项目建设完毕投入使用并实现上述所列用途为止。

(8) 绿发会于此案起诉前后，多次进行实地考察。郑州市上街区峡窝镇马固村村民委员会、郑州上街区人民政府、郑州市上街区峡窝镇人民政府、郑州市上街区文化广电新闻出版局积极配合绿发会工作，各级保护措施已在实施中。

鉴于郑州市上街区峡窝镇马固村村民委员会、郑州市上街区人民政府、郑州市上街区峡窝镇人民政府、郑州市上街区文化广电新闻出版局工作态度认真诚恳，绿发会放弃“赔礼道歉”的诉讼请求。

(9) 经郑州市上街区峡窝镇马固村村民委员会、郑州市上街区人民政府、郑州市上街区峡窝镇人民政府、郑州市上街区文化广电新闻出版局四方协商，绿发会为此案支出的调查论证费、差旅费、案件受理费、律师费由郑州市上街区峡窝镇马固村村民委员会承担，支付数额以实际票据为准。郑州市上街区峡窝镇马固村村民委员会已履行完毕。

(10) 若郑州市上街区峡窝镇马固村村民委员会、郑州市上街区人民政府、郑州市上街区峡窝镇人民政府、郑州市上街区文化广电新闻出版局未履行本协议第三条、第四条、第五条义务，则绿发会有权申请法院强制执行。

上述协议不违反法律规定和社会公共利益，法院予以确认。

【知识点关联及案例点评】

环境民事公益诉讼救济因污染环境、破坏生态行为而受到损害的社会公共利益。社会公共利益的具体载体则是特定的环境要素或者环境介质。环境民事公益诉讼中承载公共利益的具体环境要素需要依据《环境保护法》中“环境”的概念来确定。《环境保护法》第2条规定，“本法所称环境，是指影响人类生存和发展的各种天然的和经过人工改造的自然因素的总体，包括大气、水、海洋、土地、矿藏、森林、草原、湿地、野生生物、自然遗迹、人文遗迹、自然保护区、风景名胜区、城市和乡村等”。依据该规定，具体环境要素既包括大气、水、海洋等天然的自然因素，也包括自然遗迹、人文遗迹等经过改造的自然因素。需要注意的是，该条在最后用“等”省略了其他自然因素，属于不完全列举，保持了法条的开放性，为环境民事公益诉讼实践中对新型的、属于“环境”的自然因素的认定提供了基础。

上述案例展示了实践中已经出现的污染环境、破坏生态，损害社会公共利益情形的案件，其中包含了对一些传统的、常见的环境要素或环境介质的损害，例如案例 1 中对大气环境的损害，案例 3 中畜禽养殖的固体废弃物对土壤、水等环境要素的损害，案例 4 中危险废物导致的环境损害，案例 8 中噪声对环境的损害等。除此之外，其他案例则展示了一些新型的环境损害类型。案例 2 反映了对土壤环境的损害：以往我国并未对土壤污染进行足够的关注，随着我国制定《土壤污染防治法》进程的加快，未来土壤污染防治领域将获得实体法的支持。案例 5 反映了对森林生态的损害：对于这种生态损害类型，以往也没有予以足够的关注，随着“南平案”得到顺利解决，对森林环境要素的保护也被纳入到环境民事公益诉讼的范围。案例 6 反映了对沙漠环境和生态的损害：尽管沙漠属于一种特殊的环境要素，且由于不适宜人类居住，不涉及人体健康问题，但是沙漠本身有其完整的生态系统，该案中被告向沙漠排放污染物的行为，仍然构成了污染环境和破坏生态行为，应该认定为损害了公共利益。近年来，为了降低环境保护成本，企业在西北偏远地区设立工厂成为一种普遍的现象，该案的判决对于遏制这类现象具有积极的作用。案例 7、案例 9 和案例 10 则反映了对草原、湿地和喀斯特地貌地区等生态脆弱地区的损害，这类案件存在隐蔽性强、损害难以修复等特点，对于保护上述环境要素承载的公共利益，具有重要的意义。案例 11 则较为特殊：所保护的古树不仅属于文物，也属于自然要素，应该予以保护。该案中法院的判决表明该法院对环境民事公益诉讼中具体环境要素的认定十分准确。案例 12 是针对文物损害提起的环境民事公益诉讼：依据《环境保护法》第 2 条的规定，人文遗迹属于环境要素。文物是人文遗迹，法院对此具体环境要素的认定是对法律规定准确理解的体现。

总体来说，上述案件实际上表明由于新的环境问题不断出现，所以环境公益诉讼应具有开放性，只要是污染环境、破坏生态、损害公共利益的行为，就可以对其提起环境民事公益诉讼，而不限于法律是否有明确规定。

（案例编辑人：曹炜、李欣）

第四章　环境民事公益诉讼的法律责任

第一节　环境民事公益诉讼的法律责任概述

【案例文书】重庆市绿色志愿者联合会诉湖北省恩施自治州建始县磺厂坪矿业有限责任公司请求停止侵害、恢复原状、赔礼道歉环境民事公益诉讼案[①]

上诉人（原审被告）：湖北省恩施自治州建始县磺厂坪矿业有限责任公司

被上诉人（原审原告）：重庆市绿色志愿者联合会

支持起诉人：重庆市人民检察院第二分院

审理法院：重庆市第二中级人民法院

案件基本情况：湖北省恩施自治州建始县磺厂坪矿业有限责任公司（以下简称“建始磺厂坪矿业公司”）因与重庆市绿色志愿者联合会（以下简称“重庆绿联会”）环境污染公益诉讼纠纷一案，不服重庆市万州区人民法院（2014）万法环公初字第1号民事判决，向重庆市第二中级人民法院（以下简称“重庆二中院”）提起上诉。

千丈岩水库位于重庆市巫山县、奉节县和湖北省建始县交界地带，距

① 重庆市第二中级人民法院（2016）渝02民终772号民事判决书.

离长江25公里，水库设计库容405万立方米。2008年开始建设。2013年12月6日，该水库被重庆市人民政府确认为集中式饮用水源保护区。案发时，该水库蓄水280万立方米，保障周边红椿乡、庙宇镇、铜鼓镇、长安乡的居民5万余人的生活饮用和生产。

湖北省建始县毗邻重庆市巫山县，建始磺厂坪矿业公司选矿厂位于建始县业州镇郭家淌国有高岩子林场，距离巫山县千丈岩水库直线距离约2.6公里。该地区属喀斯特地貌的山区，地下裂缝纵横，暗河较多。该公司硫铁矿选矿项目设计选矿能力60万吨/年原矿（20万吨/年硫精矿），主要选矿药剂为乙基钠黄药和2号油（发泡剂）。该项目于2009年编制可行性研究报告，于2010年4月23日取得恩施州发展和改革委员会批复；于2010年7月开展环境影响评价工作，于2011年5月16日取得恩施州环境保护局环境影响评价批复；于2012年开工建设，于2014年6月基本完成，但水污染防治设施等未建成。建始磺厂坪矿业公司选矿厂硫铁矿生产中有废水和尾矿排放，因此属于排放污染物的建设项目。其项目建设可行性报告中明确指出尾矿库库区为自然成库的岩溶洼地，库区岩溶表现为岩溶裂隙和溶洞。同时，尾矿库工程安全预评价报告载明："建议评价报告作下列修改和补充：1. 对库区渗漏分单元进行评价，提出对策措施；2. 对尾矿库运行后可能存在的排洪排水问题进行补充评价。"但建始磺厂坪矿业公司实际并未履行修改和补充措施。

2014年8月10日，建始磺厂坪矿业公司选矿厂使用硫铁矿原矿约500吨、乙基钠黄药、2号油进行违法生产，产生的废水、尾矿未经处理就排入临近有溶洞漏斗发育的自然洼地。8月12日，巫山县红椿乡村民反映千丈岩水库饮用水源取水口水质出现异常，水呈灰黑色，有异味，感官浊度高。巫山县启动应急预案，应急监测结果表明，被污染水体无重金属毒性，但具有有机物毒性，COD（化学需氧量）、Fe（铁）分别超标0.25倍、30.3倍，悬浮物高达260mg/L。

重庆市相关部门将污染水体封存在水库内，对受污染水体实施药物净化等应急措施。湖北省相关部门组织被告等人员用水泵等机械将洼地内废水、尾矿泥运往尾矿库，在洼地周边采用兴修引水沟渠、覆盖含水尾渣等措施实施清污分流、尾矿浆醺和、溶洞漏斗封堵。8 月 18 日，政府在前期运水车临时供水的基础上，完成备用水源应急供水管网与既有管网的铺设、对接工作，基本满足四个乡镇数万居民两个月的生活用水。8 月 19 日，巫山县政府宣布终止应急状态，转入后续处置阶段。

千丈岩水库水污染事件发生后，环境保护部明确该起事件已构成重大突发环境事件。湖北省环保厅于 2014 年 9 月 4 日作出行政处罚决定：认定建始磺厂坪矿业公司硫铁矿选矿项目水污染防治设施未建成，擅自投入生产；非法将生产产生的废水和尾矿排放、倾倒至厂房下方的洼地内，造成废水和废渣经洼地底部裂隙渗漏，导致重庆市巫山县千丈岩水库水体污染。依据《湖北省水污染防治条例》第 79 条规定，责令停止生产直至验收合格，处罚款 500 000 元；依据《水污染防治法》第 76 条规定，责令停止违法行为，限期采取治理措施，消除污染，处罚款 500 000 元。行政处罚决定作出后，建始磺厂坪矿业公司仅缴纳了罚款 1 000 000 元，但并未采取有效消除污染的治理措施。

2015 年 1 月，一审法院依重庆绿联会申请调取了环境保护部环境规划院环境风险与损害鉴定评估研究中心作出的“重庆市巫山县红椿乡千丈岩水库突发环境事件环境损害评估报告”。该报告认定：（1）本次环境污染的污染物质为乙基钠黄药，排放量 58.14kg。生产原料乙基黄原酸钠、2 号油可能使用最大量分别为 63.5kg 和 47kg。（2）本次突发环境事件造成的直接经济损失为 250.94 万元。（3）建议对被污染的洼地进行进一步环境调查，若经检测洼地中的污染物浓度较低，环境风险较小，可采取平整土地、覆土并植被覆盖的方式进行处理。若经检测，土壤中残留污染物浓度仍然较高，建议进一步重点调查岩溶发育规模、特征以及水文地质状况，监测场地土壤和地下水环境质量状况，确定主要污染物、污染范围和污染程度，评估该场地污染对地下水及千丈岩水库的水质的影响，根据环境调查、环境监测和风险评估结果，制订详细的土壤和地下水修复方案。关于本次污染对水库生态环境影响的评价是：此次污染事件只造成了乙基钠黄药、化学需氧量以及悬浮物等污染物的短暂超标，8月14日—8月19日对重金属毒性和有机物毒性的检测结果均显示无毒性。根据现场勘查，该次事件没有造成水库中的水生生物死亡、变形等后果。因此，判断该次事件对水库的水生生态环境没有造成长期的不良影响，无须后续的生态环境修复，无须进行进一步的中长期损害评估。

2015年4月26日，一审法院依重庆绿联会申请，委托北京师范大学对千丈岩环境污染事件的生态修复及其费用予以鉴定。北京师范大学鉴定认为：(1) 建始磺厂坪矿业公司系此次千丈岩水库生态环境损害的唯一污染源，责任主体清楚，环境损害因果关系清晰。(2) 对"重庆市巫山县红椿乡千丈岩水库突发环境事件环境损害评估报告"作出的对水库生态环境没有造成长期的不良影响，无须后续的生态环境修复，无须进行进一步的中长期损害评估的结论予以认可。(3) 本次污染土壤的生态环境损害评估认定：经过9个月后，事发区域土壤中的乙基钠黄药已经得到降解，不会对当地生态环境再次带来损害，但洼地土壤中的Fe（铁）污染物未发生自然降解，超出当地生态基线，短期内不能自然恢复，将对千丈岩水库及周边生态环境带来潜在污染风险，需要采取人工干预方式进行生态修复。根据《突发环境事件应急处置阶段环境损害评估推荐方法》〔环办（2014）118号〕，采用虚拟治理成本法计算洼地土壤生态修复费用约需991 000元。(4) 建议后续进一步制订详细的生态修复方案，开展事故区域生态环境损害的修复，并做好后期监管工作，确保千丈岩水库的饮水安全和周边生态环境安全。

在一审审理过程中，重庆绿联会申请通知鉴定人出庭，就生态修复接受质询并提出意见。鉴定人王金生教授认为，土壤元素本身不是控制性指标，就饮用水安全而言，洼地土壤中的Fe（铁）高于饮用水安全标准；被告建始磺厂坪矿业公司选矿厂所处位置地下暗河众多，地区降水量大，污染饮用水的风险较高。

另查明，重庆绿联会是从事环境保护的社会组织，公益活动已满5年且无违法记录；为提起本案诉讼，支付律师费100 000元及其他合理费用

50 000元。本案委托鉴定费用为163 000元。

一审法院认为，建始磺厂坪矿业公司违法生产，污染环境，损坏公共利益，已构成民事侵权，应当承担民事责任。具体理由如下。

（1）提起本案环境民事公益诉讼的可诉性。重庆绿联会是依法登记从事环境保护公益活动的社会组织，业务活动已满5年且无违法记录，故其有权提起公益诉讼。三峡库区是长江流域重要生态屏障，巫山县千丈岩水库位于三峡库区腹地，其特殊的地理位置、地质、地貌与长江三峡的生态涵养息息相关。建始磺厂坪矿业公司的违法生产行为已导致千丈岩水库污染，破坏了千丈岩地区的水体、地下水溶洞以及岩溶洼地等生态环境，造成周边四个乡镇居民的生活饮用水困难，损害了公共利益。同时，建始磺厂坪矿业公司的厂址选择有极大的地下水污染风险，且至今未建设水污染防治设施，虽然采取了应急处理措施，但潜在的污染风险和现实的生态污染依然存在。建始磺厂坪矿业公司称已经履行行政处罚，但仅缴纳了100万元罚款，并未采取有效的治理措施消除污染风险、修复生态环境。因此，重庆绿联会提起公益诉讼确有必要，符合追求生态正义的社会需求。

（2）是否需判令停止侵害并重新作出环境影响评价。建始磺厂坪矿业公司辩称已履行行政处罚、无须判令停止侵害的理由不成立。《侵权责任法》第4条规定："侵权人因同一行为应当承担行政责任或者刑事责任的，不影响依法承担侵权责任。"因此，建始磺厂坪矿业公司应当承担停止侵害的侵权责任，并重新作出环境影响评价。1）千丈岩水库污染虽经应急处理，但检测的部分生态指标仍然超过生态基线，区域生态环境已经遭受破坏；且本案污染源在地理位置上高于千丈岩水库，处于喀斯特地貌的山区，地下裂缝纵横，暗河较多，而其中的暗河水源正是千丈岩水库的聚水来源，污染风险明显存在。2）《水污染防治法》（2008年）第35条规定："禁止利用渗井、渗坑、裂隙和溶洞排放、倾倒含有毒污染物的废水、含病原体的污水和其他废弃物。"由此可见，前述污染物在特定的区域和复杂的地质条件下对周边生态环境污染的潜在风险极高，而建始磺厂坪矿业公司在裂隙和溶洞较多的喀斯特山区建设选矿厂，从地理条件的角度，显然具有极高的生态污染风险。3）《环境影响评价法》（2016 年）第 23 条规定："建设项目可能造成跨行政区域的不良环境影响，有关环境保护行政主管部门对该项目的环境影响评价结论有争议的，其环境影响评价文件由共同的上一级环境保护行政主管部门审批。"本案硫铁矿建设项目环境影响评价未考量到千丈岩水库饮用水源保护区，客观现实已经造成跨行政区域的不良环境影响，其原有的环境影响评价依据发生情势变化，须重新作出，并履行法定审批程序。综上，重新进行环境影响评价，只是约束建设项目选址风险问题而作出的裁判，系建始磺厂坪矿业公司停止侵害、消除危险，具体承担民事责任的方式之一，建始磺厂坪矿业公司辩称无须重新作出环境影响评价的理由不成立。

（3）是否需要对洼地进行生态环境修复。建始磺厂坪矿业公司履行修复义务或承担替代履行修复费用，对于消除环境污染和生态危险是应当的。1）建始磺厂坪矿业公司的违法生产行为已经破坏了该地区的水体、溶洞以及岩溶洼地等整个生态环境。该公司进行生态环境修复，符合破坏生态环境承担民事责任的法律规定。2）我国《地表水环境标准》（GB3838—2002）、《饮用水水源保护区污染防治规定》、《生活饮用水卫生标准》的规定均是集中式饮用水源 Fe（铁）低于 0.3mg/L，由此说明 Fe（铁）含量是评价集中式饮用水源是否达标的指标之一。《土壤环境质量标准》（GB15618）未将 Fe（铁）作为土壤的控制性指标，是因为针对的对象是土壤，并不能类推 Fe（铁）不能作为饮用水源的指标。本案中关于重大风险的评判也不是依其本身物理特性上含 Fe（铁）的高或者低，而是对饮用水安全而言。北京师范大学的鉴定报告选择洼地土壤中的 Fe（铁）作为指标，判断其含量超标构成对饮用水水源的潜在污染风险具有科学性、合理性。3）《环境民事公益诉讼司法解释》第 20 条规定：原告请求恢复原状的，人民法院可以依法判决被告将生态环境修复到损害发生之前的状态和功能。无法完全修复的，可以准许采用替代性修复方式。鉴于北京师范大学的鉴定报告中对洼地生态遭受破坏的客观判断，理应对建始磺厂坪矿业公司作出承担洼地土壤生态修复义务的裁判。

（4）是否需要在相关范围内媒体上向公众道歉。虽然建始磺厂坪矿业公司积极配合政府采取应急措施，并当庭道歉，但其污染行为，破坏了生态环境，严重影响了当地居民的生产生活，损害了社会公共利益，故其应当在国家级媒体上向公众作出正式道歉。

此外，建始磺厂坪矿业公司依法还应承担重庆绿联会因本次公益诉讼而支出的合理费用和律师费，并承担北京师范大学的鉴定费。

综上，长江是中华民族的母亲河，也是中华民族发展的重要支撑。保护好三峡库区和长江母亲河，修复长江生态环境，事关国家发展大局，事关中华民族长远利益。千丈岩水库地处三峡库区腹地，其环境状况直接关系长江生态屏障安全，直接关系长江沿岸公众的生命健康。为了有效制裁破坏环境的违法行为，切实维护公共环境权益，依法保障生态文明建设，依照《民法通则》第 7 条、第 124 条，《环境保护法》第 58 条，《水法》第 76 条，《水污染防治法》第 35 条，《环境影响评价法》第 23 条，《侵权责任法》第 4 条、第 65 条，《环境侵权责任司法解释》第 1 条、第 13 条、第 14 条，《环境民事公益诉讼司法解释》第 11 条、第 18 条、第 20 条、第 22 条以及《民事诉讼法》第 15 条、第 55 条之规定，一审法院判决：（1）建始磺厂坪矿业公司立即停止对千丈岩水库饮用水源的侵害，重新进行环境影响评价，未经批复和环境保护设施未经验收，不得生产；（2）建始磺厂坪矿业公司在判决生效后 180 日内，对位于恩施自治州建始县业州镇郭家淌国有高岩子林场的选矿厂洼地土壤制订修复方案，进行生态修复，逾期不履行修复义务或修复不合格，由建始磺厂坪矿业公司承担修复费用 991 000 元支付至指定的账号；（3）建始磺厂坪矿业公司对其污染生态环境、损害公共利益的行为在国家级媒体上赔礼道歉；（4）建始磺厂坪矿业公司支付重庆绿联会为本案诉讼而产生的合理费用及律师费共计 150 000 元；（5）驳回重庆绿联会的其他诉讼请求。案件受理费 15 069 元，由重庆绿联会承担 1 069 元，依法予以免收，由建始磺厂坪矿业公司承担 14 000 元；鉴定费 163 000 元由建始磺厂坪矿业公司承担。

二审法院认为，本案的争议焦点为：(1) 一审判令上诉人“立即停止对千丈岩水库饮用水源的侵害，重新进行环境影响评价，未经批复和环境保护设施未经验收，不得生产”有无不当；(2) 对北京师范大学作出的鉴定评估报告的结论应否采信；(3) 责令上诉人在国家级媒体上赔礼道歉有无必要；(4) 鉴定费和律师费是否合理？具体评述如下。

(1) 关于一审判令上诉人“立即停止对千丈岩水库饮用水源的侵害，重新进行环境影响评价，未经批复和环境保护设施未经验收，不得生产”有无不当的问题。环境侵权行为对环境的污染、对生态资源的破坏往往具有不可逆性，被污染的环境、被破坏的生态资源很多时候难以恢复，单纯事后的经济赔偿不足以弥补对生态环境所造成的损失，故对于环境侵权行为只有注重防患于未然，才能真正实现环境保护的目的。本案上诉人所谓的停止生产，只是暂时停止生产行为，其“三同时”工作严重滞后、环保设施未建成等违法情形并未实际消除，随时可能恢复违法生产。考虑到上诉人的违法情形尚未消除，项目所处区域的地质地理条件复杂、特殊，在不能确保恢复生产不会再次造成环境污染的前提下，应当禁止其恢复生产，才能有效避免当地生态环境再次遭受污染破坏，亦可避免在今后发现上诉人重新恢复违法生产后需另行诉讼的风险，以减轻当事人诉累、节约司法资源。此外，上诉人先前的污染行为，导致相关区域土壤中部分生态指标超过生态基线；又因当地降水量大，选矿厂地处喀斯特地貌山区，裂隙和溶洞较多，暗河纵横，而其中的暗河水源正是千丈岩水库的聚水来源，上诉人排放到土壤中的污染物质对千丈岩水库饮用水源的污染实际仍在持续，侵害并未停止。停止生产并不意味着已停止侵害。故上诉人辩称在起诉之前已停止生产，对千丈岩水库饮用水源的侵害已经停止，无须判令停止侵害的理由不能成立，一审判令停止侵害事实及法律依据充分。

关于一审判令上诉人“重新进行环境影响评价，未经批复和环境保护设施未经验收，不得生产”有无不当的问题。首先，该部分判决内容，是对上诉人恢复生产作出的一种约束，是对停止侵害具体履行方式的明确、细化，不违反相关法律规定。其次，千丈岩水库长期以来担负着周边红椿乡、庙宇镇、铜鼓镇、长安乡的5万余人的生活生产保障、防洪蓄水、梯级发电等任务，并于2013年12月6日被重庆市人民政府确定为集中式饮用水水源一级保护区，对当地群众的生存发展具有重大意义，也与三峡库区的生态涵养息息相关，故周边建设项目均应将其作为重点环境保护目标纳入建设项目的环境影响评价。千丈岩水库开始建设于2008年，而上诉人项目的环境影响评价工作开展于2010年7月，并于2011年5月16日才取得当地环境行政主管部门的批复。考虑到该项目的性质、与水库之间的相对位置及当地特殊的地质地理条件，本应在当时项目的环境影响评价中着重考虑对千丈岩水库的影响，但由于两者分处不同省级行政区域，当时的环境影响评价并未涉及千丈岩水库，可见该次环境影响评价是不全面且有着明显不足的。鉴于千丈岩水库的重要性以及其作为一级饮用水水源保护区的环境敏感性及案涉项目对水库潜在的巨大污染风险，在应当将千丈岩水库作为重点环境保护目标被纳入建设项目环境影响评价而未能纳入且客观上已经造成重大突发环境事件的情况下，考虑到原有的环境影响评价依据已经发生变化，出于对重点环境保护目标的保护及对公共利益的维护，责令上诉人在考虑对千丈岩水库的环境影响的基础上重新对项目进行环境影响评价并履行法定审批手续显然是必要的，也是合理的。最后，新增加千丈岩水库这一需要重点考量的环境保护目标，导致原有的环境影响评价依据发生变化，在已发生重大突发环境事件的现实情况下，案涉项目在防治污染、防止生态破坏的措施方面显然也需要作出重大变动。《环境影响评价法》第24条第1款规定："建设项目的环境影响评价文件经批准后，建设项目的性质、规模、地点、采用的生产工艺或者防治污染、防止生态破坏的措施发生重大变动的，建设单位应当重新报批建设项目的环境影响评价文件。"《水污染防治法》(2008年)第17条第3款规定，"建设项目的水污染防治设施，应当与主体工程同时设计、同时施工、同时投入使用。水污染防治设施应当经过环境保护主管部门验收，验收不合格的，该建设项目不得投入生产或者使用"。可见，一审判令上诉人"重新进行环境影响评价，未经批复和环境保护设施未经验收，不得生产”于法有据。

关于上诉人提出针对最初的环境影响评价未考虑到对千丈岩水库的影响，其已在事故发生后主动对项目重新进行环境影响评价，已实际履行了重新进行环境影响评价的义务，不应再判决上诉人重新进行环境影响评价的上诉理由。“重新进行环境影响评价，未经批复和环境保护设施未经验收，不得生产”中的环评、批复、环保设施验收，是相互关联且有机结合在一起的，不应逐项割裂开来孤立看待，上诉人在实际履行过程中应全面系统履行环评、批复、环保设施验收等各环节的义务。虽上诉人在事故发生后曾重新作出环评报告，但该环评报告未经批复，能否通过环保行政主管部门审批仍未可知，且报告所附的专家意见亦表明该份报告关于尾矿库发生渗漏及极端气候条件下发生溢流的环境风险评估仍存在明显不足，尚需进一步修改完善，故不能仅以该份环评报告来认定其已实际履行完毕重新进行环境影响评价的义务，上诉人的该上诉理由不能成立。

综上，一审该项判决并无不当。

(2) 关于对北京师范大学作出的鉴定评估报告的结论应否采信的问题。一审委托北京师范大学进行鉴定评估并无不当，鉴定评估的程序合法、结论科学，且得到了专家意见的支持与认可，可以作为认定本案事实的根据，应予采信。具体理由如下。

首先，一审委托北京师范大学进行鉴定评估并无不当。北京师范大学水科学研究院是专门从事水环境研究的科研机构，主要鉴定人员为国家环境应急专家组专家、教授，有较强的专业技术优势，具有专业方面的权威性及作为第三方鉴定评估机构的中立性，具备对本案进行鉴定评估的相应技术能力及公信力，故一审委托北京师范大学对生态修复及其费用进行鉴定评估并无不当。

其次，本案鉴定评估的程序合法、结论科学。经审查，鉴定评估机构在鉴定评估的受理、实施，鉴定评估结论的出具等方面，均不存在违法的情形，故鉴定评估报告依据充分、结论科学。

最后，鉴定评估报告得到专家意见的支持与认可，予以采信符合现有法律规定。根据《环境侵权责任司法解释》第9条第2款的规定，具有专门知识的人在法庭上提出的意见，经当事人质证，可以作为认定案件事实的根据。本案中，主要鉴定人员北京师范大学的王金生教授出庭发表了专家意见并当庭接受了质询。根据前述司法解释的规定，该专家意见可以作为认定案件事实的根据。北京师范大学的鉴定评估报告得到了专家意见的支持与认可，故可以作为认定案件事实的根据，应予采信。

（3）关于责令上诉人在国家级媒体上赔礼道歉有无必要的问题。赔礼道歉是一种人格恢复性责任方式，不仅适用于人格权和具有精神价值的财产遭受损害的情形，也适用于生态环境遭受损害的情形。在环境民事公益诉讼中，污染环境、破坏生态的行为导致损害发生后到恢复原状前生态环境服务功能受损害，该损害包含了社会公众享有美好生态环境之精神利益的损失。本案中，上诉人明知相关环保设施未建成，而擅自投入生产，过错明显。上诉人违法生产造成环境污染，其行为侵害了社会公众的精神性环境权益，应当承担赔礼道歉的民事责任。本次污染事故属于跨省级行政区域的重大突发环境事件，污染后果严重，社会影响较大，一审判令上诉人在国家级媒体上赔礼道歉并无不当。虽上诉人在一审庭审过程中进行了道歉，但这种道歉形式不能等同，也无法替代在媒体上的正式道歉，故上诉人的该项上诉理由不能成立。

（4）关于鉴定费和律师费是否合理的问题。北京师范大学出具的鉴定费用清单明确了鉴定费的实际构成。根据北京师范大学在接受委托后为鉴定事项所实际支出的各项费用，考虑到本案鉴定事项的复杂、疑难程度，北京师范大学收取163 000元鉴定费具有合理性。根据重庆绿联会举示的“法律事务委托合同”和增值税发票，基于案件的复杂、疑难程度，重庆绿联会与代理人所签合同约定的10万元律师费符合重庆市律师收费标准，亦具有合理性。《环境民事公益诉讼司法解释》第22条规定，“原告请求被告承担检验、鉴定费用，合理的律师费以及为诉讼支出的其他合理费用的，人民法院可以依法予以支持”，故上诉人主张鉴定费和律师费不合理不应支持的上诉理由不能成立。

综上所述，上诉人的上诉请求不能成立，应予驳回；一审判决认定事实清楚，适用法律正确，应予维持。

法院判决：依照《民事诉讼法》第170条第1款第1项的规定，判决如下：驳回上诉，维持原判。

【知识点关联及案例点评】

本案是被告承担停止侵害、恢复原状和赔礼道歉责任的典型案例。

依照目前相关法律文件的规定，环境民事公益诉讼的诉讼请求包括停止侵害、排除妨碍、消除危险、恢复原状、赔偿损失、赔礼道歉等。《环境民事公益诉讼司法解释》第18条规定："对污染环境、破坏生态，已经损害社会公共利益或者具有损害社会公共利益重大风险的行为，原告可以请求被告承担停止侵害、排除妨碍、消除危险、恢复原状、赔偿损失、赔礼道歉等民事责任。"因此，环境民事公益诉讼的原告可以请求被告承担四类民事责任：第一，预防性责任，包括停止侵害、排除妨碍、消除危险；第二，恢复性责任，即恢复原状；第三，赔偿性责任，即赔偿损失；第四，人格恢复性责任，即赔礼道歉。

环境公益诉讼中赔礼道歉的履行形式应当以在有相应影响的公开媒体上进行书面道歉为主。其适用条件有二：一是被告须有过错，若无过错或者系第三人导致环境污染，道德上并无可谴责之处，则无须赔礼道歉；二是须涉及社会公众精神利益的损失，否则，也不构成该责任。①

本案中，原告请求法院判令被告承担停止侵害、恢复原状和赔礼道歉的责任，均获得了法院的支持。本案与诉讼请求有关的争议焦点在于：第一，法院判令被告"立即停止对千丈岩水库饮用水源的侵害"有无不当；第二，法院判令被告"重新进行环境影响评价，未经批复和环境保护设施未经验收，不得生产"有无不当；第三，法院判令被告在国家级媒体上赔

① 万挺. 环境民事公益诉讼民事责任承担方式探析.（2014－12－31）[2018－03－21]. http：//rmfyb. chinacourt. org/paper/html/2014－12/31/content _ 92332. htm？ div=－1.

礼道歉有无不当。

首先，法院判令被告“立即停止对千丈岩水库饮用水源的侵害”是对预防性责任的准确适用，但还应同时判令被告承担消除危险的责任。《环境民事公益诉讼司法解释》第19条规定，原告为防止生态环境损害的发生和扩大，请求被告停止侵害、排除妨碍、消除危险的，人民法院可以依法予以支持。停止侵害主要是制止被告继续实施某种侵害，防止侵害后果扩大。该责任方式的承担以侵害正在进行或者仍在延续为条件。[①] 本案中，被告先前排放到土壤中的污染物质对千丈岩水库饮用水源的污染实际仍在持续，侵害并未停止，因此，法院判令被告承担“立即停止对千丈岩水库饮用水源的侵害”的停止侵害责任具有充分的事实及法律依据。

在承担停止侵害责任之外，法院还应判令被告承担消除危险的责任。如果行为人的行为尚未侵害他人的民事权益，而只存在侵害他人民事权益的可能性的，那么此时应当适用消除危险而不是停止侵害。“消除危险”中的“危险”应当是“可能的环境危害”，一般是指运用通常的知识或经验，就足以判断决策对象具有较高的具体危害公众环境权益等可能性的状态。[②] 本案被告虽然暂时停止了生产行为，但其“三同时”工作严重滞后、环保设施未建成等违法情形并未实际消除，随时可能恢复违法生产。在不能确保恢复生产不会再次造成环境污染的前提下，应当要求被告承担消除危险责任，才能有效避免当地生态环境再次遭受污染破坏，亦可避免在今后发现被告恢复违法生产后需另行诉讼的风险，以减轻当事人诉累、节约司法资源。因此，停止生产并不意味着已消除危险，法院应据此判令被告消除危险。

其次，法院判令被告“重新进行环境影响评价，未经批复和环境保护设施未经验收，不得生产”存在不当。确定侵权责任的承担方式，首先要

---

① 万挺. 环境民事公益诉讼民事责任承担方式探析.（2014－12－31）[2018－03－21]. http：//rmfyb.chinacourt.org/paper/html/2014－12/31/content_92332.htm？div＝－1.

② 奚晓明. 最高人民法院关于环境民事公益诉讼司法解释理解与适用. 北京：人民法院出版社，2015：272.

考虑责任承担方式的确定性，又要考虑救济的全面性和责任承担方式的可强制执行性。[①] 同时，侵权责任承担方式的确定应当注意不可逾越司法和行政的边界，尽量避免采用与行政职权相重叠的预防性责任承担方式。在本案中，判令被告承担“重新进行环境影响评价，未经批复和环境保护设施未经验收，不得生产”虽然有助于增强救济的全面性与责任承担方式的可强制执行性，但并非法律明定的责任承担方式，有违责任承担方式的确定性要求，并且与《环境影响评价法》等法律赋予行政主管部门的执法权相重叠，逾越了司法与行政的边界。若出现了必须与行政职权相重叠的预防性责任承担方式，在行政权失灵且出现紧急情况的情形下，可以在确定停止侵害、排除妨碍、消除危险的责任承担方式之后，列明具体的预防性措施并移送执行。[②] 但在本案中，并没有证据显示行政权失灵且出现紧急情况，因而法院不宜直接要求被告承担前述具体的预防性措施，而应考虑以司法建议的方式提醒行政机关追究被告的违法行为。

最后，法院判令被告在国家级媒体上赔礼道歉是对赔礼道歉责任承担方式的准确适用。赔礼道歉是一种人格恢复性责任方式，不仅适用于人格权和具有精神价值的财产遭受损害的情形，也适用于社会公众享有美好生态环境之精神利益受损害的情形。本案中，被告明知相关环保设施未建成而将该项目擅自投入生产，过错明显。被告违法生产造成环境污染，导致恢复原状前生态环境服务功能受损害。其行为侵害了社会公众的精神性环境权益，其应当承担赔礼道歉的民事责任。本次污染事故属于跨省级行政区域的重大突发环境事件，污染后果严重，社会影响较大，法院判令被告在国家级媒体上赔礼道歉并无不当。虽被告在一审庭审过程中进行了道歉，但这种道歉形式不能等同，也无法替代在媒体上的正式道歉。

（案例编辑人：吴凯杰、李欣）

---

① 奚晓明. 最高人民法院关于环境民事公益诉讼司法解释理解与适用. 北京：人民法院出版社，2015：275.

② 同①276.

第二节　环境民事公益诉讼的预防性责任

【案例文书】中华环保联合会、贵阳公众环境教育中心诉贵阳市乌当区定扒造纸厂请求停止侵害、消除危险环境民事公益诉讼案[①]

原告：中华环保联合会、贵阳公众环境教育中心

被告：贵阳市乌当区定扒造纸厂

审理法院：贵州省清镇市人民法院

案件基本情况：贵阳市乌当区定扒造纸厂（以下简称定扒造纸厂）自2003年起经常将生产废水偷偷排入南明河或超标排放锅炉废气，多次受到当地环境保护行政主管部门处罚。但定扒造纸厂仍采取夜间偷排的方式逃避监管，向南明河排放污水。原告中华环保联合会、贵阳公众环境教育中心提起诉讼，请求判令被告定扒造纸厂立即停排污水、消除危险并支付原告支出的合理费用。贵州省清镇市人民法院一审认为，定扒造纸厂取得的排污许可证载明，其能够排放的污染物仅为二氧化硫、烟尘等，不包含废水。但定扒造纸厂采取白天储存、夜间偷排的方式，利用溶洞向南明河排放严重超标的工业废水，在直观上、实质上都对南明河产生了污染，严重危害了环境公共利益，故其应当承担侵权民事责任。

法院判决：法院于2011年1月作出判决，判令定扒造纸厂立即停止向南明河排放污水，消除对南明河产生的危害，并承担原告合理支出的律师费用及贵阳市两湖一库基金会垫付的检测费用。

【知识点关联及案例点评】

本案是适用停止侵害、消除危险的预防性责任的典型案例。

依据《环境民事公益诉讼司法解释》的相关规定，环境民事公益诉讼

① 贵州省清镇市人民法院．最高法院公布的九起环境资源审判典型案例．（2014-07-04）［2018-03-24］．http：//rmfyb.chinacourt.org/paper/html/2014-07/04/content_84186.htm?div=－1.

的预防性责任是指行为人因实施污染环境、破坏生态、损害社会公共利益或者具有损害社会公共利益重大风险的行为而承担的预防性责任，包括停止侵害、排除妨害和消除危险。

根据《环境民事公益诉讼司法解释》第 19 条的规定，预防性责任的内容包括两个方面：一是行为责任。停止侵害主要是制止被告继续实施某种侵害，防止侵害后果扩大。该责任方式的承担以侵害正在进行或者仍在延续为条件。排除妨碍是指被告实施的行为妨碍社会公共利益实现的，可以要求加害人排除障碍。消除危险是指被告实施了具有损害社会公共利益重大风险的污染环境、破坏生态的行为的，原告有权要求被告采取有效措施消除这种威胁。[①] 二是成本责任。原告为停止侵害、排除妨碍、消除危险所采取合理预防、处置措施而发生的费用由被告承担。上述费用包括应急处置费用，因预防非突发状态下违法排放损害生态、环境而产生的费用，以及生态、环境损害发生后清理、处置污染物的费用。需要指出的是，此处所称清理、处置污染物主要是指预防性措施，而非恢复原状中的修复性措施。

本案中，原告请求法院判决被告承担停止侵害、消除危险的预防性责任，均获得了法院的支持。虽然本案法院的判决是在《环境民事公益诉讼司法解释》出台之前作出的，但是其体现了对预防性责任承担方式的适用，具有典型意义。首先，本案适用停止侵害责任正确。停止侵害主要是制止被告继续实施某种侵害，防止侵害后果扩大。该责任方式的承担以侵害正在进行或者仍在延续为条件。本案中，被告采取夜间偷排的方式逃避监管，向南明河排放污水，对环境的侵害正在进行，因此，其应当承担停止侵害的责任，停止偷排污水的行为。其次，本案适用消除危险责任正确。“消除危险”是指运用通常的知识或经验，就足以判断决策对象具有较高的具体危害公众环境权益等可能性的状态。本案中，即使被告暂时停止了偷排污水的行为，但由于尚未安装污水处理设备且未获得排污许可证，对环境的

---

① 万挺. 环境民事公益诉讼民事责任承担方式探析.（2014 - 12 - 31）[2018 - 03 - 21]. http：//rmfyb. chinacourt. org/paper/html/2014 - 12/31/content _ 92332. htm? div=－1.

现实危险性依然存在。因此，法院判决被告消除危险具有正当性。

（案例编辑人：吴凯杰、李欣）

第三节　环境民事公益诉讼的恢复性责任

【案例文书1】江苏省连云港市赣榆区环境保护协会诉王某某环境民事公益诉讼污染修复虚拟治理成本案①

原告：江苏省连云港市赣榆区环境保护协会

被告：王某某

支持起诉机关：江苏省连云港市人民检察院

审理法院：江苏省连云港市中级人民法院

案件基本情况：2012年下半年以来，被告王某某在江苏省连云港市赣榆区石桥镇石岭村石英石加工厂酸洗池中使用盐酸清洗石英石，将酸洗过程中产生的含酸废水通过渗坑排放至连云港市赣榆区龙北干渠，导致龙北干渠及与其相连的芦沟河受到污染。被告王某某先后排放含酸废水100余吨，造成河流污染，破坏环境，损害了公共利益。2014年江苏省连云港市赣榆区环境保护协会（以下简称“赣榆环保协会”）向江苏省连云港市中级人民法院提起环境民事公益诉讼，请求依法判令被告王某某赔偿因排放含酸废水而造成的环境损失109 000元。

在庭审过程中，鉴定人连云港市环境科学所研究员崔慧平出庭，对该所出具的鉴定评估报告接受双方当事人质证。鉴定人认为，针对王某某排放含酸废水情况，处理含酸废水主要采用碱中和法，考虑不产生二次污染，根据纯碱和盐酸中和反应化学方程式理论上处理1吨含酸量5%的废水需要0.145吨纯碱，处理100吨含酸废水需要纯碱14.5吨，其污染治理成本约为21 800元。《江苏省通榆河水污染防治条例》规定通榆河及主要供水河道

① 江苏省连云港市中级人民法院（2014）连环公民初字第2号民事判决书．此案判决书主要内容参见第二章第一节［案例文书1］“连云港市赣榆区环境保护协会诉王某某单个自然人环境民事公益诉讼案”。

水质应符合国家地表水环境质量第Ⅲ类标准，龙北干渠为通榆河北延送水工程部分，其环境功能区类型为第Ⅲ类。根据环境保护部《关于开展环境污染损害鉴定评估工作的若干意见》（环发［2011］60号）中环境污染损害数额计算推荐方法，第Ⅲ类河流水质污染修复费用应为虚拟治理成本的4.5～6倍，取其5倍为计算依据，污染修复费用为109 000元。

法院邀请江苏省环境工程咨询中心主任、研究员级高级工程师刘某作为专家证人出庭，对王某某污染损害鉴定评估报告的科学性进行评价。出庭专家证人认为，评估报告的金额较符合本案客观实际，但本案中涉及含酸废水的污染指标有两项，一是pH值，二是氟化物。该评估报告采取纯碱中和法只能解决pH值超标问题，不能解决氟化物污染。建议采取氢氧化钙进行处理，这样处理成本亦会降低。考虑盐酸回调及污水处理的运输费用，综合计算100吨酸性废水的总处理费用约为14 616.7元，根据环境保护部《关于开展环境污染损害鉴定评估工作的若干意见》，按照虚拟治理成本法的倍数计算100吨含酸废水的污染修复费用约为75 000元。

出庭的鉴定人与专家证人当庭就环境污染修复费用等进行专家论证，双方一致认可对地表水污染参照虚拟治理成本的4.5～6倍计算修复费用。关于虚拟治理成本，鉴定人认为所作的评估报告采取纯碱处理是因为考虑到石灰水对河流温差的影响，出具评估报告时未考虑到氟化物的情况；认可采用专家证人关于虚拟成本的计算结果。法院最终采用专家证人的意见，认定被告应承担的污染修复费用为75 000元。

法院判决：原告作为不以营利为目的的公益组织，其为提起公益诉讼支出的合理费用应由被告承担。依据《环境保护法》第41条，《水污染防治法》第85条，《侵权责任法》第15条、第65条，《民事诉讼法》第15条、第55条、第148条之规定，作出如下判决。

（1）被告王某某赔偿其对环境污染造成的损害人民币51 000元，于本判决书生效后10日内交付到法院指定的财政专户，用于对生态环境的恢复和治理。

（2）被告王某某于本判决生效后2年内提供总计960小时的环境公益劳

动（每月至少6次，每次不低于6小时），以弥补其环境损害赔偿金的不足部分，该项劳务执行由连云港市赣榆区环境保护局负责监督和管理。

（3）被告王某某于本判决生效后10日内支付原告赣榆环保协会为提起公益诉讼支出的费用3 500元。

如果未按本判决指定的期间履行上述给付金钱义务，应当依照《民事诉讼法》第253条的规定，加倍支付迟延履行期间的债务利息。

案件受理费1 762元，由被告王某某负担。

【知识点关联及案例点评】

本案是运用虚拟治理成本法确定污染修复费用的典型案例。

依据《环境民事公益诉讼司法解释》的规定，环境民事公益诉讼中的恢复性责任是指行为人因实施污染环境、破坏生态、损害社会公共利益或者具有损害社会公共利益重大风险的行为而承担的恢复原状责任。

根据《环境民事公益诉讼司法解释》第20条的规定，恢复性责任的内容包括三个方面：一是生态（环境）损害发生后，被告首先应当采取有效措施将生态（环境）修复到损害发生之前的状态和功能；二是出现部分或全部无法完全修复的，可以准许采用替代性修复方式；三是污染者需要承担恢复原状责任的，法院可以同时确定被告不履行修复义务时应承担的生态（环境）修复费用，防止因污染者的意愿及能力因素而使生态（环境）迟迟得不到修复。上述修复生态（环境）费用包括制订、实施修复方案的费用和相关监测、监管等费用。

本案于2014年4月作出判决，因此适用《环境污染损害数额计算推荐方法》（第Ⅰ版）所确定的虚拟治理成本规则。依据《环境污染损害数额计算推荐方法》（第Ⅰ版）4.5的要求，污染修复费用以实际修复工程费用为准，但如果无法得到实际修复工程费用，推荐采用虚拟治理成本法和/或修复费用法计算，并根据受污染影响区域的环境功能敏感程度分别乘以1.5～10以及1.0～2.5的倍数作为这部分费用的上、下限值。其中，污染修复费用难于计算的，采用虚拟治理成本法；污染修复费用易于计算的，采用修复费用法。本案采用虚拟治理成本法。

本案中鉴定人与专家证人的不同意见在于确定虚拟成本的方法。鉴定人采用纯碱中和法，专家证人采用氢氧化钙方法。由于专家证人建议的方法能同时解决含酸废水中两项指标超标，所以鉴定人认可采用专家证人的意见，法院亦最终采纳专家证人的意见。

《环境污染损害数额计算推荐方法》（第Ⅰ版）中确定，第Ⅲ类地表水污染的虚拟治理成本倍数应为4.5～6倍。《江苏省通榆河水污染防治条例》规定本案受污染水域的环境功能区类型为第Ⅲ类，因此，本案中取5倍作为污染修复费用的计算依据亦合理。

（案例编辑人：梁晓敏、李欣）

【案例文书2】江苏省泰州市环保联合会与泰兴锦汇化工有限公司等环境民事公益诉讼确定恢复性责任再审案①

再审申请人（一审被告、二审上诉人）：泰兴锦汇化工有限公司

被申请人（一审原告、二审被上诉人）：江苏省泰州市环保联合会

一审被告、二审上诉人：江苏常隆农化有限公司、江苏施美康药业股份有限公司、泰兴市申龙化工有限公司

一审被告：泰兴市富安化工有限公司、泰兴市臻庆化工有限公司

审理法院：最高人民法院

案件基本情况：再审申请人泰兴锦汇化工有限公司（以下简称“锦汇公司”）因与被申请人江苏省泰州市环保联合会以及一审被告、二审上诉人江苏常隆农化有限公司（以下简称“常隆公司”）、江苏施美康药业股份有限公司（以下简称“施美康公司”）、泰兴市申龙化工有限公司，一审被告泰兴市富安化工有限公司、泰兴市臻庆化工有限公司环境污染侵权赔偿纠纷一案，不服江苏省高级人民法院（2014）苏环公民终字第1号民事判决，向中华人民共和国最高人民法院（以下简称“最高法”）申请再审。

锦汇公司申请再审称：（1）二审判决认定锦汇公司被泰州市江中化工有限公司（以下简称“江中公司”）倾倒副产酸的数量有误。1）根据戴某

① 最高人民法院（2015）民申字第1366号民事裁定书.

国等人在公安机关的供述，锦汇公司被江中公司倾倒的副产酸数量为653.08吨。2）兴化市协宇运输有限公司泰兴分公司（以下简称“协宇泰兴分公司”）开具的运输费用票据显示锦汇公司运输副产酸的数量为1 702.27吨。既然二审法院认定锦汇公司支付运费为补贴倾倒费用，那么应该按照协宇泰兴分公司开具的运输费用票据的数额认定副产酸的倾倒数量。3）如果按照销售发票的记载计算，戴某国等人于2012年8月开始倾倒锦汇公司出售给江中公司的副产酸，在此之前，锦汇公司开具给江中公司的副产酸发票数量为3 822.2吨；2011年12月29日锦汇公司开具给江中公司的455.42吨副产酸发票于2012年入账，并非在2012年被倾倒。上述两笔副产酸数量应从锦汇公司出售给江中公司的总数量中扣除。因此，锦汇公司被江中公司倾倒的副产酸数量应该从653.08吨、1 702.27吨等数字中认定。（2）二审判决认定锦汇公司应支付环境修复费用无事实依据。1）案涉河流无须修复及赔偿。如泰运河和古马干河被污染前水质为第Ⅲ类，经过自我净化之后，2013年的河流水质仍为第Ⅲ类。泰州市环保联合会未提交证据证明污染行为造成他人人身、财产等损失，锦汇公司不应承担环境修复费用及损失赔偿。2）二审判决缺乏对案涉河流生态环境损害的确认和评估，以水体污染修复费用代替生态环境损害，没有事实及法律依据。3）修复费用的认定及计算方法有误。（3）二审判决适用法律错误。1）《环境污染损害数额计算推荐方法》（第Ⅰ版）在二审时已经失效，二审法院并未依据《环境损害鉴定评估推荐方法》（第Ⅱ版）重新进行损害评估鉴定。《环境损害鉴定评估推荐方法》（第Ⅱ版）中规定了环境修复和生态恢复两种方式，都是以自然环境受损害为前提，但本案并未有自然环境的损害，不应进行修复。2）锦汇公司尽到了销售副产酸的谨慎义务。锦汇公司与买受人订立合同，约定运费承担，属于《合同法》的调整范畴，不能适用《侵权责任法》的规定。（4）泰州市环保联合会不具有提起本案环境民事公益诉讼的主体资格，二审判决认定其具有本案原告主体资格错误。（5）锦汇公司不是本案适格的责任承担主体。锦汇公司自身并未实施排放、倾倒、泄漏等污染行为，也没有指使他人实施该行为。江中公司在购买副产酸后的处置行为与锦汇公司无关，双方之间无意思联络，锦汇公司不应承担污染环境的侵权责任。(6) 二审判决引用《民事诉讼法》第170条第1款第1项关于维持原判的规定，但实际作出改判，属于适用法律错误。(7) 二审判决主文第四项的内容属于企业自主经营权的范畴，二审判决将该内容的执行决定权置于环境保护行政主管部门手中，设置审批程序，侵犯了锦汇公司的企业自主经营权。(8) 泰州市环保联合会没有对其他涉嫌污染环境的化工企业提起诉讼。北京市朝阳区自然之友环境研究所（以下简称“自然之友”）针对当地其他污染企业提起的环境民事公益诉讼被法院依法受理，会影响锦汇公司的责任承担数额。锦汇公司依据《民事诉讼法》第200条第2项、第6项、第11项的规定申请再审。

泰州市环保联合会提交意见称：(1) 泰州市环保联合会作为《民事诉讼法》第55条规定的“有关组织”，在本案中具备提起环境民事公益诉讼的主体资格。(2) 锦汇公司所谓“销售”副产酸的行为其实是非法处置行为，与环境污染之间存在因果关系。1) 锦汇公司的所谓“销售”行为其实就是抛弃行为，不符合买卖合同的基本特征。锦汇公司工作人员在接受公安机关询问时也予以承认。2) 锦汇公司知道或者应当知道江中公司没有处置副产酸的资质和能力。3) 锦汇公司将副产酸交由江中公司处置的行为与环境污染之间存在因果关系。尽管锦汇公司没有自己实施排放、倾倒、泄漏等污染环境的行为，但锦汇公司知道或者应当知道江中公司等单位没有处理副产酸的资质和能力，且锦汇公司知道自己支付的款项不足以支付正常无害化处理副产酸的费用，锦汇公司将对自己没有利用价值的副产酸交由江中公司的戴某国等人处理，不仅给倾倒者提供了污染源，客观上也为倾倒者牟取了非法利益。(3) 二审判决认定锦汇公司被江中公司倾倒的副产酸的数量正确。1) 锦汇公司在再审申请中提到的数据均以戴某平的记账本记载的数量确定，但戴某平的记账本，无论是记账时间还是记载内容，都是不全面的。2) 锦汇公司对刑事被告人供述的引用存在断章取义。A. 戴某国、姚某元已在2013年8月8日的讯问笔录中确认倾倒常隆公司、锦汇公司的副产酸19 361.16吨；B. 锦汇公司摘取刑事被告人的部分供述，认为案涉副产酸开始倾倒的时间为 2012 年 8 月是错误的。实际倾倒时间应为 2011 年年底。3）锦汇公司副总经理杨某在 2013 年 10 月 10 日的询问笔录中明确说明，戴某国、姚某元等人通过给锦汇公司运输费用票据或者油票的方式平账。因此，锦汇公司仅根据运输费用票据来计算被江中公司倾倒的副产酸的数量是片面的。（4）二审判决确定的环境修复费用是合法合理的。1）案涉被污染河流需要修复。大量副产酸被倾倒入河流后，对水体、水生物、河床等水生态环境造成严重的损害，损害后果的严重性决定了修复的必要性。当地政府发布的环境公告中对水质的检测项目仅仅是对水质的常规检测项目，并不能全面覆盖水质的整体状况，被倾倒水域的水质检测情况并不能说明污染对河流造成的损害情况。2）二审判决确定的环境修复费用的计算方法正确。"评估技术报告"中采用的实验值法仅仅是"从消耗长江水削减酸性污染"的角度，计算的只是降低污染源本身破坏性的成本费用，并非对环境修复费用的评估。正是由于实际的环境修复费用难于计算，才适用虚拟治理成本法来计算，符合《环境污染损害数额计算推荐方法》（第Ⅰ版）的规定。3）关于采用哪一版本推荐方法的问题。本案损害事实发生时，只有《环境污染损害数额计算推荐方法》（第Ⅰ版），《环境损害鉴定评估推荐方法》（第Ⅱ版）是在本案一审结束后出台的。二审程序中，锦汇公司从未以"评估技术报告"的依据失效为由主张无效或者申请重新鉴定。此外，在《环境损害鉴定评估推荐方法》（第Ⅱ版）中，虚拟治理成本法仍是常用的环境价值评估方法。（5）二审判决援引《民事诉讼法》第 170 条第 1 款第 1 项作为判决的程序法依据正确。1）二审判决的基础是一审判决"认定事实清楚，适用法律正确"。《民事诉讼法》第 170 条第 1 款中只有第 1 项规定的情形为认定事实清楚、适用法律正确。2）二审判决维持了一审判决关于环境修复主体、需要赔偿的项目和环境修复费用的数额的内容，只是对环境修复费用的支付、抵扣设置了一定的条件。这些内容不是对一审判决认定事实和适用法律的改变，而是二审法院基于从源头上预防和控制环境污染所作的司法探索与创新，体现了二审法院的司法预防与司法惩治相结合的环保理念。3）锦汇公司一方面认为二审判决关于抵扣条件的设置没有法律依据，另一方面对二审判决确定的40%的环境修复费用可以用技术改造费抵扣的做法表示认可，且在判决执行过程中已经根据二审判决向相关行政主管部门提出了抵扣申请。(6) 锦汇公司认为二审判决确定的抵扣条件限制了其企业自主经营权，属于认识错误。二审判决对环境修复费用的抵扣设定一定的程序，其目的是引导企业注重技术改造，变废为宝，循环利用，减少和避免副产酸对环境的损害。(7) 本案是否存在其他污染主体或者漏列其他污染主体，不影响判决的公正性。本案并不是按照总体的环境污染损害结果来计算环境修复费用，而是按照污染者各自倾倒的污染物的种类及数量来计算环境修复费用，判决结果并没有免除或者减少其他可能存在的污染者的环境侵权责任，也没有加重包括锦汇公司在内的六家被告企业的环境侵权责任。综上锦汇公司的再审申请缺乏事实与法律依据，请求予以驳回。

锦汇公司在最高法召集的庭前会议中确认其依据《民事诉讼法》第200条第1项、第2项、第6项、第11项的规定申请再审。同时，锦汇公司向最高法提交了三份新的证据材料：(1) 江苏省泰州市中级人民法院 (2014) 泰中环刑终字第1号刑事判决书，拟证明二审判决认定的锦汇公司被江中公司倾倒的副产酸的数量错误。(2) 江苏省泰州市中级人民法院 (2015) 泰中环公民诉初字第1号民事裁定书，拟证明案涉环境污染责任案件中还有江苏中丹化工技术有限公司等污染企业的存在。(3) 江苏省高级人民法院 (2015) 苏环公民诉终字第1号民事裁定书，拟证明二审判决判令锦汇公司承担环境修复费用的数额错误。

泰州市环保联合会针对上述证据材料发表质证意见，认为：(1) 锦汇公司提交的江苏省泰州市中级人民法院 (2014) 泰中环刑终字第1号刑事判决书，不能证明本案二审判决认定锦汇公司被江中公司倾倒的副产酸的数量错误。该判决关于锦汇公司被江中公司倾倒的副产酸的数量的认定与本案二审判决一致。(2) 锦汇公司提交的江苏省泰州市中级人民法 (2015) 泰中环公民诉初字第1号民事裁定书、江苏省高级人民法院 (2015) 苏环公民诉终字第1号民事裁定书，不能证明二审判决判令锦汇公司承担环境修复费用的数额错误。上述两份裁定仅是对案件审理程序的裁定，并非实体判决，无法确定就案涉水体在同时期是否还存在其他的侵权主体。即使存在其他侵权主体，也不会对本案判决的数额产生影响。故锦汇公司提交的三份新的证据材料并非本案再审审查阶段的新证据。

最高法认为：本案是民事再审审查案件。根据《民事诉讼法》第 200 条、《民事诉讼法司法解释》第 395 条的规定，最高法应当围绕再审申请人主张的再审事由是否成立进行审查。本案所涉七个争议焦点中，对第一、二、五、七个争议焦点的审查，系判断锦汇公司的再审申请是否符合《民事诉讼法》第 200 条第 6 项的规定；对第三、四、五个争议焦点的审查，系判断锦汇公司的再审申请是否符合《民事诉讼法》第 200 条第 2 项的规定。此外，对于锦汇公司依据《民事诉讼法》第 200 条第 1 项、第 11 项提出的新的证据材料以及二审判决超出当事人诉讼请求的问题，最高法结合相关争议焦点分别予以评判。

（1）关于二审判决认定泰州市环保联合会具有本案原告主体资格是否有法律依据的问题。

《民事诉讼法》第 55 条第 1 款规定：“对污染环境、侵害众多消费者合法权益等损害社会公共利益的行为，法律规定的机关和有关组织可以向人民法院提起诉讼。”泰州市环保联合会是 2014 年 2 月 25 日在泰州市民政局登记设立的社会组织，其宗旨是围绕可持续发展战略，贯彻落实科学发展观；围绕实现泰州市环境保护目标和维护公众环境权益，发挥政府与社会之间的桥梁和纽带作用，推动泰州市及全人类环境保护事业的进步与发展。其业务范围是提供环境决策建议、维护公众环境权益、开展环境宣传教育、提供政策技术咨询服务等。泰州市环保联合会于 2014 年 8 月 4 日依据《民事诉讼法》第 55 条的规定提起本案环境民事公益诉讼，有充分的法律依据。2015 年 1 月 1 日正式施行的《环境保护法》不适用于本案。锦汇公司关于泰州市环保联合会不具有本案原告主体资格的主张，没有事实与法律依据，最高法不予支持。

（2）关于二审判决认定锦汇公司以出售方式处置其生产的副产酸的行

为与造成如泰运河、古马干河环境污染损害结果之间存在因果关系依据是否充分的问题。

锦汇公司与江中公司签订“工矿产品购销合同”，约定锦汇公司向江中公司出售副产酸，每月800吨，价格随行就市。锦汇公司作为出卖人出售副产酸，买受人江中公司仅支付1元/吨的价款，锦汇公司反而支付20元/吨的运输费用或者其他补贴给江中公司。此种补贴出售行为明显不符合买卖合同的基本特征。

副产酸属于危险化学品，就其生产、出售、运输、储存和处置有专门的规范。虽然锦汇公司并未直接实施倾倒行为，但其在明知副产酸市场低迷，对其进行无害化处理需花费高昂处理费用的情况下，采用补贴运输费用等方式将副产酸交给不具备处置资质的江中公司，并长期放任江中公司将副产酸倾倒入河，造成如泰运河、古马干河水体大面积污染，严重损害社会公共利益和公众环境权益。其行为与如泰运河、古马干河水体污染损害结果之间具有因果关系，其应当承担侵权责任。

（3）关于二审判决判令锦汇公司承担生态环境修复责任依据是否充分的问题。

虽然河流具有一定的自净能力，但是环境容量是有限的；向水体大量倾倒副产酸，必然对河流的水质、水体动植物、河床、河岸以及河流下游的生态环境造成严重破坏。如不及时修复，污染的累积必然会超出环境承载能力，最终造成不可逆转的环境损害。因此，不能以部分水域的水质得到恢复为由免除污染者应当承担的环境修复责任。

泰州市环保联合会申请东南大学能源与环境学院吕锡武教授作为专家辅助人出席一审庭审，对鉴定意见以及本案所涉专业问题提出意见。吕锡武教授认为：向水体倾倒危险废物的行为直接造成了区域生态环境功能和自然资源的破坏，无论是对长江内河水生态环境资源造成的损害进行修复所需费用，还是将污染引发的风险降至可接受水平的人工干预措施所需费用，均将远远超过将污染物直接处理的费用；由于河水的流动和自我净化，即使倾倒点的水质得到恢复，也不能因此否认对水生态环境曾经造成的损害。

鉴定人南京理工大学贺启环教授出庭接受询问时也表示，无法计算得到实际人工干预的费用或者难于计算人工干预的费用，可以采用虚拟治理成本法计算损失。

水环境具有流动性，污染行为瞬间发生，损害现场无法复原，属于《环境污染损害数额计算推荐方法》（第Ⅰ版）规定的环境修复费用难于计算的情形，可以采用虚拟治理成本法来计算环境修复费用。且《环境损害鉴定评估推荐方法》（第Ⅱ版）与《环境污染损害数额计算推荐方法》（第Ⅰ版）关于虚拟治理成本法的规定并无本质区别，二审判决以“评估技术报告”确定的锦汇公司被江中公司倾倒的副产酸的治理成本、被倾倒的数量再乘以第Ⅲ类地表水环境功能敏感程度推荐倍数4.5～6倍的下限4.5倍计算环境修复费用，并无不当。

经查泰州市环保联合会的一审起诉状，虽然将诉讼请求表述为赔偿水环境污染损失，但在事实和理由部分明确此赔偿款项系环境修复费用。二审判决判令锦汇公司承担环境修复费用并未超出当事人的诉讼请求。

（4）关于二审判决认定锦汇公司被江中公司倾倒的副产酸的数量为5 460.18吨是否有事实依据的问题。

常隆公司、锦汇公司向江中公司交付副产酸后，江中公司并未记载倾倒常隆公司、锦汇公司的副产酸的具体数量，而是将收到的副产酸直接倾倒入河。但常隆公司、锦汇公司均通过开具增值税发票的方式记载了副产酸的出售数量，戴某国、姚某元在公安机关的讯问笔录记载了常隆公司、锦汇公司共同被江中公司倾倒的副产酸的数量。因此，要查明锦汇公司被江中公司倾倒的副产酸的数量，需查明常隆公司、锦汇公司向江中公司出售副产酸的数量和江中公司倾倒副产酸的数量。二审判决根据常隆公司、锦汇公司出售副产酸的增值税专用发票以及戴某国、姚某元、丁某光等人在公安机关的供述，认定常隆公司、锦汇公司出售给江中公司的副产酸分别为17 598.92吨、8 224.97吨。两公司的出售总量减去其中被江中公司以开票方式出售的7 170.71吨，再减去江中公司以不开票方式出售的1 508.92吨，剩余为被江中公司倾倒的17 143.86吨。按照常隆公司、锦汇公司各自出售数量的比例分配，江中公司倾倒的副产酸中属于常隆公司的为11 683.68吨，属于锦汇公司的为5 460.18吨。由于常隆公司和锦汇公司的副产酸被江中公司混合倾倒，无法准确查明各自被倾倒的数量，二审判决按照两公司出售副产酸的比例确定各自被倾倒副产酸的数量，认定方法合理。

锦汇公司以戴某国、姚某元在公安机关的部分讯问笔录以及部分运输费用票据主张二审判决认定锦汇公司被江中公司倾倒副产酸的数量错误，不能成立。

锦汇公司向最高法申请再审时提交江苏省泰州市中级人民法院（2014）泰中环刑终字第1号刑事判决书作为新的证据材料，用以证明本案二审判决认定锦汇公司被江中公司倾倒副产酸的数量错误。经查，上述刑事二审判决的内容是对本案倾倒副产酸的犯罪嫌疑人的罪行认定。刑事二审判决载明戴某某*、姚某某*共同或者伙同蒋某某*以江中公司名义收集锦汇公司5 460.18吨副产酸倾倒至如泰运河与古马干河水体，与本案二审判决认定锦汇公司被江中公司倾倒副产酸的数量一致。故刑事二审判决关于副产酸倾倒数量的认定不能证明本案二审判决认定的主要事实或者证据错误，不属于《民事诉讼法司法解释》第387条、第388条规定的情形，亦不足以推翻二审判决。

（5）关于二审判决判令锦汇公司需凭环境保护行政主管部门出具的企业环境守法情况证明、项目竣工环保验收意见和具有法定资质的中介机构出具的技术改造投入资金审计报告抵扣40%的生态环境修复费用是否会侵害锦汇公司的企业自主经营权的问题。

本案系社会组织为了保护环境、维护社会公共利益而提起的环境民事公益诉讼，其目的是发现污染环境、破坏生态行为，通过诉讼程序有序参与环境治理，以法治思维和法治方式解决环境保护领域的矛盾纠纷。本案一审、二审法院贯彻《环境保护法》的基本理念，把生态保护和环境修复

---

* 判决书原文。

放在优先位置，依法认定生态环境受到损害，并根据“评估技术报告”以及专家意见合理确定生态环境修复费用，依法追究污染者的环境侵权责任；同时，充分运用司法智慧和审判手段，依法妥善衡平各方利益，创新环境修复费用履行方式。二审判决生效后，六家被告企业中的三家企业积极履行了全部判决内容。施美康公司、常隆公司虽曾向最高法申请再审，但最终撤回其再审申请。常隆公司在撤回再审申请时表示，从保护环境、维护社会公共利益角度出发，二审判决与企业自身发展目标是一致的。常隆公司在履行二审判决的过程中，从源头上解决企业在环境保护方面存在的问题，投入四千七百余万元用于副产酸循环利用等环境项目的建设，现已通过验收并投入运行。目前，常隆公司已经履行完毕二审判决的全部内容，并认识到案件给常隆公司造成的负面影响已经转化为企业改正错误、履行环境保护责任的正能量。由此可见，二审判决不仅没有干涉企业的自主经营权，反而发挥了环境民事公益诉讼应有的评价指引功能，指引污染企业通过技术创新和改造，担负起环境保护的企业责任。

二审判决主文第四项判令六家被告企业需凭环境保护行政主管部门出具的企业环境守法情况证明、项目竣工环保验收意见和具有法定资质的中介机构出具的技术改造投入资金审计报告抵扣40%的环境修复费用，是为了确定锦汇公司是否已经充分履行了技术改造义务。此与企业的自主经营权无涉，亦非设置审批门槛。锦汇公司理应贯彻可持续发展理念，将环境保护作为生产经营过程中的重要因素，积极履行生效判决的内容，通过技术改造降低环境风险，承担企业应当承担的环境保护主体责任和社会责任。

(6) 关于自然之友针对当地其他污染企业提起的环境民事公益诉讼是否会减轻锦汇公司责任的问题。

锦汇公司提交江苏省泰州市中级人民法院（2015）泰中环公民诉初字第1号民事裁定书、江苏省高级人民法院（2015）苏环公民诉终字第1号民事裁定书，拟证明二审判决判令锦汇公司承担的环境修复费用数额错误。经查，自然之友作为原告，针对如泰运河、古马干河水污染问题，在江苏省泰州市中级人民法院提起的环境民事公益诉讼案件正在一审审理中。本案二审判决根据锦汇公司被江中公司倾倒的副产酸的数量计算出锦汇公司应承担的环境修复费用，与其他污染企业的责任不存在交叉或者重叠。锦汇公司在再审审查期间提交的两份另案民事裁定书，不影响本案二审判决对锦汇公司之环境侵权责任的认定，不属于再审审查阶段的新证据，最高法不予采信。

（7）关于二审判决引用《民事诉讼法》第170条第1款第1项适用法律是否错误的问题。

二审判决引用《民事诉讼法》第170条第1款第1项关于“原判决、裁定认定事实清楚，适用法律正确的，以判决、裁定方式驳回上诉，维持原判决、裁定”的规定，在维持一审判决的同时，对于锦汇公司支付环境修复费用的期限和条件进行适当调整，并非基于一审判决存在错误而改判，适用法律并无不当。二审判决的裁判方法有利于引导和鼓励企业主动改进生产技术，降低环境风险，从源头上减少环境污染。锦汇公司关于二审判决引用《民事诉讼法》第170条第1款第1项适用法律错误的主张，缺乏法律依据，最高法不予支持。

综上，锦汇公司的再审申请不符合《民事诉讼法》第200条第1项、第2项、第6项、第11项规定的情形。

法院判决：依照《民事诉讼法》第204条第1款之规定，裁定如下：驳回锦汇公司的再审申请。

【知识点关联及案例点评】

本案是使用虚拟治理成本法确定损害大小的典型案例。

依据《环境民事公益诉讼司法解释》的规定，环境民事公益诉讼的恢复性责任是指行为人因实施了污染环境、破坏生态损害社会公共利益或者具有损害社会公共利益重大风险的行为而承担的恢复原状责任。

根据《环境民事公益诉讼司法解释》第20条的规定，恢复性责任的内容包括三个方面：一是生态（环境）损害发生后，被告首先应当采取有效措施将生态（环境）修复到损害发生之前的状态和功能；二是出现部分或全部无法完全修复的，可以准许采用替代性修复方式；三是污染者需要承担恢复原状责任的，人民法院可以同时确定被告不履行修复义务时应承担的生态（环境）修复费用，防止因污染者的意愿及能力因素而使生态（环境）迟迟得不到修复。上述修复生态（环境）费用包括制订、实施修复方案的费用和相关监测、监管等费用。

河流自我净化后恢复原水质，被告是否需要承担环境修复费用？水是具有流动性的环境要素/环境介质，并且具有较强的自净能力。本案中如泰运河和古马干河被污染前的水质为第Ⅲ类，经过自我净化之后，2013 年的河流水质仍为第Ⅲ类。水环境是一个整体的生态系统，其中包括水生物、河床等水生态环境。不能以水质恢复为理由而否认水生态环境修复的必要性。这对今后司法实践的启示为：确定环境修复必要性应当基于对受损生态（环境）的整体性考虑。

水体污染修复费用是否可以代替生态环境损害？《环境污染损害数额计算推荐方法》（第Ⅰ版）规定的污染修复费用是指污染事故应急处理结束后，经过污染风险评估确定应该采取的将污染引发的风险降至可接受水平的人工干预措施所需费用，包括制订修复方案和监测、监管产生的费用。应当以实际修复工程费用作为污染修复费用。但如果无法得到实际修复工程费用，推荐采用虚拟治理成本法和/或修复费用法计算。因此，本案以水体污染修复费用替代生态环境损害具有事实及法律依据。

环境污染修复费用应当采用修复费用法还是虚拟治理成本法，以及适用哪一版本《推荐办法》？依据《环境污染损害数额计算推荐方法》（第Ⅰ版）4.5 的要求，污染修复费用以实际修复工程费用为准，但如果无法得到实际修复工程费用，推荐采用虚拟治理成本法和/或修复费用法计算，并根据受污染影响区域的环境功能敏感程度分别乘以 1.5～10 以及 1.0～2.5 的倍数作为这部分费用的上、下限值。其中，污染修复费用难于计算的，采用虚拟治理成本法；污染修复费用易于计算的，采用修复费用法。出席一审庭审的专家辅助人认为，向水体倾倒危险废物，无论是对长江内河水生态环境资源造成的损害进行修复所需费用，还是将污染引发的风险降至可接受水平的人工干预措施所需费用，均将远远超过将污染物直接处理的费用；一审鉴定人也认为无法计算得到实际人工干预的费用或者难于计算人工干预的费用，可以采用虚拟治理成本法计算损失。《环境污染损害数额计算推荐方法》（第Ⅰ版）未规定虚拟治理成本法的适用情形。《环境损害鉴定评估推荐方法》（第Ⅱ版）规定：虚拟治理成本法适用于环境污染所致生态环境损害无法通过恢复工程完全恢复，恢复成本远远大于其收益或缺乏生态环境损害恢复评价指标的情形。《环境损害鉴定评估推荐方法》（第Ⅱ版）与《环境污染损害数额计算推荐方法》（第Ⅰ版）关于虚拟治理成本法的规定并无本质区别，且本案情形实质上属于《环境损害鉴定评估推荐方法》（第Ⅱ版）中确定的虚拟治理成本法的适用情形。综合上述情况，本案确认污染修复费用应适用虚拟治理成本法。

值得注意的是，为明确生态环境损害鉴定评估运用的虚拟治理成本法的适用条件，2017年环境保护部办公厅发布《关于生态环境损害鉴定评估虚拟治理成本法运用有关问题的复函》（环办政法函〔2017〕1488号），明确规定"排放污染物的事实存在，生态环境损害观测或应急监测不及时等原因导致损害事实不明确或生态环境已自然恢复"可以适用虚拟治理成本法。但原告关于损害事实存在与否的举证是否可以由此而被豁免，则需要未来立法予以进一步明确。

（案例编辑人：梁晓敏、李欣）

第四节　环境民事公益诉讼的赔偿性责任

【案例文书1】江苏省徐州市人民检察院诉徐州市鸿顺造纸有限公司环境民事公益诉讼请求赔偿过渡期损失案①

公益诉讼人（被上诉人）：江苏省徐州市人民检察院

被告（上诉人）：徐州市鸿顺造纸有限公司

审理法院：江苏省徐州市中级人民法院、江苏省高级人民法院

① 江苏省高级人民法院（2016）苏民终1357号民事判决书.

案件基本情况：江苏省徐州市中级人民法院（以下简称徐州中院）经审理查明：2008 年 8 月 20 日，徐州市环境保护局作出《关于对铜山县鸿顺造纸厂年产 6 万吨高强瓦楞原纸技改项目环境影响报告表的批复》（徐环项［2008］75 号）（以下简称“技改项目环评报告表”）。2014 年 12 月，江苏省环境保护厅给徐州市鸿顺造纸有限公司（以下简称鸿顺公司）颁发排放污染物许可证，要求该项目执行《纸浆造纸工业水污染物排放标准》（GB 3544—2008）表 2 中“制浆和造纸联合生产企业”排放标准，废水排放总量限值为 19.5 万吨/年，废水只能用于回用或者灌溉，不能排放到地面水体。2013 年至 2015 年间，鸿顺公司 6 万吨高强瓦楞纸技改项目正常生产。

2013 年 4 月 27 日，徐州市铜山区环境保护局柳新环境监察中队发现鸿顺公司年产 6 万吨高强瓦楞纸项目存在私设暗管排放生产废水和污水处理设施不能正常运转等问题。

2014 年 4 月 5 日至 6 日，鸿顺公司私设暗管排放未经处理的生产废水 600 吨，废水汇入苏北堤河。2014 年 4 月 18 日，徐州市铜山区环境保护局作出铜环责改字［2014］21 号责令改正环境违法行为决定书，责令该公司立即拆除暗管。2014 年 5 月 12 日，徐州市铜山区环境保护局向鸿顺公司发出铜环罚字［2014］25 号行政处罚决定书，对鸿顺公司处以人民币 5 万元的罚款。2014 年 8 月 14 日，鸿顺公司缴纳 5 万元罚款。

2015 年 2 月 24 日至 25 日，鸿顺公司临时设置直径 20 厘米铁质排放管，将未经处理的生产废水经该公司污水处理厂南侧排入苏北堤河，排放量 2 000 吨。徐州市铜山区环境监测站于 2015 年 2 月 25 日对该公司外排废水进行采水样监测，数据显示“化学需氧量为 1 180 mg/L，氨氮为 28.2 mg/L，总磷为 1.60 mg/L”，分别超过《纸浆造纸工业水污染物排放标准》（GB 3544—2008）12.1 倍、2.5 倍、1 倍。2015 年 3 月 12 日，徐州市铜山区环境保护局作出铜环罚字［2015］6 号行政处罚决定书，对鸿顺公司处以人民币 10 万元的罚款。2015 年 4 月 27 日，鸿顺公司缴纳罚款 10 万元。

另查明：苏北堤河入顺堤河后进入京杭运河不牢河段，系流经区域的灌溉排涝主要河流之一。公益诉讼人为调查取证，支付专家咨询费用

3 000元。

徐州中院认为：

（1）鸿顺公司应当承担恢复原状的侵权责任。鸿顺公司违反《水污染防治法》等法律规定，2013年、2014年、2015年三次违法排放废水，2014年、2015年排放的废水直接汇入苏北堤河，造成环境污染，应依法承担相应的法律责任。鸿顺公司外排废水经稀释后浓度逐步降低，不能以此认为未对环境造成损害或损害程度较小。因河水流动，污染源向下游扩散，倾倒处的水质的好转并不意味着地区水生态环境已修复，生态环境依然有修复的必要。即使现在苏北堤河的水质已达标准，依然需要用替代修复方案对地区生态环境进行修复，鸿顺公司应当承担替代修复责任。鉴于鸿顺公司已明确表示没有能力将环境恢复原状，亦不能提出修复方案，依据《环境民事公益诉讼司法解释》第20条规定，可直接确定鸿顺公司所应承担的生态环境修复费用来替代恢复原状的责任。

（2）公益诉讼人和鸿顺公司双方的技术专家均认可本案生态环境修复费用可按照环保部《关于开展环境污染损害鉴定评估工作的若干意见》（环发［2011］60号）和《环境损害鉴定评估推荐方法》（第Ⅱ版），采用虚拟治理成本法确定。鸿顺公司2014年及2015年两次共计违法排放2 600吨废水，按照虚拟治理成本法计算生态环境修复费用为2 600×50×2.035＝264 550（元）。

（3）鸿顺公司年产6万吨环境影响报告表、建设项目竣工环境保护验收申请表均表明，鸿顺公司运行生产设备每天废水排放量最高可达960吨，年度废水排放量更是高达19.5万吨。法院作出释明后，鸿顺公司未能提供近年的产量、废水产生量、防治污染物设施建设和运行情况等相关证据证明其违法排污量仅限于2 600吨。根据《民事诉讼法司法解释》第108条规定，确信鸿顺公司实际排污量远大于2 600吨的事实具有高度可能性。每吨50元的防治污染设备运行成本，意味着违法偷排能获取较高的非法利益。鸿顺公司连续3年、3次被查获违法排污，均采用偷埋、私设暗管等方式违法排放。鸿顺公司在环保部门给予环境监察建议、处以罚款后，仍加大废水排放量，主观过错明显。环境侵权行为及后果的复杂性、长久性、隐蔽性、迁移性等特点导致其危害性强、损害范围广且难以及时固定证据。不能仅就 2 600 吨的排污事实确定鸿顺公司的赔偿责任。本案应综合考虑案件事实及相关因素，酌情确定生态环境修复费用。

《环境民事公益诉讼司法解释》第 21 条规定，原告请求被告赔偿生态环境受到损害至恢复原状期间服务功能损失的，人民法院可以依法予以支持。公益诉讼人申请出庭的技术专家提出，高浓度废水排入河流后会导致灌溉用水不符合灌溉需要，甚至会影响京杭运河的水质。鉴于本案受污染环境的复杂性、功能的多样性，虽然服务功能损失难以准确计算，但鉴于此项损失客观存在，在确定鸿顺公司所应承担的赔偿费用时，应予以酌情考虑。

综合考虑已查明的环境污染情节、违法程度及主观过错程度、防治污染设备的运行成本、鸿顺公司的生产经营情况及因侵害行为所获得的利益、污染环境的范围和程度、生态环境恢复的难易程度、生态环境的服务功能等因素，酌情确定鸿顺公司所应当承担的生态环境修复费用及生态环境受到损害至恢复原状期间的服务功能损失共计 105.82 万元，并应承担公益诉讼人为本案支付的专家费用 3 000 元。

（4）鸿顺公司因行政违法而被行政机关处以行政处罚，并不影响其民事责任的承担。鸿顺公司主张用已经缴纳的罚款抵扣赔偿数额，该主张缺乏法律依据，但在确定鸿顺公司应承担的环境污染责任时，对其已缴纳 15 万元行政罚款的事实酌情综合评判。

一审法院判决：

徐州中院依照《侵权责任法》第 15 条第 5 项、第 6 项和第 65 条，《环境民事公益诉讼司法解释》第 13 条、第 15 条、第 20 条、第 21 条、第 22 条、第 23 条，《人民法院审理人民检察院提起公益诉讼案件试点办法》第 2 条、第 3 条、第 4 条，《民事诉讼法司法解释》第 108 条之规定，判决如下：

（1）鸿顺公司于本判决生效后 30 日内赔偿生态环境修复费用及生态环境受到损害至恢复原状期间的服务功能损失共计 105.82 万元，支付至徐州市环境保护公益金专项资金账户；（2）鸿顺公司于本判决生效后 10 日内支付公益诉讼人为本案支付的合理费用 3 000 元。

案件受理费 14 324 元，由鸿顺公司负担。

鸿顺公司不服一审判决，提起上诉，请求：撤销一审判决，驳回公益诉讼人起诉或改判赔偿生态修复费用 4.5 万元。事实和理由如下：

（1）公益诉讼人的诉讼请求不符合受理条件，应当驳回起诉；原审法院超诉讼请求判决，审判程序违法。公益诉讼人关于判令鸿顺公司以 26.91 万元为基数的 3 倍至 5 倍承担赔偿责任的诉讼请求数额为约数，诉讼请求不明确，应当依法驳回起诉。公益诉讼人没有起诉请求赔偿生态环境修复费用，原审判决赔偿生态环境修复费用，属于超诉讼请求判决，审判程序违法。

（2）鸿顺公司不应当承担生态修复费用。鸿顺公司虽违法排放废水，但所排放废水的成分以有机物、木质素、纤维素为主，重金属等有毒有害物质极少，由于水体的自我净化，苏北堤河的水质未受影响，排放废水行为未造成生态破坏。

（3）原审判决将 2.035 倍作为计算本案生态环境损害赔偿计算系数取值过高。鸿顺公司生产瓦楞纸采用全废纸造纸工艺，造纸废水主要为废纸的碎浆、筛选、浮选及抄纸过程中产生的废水。因无脱墨、漂白等工艺，与脱墨废纸浆生产工艺相比，排出的废水污染负荷少，生态修复容易。依据虚拟治理成本法环境损害数额赔偿倍数取值范围为 1.5～3 倍，本案应当按照 1.5 倍取值。

（4）原审判决以 26.455 万元为基数，以其 3 倍至 5 倍计算生态环境修复费用和服务功能损失缺乏法律依据。服务功能损失认定无事实依据。苏北堤河因水体流动及自我净化，水质早已自然恢复，无须恢复原状，也不存在服务功能损失。

（5）原审判决未将鸿顺公司已经缴纳的 15 万元罚款予以抵扣不当。铜山区环境保护局曾经依据《水污染防治法》对本公司处以罚款。《水污染防治法》的立法目的是防治水污染，保护和改善环境。本公司缴纳的罚款应当用于改善环境，与本案赔偿资金的使用目的一致。已经缴纳的罚款理应在赔偿金中予以抵扣。

被上诉人江苏省徐州市人民检察院收到上诉状后未提交书面答辩意见。

江苏省高级人民法院认为，鸿顺公司的上诉请求不能成立。具体理由分述如下：

（1）徐州市人民检察院的诉讼请求明确，原审判决未超公益诉讼人的请求范围。《环境民事公益诉讼司法解释》第 23 条规定："生态环境修复费用难以确定……的，人民法院可以结合污染环境、破坏生态的范围和程度、生态环境的稀缺性、生态环境恢复的难易程度、防治污染设备的运行成本、被告因侵害行为所获得的利益以及过错程度等因素，并可以参考负有环境保护监督管理职责的部门的意见、专家意见等，予以合理确定。"由于排污行为具有隐蔽性、污染后果显现具有滞后性等因素，根据上述规定，在一定条件下法官应当对生态环境修复费用作出裁量酌定。法官在行使自由裁量权过程中需要根据案件中各种主客观因素在一定区间数额内进行权衡取舍。公益诉讼人提出的要求鸿顺公司在以 26.91 万元为基数的 3 倍至 5 倍范围内承担赔偿责任的诉讼请求，区间起止点明确具体，其实质是请求法院在该请求区间范围内，综合本案的情况，作出合理裁量。鸿顺公司认为该诉讼请求不成立，亦完全可以在实体审理过程中举出证据予以辩驳。徐州市人民检察院的诉讼请求符合《民事诉讼法》第 119 条第 3 项规定。

徐州市人民检察院提起环境公益诉讼，要求鸿顺公司承担将其污染的苏北堤河环境恢复原状并赔偿服务功能损失。由于鸿顺公司在一审审判过程中已明确表示没有能力将环境恢复原状，亦不能提出修复方案，一审法院依照《环境民事公益诉讼司法解释》第 20 条之规定直接确定鸿顺公司所应承担的生态环境修复费用来替代恢复原状的责任。该判决并未超出徐州市人民检察院的请求范围。

（2）污染物排放点的环境质量已经达标不能作为拒绝承担生态环境修复费用的理由。因鸿顺公司的生产废水具有明显的环境危害性，江苏省环境保护厅在作出环评许可时明确禁止鸿顺公司将生产废水排放到地面水体。但鸿顺公司以私设暗管的方式将化学需氧量超标 12.1 倍、氨氮超标 2.5 倍、总磷超标 1 倍的生产废水偷排进苏北堤河。仅 2014 年和 2015 年两次被查获排放的废水就达 2 600 吨。鸿顺公司的上述行为必然对苏北堤河造成污染。

由于河水的流动性，污染物排放点的水质有可能好转，更多的是污染物迁移的结果。污染物必将会向下游转移并逐步扩散，污染物依然存在于生态环境系统，生态环境依然需要修复。虽然随着时间的推移，经生态系统的自然净化，污染物总量有可能减少甚至基本消失，但在生态环境自净期间，环境的整体质量已经下降，生态环境的承载能力受到不利影响。在自净过程中，灌溉用水水质下降，对农业生产会产生不利影响，对下游水生态会造成损害，存在着服务功能损失。依照《侵权责任法》第 65 条之规定，鸿顺公司应当承担侵权赔偿责任，对遭受损害的生态环境进行修复或者承担替代修复责任，对服务功能损失进行赔偿。

（3）原审判决以 2.035 倍作为以虚拟治理成本法计算生态环境修复费用时的计算系数并无不当。因河水流淌、污染物扩散，无法获得实际工程修复费用，环境保护部《环境损害鉴定评估推荐方法》（第Ⅱ版）推荐以虚拟治理成本法确定生态环境修复费用。本案一审中，鸿顺公司和徐州市人民检察院均认可依照该方法计算生态环境修复费用，均认可排放废水的虚拟治理成本为 50 元/吨，均认可按照虚拟治理成本的 1.5～3 倍计算生态环境修复费用。

《环境民事公益诉讼司法解释》第 23 条规定，生态环境修复费用难以确定的，人民法院可以结合污染环境、破坏生态的范围和程度、生态环境的稀缺性、生态环境恢复的难易程度、防治污染设备的运行成本、被告因侵害行为所获得的利益以及过错程度等因素，并可以参考负有环境保护监督管理职责的部门的意见、专家意见等，予以合理确定。就本案而言，应当考虑污染的后果、污染者的主观过错程度等因素，合理确定计算系数。苏北堤河入顺堤河后进入京杭运河，系流经地区的灌溉、排涝主要河流。其水质不仅影响到京杭运河的水质，也关系到流经区域的农业灌溉用水的质量。鸿顺公司向苏北堤河排放生产废水对生态环境具有明显的危害。鸿顺公司多次反复以私设暗管的方式偷排，非法排放行为具有较强的隐蔽性，在环保机关查处后依然违法排放，过错程度严重。鸿顺公司每吨废水的治理成本达 50 元，其偷排行为获利明显。一审法院在 1.5～3 倍计算系数的中间值以下确定 2.035 为系数计算鸿顺公司排放 2 600 吨生产废水的生态环境修复费用，亦是考虑了鸿顺公司所排放废水的成分为可降解的有机物这一因素。该系数并未超出合理的选择区间，不存在计算系数偏高的情形。鸿顺公司主张以 1.5 倍计算生态环境修复费用，该主张缺乏事实依据，法院不予支持。

(4) 以查获的排放废水量的 4 倍计算生态环境修复费用具有事实和法律依据。徐州市人民检察院以鸿顺公司多次偷排废水且防治污染设备未能有效运行为由，主张该公司实际排放废水远超 2 600 吨，应当以 26.91 万元为基数，在该基数的 3 倍至 5 倍之间确定生态环境损害赔偿责任和服务功能损失赔偿责任。鸿顺公司运行生产设备每天废水生成量最高可达 960 吨，在 2013 年就存在污水处理设施不能正常运转问题。该公司连续 3 年被发现私设暗管排放废水，查获的废水排放量逐年增多。上述事实足以证明徐州市人民检察院该项诉讼主张的成立具有高度的可能性。

鸿顺公司有能力举证证明该企业废水的实际排放量。《环境保护法》第 42 条第 3 款规定，重点排污单位应当按照国家有关规定和监测规范安装使用监测设备，保证监测设备正常运行，保存原始监测记录。鸿顺公司作为重点排污单位，早在 2009 年 9 月就安装了污染物排放检测计量装置。鸿顺公司完全有能力证明该公司生产废水的实际排放量，也完全可以举出净化污水实际耗费成本的财务证据。更由于偷排污染物系生产企业单方秘密实施的违法行为，本案应当由鸿顺公司承担该公司废水实际排放量的举证责任，并承担举证不能的法律后果。鸿顺公司在一审法院释明后依然未能提交相关证据以推翻徐州市人民检察院的主张。依照《环境民事公益诉讼案件司法解释》第 13 条之规定，应当认定徐州市人民检察院所提鸿顺公司实际排放废水为查获偷排量 2 600 吨的 3 倍至 5 倍的主张成立。一审法院认定鸿顺公司应当以实际查获偷排量 2 600 吨的 4 倍计算侵权赔偿费用并无不当。

(5) 已经缴纳的罚款不应从生态环境修复费用中抵扣。依照《侵权责任法》第4条之规定，侵权人因同一行为应当承担行政责任或者刑事责任的，不影响依法承担侵权责任。环保执法机关对鸿顺公司作出罚款的行政处罚，属于该公司因行政违法而应当承担的行政责任。该处罚系对鸿顺公司违法排放废水的惩戒，目的在于遏制环境违法行为。徐州市人民检察院要求鸿顺公司支付生态修复费用，系要求该公司承担对生态环境造成损害的修复责任，这属于民事侵权责任。两项法律责任的功能完全不同。鸿顺公司要求将其缴纳的罚款在侵权赔偿费用中予以抵扣，该请求缺乏法律依据。

鸿顺公司非法排放生产废水污染苏北堤河，应当承担生态环境修复责任。原审判决认定鸿顺公司非法排放生产废水的生态环境修复费用依据充分，计算方法合法适当；公益诉讼人的诉讼请求明确具体，原审审判程序合法。

综上所述，鸿顺公司的上诉请求不能成立，应予驳回；一审判决认定事实清楚，适用法律正确，应予维持。

二审法院判决：依照《民事诉讼法》第170条第1款第1项规定，判决如下：驳回上诉，维持原判。二审案件受理费14 324元，由鸿顺公司负担。

【案例文书2】浙江省开化县人民检察院诉衢州瑞力杰化工有限公司环境民事公益诉讼赔偿过渡期损失案①

公益诉讼起诉人：浙江省开化县人民检察院

被告：衢州瑞力杰化工有限公司

审理法院：浙江省衢州市开化县人民法院

案件基本情况：公益诉讼起诉人浙江省开化县人民检察院（以下简称“开化检察院”）与被告衢州瑞力杰化工有限公司（以下简称“瑞力杰公司”）环境污染责任公益诉讼一案，于2017年12月7日向衢州市中级人民法院提起诉讼。经浙江省高级人民法院批准，衢州市中级人民法院裁定本案由开化县人民法院审理。

① 浙江省开化县人民法院（2017）浙0824民初3843号民事判决书.

浙江省衢州市开化县人民法院（以下简称开化县人民法院）经审理查明，2017 年 6 月 27 日第十二届全国人民代表大会常务委员会第二十八次会议通过关于修改《民事诉讼法》的决定，确认自 2017 年 7 月 1 日起，人民检察院在履行职责中发现破坏生态环境和资源保护、食品药品安全领域侵害众多消费者合法权益等损害社会公共利益的行为，可以向人民法院提起诉讼。本案公益诉讼起诉人具备诉讼的主体资格。

衢州瑞力杰化工有限公司（以下简称瑞力杰公司）成立于 2004 年 6 月，经营范围为生产、销售四甲基硅氮烷、甲基乙烯基硅橡胶等有机硅系列产品（不含化学危险品）。2016 年 12 月瑞力杰公司将经营范围变更为化工产品（不含危化品）批发、零售。2005 年 8 月 2 日，瑞力杰公司与开化县华埠镇张家村（现新安村）第一承包组签订土地租赁合同，租赁 205 国道边小龙坞约两亩土地用于工业固体废物填埋，租赁期限为 30 年。2005 年 8 月至 2006 年年底期间，瑞力杰公司陆续将生产过程中产生的上百吨有机硅胶裂解产生的废渣、废活性炭等工业固废填埋在该山坳中。

2016 年 7 月，开化县环境保护局在开展环境大提升整治活动中，因新安村小龙坞山坳异味展开调查，发现瑞力杰公司污染环境的情况。2016 年 11 月 11 日开化县环境保护局对瑞力杰公司作出责令改正违法行为决定书，责令瑞力杰公司将新安村山坳内的危险废物交由有资质的单位处理，于 2016 年 12 月 10 日前完成。2016 年 12 月 1 日，瑞力杰公司委托衢州巨秦建材有限公司处理该工业固废。衢州巨秦建材有限公司将该工业固废以及感官上觉得受到污染的土壤全部挖出，并清运处理，共计 1 735.8 吨。新安村小龙坞山坳受污染地块清运处置完成后，2016 年 12 月 20 日，浙江环资检测科技有限公司受开化县环境保护局委托对小龙坞山坳的残留土壤进行检测，发现岩石层被污染的情况相当严重。2017 年 5 月 19 日，绍兴市环保科技服务中心受开化县环境保护局委托，对开化县华埠镇新安村小龙坞环境损害开展评估鉴定，评估认定新安村小龙坞山坳的工业固废堆放填埋场地的土壤（包括地下水）、水潭、东侧马金溪河流中污染物与该场地堆放填埋的工业固废具有同源性，确认填埋在小龙坞的工业固废产生渗滤液，对小龙坞的土壤和东侧马金溪河的流水生态环境以及地下水生态环境造成了损害，2005年8月9日至2016年12月20日期间生态环境损害数额为181 700元。

2017年5月31日，开化县环境监测站受开化县环境保护局委托，对开化县新安村小龙口水潭及其下游、上游的废水、地表水采样监测，监测结果表明，小龙坞（山坳）清理后的场地现场水潭中化学需氧量、氨氮、总磷、总氮浓度全部超标。2017年7月26日，浙江卓锦环保科技股份有展公司受开化县环境保护局委托，对开化县华埠镇新安村小龙坞地块作出土壤修复工程实施方案，选用原地异位化学氧化技术进行土壤中有机污染的修复和治理，详细调查及修复工程费用预算1 240 050元。

另查明，衢州市范围内无专门从事环境保护公益活动连续5年以上且无违法记录的社会组织。

开化县人民法院根据双方当事人的诉讼请求、答辩意见以及证据交换的情况，确认本案的争议焦点为：（1）关于瑞力杰公司填埋工业固废是否对环境造成严重污染的问题；（2）关于会议纪要能否作为费用承担依据的问题；（3）关于生态环境受到损害期间服务功能损失费用是否合理的问题；（4）关于修复方案评估得出的修复费用能否作为定案依据以及修复方是否存在滥收费的问题。

（1）关于瑞力杰公司填埋工业固废是否对环境造成严重污染的问题。

公益诉讼起诉人主张，开化县环境保护局委托开化县环境监测站、浙江环资检测科技有限公司、绍兴市环保科技服务中心浙江绿盛环保工程有限公司等机构对小龙坞的污染情况进行检测、评估，结果显示被告填埋的工业固废造成周边的土壤苯、甲苯严重超标，现场水潭化学需氧量、氨氮等多项指标超过第Ⅲ类地表水标准限值，表明被告违法填埋工业固废对土壤和周边水体造成了直接污染。环境损害鉴定评估人员在庭审中陈述：水污染事故不限于人体受损，生态系统的不利改变也是环境受到损害的表现之一。水流有自净功能，水体功能自行恢复，但污染没有消失，如果污染源不消除，不断累积的污染物必将超出河流的承载能力，最终导致不可逆转的损害。

被告主张，本公司的固废主要成分是过滤后活性炭、裂解废渣，堆放点距居民区600米，距工业区700米，距马金溪20米。整整10年，从未有居民投诉，也未发生周边植物死亡情况。马金溪水符合第Ⅲ类水指标，10年间未发生水污染事件。所以被告认为土壤污染客观存在，水污染谈不上严重影响生态环境。

开化县人民法院认为，浙江环资检测科技有限公司作出的浙环检土字（2016）第75号检测报告的检测结果为：新安村205国道边表层土已被黑色固体废弃物污染，主要污染物为苯、甲苯；开化县环境监测站作出的开环监（2017）监字第78号监测报告显示，现场水潭化学需氧量、氨氮等多项指标超过第Ⅲ类地表水标准限值；绍兴市环保科技服务中心作出的“开化县华埠镇新安村小龙坞（山坳）工业废料堆放案件生态环境损害鉴定评估意见书”的鉴定评估结论为：华埠镇新安村小龙坞（山坳）工业固废堆放填埋产生渗滤液对小龙坞东侧马金溪河流地表水生态环境、小龙坞（山坳）土壤及地下水生态环境造成了损害，认定水潭、东侧马金溪河流、该场地土壤（包括地下水）中污染物与该场地堆放填埋的工业固废具有同源性。因此开化县人民法院认为，被告堆放填埋工业固废的行为与该场地的土壤污染、水污染具有因果关系，并已造成周边的土壤苯、甲苯严重超标，现场水潭化学需氧量、氨氮等多项指标超过第Ⅲ类地表水标准限值。《固体废物污染环境防治法》第17条第1款规定：“收集、贮存、运输、利用、处置固体废物的单位和个人，必须采取防扬散、防流失、防渗漏或者其他防止污染环境的措施；不得擅自倾倒、堆放、丢弃、遗撒固体废物。”被告瑞力杰公司租赁新安村小龙坞，擅自将工业固废填埋在山坳中，未作防渗漏或者其他防止污染的措施，造成该地块生态环境受到损害。《侵权责任法》第65条规定：“因污染造成损害的，污染者应当承担侵权责任。”《环境民事公益诉讼司法解释》第18条规定：“对污染环境、破坏生态，已经损害社会公共利益或者具有损害社会公共利益重大风险的行为，原告可以请求被告承担停止侵害、排除妨碍、消除危险、恢复原状、赔偿损失、赔礼道歉等民事责任。”被告瑞力杰公司违规填埋工业固废，造成生态环境受到损害的事实清楚，其应依法承担侵权的民事责任。

（2）关于会议纪要能否作为费用承担依据的问题。

公益诉讼起诉人主张，环境损害期间的功能损失费和修复费用与《华埠镇新安村废品收购站工业废料处置协调会纪要》中的“废物处置过程中产生的其他费用”并不是同一项费用。首先，它指的是2016年12月被告委托衢州巨泰建材有限公司处理被告填埋在小龙坞山坳的工业固废过程中产生的其他费用。其次，按照谁污染谁治理的原则，治理的费用应当由被告承担。

被告主张，《华埠镇新安村废品收购站工业废料处置协调会纪要》第4条约定，废料处置过程中产生的其他费用，由华埠镇政府、工业园区、县环保局协商解决。按该纪要，被告出资负责清理处置废渣，处置过程中产生的其他费用与被告无关。

开化县人民法院认为，协调会只是针对华埠镇新安村废品收购站工业废料处置过程中遇到的矛盾进行了协调，形成意见：由瑞力杰公司负责清理处置废渣，并在清理完成后对该地段土壤进行专家评估，废料处置过程中产生的其他费用由华埠镇政府、工业园区、县环保局协商解决。本案中公益诉讼起诉人主张被告支付的生态环境损害期间的服务功能费用并承担修复费用，是环境受到损害产生的相关费用，并不是废料处置过程中产生的费用。故对被告的抗辩开化县人民法院不予支持。

（3）关于生态环境受到损害期间服务功能损失费用是否合理的问题。

公益诉讼起诉人主张，开化县环境保护局委托绍兴市环保科技服务中心进行鉴定评估，绍兴市环保科技服务中心的经营范围包括环境污染损害鉴定评估等，同时它也是浙江的法院对外委托机构信息平台中确定的评估机构，也是环保部第二批《环境损害鉴定评估推荐机构名录》中的推荐机构，具备环境损害鉴定评估资质。该份鉴定评估意见中确认了被告填埋工业固废产生的渗滤液对小龙坞东侧马金溪河流地表水生态环境、小龙坞土壤和地下水生态环境造成了损害的事实。专业的鉴定评估机构和人员根据专业的鉴定评估方法计算得出环境损害数额，且鉴定评估意见书经举证质证，相关鉴定评估人员也出庭接受了质询，具有科学性。

被告主张，绍兴市环保科技服务中心作出的“开化县华埠镇新安村小龙坞（山坳）工业废料堆放案件生态环境损害鉴定评估意见书”采以固废为1 735.8吨为基础计算渗滤液数量为6 972.65立方米，而该1 735.8吨是在清理固废时，用大型挖机开挖，将周边泥土、覆盖土以及固废混同后一同装车运送的数量，与实际的100余吨固废事实不符，导致计算有误。

开化县人民法院认为，绍兴市环保科技服务中心在计算生态环境损害数额时并未参照固废的重量，而是采用浸出系数法，其中，渗滤液生态环境损害期间降雨总量20 831.17毫米* ×作业单元渗出系数中间值0.6×固废填埋堆放面积557.87平方米÷1 000＝6 972.65立方米*，因生态环境损害数额为虚拟治理成本的4.5～6倍，取中间值5.25倍，即生态环境损害数额［渗滤液6 972.68立方米×（污水处理费1.05元/立方米＋运费0.51元/立方米）＋人工费217.79元/天×109天］×5.25倍31元*，保留百位数即181 700元，渗滤液和生态环境损害数额的计算方式并没有使用固废总量的数字，故对于被告的抗辩法院不予支持。《环境民事公益诉讼司法解释》第21条规定：“原告请求被告赔偿生态环境受到损害至恢复原状期间服务功能损失的，人民法院可以依法予以支持。”本案中因案涉地块的土壤和水环境被污染，公益诉讼起诉人要求被告赔偿生态环境受损期间的服务功能损失有事实和法律依据，法院予以支持。

（4）关于修复方案评估得出的修复费用能否作为定案依据以及修复方是否存在乱收费的问题。

公益诉讼起诉人主张，浙江绿盛环保工程有限公司对污染地块进行了详细调查和风险评估，浙江卓锦环保科技股份有限公司依据浙江绿盛环保工程有限公司对地块的评估报告设计了整个修复方案和工艺流程，根据方案和流程，还列出了具体的项目预算表，各项费用需求明确。修复方案中也不存在重复收费的情形。在诉讼请求中，并没有浙江绿盛环保工程有限

---

* 判决书原文。

公司的详细调查和风险评估的费用，这块费用计算在预算里是合理的。

被告主张，修复方案中的预算费用明显超出实际情况，其中风险评估费用17万元属于重复计算，项目预算报告编制费、评审费、措施费、不可预见费均为乱收费，修复费用应当在60万元至70万元之间较为合理。应按实际修复计算治理费用，且应按会议纪要的约定承担修复费用。

开化县人民法院认为，《环境侵权责任司法解释》第10条规定："负有环境保护监督管理职责的部门或者其委托的机构出具的环境污染事件调查报告、检验报告、检测报告、评估报告或者监测数据等，经当事人质证，可以作为认定案件事实的根据。"本案中，开化县环境保护局委托具备环境损害鉴定评估资质的绍兴市环保科技服务中心、具有环保专项评估资质的浙江绿盛环保工程有限公司、具有环境污染修复设计和治理资质的浙江卓锦环保科技股份有限公司以及浙江环资检测科技有限公司等，对所涉污染事件进行检测、鉴定、评估，各项报告均由公益诉讼起诉人、被告进行当庭质证，其具备证据的证明力，可以作为认定本案案件事实的依据。《环境民事公益诉讼司法解释》第20条第3款规定，"生态环境修复费用包括制定、实施修复方案的费用和监测、监管等费用"。公益诉讼起诉人的第三项诉讼请求中，其中的鉴定评估费98 000元为绍兴市环保科技服务中心收取的，检测费27 045元是浙江环资检测科技有限公司收取的，该两项费用实际为生态环境损害期间服务功能损失的鉴定评估、检测费用。浙江卓锦环保科技股份有限公司出具的"开化县华埠镇新安村小龙坞（山坳）工业固废堆放地块修复方案"中列明的项目预算中，风险评估费用15万元即为浙江绿盛环保工程有限公司作出"开化县华埠镇新安村小龙坞（山坳）工业固废堆放地块详细调查与风险评估报告"的费用，均为预算，并未实际支付，故不存在重复收费的问题。且为了确保修复方案的客观、公正，2017年7月26日，开化县环境保护局组织三名专家对两家公司的报告进行评审，评审意见认为：报告内容较为全面，符合国家和浙江省相关技术规范要求，调查结论总体可信，风险评估修复目标值基本合理。因此，两份报告具有证据的合法性、有效性、关联性，可以作为认定本案案件事实的依据。故对于被告的抗辩，法院不予支持。

综上所述，开化县人民法院认为，被告瑞力杰公司违规填埋工业固废，造成生态环境受到损害的事实清楚，其应依法承担侵权的民事责任。公益诉讼起诉人主张被告瑞力杰公司赔偿生态环境受到损害期间的服务功能损失费、修复费，具有事实和法律依据，亦具有合理性。综合考虑已查明的具体污染情节、被告的主观过错程度、污染环境的范围和程度，生态环境恢复的难易程度、生态环境的服务功能等因素，法院支持公益诉讼起诉人的诉讼请求，确定被告应当赔偿生态环境受到损害期间的服务功能损失费 181 700 元，支付修复费用 1 240 050 元，并应当承担相关鉴定评估费、检测费。

法院判决：依照《侵权责任法》第 15 条第 6 项、第 65 条，《环境民事公益诉讼司法解释》第 18 条、第 21 条、第 22 条，《环境侵权责任司法解释》第 1 条、第 10 条，《民事诉讼法司法解释》第 108 条之规定，判决如下：

（1）被告瑞力杰公司于本判决生效后 30 日内赔偿生态环境受到损期间的服务功能损失费 181 700 元（该款项用于修复开化县华埠镇新安村小龙坞山坳的生态环境）；

（2）被告瑞力杰公司于本判决生效后 30 日内支付修复开化县华埠镇新安村小龙坞山坳生态环境的费用 1 240 050 元（该款项用于修复开化县华埠镇新安村小龙坞山坳的生态环境）；

（3）本案鉴定评估费 9 800 元、检测费 27 045 元，共计 125 045 元，由被告瑞力杰公司负担，限于本判决生效后 30 日内支付。

上述费用交付至开化县人民法院执行款专用存款账户。如果未按本判决指定的期间履行给付金钱义务，应当依照《民事诉讼法》第 253 条的规定，加倍支付迟延履行期间的债务利息。

本案受理费 18 721 元，由被告瑞力杰公司负担，定于本判决生效后 30 日内交纳。

【知识点关联及案例点评】

上述两个案件是原告赔偿生态（环境）受到损害至恢复原状期间的服

务功能损失的典型案例。

依据《环境民事公益诉讼司法解释》的相关规定，环境民事公益诉讼的赔偿性责任是指行为人因实施了污染环境、破坏生态损害社会公共利益或者具有损害社会公共利益重大风险的行为而承担的赔偿性责任。根据《环境民事公益诉讼司法解释》第 21 条的规定，赔偿性责任的内容主要是指由被告赔偿生态（环境）受到损害至恢复原状前服务功能的损失。

生态（环境）受到损害至恢复原状期间的服务功能损失又被称为过渡期损失或者期间损害。《环境损害鉴定评估推荐方法》（第Ⅱ版）规定："期间损害是指生态环境损害发生至生态环境恢复到基线状态期间，生态环境因其物理、化学或生物特性改变而导致向公众或其他生态系统提供服务的丧失或减少，即受损生态环境从损害发生到其恢复至基线状态期间提供生态系统服务的损失量。"破坏生态（环境）的行为导致生态系统提供服务的丧失或减少，行为人的赔偿责任应当覆盖此部分损害。美国《石油污染法》和《国家海洋保护区法》中均有赔偿过渡期损失的规定。[①] 这种类型的损害救济满足了完整填补损害的法理正当性要求，《环境民事公益诉讼司法解释》第 21 条对此作出明确规定。2015 年《生态环境损害赔偿制度改革试点方案》和 2017 年《生态环境损害赔偿制度改革方案》均将"生态环境修复期间服务功能的损失"纳入生态（环境）损害的赔偿范围。

这两个案件中，原告均请求法院判决被告承担生态（环境）受到损害至恢复原状期间的服务功能损失，获得法院支持。案例 1 中被告于 2013—2015 年连续 3 年将未经处理的废水直接排入河道，破坏生态（环境），严重影响河道的生态功能。案例 2 中案涉地块的土壤和水环境被污染，而这两种环境要素的污染损害具有持续性。上述两个案件中，法院均判令被告承担生态（环境）受到损害至恢复原状期间的服务功能损失，是对《环境民事公益诉讼司法解释》第 21 条的准确适用。

（案例编辑人：梁晓敏、邱涛韬、李欣）

---

① 竺效. 生态损害的社会化填补法理研究. 北京：中国政法大学出版社，2017：76－77.

第五章　环境民事公益诉讼的特殊规则

第一节　管　辖

一、级别管辖和地域管辖

【案例文书】江苏省苏州市人民检察院诉浙江友联化工有限公司等环境民事公益诉讼地域管辖裁定案[①]

上诉人（原审被告）：浙江友联化学工业有限公司

被上诉人：江苏省苏州市人民检察院

被上诉人（原审被告）：徐某某、徐某某、周某某、苏州秋泽化工贸易有限公司、苏州市旭东科技发展有限公司

审理法院：江苏省高级人民法院

案件基本情况：上诉人浙江友联化学工业有限公司（以下简称“友联公司”）因与被上诉人江苏省苏州市人民检察院、徐某某、徐某某、周某某、苏州秋泽化工贸易有限公司（以下简称“秋泽公司”）、苏州市旭东科技发展有限公司（以下简称“旭东公司”）环境污染责任纠纷民事公益诉

① 江苏省高级人民法院（2017）苏民辖终 279 号民事裁定书。部分案件相关信息，参见江苏省苏州市人民检察院对苏州市旭东科技发展有限公司等污染环境案提起民事公益诉讼.（2016－11－11）[2018－05－24]. http：//www. spp. gov. cn/xwfbh/wsfbh/201611/t20161111 _ 172368. shtml。

讼一案，不服江苏省苏州市中级人民法院（2016）苏 05 民初 697 号民事裁定，向江苏省高级人民法院（以下简称“江苏高院”）提起上诉。

上诉人友联公司在原审提交答辩状期间，对管辖权提出异议，认为友联公司与秋泽公司所签订的买卖合同之合同履行地和约定管辖地以及友联公司的住所地均在浙江省嘉兴市，浙江省嘉兴市与案件争议事实之管辖较为密切。按照《行政诉讼法》第 24 条及《环境民事公益诉讼司法解释》第 6 条规定，案件应当由浙江省嘉兴市中级人民法院管辖。

原审法院经审查认为，《环境民事公益诉讼司法解释》第 6 条第 1 款规定，第一审环境民事公益诉讼案件由污染环境、破坏生态行为发生地、损害结果地或者被告住所地的中级以上人民法院管辖。本案环境侵权行为的发生地、损害结果发生地及旭东公司等被告的住所地均在苏州地区，江苏省苏州市中级人民法院依法具有管辖权。遂依照《环境民事公益诉讼司法解释》第 6 条第 1 款、《民事诉讼法》第 127 条第 1 款规定，裁定驳回友联公司对管辖权提出的异议。

友联公司向江苏高院提起上诉，请求撤销原审民事裁定，将本案裁定移送至浙江省嘉兴市中级人民法院。事实和理由是：（1）友联公司未实施倾倒、排污行为；（2）友联公司与秋泽公司签订的买卖合同“协议书”的合同履行地和约定的管辖地均在浙江省嘉兴市，上诉人住所地也在浙江省嘉兴市；（3）本案涉及货物——稀硫酸产品的所有权移交地点在浙江省嘉兴市货物码头。上诉人交货后产品所有权发生法律规定的变更，上诉人对已经销售给秋泽公司的货物依法并无进行约束处置和无限管理的责任。根据《民事诉讼法》第 23 条关于“因合同纠纷提起的诉讼，由被告住所地或者合同履行地人民法院管辖”的规定及《环境民事公益诉讼司法解释》第 6 条的规定，案件应由浙江省嘉兴市中级人民法院管辖。

江苏高院认为，《环境民事公益诉讼司法解释》第 6 条第 1 款规定，第一审环境民事公益诉讼案件由污染环境、破坏生态行为发生地、损害结果地或者被告住所地的中级以上人民法院管辖。本案环境侵权行为的发生地、损害结果发生地及原审被告旭东公司等的住所地均在苏州地区，故原审法院依法具有管辖权。上诉人友联公司认为本案应当依照合同纠纷确定管辖法院明显没有事实和法律依据，友联公司是否应当承担环境污染民事侵权责任亦不在本案管辖权异议的审理范围。上诉人友联公司所提管辖权异议，明显不具有事实与法律依据，对其提出的上诉请求，本院不予支持。

法院裁定：依据《民事诉讼法》第170条第1款第1项、第171条之规定，裁定：驳回上诉，维持原裁定。

【知识点关联及案例点评】

本案是环境民事公益诉讼地域管辖典型案例。本案的争议焦点是原审法院是否具有该的管辖权。

环境民事公益诉讼具有不同于一般民事诉讼的级别和地域管辖规则。《民事诉讼法》第18条第3项规定，最高人民法院确定由中级人民法院管辖的案件由中级人民法院管辖。《环境民事公益诉讼司法解释》第6条规定，第一审环境民事公益诉讼案件由中级以上人民法院管辖。因此，环境民事案件的管辖法院级别为中级人民法院。

《民事诉讼法》第28条规定，侵权行为诉讼案件的管辖连接点包括侵权行为地或者被告住所地人民法院。《民事诉讼法司法解释》第285条对公益诉讼案件的管辖连接点作出相同规定，但同时规定“法律、司法解释另有规定的除外”。《环境民事公益诉讼司法解释》第6条第1款规定的环境民事公益诉讼案件的管辖连接点包括污染环境、破坏生态行为发生地、损害结果地或者被告住所地。

人民检察院提起民事公益诉讼案件的级别和地域管辖规则规定于《检察公益诉讼司法解释》第5条第1款：“市（分、州）人民检察院提起的第一审民事公益诉讼案件，由侵权行为地或者被告住所地中级人民法院管辖。”《检察公益诉讼司法解释》第26条还规定，“本解释未规定的其他事项，适用民事诉讼法、行政诉讼法以及相关司法解释的规定”。因此，就司法解释的适用而言，检察机关提起的环境民事公益诉讼案件应优先适用《检察公益诉讼司法解释》的管辖规则；该司法解释未作具体规定时，适用《环境民事公益诉讼司法解释》、《民事诉讼法》和《民事诉讼法司法解释》

所规定的相关管辖规则。

依据案件事实，本案的关键被告是旭东公司。旭东公司的住所地、违法行为发生地以及损害结果地均位于苏州市，符合《环境民事公益诉讼司法解释》第6条第1款规定的认定地域管辖的条件，即："第一审环境民事公益诉讼案件由污染环境、破坏生态行为发生地、损害结果地或者被告住所地的中级以上人民法院管辖。"依据民事诉讼的管辖原理，多个被告的情况下，只要其中一个被告的行为符合案件诉讼事由及相应的管辖连接点即符合法律规定。本案中原告针对污染环境、破坏生态的行为提起环境民事公益诉讼，案涉环境加害行为的发生地、损害结果发生地及旭东公司等被告的住所地均在苏州地区，因此，该地区中级人民法院依法具有管辖权。

（案例编辑人：梁晓敏、李欣）

二、裁定管辖和集中管辖

【案例文书1】湖南省益阳市环境与资源保护志愿者协会诉湖南林源纸业有限公司环境民事公益诉讼裁定管辖和集中管辖裁定案①

原告：湖南省益阳市环境与资源保护志愿者协会

被告：湖南林源纸业有限公司

审理法院：湖南省高级人民法院

案件基本情况：原告湖南省益阳市环境与资源保护志愿者协会因与被告湖南林源纸业有限公司环境污染责任纠纷一案，于2017年3月23日向湖南省益阳市中级人民法院起诉。原告诉称，被告湖南林源纸业有限公司通过暗管向赫磊洪道违法偷排污水54万吨，严重损害了社会公共利益，应承担环境侵权的法律责任。请求：（1）判令被告对其造成的水污染等生态环境损害行为在市级媒体上向公众赔礼道歉；（2）判令被告对污染的水环境要素进行修复，并承担修复费用；（3）判令被告承担污染检测费、评估鉴

① 湖南省高级人民法院（2017）湘民辖60号民事裁定书.

定费和律师费等相关费用。

湖南省益阳市中级人民法院经审查认为，依据《环境民事公益诉讼司法解释》第6条规定，该案本应由其管辖，但考虑到安化县人民法院是该市唯一成立了环境资源审判庭的法院，具有环境污染方面的专门审判力量和审判经验，拟将本案指定由安化县人民法院审理，报请湖南省高级人民法院（以下简称“湖南省高院”）审批。

湖南省高院认为：2016年12月12日，其批复岳阳市君山区人民法院设置洞庭湖环境资源法庭，该法庭为环境资源审判专门化法庭，负责审理省高级人民法院和岳阳市中级人民法院指定的君山区所辖区域外涉洞庭湖水资源的一审环境保护案件。本案被告湖南林源纸业有限公司违法排放污染的水域属于洞庭湖流域。为进一步推进环境资源审判专门化，探索环境公益诉讼以及跨行政区划的环境污染、生态破坏等案件跨行政区划集中管辖，结合本案具体情况，本案交由岳阳市君山区人民法院管辖更有利于案件的审理。

法院裁定：依照《民事诉讼法》第37条第1款规定，裁定如下：案件由岳阳市君山区人民法院审理。

【案例文书2】福建绿家园诉宜城市襄大农牧有限公司环境民事公益诉讼集中管辖权异议案[①]

原告：福建省绿家园环境友好中心

被告：宜城市襄大农牧有限公司

审理法院：湖北省十堰市中级人民法院

案件基本情况：原告福建省绿家园环境友好中心起诉，请求：（1）判决被告立即停止外排养殖废水；（2）判决被告赔偿生态环境修复费用暂定1 300万元（最终以环境损害评估鉴定金额为准），该款用于襄阳市汉江流域生态环境治理或者环境宣传教育活动；（3）判决被告赔偿生态环境受到损害至恢复期间服务功能损失暂定2 500万元（最终以环境损害评估鉴定金额

① 湖北省十堰市中级人民法院（2018）鄂03民初150号民事裁定书.

为准)，该款用于襄阳市汉江流域生态环境治理或者环境宣传教育活动；(4) 判决被告通过襄阳市人民政府门户网站、襄阳电视台、《襄阳日报》向全市人民群众承认错误，赔礼道歉；(5) 判决被告赔偿我单位因本案诉讼实际支出的专家辅助人咨询费、环境损害评估鉴定费、检测费、律师费、工作人员和律师差旅费等暂定200万元(最终以一审辩论终结前诉讼实际支出为准)；(6) 判决被告承担本案诉讼费用。

事实和理由：我单位是在福建省民政厅登记注册的民办非企业单位，专门从事环境保护公益活动连续5年以上且无违法记录，对污染环境、破坏生态，损害社会公共利益的行为有权提起公益诉讼。我单位调研汉江水污染发现，被告板桥东湾原种猪场建设项目位于宜城市板桥店镇东湾村，经营畜禽养殖。该项目的环评报告和批复规定，该项目废水年产生量198 459吨，经污水站处理后达到《污水综合排放标准》(GB 8978—1990) 表4中一级标准，浓度须低于《畜禽养殖业污染物排放标准》(GB 18596—2001) 的限值，满足《农田灌溉水质标准》(GB 5084—2005) 旱作物标准要求，全部通过农田灌溉设施用于农田灌溉，不得排入地表水体和地下。该项目设计有“农田灌溉方案”，方案要求建设污水灌溉暂存池、输配水管道、给水栓、闸阀、三通、泵站(高低压线路、配电设施)等农田灌溉设施，工程投资概算为120万元，建成时间为2012年12月底。但被告违反该项目环评报告和批复的规定，从2013年4月3日环评批复下达至今，被告没有建设农田灌溉设施，养殖废水经污水站处理后，经排污管道排入流经厂区的泉水，经南干渠流入莺河二库，最终流入汉江。被告违法外排养殖废水污染汉江水质。为保护汉江水生态环境和长江中下游水生态安全，依法向法院起诉，请予支持。

被告宜城市襄大农牧有限公司在提交答辩状期间，对管辖权提出异议，认为：本案依法应移送至有管辖权的武汉海事法院管辖。根据《环境民事公益诉讼司法解释》第6条规定，第一审环境民事公益诉讼案件由污染环境、破坏生态行为发生地、损害结果地或被告住所地的中级以上人民法院管辖；第7条第2款规定，中级人民法院管辖环境民事公益诉讼案件的区域由高级人民法院确定。2015 年湖北省高级人民法院下发《关于全省法院环境资源审判模式与管辖设置方案的通知》，规定：由武汉海事法院与汉江中级人民法院对全省公益诉讼案件实行跨行政区域审理。武汉海事法院负责管辖湖北省内长江、长江支流水域水污染损害等环境公益诉讼案件的审判。汉江中级人民法院负责省内长江、长江支流水域水污染损害以外的环境公益诉讼案件，具体包括大气、土地、湖泊、水库、森林、湿地、自然保护区、风景名胜区的环境污染生态破坏案件。《关于全省法院环境资源审判模式与管辖设置方案的通知》规定，对于环境资源非公益诉讼，在武汉、宜昌、十堰、汉江等设有专门环境资源审判庭的中级人民法院，采取民事行政二审合一模式，审理本辖区内水域、土壤、山林保护、污染责任纠纷损害赔偿，因污染发生行政争议而引起的行政诉讼等方面的普通环境保护类，一审民事、行政案件。本案系长江支流水域汉江水域水污染责任纠纷公益诉讼，应根据《关于全省法院环境资源审判模式与管辖设置方案的通知》等相关规定由有管辖权的武汉海事法院负责审理，十堰市中级人民法院对本案无管辖权。

法院经审查认为，湖北省高级人民法院 2017 年下发的《关于环境资源审判模式与管辖设置方案的意见（试行）》（鄂高法办［2017］237 号文）规定：本规定自公布之日起试行，2015 年湖北省高级人民法院下发《关于全省法院环境资源审判模式与管辖设置方案的通知》（鄂高法办［2015］12 号文）即行废止；湖北省内长江干线和支线水域污染损害等环境民事公益诉讼案件由武汉海事法院负责管辖；十堰市中级人民法院负责管辖十堰、襄阳、随州区域内环境民事公益诉讼案件。因此，法院对案涉襄阳下辖宜城市的水污染环境民事公益诉讼具有管辖权，被告对本案管辖权提出的异议不成立。

法院裁定：依照《民事诉讼法》第 127 条第 1 款规定，裁定如下：

驳回被告宜城市襄大农牧有限公司对本案管辖权提出的异议。

案件受理费用 80 元，由被告宜城市襄大农牧有限公司负担。

如不服本裁定，可在裁定书送达之日起十日内向法院递交上诉状，并按对方当事人的人数提交副本，上诉于湖北省高级人民法院。

【知识点关联及案例点评】

案例1是同时适用裁定管辖和集中管辖的环境民事公益诉讼典型案例，案例2是针对集中管辖提出管辖权异议的环境民事公益诉讼典型案例。

“裁定管辖是指依据人民法院的裁定确定诉讼的管辖法院”①，包括移送管辖、指定管辖和管辖权转移。环境民事公益诉讼中的裁定管辖主要包括指定管辖和管辖权转移。鉴于环境资源案件具有高度专业技术性，复杂程度高，传统的审判部门和司法模式难以有效应对②，最高人民法院《关于全面加强环境资源审判工作为推进生态文明建设提供有力司法保障的意见》提出“探索设立以流域等生态系统或以生态功能区为单位的跨行政区划环境资源专门审判机构，实行对环境资源案件的集中管辖，有效审理跨行政区划污染等案件”③。为此，我国实行环境资源审判专门化，设立专门环境资源审判机构。“截至2017年4月，各级人民法院共设立环境资源审判庭、合议庭和巡回法庭956个。18个高级人民法院、149个中级人民法院和128个基层人民法院设立了专门环境资源审判庭。”④ 实践中，跨区域管辖的一种情形为采取集中管辖方式。由于环境民事公益诉讼实行跨区域集中管辖，环境民事公益诉讼案件中指定管辖和管辖权转移应结合跨区域集中管辖综合考虑。

“指定管辖是指上级法院依法以裁定方式指定其辖区内的下级法院对某具体案件行使管辖权。”⑤ 但这类管辖要求上级法院与下级法院之间存在上下级关系。指定管辖的情形之一为《民事诉讼法》第37条第1款所规定的管辖，即：“有管辖权的人民法院由于特殊原因，不能行使管辖权的，由上

① 江伟，肖建国. 民事诉讼法. 北京：中国人民大学出版社，2015：102.

② 中华环境编辑部. 以环境司法专门化守护生态环境安全——访最高人民法院环境资源审判庭庭长郑学林. 中华环境，2017（12）：60-63.

③ 最高人民法院关于全面加强环境资源审判工作为推进生态文明建设提供有力司法保障的意见（法发〔2014〕11号）.（2015-03-04）[2018-05-30]. http://www.court.gov.cn/fabu-xiangqing-13602.html.

④ 最高人民法院发布《中国环境资源审判（2016—2017）》（白皮书）.（2017-07-13）[2018-05-24]. http://www.sohu.com/a/156765917_170817.

⑤ 江伟，肖建国. 民事诉讼法. 北京：中国人民大学出版社，2015：102.

级人民法院指定管辖。”

《民事诉讼法》第 38 条第 1 款规定，上级人民法院认为确有必要将法院管辖的第一审民事案件交下级人民法院审理的，应当报请其上级人民法院批准。依据《民事诉讼法司法解释》第 42 条第 3 项规定，最高人民法院可以确定某些类型案件在第一审开庭前交下级人民法院审理。这种情况包括“环境民事公益诉讼司法解释中规定的‘上交下情形’”①。因此，对环境民事公益诉讼案件可以依据案件的实际情况适用管辖权转移规则。“管辖权转移是指有管辖权的法院将案件转移给原来没有管辖权的法院。其管辖权转移限于上下级法院之间，是对级别管辖权的补充。”②

《环境民事公益诉讼司法解释》第 7 条第 1 款规定：“经最高人民法院批准，高级人民法院可以根据本辖区环境和生态保护的实际情况，在辖区内确定部分中级人民法院受理第一审环境民事公益诉讼案件。”鉴于实践中一些地区的基层法院设立了环境资源审判庭，《环境民事公益诉讼司法解释》第 6 条第 2 款确立了管辖权转移规则：“中级人民法院认为确有必要的，可以在报请高级人民法院批准后，裁定将法院管辖的第一审环境民事公益诉讼案件交由基层人民法院审理”，即将中级人民法院受理的环境民事公益诉讼案件交由设立了专门环境资源审判机构的基层人民法院受理。这种情况属于民事诉讼管辖中管辖权转移的“上交下”。

案例 1 中益阳市中级人民法院以安化县人民法院是本市唯一成立了环境资源审判庭的法院为由，拟通过管辖权转移的方式将案件移交安化县人民法院审理，依法报请湖南省高院批准。湖南省高院以本省实行环境资源案件跨行政区域集中管辖为由，以指定管辖的方式裁定由岳阳市君山区人民法院审理。2016 年湖南省探索设立专门的环境资源法庭，“探索在长沙、岳阳两地率先确定 2 个审判力量较强的基层法院设立专门环境资源法庭，分别

① 江必新，吴兆祥，司艳丽. 最高人民法院新民事诉讼法司法解释修改要点及争议问题解读. 北京：中国法制出版社. 2015：11.

② 奚晓明，杜万华. 最高人民法院民事诉讼法司法解释适用解答. 北京：人民法院出版社，2015：60.

对一审环境公益诉讼案件和湘江全流域、环洞庭湖全区域环境侵权案件实行跨区域集中管辖”[①]。结合本案具体情况，湖南省高院认为本案交由岳阳市君山区人民法院管辖更有利于案件的审理，因此通过指定管辖的方式裁定本案由岳阳市君山区人民法院审理。

案例2中被告依据2015年湖北省高级人民法院下发的《关于全省法院环境资源审判模式与管辖设置方案的通知》，对十堰市中级人民法院受理本案提出管辖权异议。依据湖北省高级人民法院2017年下发的《关于环境资源审判模式与管辖设置方案的意见（试行）》（鄂高法办［2017］237号文）的规定，十堰市中级人民法院有权审理本案，因此，它驳回了被告针对十堰市中级人民法院提出的集中管辖的管辖权异议。

由于环境民事公益诉讼案件的特殊性，在司法实践中可能同时适用管辖权转移、指定管辖和集中管辖等多种管辖规则。建议法院在环境民事公益诉讼司法实践中遵从以下适用顺序：首先，集中管辖属于强制管辖，因此应当首先考虑集中管辖问题。其次，裁定管辖解决的主要问题为案件是否应当通过裁定移交其他法院审理。具体应当移交给哪个法院须遵循集中管辖规则的相关规定。

（案例编辑人：梁晓敏、李欣）

【案例文书3】湖北省荆州市荆州区人民检察院诉熊家冢种猪有限公司环境公益诉讼指定管辖案[②]

原告：湖北省荆州市荆州区人民检察院

被告：湖北省荆州市熊家冢种猪有限公司（湖南嘉旺牧业有限公司）

审理法院：湖北省高级人民法院

案件基本情况：湖北省荆州市荆州区人民检察院在履职过程中发现湖北省荆州市熊家冢种猪有限公司（湖南嘉旺牧业有限公司）在生猪养殖过

---

① 湖南省高级人民法院关于牢固树立绿色发展理念加强环境资源审判工作的意见（湘高法发［2016］9号）.（2016-05-26）［2018-05-30］. http：//www. pkulaw. cn/fulltext _ form. aspx?Gid=17987076&keyword=&EncodingName=7－5. pdf&Search _ Mode=＃.

② 湖北省高级人民法院（2017）鄂民辖21号民事裁定书.

程中，没有按环保要求将产生的废水处理，直接排放至坑塘，污染了环境，损害了社会公共利益。[①] 经履行诉前程序后，湖北省荆州市荆州区人民检察院向湖北省汉江中级人民法院提起环境民事公益诉讼。湖北省汉江中级人民法院以案件需要指定管辖为由层报湖北省高级人民法院（以下简称“湖北省高院”）指定管辖。湖北省高院认为：本案系环境民事公益诉讼案件，因司法改革需要，湖北省汉江中级人民法院层报本院将案件指定异地管辖，不违反有关法律规定。

法院裁定：依照《民事诉讼法》第 37 条第 1 款的规定，湖北省高院裁定本案由湖北省荆州市荆州区人民法院管辖。

【知识点关联及案例点评】

本案是环境民事公益诉讼指定管辖案。本案的争议焦点在于享有集中管辖权的中级人民法院是否可以请求高级人民法院指定基层人民法院管辖。

《环境民事公益诉讼司法解释》第 7 条第 1 款规定：“经最高人民法院批准，高级人民法院可以根据本辖区环境和生态保护的实际情况，在辖区内确定部分中级人民法院受理第一审环境民事公益诉讼案件。”湖北省高级人民法院发布《关于全省法院环境资源审判模式与管辖设置方案的通知》，对全省公益诉讼案件实行跨行政区域审理。“汉江中级人民法院负责省内长江、长江支流水域水污染损害以外的环境公益诉讼案件，具体包括大气、土地、湖泊、水库、森林、湿地、自然保护区、风景名胜区的环境污染、生态破坏案件。”[②] 因此，汉江中级人民法院对本案有管辖权。

本案原告为荆州市荆州区人民检察院，《检察公益诉讼司法解释》第 5 条第 1 款仅规定检察机关提起民事公益诉讼的级别管辖和地域管辖。《检察公益诉讼司法解释》第 26 条规定：“本解释未规定的其他事项，适用民事诉讼法、行政诉讼法以及相关司法解释的规定。”因此，在规则适用方面，检

① 公告. 检察日报，2017 - 05 - 27 (05).

② 推进生态文明建设 提供有力司法保障 湖北统一环境资源审判模式与管辖设置.（2015 - 01 - 28）[2018 - 05 - 30]. http://www.hbfy.gov.cn/DocManage/ViewDoc?docId＝8c37de35 - c656 - 4dc8 - 9282 - 3d196aa5c4d7.

察机关提起环境民事公益诉讼应先适用《检察公益诉讼司法解释》，若无规定，再考虑适用《民事诉讼法》、《民事诉讼法司法解释》和《环境民事公益诉讼司法解释》的相关规定。《民事诉讼法》第37条第1款规定："有管辖权的人民法院由于特殊原因，不能行使管辖权的，由上级人民法院指定管辖。"这里的特殊原因包括："一是人民法院的全体审判人员均需回避；二是有管辖权的人民法院所在地发生了严重的自然灾害。"[①] 指定管辖中受理案件的法院与被指定审理案件的法院之间没有上下级隶属关系，本案汉江中级人民法院申请湖北省高院指定荆州市荆州区人民法院审理该案，虽形式上具有指定管辖的表象，但司法改革需要恐不能作为法院不能行使管辖权的充分理由。

建议在未来的司法实践中，法院在适用《环境民事公益诉讼司法解释》《检察公益诉讼司法解释》等司法解释文件所确立的特殊的诉讼规则时，应当同时遵守上位法的相关规定。

（案例编辑人：梁晓敏、李欣）

【案例文书4】绿发会诉常州永泰丰化工有限公司等环境民事公益诉讼集中管辖被破产案件管辖吸收案[②]

原告：中国生物多样性保护与绿色发展基金会

被告：常州永泰丰化工有限公司、常州清红化工有限公司

审理法院：安徽省亳州市中级人民法院

案件基本情况：安徽省亳州市中级人民法院（以下简称"亳州中院"）审理原告中国生物多样性保护与绿色发展基金会（以下简称"绿发会"）诉被告常州永泰丰化工有限公司（以下简称"永泰丰化工"）、常州清红化工有限公司（以下简称"清红化工"）环境污染责任纠纷一案。

绿发会诉称：永泰丰化工向涡阳县倾倒危险废物，该公司后被清红化工兼并。该倾倒行为对当地生态环境造成了损失，恢复和修复过程漫长。

---

① 江伟，肖建国．民事诉讼法．北京：中国人民大学出版社，2015：102.

② 安徽省亳州市中级人民法院（2015）亳民一初字第213号民事裁定书。

绿发会作为以保护生态环境为目的的公益性组织提起诉讼，请求判令被告赔偿700万元用于生态环境修复，并承担因诉讼发生的合理费用5万元。

永泰丰化工在提交答辩状期间，对管辖权提出异议，认为：永泰丰化工因资不抵债，于2013年10月22日向江苏省常州市新北区人民法院申请破产重整，后江苏省常州市新北区人民法院于2013年10月28日裁定永泰丰化工重整。永泰丰化工第一次债权人会议通过了重整计划草案并获得常州市新北区人民法院的裁定批准。目前，永泰丰化工处于重整计划的执行阶段，尚未执行完毕。按照《企业破产法》第21条的规定，“人民法院受理破产申请后，有关债务人的民事诉讼，只能向受理破产申请的人民法院提起”。同时根据《企业破产法》的规定，重整、和解与破产清算均属于企业破产的范畴，而且目前永泰丰化工处于重整计划的执行阶段，重整经营严重困难，随时面临着破产清算的可能。请求将本案移送江苏省常州市新北区人民法院管辖。

亳州中院经审查认为：根据永泰丰化工的申请，2013年10月28日，江苏省常州市新北区人民法院作出（2013）新民破字第3－1号民事裁定，裁定永泰丰化工重整。《企业破产法》第21条规定：“人民法院受理破产申请后，有关债务人的民事诉讼，只能向受理破产申请的人民法院提起。”因破产法属于民事诉讼法的特别法，按照特别法优于普通法的法律适用规则，破产法的适用优先于民事诉讼法。对与破产企业有关的后发民事诉讼，破产法院的管辖权将优先于其他法院根据民事诉讼法的规定享有的管辖权。故本案应移送破产法院江苏省常州市新北区人民法院管辖。

法院裁定：依照《企业破产法》第21条、《民事诉讼法》第127条第1款规定，裁定如下：永泰丰化工对本案管辖权提出的异议成立，本案移送江苏省常州市新北区人民法院处理。

【知识点关联及案例点评】

本案是环境民事公益诉讼集中管辖被破产案件管辖吸收的典型案件。

本案被告在环境民事公益诉讼提起之前申请破产重整，并且被江苏省常州市新北区人民法院受理。之后，被告因其污染环境、破坏生态行为被提起环境民事公益诉讼。按照《企业破产法》第 21 条的规定，人民法院受理破产申请后，有关债务人的民事诉讼，只能向受理破产申请的人民法院提起。亳州中院认为：因《企业破产法》属于《民事诉讼法》的特别法，按照特别法优于普通法的法律适用规则，《企业破产法》的适用优先于《民事诉讼法》。对与破产企业有关的后发生的民事诉讼，破产管辖法院的管辖权将优先于其他法院根据《民事诉讼法》的规定享有的管辖权，即破产管辖法院对与破产企业有关的争议享有集中管辖权，而不再受《民事诉讼法》关于级别管辖等规定的约束。故本案应移送被告破产管辖法院江苏省常州市新北区人民法院。

（案例编辑人：梁晓敏、李欣）

第二节　审判组织

【案例文书 1】江苏省盐城市人民检察院、绿发会诉扬州市邗江腾达化工厂、东台市奥凯化工物资贸易有限公司等环境民事公益诉讼五人合议庭案[①]

原告：中国生物多样性保护与绿色发展基金会

公益诉讼起诉人（后撤诉）：江苏省盐城市人民检察院

被告：扬州市邗江腾达化工厂、东台市奥凯化工物资贸易有限公司、江苏宝众宝达药业有限公司、泰兴市康鹏专用化学品有限公司、江苏大华化学工业有限公司、江苏美乐肥料有限公司、张某某

审理法院：江苏省盐城市中级人民法院

案件基本情况：江苏省盐城市中级人民法院受理公益诉讼人江苏省盐城市人民检察院、原告中国生物多样性保护与绿色发展基金会（以下简称“绿发会”）与被告扬州市邗江腾达化工厂、东台市奥凯化工物资贸易有限公司、江苏宝众宝达药业有限公司、泰兴市康鹏专用化学品有限公司、江

① 江苏省盐城市中级人民法院（2016）苏 09 民初 117 号合议庭组成人员通知书.

苏大华化学工业有限公司、江苏美乐肥料有限公司、张某某环境污染损害赔偿纠纷公益诉讼案。根据《民事诉讼法》第 40 条之规定，法院决定由虞忠和担任审判长，与代理审判员张金星、周和，人民陪审员蔡照胜、汤亚高组成合议庭进行审理。

【知识点关联及案例点评】

本案是五人组成合议庭审理环境民事公益诉讼案。

环境民事公益诉讼的审判组织是指依法审理环境民事公益诉讼案件的审判机构。《民事诉讼法》第 39 条第 1 款规定："人民法院审理第一审民事案件，由审判员、陪审员共同组成合议庭或者由审判员组成合议庭。合议庭的成员人数，必须是单数。"依据现行《人民陪审员法》第 16 条的规定，人民法院审判依据民事诉讼法、行政诉讼法提起的公益诉讼案件，由人民陪审员和法官组成七人合议庭进行审理。本案受理法院依据案件办理当时有关法律的规定，组成五人合议庭审理案件。

（案例编辑人：梁晓敏、李欣）

【案例文书 2】北京市人民检察院第四分院诉北京多彩联艺国际钢结构工程有限公司环境民事公益诉讼七人组成合议庭案[①]

公益诉讼起诉人：北京市人民检察院第四分院

被告：北京多彩联艺国际钢结构工程有限公司

审理法院：北京市第四中级人民法院

案件基本情况：北京市大兴区环保局陆续接到市民投诉举报，遂派人员对投诉点进行现场检查，发现被投诉单位为北京多彩联艺国际钢结构工程有限公司，主要从事钢结构加工。2016 年 12 月 9 日，北京市大兴区环保局会同北京市大兴区人民检察院联合对该公司进行检查，发现该公司正在进行喷漆作业，生产车间无废气污染防治设施，喷漆生产的挥发性有机物废气未经处理，直接外排大气环境。经多次行政处罚后，该公司仍不纠正违法行为，大

---

① 孙莹. 北京首例检察机关提起的大气污染环境民事公益诉讼案一审开庭. (2018－05－08)[2018－05－25]. http://china.cnr.cn/ygxw/20180508/t20180508_524225830.shtml.

气环境仍处于受侵害状态。北京市人民检察院第四分院向北京市第四中级人民法院提起环境民事公益诉讼。北京市第四中级人民法院组成七人合议庭审理此案。

【知识点关联及案例点评】

本案是《人民陪审员法》修改之后首次适用七人合议庭审理的环境民事公益诉讼案件。

本案的亮点在于审判组织的人员组成。2018年4月27日，《人民陪审员法》颁布实施，其第16条规定，根据《民事诉讼法》《行政诉讼法》提起的第一审公益诉讼案件，由人民陪审员和法官组成七人合议庭进行。这在法律层面明确了公益诉讼案件适用七人合议庭的审理模式，是我国陪审制度改革的重要内容。

（案例编辑人：梁晓敏）

第三节　公益诉讼支持起诉制度

【案例文书1】重庆绿色志愿者联合会诉湖北省恩施自治州建始县磺厂坪矿业有限责任公司生态修复，检察院支持起诉案①

上诉人（原审被告）：湖北省恩施自治州建始磺厂坪矿业有限责任公司

被上诉人（原审原告）：重庆市绿色志愿者联合会

支持起诉人：重庆市人民检察院第二分院

审理法院：重庆市第二中级人民法院

案件基本情况：2014年8月13日，湖北省恩施自治州建始磺厂坪矿业有限责任公司将产生的废水、尾矿未经处理就排入厂区附近有溶洞漏斗发育的自然洼地，导致供5万多名群众饮水的重庆巫山县千丈岩水库的水质出

---

① 重庆市第二中级人民法院（2016）渝02民终772号民事判决书. 此案判决书主要内容参见第四章第一节［案例文书］“重庆市绿色志愿者联合会诉恩施自治州建始县磺厂坪矿业公司请求停止侵害、恢复原状、赔礼道歉环境民事公益诉讼案”。

现异常。2014 年 11 月 13 日，原告重庆绿色志愿者联合会向重庆市万州区人民法院提起环境公益诉讼，请求法院判令被告湖北省恩施州建始县磺厂坪矿业有限责任公司停止侵害、进行生态修复并在国家级媒体上公开道歉。在此案中，重庆市人民检察院第二分院首次作为公益诉讼支持起诉人派员出庭发表支持起诉意见。在听取了原、被告及各领域专家的意见后，重庆市万州区人民法院作出一审判决，判令被告立即停止对巫山县千丈岩水库饮用水源的侵害，重新进行环境影响评价，未经批复和环境保护设施未经验收，不得生产；被告在判决生效后 180 日内对位于湖北省建始县业州镇郭家淌国有高岩子林场的选矿厂洼地土壤制订修复方案进行生态修复；逾期不履行修复义务或修复不合格的，由被告承担修复费用 99.1 万元；被告在国家级媒体上赔礼道歉；被告支付鉴定费、律师费、为诉讼产生的其他合理费用 32 万余元。被告不服一审法院判决，向重庆市第二中级人民法院提起上诉。经审查，重庆市第二中级人民法院认定上诉人的上诉请求不能成立，应予驳回，一审判决认定事实清楚、适用法律正确，应予维持。

【案例文书 2】福建绿家园诉兰某某畜牧养殖水污染环境，中国政法大学环境资源法研究和服务中心、长汀环保局支持起诉案[①]

原告：福建省绿家园环境友好中心

被告：兰某某

支持起诉单位：福建省长汀县环境保护局、中国政法大学环境资源法研究和服务中心

审理法院：福建省龙岩市中级人民法院

案件基本情况：1998 年，被告兰某某未办环评手续，即在长汀县古城镇杨梅溪村建养猪场一座，养猪废水被排入濯田河。原告环保民间组织福建省绿家园环境友好中心（以下简称“福建绿家园”）认为，兰某某占用林地建养猪场，将超标养猪废水排入濯田河，污染了河流水质，影响了该区域的生态环境功能。2015 年 4 月 21 日，原告向福建省龙岩市中级人民法

① 福建省龙岩市中级人民法院（2015）岩民初字第 160 号民事裁定书.

院提起环境公益诉讼，请求依法判令被告立即停止向濯田河排放养猪废水，同时拆除养猪场，对沼气池、氧化塘和猪圈粪便进行无害化清理，恢复原地植被。2015 年 5 月 4 日，该案经报请福建省高级人民法院批准指定由长汀县人民法院审理。支持起诉单位长汀县环境保护局、中国政法大学环境资源法研究和服务中心受委托参加诉讼。当日，原告当庭出示污染现场视频、检测报告等证据。被告对原告提出的证据没有异议，但对原告诉讼请求中的赔偿条款提出异议。最后，原、被告双方达成调解，并签订协议，确定兰某某于签订协议后 10 日内停止养殖和排污，6 月 20 日前拆除养猪场的地面建筑物并进行无害化清理，2016 年 5 月 30 日前对养猪场所占用的土地进行植被恢复。

【案例文书 3】自然之友、绿发会诉江苏常隆化工有限公司等污染土地修复，中国政法大学环境资源法研究和服务中心、绿色江南支持起诉案[①]

原告：北京市朝阳区自然之友环境研究所、中国生物多样性保护与绿色发展基金会

被告：江苏常隆化工有限公司、常州市常宇化工有限公司、江苏华达化工集团有限公司

支持起诉单位：中国政法大学环境资源法研究和服务中心、苏州工业园区绿色江南公众环境关注中心

审理法院：江苏省常州市中级人民法院

案件基本情况：本案被告为江苏常隆化工有限公司、常州市常宇化工有限公司、江苏华达化工集团有限公司，其原厂址位于江苏省常州市通江中路与辽河路交叉路口西北角。2015 年 9 月，常州外国语学校搬入距离该位置仅一条马路之隔的新校址后，多名学生身体出现不适反应。原告北京市朝阳区自然之友环境研究所（以下简称“自然之友”）、中国生物多样性保

① 江苏省常州市中级人民法院（2016）苏 04 民初 214 号民事判决书。此案判决书主要内容参见第三章第四节［案例文书 2］“自然之友、绿发会诉江苏常隆化工有限公司等土壤污染环境民事公益诉讼案”。

护与绿色发展基金会（以下简称“绿发会”）通过调查了解到，三被告在生产经营及对危险废物管理过程中，严重污染了原厂址及周边环境后搬离，但却未对其进行修复处理，导致对该位置的土壤、地下水等生态环境损害目前仍未得到有效修复，因此主张三被告应承担法律责任。中国政法大学环境资源法研究和服务中心、苏州工业园区绿色江南公众环境关注中心（以下简称绿江南）向审理法院——江苏省常州市中级人民法院提交书面意见，协助原告调查取证，支持提起公益诉讼。江苏省常州市中级人民法院认为，案涉地块的环境污染损害修复工作已由江苏省常州市新北区政府依法组织开展，环境污染风险已得到有效控制，后续的环境污染监测、环境修复工作仍然正在实施。遂以两原告提起本案公益诉讼维护社会公共利益的诉讼目的已在逐步实现为由，对两原告提出的判令三被告消除危险或赔偿环境修复费用、赔礼道歉的诉讼请求作出不予支持的判决。

【案例文书4】福建省绿家园诉福州创世纪农业综合开发有限公司，福州市人民检察院等支持起诉案[①]

原告：福建省绿家园环境友好中心

被告：福州创世纪农业综合开发有限公司

审理法院：福建省福州市中级人民法院

案件基本情况：福州市人民检察院在履行职责中发现，福州创世纪农业综合开发有限公司未经林业主管部门审批，擅自在连江县丹阳镇坑口村田螺岗、高坑林地，非法勾挖平整土地，并修建办公楼及养猪场棚等建筑物，造成71.8亩林地被毁坏且无法恢复。2016年11月22日，福建省福州市人民检察院依法向福建省绿家园环境友好中心（以下简称“福建绿家园”）发出检察建议，建议其提起民事公益诉讼；并于12月13日向福建绿家园提交支持起诉意见书，支持其对福州创世纪农业综合开发有限公司提起民事公益诉讼。最终福建绿家园作为原告，福州市人民检察院、福州市林业局、

① 最高人民检察院民事行政检察厅．检察机关提起公益诉讼实践与探索．北京：中国检察出版社，2017：220．

连江县林业局、中国政法大学资源法研究和服务中心作为支持起诉单位，向法院提起诉讼。诉讼过程中，当事人达成调解协议。

法院调解：经法院主持调解，原、被告自愿达成如下协议。[①]

（1）被告于2018年4月30日前，按照《造林技术规程》（GB/T 15776）并结合连江县林业局执行的造林技术标准和要求营造145亩生态公益林或重点区位内的集体商品林，林木胸径3厘米以上，并经连江县林业局验收合格。

（2）从145亩生态公益林或重点区位内的集体商品林验收合格之日起，被告按照《森林抚育规程》（GB/T 15781）并结合连江县林业局执行的森林抚育技术标准和要求抚育管护3年，并经连江县林业局验收合格。

（3）被告不享有145亩生态公益林或重点区位内的集体商品林的林木所有权。

（4）由原告委托有资质的设计单位对145亩生态公益林或重点区位内的集体商品林进行造林设计。设计文件作为被告营造、抚育、管护生态公益林或重点区位内的集体商品林、连江县林业局验收、原告现场检查的依据。造林设计费或者专家费由被告据实承担。

（5）被告不能按第一项营造生态公益林或重点区位内的集体商品林，并经连江县林业局验收合格，应于期限届满之日起10日内赔偿生态环境修复费用100万元。被告不能按第二项抚育、管护生态公益林或重点区位内的集体商品林并经连江县林业局验收合格，应于期限届满之日起10日内赔偿生态环境修复费用150万元。上述款项支付到法院指定账户，用于本案的生态环境修复或公共生态环境修复。

（6）自调解协议签订之日起，被告应从2018年起，在每年6月、12月，向法院及原告通报营造、抚育、管护生态公益林或重点区位内的集体商品林的进展情况，并接受原告及社会的监督。原告有权随时到现场检查营造、抚育、管护生态公益林或重点区位内的集体商品林的情况。

（7）被告向原告支付律师费12.5万元、差旅费5万元、调查费5万元。

---

① 福建省福州市中级人民法院公告（2017）闽01民初13号.（2017-06-06）[2018-10-06]. http://fzszy.chinacourt.org/public/detail.php?id=12873.

案件受理费 29 200 元，由被告负担。

（8）原、被告同意本案调解书由法院在中国裁判文书网公开，接受社会监督。

【知识点关联及案例点评】

上述案例的共同点在于都出现了环境民事公益诉讼支持起诉人：案例 1 中人民检察院作为支持起诉单位；案例 2 中非法人单位和环保局作为支持起诉单位；案例 3 中非法人单位和社会组织作为支持起诉单位；案例 4 中人民检察院先履行诉前程序，建议社会组织提起环境民事公益诉讼，之后与非法人单位和行政机关一起作为支持起诉单位。

《民事诉讼法》第 15 条规定："机关、社会团体、企业事业单位对损害国家、集体或者个人民事权益的行为，可以支持受损害的单位或者个人向人民法院起诉。"根据《环境民事公益诉讼司法解释》第 11 条的相关规定，在环境民事公益诉讼领域，检察机关、负有环境保护监督管理职责的部门及其他机关、社会组织、企业事业单位，可以依据《民事诉讼法》第 15 条的规定支持社会组织依法提起环境民事公益诉讼。实践中，各级检察机关、各级环境保护主管部门、社会组织等都可以依法支持起诉。《人民检察院公益诉讼试点工作办法》第 10 条第 2 项规定，人民检察院对审查终结的民事公益诉讼案件可以"依法督促或者支持法律规定的机关和有关组织提起民事公益诉讼"。

值得探讨的是，已有实践中，仅属于法人内设机构的中国政法大学环境资源法研究和服务中心①也在多个案件中支持起诉。从理论上分析，这类主体并不具有独立法人资格，但考虑到维护环境民事公益诉讼的公益性需要，以及支持起诉主体并不需要独立承担类似原告在诉讼中所需承担的诉讼相关法律责任，现有实践中并不强求支持起诉主体具有独立法人资格。实践中，往往要求这类非法人机构提交设立该机构的法人之法人资格证明、设

① "环境资源法研究和服务中心，又称'污染受害者法律帮助中心'，成立于 1998 年 10 月 8 日，是经中国政法大学批准，司法部备案的民间环境保护团体。"中国政法大学. 环境资源法研究和服务中心.（2013-11-15）[2018-03-24]. http://www.cupl.edu.cn/info/1081/4416.htm.

立该机构的相关文件、该机构的负责人的任职证明和负责人的个人身份证明等，作为确认其参加诉讼的资格的审查文件。当然，未来的立法或司法解释有必要就此问题予以明文规定，以更好地指导实践。已有实践中，支持起诉主体往往通过提供法律咨询、提交书面意见、协助调查取证、派员出庭等方式参与诉讼，支持环境民事公益诉讼。

（案例编辑人：竺效、孟若琪、梁晓敏、李欣）

第四节　共同原告制度

【案例文书1】江苏省环保联合会、江苏省人民政府诉德司达（南京）染料有限公司，社会组织和政府作为共同原告提起环境民事公益诉讼案

原告：江苏省环保联合会、江苏省人民政府

被告：德司达（南京）染料有限公司

审理法院：江苏省南京市中级人民法院

案件基本情况：原告江苏省环保联合会与被告德司达（南京）染料有限公司（以下简称“德司达公司”）环境污染民事公益诉讼一案，法院于2016年12月1日立案后，依法适用普通程序，于2016年12月5日公告了案件受理情况。江苏省人民政府于2017年1月4日申请参加诉讼，经法院准许列为共同原告。

江苏省南京市中级人民法院经审理查明，2013年9月至2014年5月，德司达公司在明知王某某无废硫酸处置资质的情况下，多次将公司生产过程中产生的废硫酸以每吨处置费580元的价格交给王某某处置。王某某明知船东丁某某无废硫酸处置资质，仍将废硫酸以每吨处置费150元的价格交给丁某某处置。丁某某安排船工将其中2 698.1吨废硫酸倾倒至泰东河、新通扬运河水域，严重污染环境。

法院认为，生产企业应当对其产生的危险废物做到全面监督，包括在生产、运输、转让、处置等所有环节实施管控，在将危险废物交由第三方处置时，尤其应当审查其是否具有相应的资质。《水污染防治法》规定：“禁止向水体排放油类、酸液、碱液或者剧毒废液。”德司达公司作为化工企业，对其在生产化工产品过程中产生的废硫酸，在无法回收利用的情况下，应当按照法律、法规的规定送到有危险废物处置资质的机构处进行处置。本案中，德司达公司并未按照法定程序处置其产生的废硫酸，而是以远低于市场价的价格，交由无废硫酸处置资质的企业处置。德司达公司的这种处置行为实质上是主动放弃监督义务而对危险废物放任不管。也就是说，主观上，德司达公司具有非法处置危险废物的故意；客观上，德司达公司对废硫酸处置放任不管，致使2 698.1吨废硫酸被排放到泰东河、新通扬运河水域，造成环境严重污染、生态系统遭到破坏的损害后果。因此，德司达公司的低价处置行为以及对危险废物放弃监督的不作为与该危险废物被非法倾倒所造成的环境污染损害后果之间存在法律上的因果关系，德司达公司应该为此承担生态环境损害赔偿责任。

（1）关于每吨废硫酸的处置费用2 000元是否适当的问题。

根据环境保护部《关于开展环境污染损害鉴定评估工作的若干意见》（环发［2011］60号）的附件《环境污染损害数额计算推荐方法》（第Ⅰ版）中“4.5污染修复费用”的规定，当环境污染事故和事件发生后，如果无法得到实际修复工程费用，推荐采用虚拟治理成本法。本案中，在已生效的刑事判决中，证人扬州祥发资源综合利用有限公司经理姚某祥的证言证明，通常情况下，浓度为50%的废硫酸的市场处置价在每吨2 500元以上。江苏科技咨询中心的“评估报告”中的专家组认为，德司达公司产生排放的废酸液中主要成分为硫酸并含有大量有机物。根据该公司提供的数据，即使按酸碱采购量计算产生的废酸，其排放浓度（废酸中硫酸含量）平均值也达到32.30%左右。对案发现场查获的129.92吨废硫酸液中采样的32份样品检测分析，其中29份样品的硫酸含量（废酸浓度）达到46%以上，3份样品的硫酸含量（废酸浓度）达到20%以上。据此，专家组认为，取2 000元/吨作为案涉废硫酸的单位虚拟治理成本适当。专家辅助人东南大学能源与环境学院吕锡武教授在庭审中发表专家意见认为：“两年前本案废硫酸的直接处置费用为大约每吨 2 000 元，评估报告认定每吨废硫酸处置费用 2 000元合理。”虽然德司达公司向法庭提交了“关于废硫酸处理成本的情况说明”，用于证明其公司产生的废硫酸每吨处理成本为 1 261.27 元，但是该情况说明仅仅是德司达公司的单方陈述，且无其他证据予以证明，因此法院对该情况说明不予采信。江苏科技咨询中心的“评估报告”取 2 000 元/吨作为案涉废硫酸的处置成本并无不当。

(2) 关于本案受污染区域的环境功能敏感程度取 4.5 倍是否偏低的问题。

采《环境污染损害数额计算推荐方法》(第Ⅰ版) 中的虚拟治理成本法确定污染修复费用，是根据已排放污染物的虚拟治理成本和受污染影响区域的环境功能敏感程度乘以 1.5～10 的倍数，作为污染修复费用的上、下限值。倍数的取值是在确定被污染区域的环境功能类型的倍数范围的前提下，根据被污染区域的生态环境修复难易程度、污染行为持续时间、造成的社会危害程度以及污染者是否采取防止污染扩大措施等因素进行取值。本案中，案涉废硫酸被倾倒的泰东河、新通扬运河的非法排放点河段属第Ⅲ类水体，生态损害数额为虚拟治理成本的 4.5 倍至 6 倍。且被告德司达公司在生产过程中产生的大量废硫酸被丁某某等人长期、多处多点倾倒至泰东河、新通扬运河，引起相邻区域的水质被严重污染，造成多处水厂停产停水，对沿河单位和居民的安全生产、生活造成严重影响，社会危害极其严重。专家辅助人东南大学能源与环境学院吕锡武教授在庭审中发表意见认为：“本案污染的是Ⅲ类水体和饮用水通道，环境功能敏感程度应该在 4.5 倍至 6 倍之间，可以适当高一点，建议取 5 倍至 6 倍更合理。”《环境民事公益诉讼司法解释》第 9 条规定：“人民法院认为原告提出的诉讼请求不足以保护社会公共利益的，可以向其释明变更或者增加停止侵害、恢复原状等诉讼请求。”庭审中，法庭征询了两原告是否变更诉讼请求的意见，两原告当庭表示不需要变更。基于两原告不予变更诉讼请求，且被污染区域为第Ⅲ类水体，倍数范围为 4.5～6 倍，本案取 4.5 倍的系数并不违反法律法规的规定，法院予以认可。

(3) 关于 (2015) 邮环刑初字第 3 号刑事判决判处被告德司达公司

2 000万元罚金是否包含环境修复费用的问题。

罚金是刑罚中的一种附加刑，是被告单位、被告人承担刑事责任的一种刑罚。根据我国刑法和相关法律的规定，人民法院应当根据犯罪情节，如违法所得数额、造成损失的大小等情节，并综合考虑犯罪分子缴纳罚金的能力，依法判处罚金。《环境保护法》第 64 条规定：“因污染环境和破坏生态造成损害的，应当依照《中华人民共和国侵权责任法》的有关规定承担侵权责任。”《侵权责任法》第 4 条第 1 款规定：“侵权人因同一行为应当承担行政责任或者刑事责任的，不影响依法承担侵权责任。”虽然，被告德司达公司因犯污染环境罪承担了罚金 2 000 万元的刑事责任，但是，本案中原告请求的是被告德司达公司承担生态环境损害赔偿民事责任，赔偿生态环境修复费用，以实现被损害的生态环境得到有效修复。罚金刑事责任与民事赔偿责任是两种不同的法律责任，被告因污染环境和破坏生态造成损害承担了罚金刑事责任并不影响其依法应当承担的民事赔偿责任。因此，被告德司达公司在刑事判决中承担的 2 000 万元罚金，并不包含在本案原告向其主张的生态环境修复费用的范围内。考虑到德司达公司的环保资金投入力度以及公司良性发展的需要，对其提出的生态环境修复费用分期支付的主张，法院予以支持。

《环境民事公益诉讼司法解释》第 22 条规定：原告请求被告承担检验、鉴定费用、合理的律师费用以及为诉讼支出的其他合理费用的，人民法院可以依法予以支持。根据江苏省律师服务收费标准的规定，民事案件涉及财产 1 000 万元以上、1 亿元以下的，收费标准为 0.7%～2%。根据上述规定，原告江苏省环保联合会请求被告德司达公司承担律师费 17 万元，具有事实根据和法律依据，且被告德司达公司也予以认可。因此，对原告江苏省环保联合会的该项主张，法院予以支持。

法院判决：依照《水污染防治法》第 29 条第 1 款、《环境保护法》第 64 条、《侵权责任法》第 65 条、《环境民事公益诉讼司法解释》第 22 条的规定，判决如下：

（1）被告德司达公司赔偿环境修复费用人民币2 428.29万元；

（2）被告德司达公司应在本判决生效之日起60日内，支付本判决第一项所列款项的50%，剩余款项于2018年12月31日前支付；上述款项交付至江苏省环境保护厅账户用于环境修复；

（3）被告德司达公司在本判决生效后10日内给付原告江苏省环保联合会律师费17万元。

如未按本判决指定的期限履行给付义务，应当依照《民事诉讼法》第253条的规定，加倍支付迟延履行期间的债务利息。

案件受理费164 065元，由被告德司达公司负担（此款由被告于本判决生效之日起7日内向法院交纳）。

【案例文书2】自然之友、绿发会诉江苏常隆化工有限公司等社会组织作为共同原告环境民事公益诉讼案①

原告：北京市朝阳区自然之友环境研究所、中国生物多样性保护与绿色发展基金会

被告：江苏省常隆化工有限公司、常州市常宇化工有限公司、江苏华达化工集团有限公司

审理法院：江苏省常州市中级人民法院

案件基本情况：江苏省常隆化工有限公司、常州市常宇化工有限公司和江苏华达化工集团有限公司原厂址位于江苏省常州市通江中路与辽河路交叉路口西北角，占地面积约26万平方米（以下简称“常隆地块”）。上述三公司在生产经营及对危险废物管理过程中，严重污染了常隆地块及周边环境后搬离，未对其进行修复处理。北京市朝阳区自然之友环境研究所（以下简称“自然之友”）和中国生物多样性保护与绿色发展基金会（以下简称“绿发会”）通过调查了解到，常隆地块及其周围的土壤、地下水等生态环境损害目前仍未得到有效修复。自然之友和绿发会就上述三公司的违法行为向江苏省常州市中级人民法院提起诉讼。

---

① 江苏省常州市中级人民法院（2016）苏04民初214号民事判决书．此案判决书主要内容参见第三章第四节［案例文书2］“自然之友、绿发会诉江苏常隆化工有限公司等土壤污染环境民事公益诉讼案”。

法院判决：依照《民事诉讼法》第 55 条、第 64 条、第 142 条，《环境民事公益诉讼司法解释》第 1 条的规定，判决如下：驳回原告自然之友、绿发会的诉讼请求。案件受理费 1 891 800 元，由两原告自然之友、绿发会共同负担。

【知识点关联及案例点评】

上述两个案例是环境民事公益诉讼共同原告的典型案例。

环境民事公益诉讼参加人制度包括两项内容：第一，符合条件的社会组织作为共同原告申请参加诉讼；第二，支持起诉。《环境民事公益诉讼司法解释》第 10 条第 2 款规定："有权提起诉讼的其他机关和社会组织在公告之日起三十日内申请参加诉讼，经审查符合法定条件的，人民法院应当将其列为共同原告；逾期申请的，不予准许。"虽然人民检察院可以作为环境民事公益诉讼原告，但是依据法律和司法解释的规定，人民检察院是环境民事公益诉讼的补充起诉主体，即只有在履行诉前公告程序后，没有法律规定的机关和适格社会组织提起诉讼时，人民检察院才能提起诉讼。司法实践中的环境民事公益诉讼共同原告类型有两种：第一种是社会组织和有关机关，第二种是不同社会组织。

案例 1 的焦点是人民政府是否具有作为环境民事公益诉讼原告的主体资格。本案中社会组织先就行为人污染环境、破坏生态，损害社会公共利益的行为提起环境民事公益诉讼。在法院履行审前公告程序之后，人民政府依据《环境民事公益诉讼司法解释》第 10 条第 2 款的规定申请作为共同原告。《生态环境损害赔偿制度改革方案》规定，"国务院授权省级、市地级政府作为本行政区域内生态环境损害赔偿权利人"。江苏省人民政府据此以原告身份参与诉讼。但未来需要制定相关司法解释对环境民事公益诉讼与省级或地市级人民政府提起生态（环境）损害赔偿诉讼的司法衔接机制予以明确安排。

案例 2 中两个适格社会组织均对相同主体的污染环境、破坏生态，损害社会公共利益的行为提起环境民事公益诉讼。因为两个社会组织的诉讼标的是共同的，依据《民事诉讼法》第 52 条第 1 款的规定，属于共同诉讼，所以本案中两个社会组织可以作为环境民事公益诉讼的共同原告。

（案例编辑人：梁晓敏、邱涛韬、李欣）

第五节　保全措施[①]

【案例文书1】中华环保联合会、贵阳公众环境教育中心诉贵阳市乌当区定扒造纸厂水污染申请证据保全环境民事公益诉讼案[②]

原告：中华环保联合会、贵阳公众环境教育中心

被告：贵阳市乌当区定扒造纸厂

审理法院：贵州省清镇市人民法院

案件基本情况：贵阳市乌当区定扒造纸厂（以下简称定扒造纸厂）自2003年起经常将生产废水偷偷排入南明河或超标排放锅炉废气，多次受到当地环境保护行政主管部门处罚。但定扒造纸厂仍采取夜间偷排的方式逃避监管，向南明河排放污水。原告中华环保联合会、贵阳公众环境教育中心提起诉讼，请求判令被告定扒造纸厂立即停排污水，消除危险并支付原告支出的合理费用。

贵州省清镇市人民法院认为，定扒造纸厂取得的排污许可证载明，其能够排放的污染物仅为二氧化硫、烟尘等，不包含废水。但定扒造纸厂却采取白天储存、夜间偷排的方式，利用溶洞向南明河排放严重超标的工业废水，在形式上、实质上都对南明河产生了污染，严重危害了环境公共利益，故其应当承担侵权民事责任。

法院判决：法院于2011年1月作出判决，判令定扒造纸厂立即停止向南明河排放污水，消除对南明河产生的危害，并承担原告合理支出的律师费用及贵阳市两湖一库基金会垫付的检测费用。

---

① 《环境民事公益诉讼司法解释》中没有相关内容，但是这些保全措施在环境民事公益诉讼中很重要，因此特将该措施从司法案例中提取并列出。

② 贵州省清镇市人民法院、最高法院公布的九起环境资源审判典型案例.（2014-07-04）[2018-03-24]. http：//rmfyb.chinacourt.org/paper/html/2014-07/04/content_84186.htm? div=-1.

【案例文书2】中华环保联合会诉江苏省江阴市长泾梁平生猪专业合作社等证据保全、行为保全环境民事公益诉讼案①

原告：中华环保联合会

被告：江苏省江阴市长泾梁平生猪专业合作社、江阴市长泾栋梁生猪养殖场

审理法院：江苏省无锡市中级人民法院

案件基本情况：20世纪末成立的长泾栋梁生猪养殖场系生猪规模化养殖项目，与周边村庄居民距离较近。项目建设未依法进行环境影响评价，未经环保部门审批同意，应配套的畜禽养殖场污染防治设施未经验收，项目擅自投入生产。2015年9月，环境公益组织中华环保联合会接到群众举报后，经实地调查，发现该养殖场的污水治理设施形同虚设，粪便、沼液未依法利用和处理，随意排放到周边沟渠、河道，造成邻近区域严重污染。中华环保联合会以其为被告提起环境民事公益诉讼。

2015年10月27日，法院对被告进行现场勘验，采取证据保全和行为保全措施，查封、扣押被告持有的生产报表、生产日志、原辅材料台账等相关资料，对其污水处理、排放及对周边环境的污染状况进行拍照、录像，委托无锡市环境保护局分别在其三个生态净化塘、最近较大河流水域采集水样进行检测鉴定；同时，裁定被告立即停止排放废水、污染环境行为。

法院经审理认为：防治畜禽养殖污染，推进畜禽养殖废弃物的综合利用和无害化处理，保护和改善环境，是畜禽规模养殖发展的应有之义。《畜牧法》第46条规定，畜禽养殖场、养殖小区应当保证畜禽粪便、废水及其他固体废弃物综合利用或者无害化处理设施的正常运转，保证污染物达标排放，防止污染环境。《水污染防治法》规定，国家支持畜禽养殖场、养殖小区建设畜禽粪便、废水的综合利用或者无害化处理设施。畜禽养殖场、养殖小区应当保证其畜禽粪便、废水的综合利用或者无害化处理设施正常运转，保证污水达标排放，防止污染水环境。《环境保护法》第49条规定，从

① 江苏省无锡市中级人民法院（2015）锡环公民初字第1号民事判决书.

事畜禽养殖和屠宰的单位和个人应当采取措施，对畜禽粪便、尸体和污水等废弃物进行科学处置，防止污染环境。

法院判决：法院判令被告必须严格按照修复方案的要求恢复生态环境，禁止对周边环境造成新的污染；在判决生效后一个月内向法院报告环境修复落实情况；若未能达标，法院有权交由第三方治理，产生的费用由被告承担。

【案例文书3】广东省广州市人民检察院诉张某某、邝某某水污染申请财产保全环境民事公益诉讼案①

公益诉讼人：广东省广州市人民检察院

被告：张某某、邝某某

审理法院：广东省广州市中级人民法院

案件基本情况：自2012年5月开始，张某某、邝某某在没有办理建筑废弃物处置证的情况下，非法收取费用允许他人向案涉水塘填埋建筑垃圾和生活垃圾。经鳌头镇政府督促，张某某、邝某某采取了清理措施，但仅清理水塘表面漂浮垃圾，未清理沉底垃圾，且大量垃圾没有清理即被当场填上泥土，导致塘水呈乌黑色，至今仍散发恶臭。广东省广州市人民检察院向广东省广州市中级人民法院提起诉讼。诉讼中，原告提出财产保全申请，法院作出（2016）粤01民初107号民事裁定书，裁定查封被告张某某价值1 370万元的财产。张某某对此不服，申请复议。法院复议后，作出决定：驳回申请复议人张某某请求撤销（2016）粤01民初107号民事裁定的复议申请。2017年2月20日，法院作出判决，判令财产保全费5 000元由被告张某某、邝某某共同负担。

法院判决：依照《侵权责任法》第65条，《环境民事公益诉讼司法解释》第8条、第18条、第20条第1款、第21条、第24条，《环境侵权责任司法解释》第14条第2款，《关于民事诉讼证据的若干规定》第73条第

① 广东省广州市中级人民法院（2016）粤01民初107号民事判决书．此案判决书主要内容参见第一章第二节［案例文书］“广州市人民检察院诉张某某、邝某某环境民事公益诉讼原告资格案”。

1 款的规定，判决如下：

（1）自本判决生效之日起 3 个月内，被告张某某、邝某某共同修复案涉水塘水质到地表水第Ⅴ类水标准；逾期未修复的，由人民法院选定具有专业资质的机构代为修复，修复费用由被告张某某、邝某某共同承担。

（2）自本判决生效之日起 10 日内，被告张某某、邝某某共同赔偿生态环境受到损害至恢复原状期间的服务功能损失费用 1 050 万元（以上款项上缴国库，用于修复被损害的生态环境）。

如果未按本判决指定的期间履行给付金钱义务，应当依照《民事诉讼法》第 253 条的规定，加倍支付迟延履行期间的债务利息。

【案例文书 4】绿发会诉深圳市速美环保有限公司、浙江淘宝网络有限公司申请证据保全环境民事公益诉讼案[①]

原告：中国生物多样性保护与绿色发展基金会

被告：深圳市速美环保有限公司、浙江淘宝网络有限公司

审理法院：浙江省杭州市中级人民法院

案件基本情况：在原告中国生物多样性保护和绿色发展基金会（以下简称“绿发会”）与被告深圳市速美环保有限公司（以下简称“速美公司”）、浙江淘宝网络有限公司（以下简称“淘宝公司”）大气污染责任纠纷一案的审理过程中，原告绿发会向法院提出申请，要求对速美公司在淘宝网开展经营活动过程中所形成的全部产品信息、销售信息和附属数据记录进行证据保全。

法院裁定：法院认为，原告绿发会的证据保全申请符合法律规定，应予准许，遂依照《民事诉讼法》第 81 条、第 154 条第 1 款第 4 项之规定，裁定如下：

对被申请人淘宝公司保存的速美公司在淘宝网开展经营活动的全部产品信息、销售信息等记录采取查封、扣押、拍照、录像等措施。

① 浙江省杭州市中级人民法院（2016）浙 01 民初 1269 号民事裁定书之一.

【知识点关联及案例点评】

上述四个案例都是涉及环境民事公益诉讼使用保全措施的典型案例。

基于污染环境、破坏生态行为的特殊性，为了确保环境民事公益诉讼的顺利推进，原告可以在案件审理之前或者诉讼过程中申请法院针对被告的违法行为申请行为保全，对有关证据申请证据保全或者为保证判决顺利执行对被告的财产申请财产保全。《民事诉讼法》第81条规定："在证据可能灭失或者以后难以取得的情况下，当事人可以在诉讼过程中向人民法院申请保全证据，人民法院也可以主动采取保全措施。因情况紧急，在证据可能灭失或者以后难以取得的情况下，利害关系人可以在提起诉讼或者申请仲裁前向证据所在地、被申请人住所地或者对案件有管辖权的人民法院申请保全证据。"《民事诉讼法》第100条第1款规定："人民法院对于可能因当事人一方的行为或者其他原因，使判决难以执行或者造成当事人其他损害的案件，根据对方当事人的申请，可以裁定对其财产进行保全、责令其作出一定行为或者禁止其作出一定行为；当事人没有提出申请的，人民法院在必要时也可以裁定采取保全措施。"虽然相关司法解释中没有规定保全制度，但是依据规范体系性解释方法，《民事诉讼法》中的保全规则可以适用于环境民事公益诉讼。

案例1和案例2中，法院在同一案件中均同时适用证据保全和行为保全两种措施。证据保全的目的是保障诉讼的顺利进行。法院对被告作出行为保全裁定，是以制止违法行为为目的的。污染环境、破坏生态案件往往具有危害后果严重、修复成本高昂等特点，加上鉴定困难导致诉讼周期往往较长，若以判决为依据制止被告的违法行为会造成损害后果的扩大。在案例3中，法院依据原告的申请对被告的财产作出财产保全决定，以防止出现判决不能执行的情况；并且在原告胜诉之后判决被告承担财产保全费用。在案例4中，法院依据原告的申请，对证据进行保全，以保障案件审理顺利进行。

基于环境案件的特殊性，为及时制止违法行为并产生较好的救济效果，法院应当在审理案件过程中对持续的污染环境、破坏生态行为适用行为保全措施；对可能妨碍案件审判或者存在灭失可能的证据采取证据保全措施；在采取财产保全措施能防止裁判结果不能实现的情况下，对被告人的财产采取财产保全措施。在环境民事公益诉讼过程中，法院可以依申请或者依职权采取保全措施，以保证环境民事公益诉讼的效果实现。

（案例编辑人：梁晓敏、邱涛韬、李欣）

第六节 专家辅助人制度

【案例文书】江苏省泰州市环保联合会诉泰兴锦汇化工有限公司等水污染环境民事公益诉讼专家辅助人案①

再审申请人（一审被告、二审上诉人）：泰兴锦汇化工有限公司

被申请人（一审原告、二审被上诉人）：江苏省泰州市环保联合会

一审被告、二审上诉人：江苏常隆农化有限公司、江苏施美康药业股份有限公司、泰兴市申龙化工有限公司

一审被告：江苏省泰兴市富安化工有限公司、江苏省泰兴市臻庆化工有限公司

审理法院：最高人民法院

案件基本情况：2012 年 1 月至 2013 年 2 月，被告锦汇公司等六家企业将生产过程中产生的危险废物废盐酸、废硫酸总计 2.5 万余吨，以每吨20～100 元的价格，交给无危险废物处理资质的相关公司偷排进泰兴市如泰运河、泰州市高港区古马干河中，导致水体严重污染。原告泰州市环保联合会诉请法院判令六家被告企业赔偿环境修复费用 1.6 亿余元、鉴定评估费用 10 万元。此案被媒体称为“天价公益诉讼案”。在此案中，泰州市环保联合会申请东南大学能源与环境学院吕锡武教授作为专家辅助人出席一审庭审，对鉴定意见以及本案所涉专业问题提出意见。鉴定人南京理工大学贺启环

① 最高人民法院（2015）民申字第 1366 号民事判决书. 此案判决书主要内容参见本书第四章第三节［案例文书 2］“江苏省泰州市环保联合会与泰兴锦汇化工有限公司等环境民事公益诉讼确定恢复性责任再审案”。

教授出庭接受询问时也表示，无法计算得到实际人工干预的费用或者难于计算人工干预的费用，可以采用虚拟治理成本法计算损失。一审法院确认了泰州市环保联合会的主体资格，认定锦汇公司等六家公司主观上具有非法处置危险废物的故意，客观上造成了环境严重污染的结果，故其应该承担对环境污染进行修复的赔偿责任。同时，结合鉴定意见和专家辅助人的意见认定环境修复费用，判令六家被告企业共计赔偿 1.6 亿余元环境修复费用。一审被告泰兴市富安化工有限公司、泰兴市臻庆化工有限公司不服江苏省高级人民法院（2014）苏环公民终字第 1 号民事判决，向最高人民法院申请再审。

法院判决：依照《民事诉讼法》第 204 条第 1 款之规定，裁定如下：驳回泰兴锦汇化工有限公司的再审申请。

【知识点关联及案例点评】

该案中就环境民事公益诉讼所涉损害的修复费用，原告既提出了鉴定意见，又同时申请法院准许专家辅助人出庭就环境修复费用这一专业问题发表意见，接受质证。经法庭对质后的专家辅助人意见被作为认定事实的证据之一。

由于环境侵权行为因果关系等问题的复杂性和技术性，《环境民事公益诉讼司法解释》充分发挥了专家辅助人制度对解决这一问题的积极作用。《民事诉讼法》第 79 条规定："当事人可以申请人民法院通知有专门知识的人出庭，就鉴定人作出的鉴定意见或者专业问题提出意见。"《环境民事公益诉讼司法解释》第 15 条细化了环境民事公益诉讼领域可以适用专家辅助人制度的"专业问题"的范围，即规定，"当事人申请通知有专门知识的人出庭，就鉴定人作出的鉴定意见或者就因果关系、生态环境修复方式、生态环境修复费用以及生态环境受到损害至恢复原状期间服务功能的损失等专门性问题提出意见的，人民法院可以准许。前款规定的专家意见经质证，可以作为认定事实的根据"。当然，在环境民事公益诉讼的司法实践中仍须遵守《民事诉讼法司法解释》第 122 条和第 123 条所规定的若干程序规则，包括：（1）应在举证期限届满前提出申请，可以申请 1 至 2 名具有专门知识的人出庭，代表当事人对鉴定意见进行质证，或者对案件事实所涉及的专业问题提出意见。（2）人民法院可以对出庭的具有专门知识的人进行询问；经法庭准许，当事人可以对出庭的具有专门知识的人进行询问，当事人各自申请的具有专门知识的人可以就案件中的有关问题进行对质。（3）具有专门知识的人不得参与专业问题之外的法庭审理活动。（4）具有专门知识的人在法庭上就专业问题提出的意见，视为当事人的陈述。（5）人民法院准许当事人申请的，相关费用由提出申请的当事人负担。

司法实践中，对于环境民事公益诉讼所涉及的因果关系、生态（环境）修复方式、生态（环境）修复费用或生态（环境）受到损害至恢复原状期间的服务功能损失等专门性问题，都可以由当事人一方申请1至2名专业技术人员作为专家辅助人出庭，就所涉鉴定意见或专业问题发表意见，接受法庭询问，经法庭允许后就所涉专业问题接受双方当事人询问和对质。经法庭质证的专家辅助人的意见，申请其出庭的一方当事人的陈述，在符合证据规则的前提下具有证据效力。但需要注意两个问题：第一，一般而言作为专家辅助人的专业技术人员应在相关专业技术领域具有足够的专业技术经验和专业能力，需要结合其专业技术职称、专业领域、所涉专业的从业经验、已取得的专业科研或实践成果等方面综合判断。例如，若一方当事人申请某位刚硕士毕业、尚未取得博士学位，又未获得中级技术职称，工作不满2年的技术人员作为环境民事公益诉讼案件的专家辅助人，则在一般情况下，法庭不应批准该技术人员作为专家辅助人出庭。当然，如果该技术人员了解案件相关事实或者鉴定过程，则应申请该技术人员作为证人而非专家辅助人出庭。第二，上述案件中，一方当事人既提出了鉴定意见，又申请专家辅助人出庭。事实上，针对对方当事人提出的鉴定意见，或者不针对鉴定意见，而仅就某一专门的环境或生态方面的专业技术问题，也可由一方或双方当事人申请法院批准专家辅助人出庭发表专业意见。

（案例编辑人：竺效、孟若琪、李欣）

第七节 环境民事公益诉讼的费用

一、案件受理费

【案例文书1】自然之友、绿发会诉江苏省常隆化工有限公司等环境污染，原告败诉，承担诉讼费用环境民事公益诉讼案①

原告：北京市朝阳区自然之友环境研究所、中国生物多样性保护与绿色发展基金会

被告：江苏省常隆化工有限公司、常州市常宇化工有限公司、江苏华达化工集团有限公司

审理法院：江苏省常州市中级人民法院

案件基本情况：江苏省常隆化工有限公司、常州市常宇化工有限公司和江苏华达化工集团有限公司在生产经营及对危险废物管理过程中，严重污染了原厂址（以下简称常隆地块）及周边环境后搬离，但却未对受损环境进行修复处理。北京市朝阳区自然之友环境研究所（以下简称“自然之友”）和中国生物多样性保护与绿色发展基金会（以下简称“绿发会”），就上述三公司的违法行为向江苏省常州市中级人民法院提起诉讼，诉讼请求包括请求法院判令被告承担案件受理费。

法院判决：依照《民事诉讼法》第55条、第64条、第142条，《环境民事公益诉讼司法解释》第1条的规定，判决如下：驳回原告自然之友、绿发会的诉讼请求。案件受理费1 891 800元，由两原告自然之友、绿发会共同负担。

---

① 江苏省常州市中级人民法院（2016）苏04民初214号民事判决书. 此案判决书主要内容参见本书第三章第四节［案例文书2］“自然之友、绿发会诉江苏省常隆化工有限公司等土壤污染环境民事公益诉讼案”。

【案例文书2】湖北省荆州市沙市区人民检察院诉刘某某水污染，被告败诉，承担案件受理费环境民事公益诉讼案①

公益诉讼人：湖北省荆州市沙市区人民检察院

被告：刘某某

审理法院：湖北省荆州市沙市区人民法院

案件基本情况：2014年6月至2015年5月13日，被告刘某某在未取得工商营业执照和环保行政许可证，未向环保部门办理建设项目环境影响评价文件报批手续，没有安装建设废水污染物防治配套设施的情况下，在荆州市荆州经济技术开发区胜利村八组98号出租屋内擅自开办金属电镀表面处理加工厂，并将金属电镀加工过程中产生的电镀废液未经任何处理直接排放到该加工厂北侧路边的沟渠中。2015年5月6日，荆州市环境保护局在对该加工厂的外排口水体进行采样检测时，发现其重金属铬和锌分别超过国家标准2.54倍和3.15倍，遂当即责令其立即停止生产。该厂停止加工至2015年5月11日。同年5月13日，荆州市环境保护局在对该加工厂进行查封时发现其仍在违法加工，于是，再次对该厂的外排口水体进行采样检测，检测结果为重金属铬和锌分别超过国家标准6.84倍和34.2倍。

2016年8月3日，荆州市人民检察院委托荆州市价格认证中心对被告刘某某经营的金属电镀表面处理加工厂直接排放的电镀废水的每吨处理费用进行价格认定，该中心于2016年8月17日作出荆价认字（2016）5号价格认定结论书，认定被告刘某某经营的金属电镀表面处理加工厂在生产过程中所产生的电镀废水在基准日时的市场平均每吨综合处理费用（含运输费）认定价格为67.35元。2016年8月19日，受荆州市人民检察院委托，湖北荆州环境保护科学技术有限公司的刘义德、荆州市环境监察支队的卞兆双、荆州和乐实业科技有限公司的杨雄三位环保专家组成咨询组，对被告刘某某经营的金属电镀表面处理加工厂环境污染情况进行了咨询，形成咨询意见如下：（1）此次电镀废水污染以重金属总铬和总锌为主；（2）计

① 湖北省荆州市沙市区人民法院（2016）鄂1002民初1947号民事判决书.

算本次环境污染中水环境受污染的生态环境虚拟治理成本；（3）本案电镀废水排放量为 1 000 吨，此次生态环境损害数额为：1 000 立方米×67.35 元/立方米×3 倍=202 050 元。专家咨询费为 3 000 元。

因荆州市辖区内无专门从事环境保护公益活动连续五年以上且无违法记录的社会组织，荆州市沙市区人民检察院于 2016 年 12 月 26 日依法向法院起诉，请求依法裁判。

法院认为：本案性质为水污染责任纠纷，系特殊侵权，适用无过错责任原则。因污染环境造成损害的，污染者应当承担侵权责任。因污染环境发生纠纷的，权利人应就侵权行为和损害事实承担举证责任，污染者应当就法律规定的不承担责任或者减轻责任的情形以及其行为与损害之间不存在因果关系承担举证责任。本案双方的争议焦点为被告是否应该承担生态环境损害经济赔偿。

被告刘某某在未取得工商营业执照、未取得环保行政许可证、未安装建设废水污染物防治配套设施的情况下违法开办金属电镀表面处理加工厂，排放金属电镀加工过程中产生的重金属总铬、总锌，化学需氧量严重超标的电镀废液，废液未经任何处理，直接排放到该加工厂北侧路边的沟渠中，该沟渠未经过硬化处理。该排放行为从 2014 年持续到 2015 年，致使加工厂周边的地表水、地下水及土壤均受到污染。至诉讼时被告对加工厂周边环境没有进行有效处理，没有采取任何修复治理措施。根据《重金属污染综合防治“十二五”规划》，重金属元素可经空气、水、食物链等途径进入人体，生物毒性显著，易引发慢性中毒，具有致癌、致畸及致突变作用，对免疫系统有一定影响，威胁人体健康和食品安全。重金属在土壤中无法被降解，对土壤的污染基本上是一个不可完全逆转的过程。

由于水体具有自净能力以及水体的不断流动，至起诉时排放处明渠已改为暗渠，已无法检测到确切的生态环境损害。但是环境容量是有限的，向水体排放大量含重金属的污水，必然对水质、水体动植物以及地下水、土壤造成严重破坏。如不及时修复，污染的累积必然会超出环境的承载能力，最终造成不可逆转的环境损害。因此，不能以现阶段无法检测到确切的生态环境损害为由免除污染者对曾经的污染行为应当承担的环境修复责任。

虽然地表水、地下水和土壤具备自净功能，但这是一个非常缓慢的过程。呈现动态循环、流动性强、更新周期短的地表水相比，地下水属于循环更新周期长的静态水，已经进入地下水的污染物质将在含水层长期滞留，且运移的速度很缓慢。已被污染的含水层自然净化能力差，污染状况存在时间较长。与水体中的污染物相比，土壤中的污染物更难迁移、扩散和稀释，所以在土壤中将不断积累；尤其是重金属在土壤中无法被降解，对土壤的重金属污染基本上是一个不可完全逆转的过程；土壤中的许多有机污染物也需要较长时间才能被降解。刘某某的加工厂排放的污水给生态环境造成了严重损害。虽然环境具有自净能力，但是环境容量是有限的，向水体排放大量含重金属的污水，必然对水质、水体动植物以及地下水、土壤造成严重破坏。如不及时修复，污染的累积必然会超出环境的承载能力，最终造成不可逆转的环境损害。因此，不能认为排放废液的行为已经过去一年多了，损害社会公共利益的状态就已经不存在。

《人民检察院公益诉讼试点工作办法》第 6 条明确规定："人民检察院可以采取以下方式调查核实污染环境、侵害众多消费者合法权益等违法行为、损害后果涉及的相关证据及有关情况：……咨询专业人员、相关部门或者行业协会等对专门问题的意见。"本案中三位专家出具的意见属于专业人员对专门问题的意见，具有客观性、公正性、权威性。在环境民事公益诉讼中，检察机关可以提出要求被告停止侵害、排除妨碍、消除危险、恢复原状、赔偿损失、赔礼道歉等诉讼请求，被告辩称无能力赔偿，不代表不应当承担环境损害赔偿责任。被告的行为污染了环境，损害了社会公共利益，因此，对于公益诉讼人提出的赔偿损失的诉讼请求法院应当支持。

综上所述，被告刘某某违反法律规定，将未经处理的电镀废液，非法排放，污染环境，造成公共环境损害的事实清楚，其应依法承担侵权的民事责任。对于沙市区人民检察院作为公益诉讼人起诉判令刘某某赔偿损失及承担合理费用的诉讼请求予以支持。

法院判决：依照《环境保护法》第 64 条，《侵权责任法》第 7 条、第

15 条第 6 项、第 65 条、第 66 条，《环境民事公益诉讼司法的解释》第 18 条、第 21 条、第 22 条、第 23 条、第 24 条第 1 款之规定，判决如下：

（1）被告刘某某于本判决生效之日起 15 日内赔偿因其违法排放电镀废水造成的生态环境损害损失 202 050 元，赔偿款付至荆州市沙市区财政局环保专用账户，用于修复被告刘某某在荆州市荆州经济技术开发区胜利村八组 98 号出租屋内开办金属电镀表面处理加工厂而损害的生态环境；

（2）被告刘某某于本判决生效之日起 15 日内给付公益诉讼人荆州市沙市区人民检察院因本案环境损害向专家咨询支付的专家咨询费 3 000 元。

如果未按本判决指定的期间履行给付金钱义务，应当按照《民事诉讼法》第 253 条之规定，加倍支付迟延履行期间的债务利息。

案件受理费4 375元，公告费 300 元，共计 4 675 元，由被告刘某某负担。

【案例文书 3】绿发会诉孙某等环境污染调解结案，被告减半缴纳案件受理费环境民事公益诉讼案[①]

原告：中国生物多样性保护与绿色发展基金会

被告：孙某、张某某、刘某某、史某某、秦某某

支持起诉机关：江苏省徐州市人民检察院

审理法院：江苏省徐州市中级人民法院

案件基本情况：2014 年 2 月至 2015 年 1 月期间，孙某、张某某、刘某某、史某某、秦某某在丰县凤城镇张五楼村孙某经营的润丰制造厂内从事酸洗氧化加工，在未采取任何环保措施的情况下将该过程中产生的废液合计约 28 吨直接排放到其厂外的水渠内。经丰县环境保护监测站检测，并经江苏省环境保护厅认可，前述外排废液的 pH 值为 1.9，污染了当地环境。沛县人民法院于 2015 年 12 月 20 日作出（2015）沛环刑初字第 51 号刑事判决，认定孙某、张某某、刘某某、史某某、秦某某违法排放污染物，严重污染环境，构成污染环境罪，遂判处孙某有期徒刑 6 个月，并处罚金人民币

① 江苏省徐州市中级人民法院（2015）徐环公民初字第 1 号民事调解书.

2 万元；判处张某某拘役 3 个月，缓刑 1 年，并处罚金人民币 5 000 元；判处刘某某拘役 3 个月，缓刑 1 年，并处罚金人民币 5 000 元；判处史某某拘役 3 个月，缓刑 1 年，并处罚金人民币 5 000 元；判处秦某某拘役 3 个月，缓刑 1 年，并处罚金人民币 5 000 元。孙某不服该判决，向法院提起上诉；张某某、刘某某、史某某、秦某某未上诉。在二审法院审理过程中孙某申请撤回上诉，二审法院经审查作出（2016）苏 03 刑终 35 号刑事裁定，准许孙某撤回上诉。上述判决已发生法律效力。

原告中国生物多样性保护与绿色发展基金会（以下简称绿发会）提起本案诉讼，徐州市人民检察院支持起诉并指派丰县人民检察院委托丰县价格认证中心作对案涉污水的每吨处理费用进行鉴定，丰县价格认证中心作出［2015］297 号“关于工业污水处理费用的价格鉴证结论”，认定案涉污水每吨处理费用为 70 元（含运输费用 35 元）。

另查明，被告孙某、张某某、刘某某、史某某、秦某某在本案所涉刑事案件判决前表示自愿对其造成的环境污染承担责任，孙某预赔偿 3 万元作为生态环境修复费用，张某某、刘某某、史某某、秦某某分别预赔偿 5 000 元作为生态环境修复费用。目前前述款项暂存放于沛县人民法院。

再查明，绿发会是 1985 年在民政部注册、由中国科学技术协会主管的全国性公募基金会。原告为提起本案诉讼支出专家咨询费1 300元、律师费 2 700 元。

法院调解：经法院主持调解，双方当事人自愿达成如下调解协议：

（1）被告孙某、张某某、刘某某、史某某、秦某某已深刻认识到其案涉排污行为对生态环境及社会公众利益造成的损害，并就此对社会公众表示诚挚的歉意；

（2）被告孙某自愿支付本案的生态环境修复费用 13 720 元至徐州市环境保护公益金专项资金账户，另外，孙某自愿捐赠 2 280 元至徐州市环境保护公益金专项资金账户；张某某、刘某某、史某某、秦某某分别自愿捐赠 1 000元至徐州市环境保护公益金专项资金账户；

（3）被告孙某自愿向原告支付其因本案诉讼所实际支出的技术专家咨询

费、律师费等合理费用 4 000 元；

（4）案件受理费 243 元，减半收取 121.5 元，由被告孙某承担；

（5）上述第二、三、四项费用，被告孙某、张某某、刘某某、史某某、秦某某同意从其因案涉污染环境行为在沛县人民法院缴纳的预赔偿款中支出；

（6）原告自愿放弃其他诉讼请求。

法院依据《环境民事公益诉讼司法解释》第 25 条第 1 款的规定，在 2016 年 5 月 25 日至 2016 年 6 月 24 日期间对上述协议予以公告。在上述协议公告期间，法院未收到就该协议所提出的异议或意见。法院经审查认为，上述协议的内容符合法律规定，不损害社会公共利益，故对该协议予以确认。

【知识点关联及案例点评】

上述三个案例反映了实践中环境民事公益诉讼受理费的不同负担情形。

本书所讨论的环境民事公益诉讼的费用是指除环境民事公益诉讼原告请求被告承担的损害赔偿之外的，因诉讼活动产生的费用。《环境民事公益诉讼司法解释》第 22 条的规定："原告请求被告承担检验、鉴定费用，合理的律师费以及为诉讼支出的其他合理费用的，人民法院可以依法予以支持。"目前司法实践中，环境民事公益诉讼的费用主要包括案件受理费、律师费和鉴定费。

依据《诉讼费用交纳办法》第 2 条的规定，当事人进行民事诉讼，应当交纳诉讼费用。案件受理费是诉讼费的一种。依据案件类型不同，案件受理费的实际收交形式共分有 5 种类型。环境民事公益诉讼属于财产案件，依据诉讼请求的金额依照比例分段累计交纳案件受理费。依据法律规定，诉讼费交纳的一般原则是"原告预先交纳，最终由败诉方承担"。《诉讼费用交纳办法》中明确规定了不交纳诉讼费用的案件类型，以及申请缓交、减交或者免交诉讼费用的司法救助具体类型。由于环境民事公益诉讼的赔偿数额往往较大，在环境民事公益诉讼制度建立初期，社会组织往往面临无力缴纳案件受理费的困境。

为此，《环境民事公益诉讼司法解释》第 33 条规定："原告交纳诉讼费用确有困难，依法申请缓交的，人民法院应予准许。败诉或者部分败诉的原告申请减交或者免交诉讼费用的，人民法院应当依照《诉讼费用交纳办法》的规定，视原告的经济状况和案件的审理情况决定是否准许。”在案件受理费缴纳问题上应遵从以下适用规则：《环境民事公益诉讼司法解释》规定原告可以申请缓交案件受理费；案件受理费的交纳标准、案件受理费的交纳、案件受理费的负担、法院对案件受理费的减交或者免交申请审查等问题依据适用《诉讼费用交纳办法》的具体规定。依据《诉讼费用交纳办法》第 29 条第 1 款的规定，诉讼费用由败诉方负担。

在案例 1 中，原告提出的诉讼请求中包括被告承担案件受理费。法院审理后，判决原告败诉，故由原告负担案件受理费。在案例 2 中，法院经审理案件后判决被告败诉，因此由被告负担案件受理费。在案例 3 中，依据《诉讼费用交纳办法》第 15 条的规定：“以调解方式结案或者当事人申请撤诉的，减半交纳案件受理费。”结合《诉讼费用交纳办法》第 31 条的规定：“经人民法院调解达成协议的案件，诉讼费用的负担由双方当事人协商解决；协商不成的，由人民法院决定。”因本案由法院主持双方调解结案，故法院判决由被告负担案件受理费。

（案例编辑人：梁晓敏、邱涛韬、李欣）

二、律师费

【案例文书 1】自然之友、贵州省清镇市生态保护联合会诉贵州省清镇市铝矿厂等，被告自愿支付原告律师费环境民事公益诉讼案[①]

原告：贵州省清镇市生态保护联合会、北京市朝阳区自然之友环境研究所

被告：贵州省清镇市铝矿厂、清镇市站街镇龙滩前明铝铁矿山

审理法院：贵州省清镇市人民法院

案件基本情况：贵州省清镇市人民法院于 2014 年 12 月 17 日立案受理

① 贵州省清镇市人民法院（2015）清环保民初字第 2 号民事调解书.

了原告贵州省清镇市生态保护联合会（以下简称“生保联合会”）诉被告贵州省清镇市铝矿厂（以下简称“贵州铝矿厂”）、清镇市站街镇龙滩前明铝铁矿山（以下简称“前明矿山”）大气污染责任纠纷环境公益诉讼一案，原告北京市朝阳区自然之友环境研究所（以下简称“自然之友”）作为共同原告参加诉讼。

法院经审理查明：被告贵州铝矿厂主要经营铝矾土采掘、加工、销售，以及铁矿、硫铁矿、重晶石等销售。2014 年 6 月 5 日，贵州省清镇市环境监察局经现场检查发现，被告贵州铝矿厂在被告前明矿山的厂址内有两台土法煅烧窑正在生产，采用的是已淘汰的土法煅烧工艺，未办理环保手续，遂根据《贵州省环境保护条例》第 16 条、第 54 条之规定对贵州铝矿厂进行了行政处罚，要求其立即停止土法烧矿。2014 年 11 月 18 日，原告生保联合会的志愿者及贵州省清镇市电视台工作人员发现，贵州铝矿厂的前述土法煅烧窑仍在违法生产，其排放的废气仍在持续污染环境，周边的树林已受到严重损害。贵州铝矿厂的土法煅烧窑修建在前明矿山的厂区内，前明矿山允许贵州铝矿厂在其厂区内修建土法煅烧窑并收取租金，承诺共同办理相关手续。

另查明：贵州铝矿厂在 2015 年年初便停止了违法生产。2015 年 9 月，贵州铝矿厂对两台煅烧窑进行技术整改，使用清洁能源煤炼矿，将在 2016 年 3 月 1 日前完成环评审批手续，并严格按照环评报告进行生产。2015 年 10 月，贵州铝矿厂在《贵州日报》上向公众发布道歉声明，并且在清镇市站街镇站街林场异地恢复受损的 10 亩林地，现已完成异地恢复方案。被告自停产后，企业周边存在的林木枯萎现象逐步消失，林木复绿。

法院调解：在案件审理过程中，经法院主持调解，双方当事人自愿达成如下协议：

（1）被告贵州铝矿厂在 2015 年 3 月 1 日之前将位于前明矿山内的两台铝土矿煅烧窑进行技术整改并通过环评审批，按照环评要求达到国家规定的排放标准，并从合法生产之日起接受原告生保联合会、原告自然之友为期 2 年的监管；

（2）被告贵州省清镇市铝矿厂将被破坏的10亩植物异地恢复于清镇市站街林场（具体恢复内容按照异地恢复方案确定），由原告自然之友对被告贵州铝矿厂异地恢复林木抚育情况进行3年监督（监督时间从补种的林木经验收合格之日起计算），确保异地恢复林木成活率达90%以上；

（3）被告贵州省清镇市铝矿厂（已于2015年10月23日登报道歉）、被告前明矿山在贵州省级报纸上发布道歉声明；

（4）被告贵州省清镇市铝矿厂应于本调解书生效之日起15日内支付原告生保联合会因本案产生的律师费5 000元、为诉讼支出的其他合理费用1 700元，支付原告自然之友律师费10 000元、为诉讼支出的其他合理费用共计12 000元，合计28 700元；

案件受理费1 766.2元，减半收取883.1元，由被告贵州铝矿厂负担。

【案例文书2】自然之友、福建绿家园诉谢某某等，法院支持原告全额律师费请求环境民事公益诉讼案[①]

原告：北京市朝阳区自然之友环境研究所、福建省绿家园环境友好中心

被告：谢某某、倪某某、郑某某、李某某

支持起诉人：福建省南平市人民检察院、中国政法大学环境资源法研究和服务中心

第三人：福建省南平市国土资源局延平分局、南平市延平区林业局

审理法院：福建省高级人民法院

案件基本情况：2008年7月底，谢某某、倪某某、郑某某未经批准，擅自从李某某手中购得福建省南平市延平区葫芦山砂基洋恒兴石材厂矿山的采矿权。此后，在未依法取得占用林地许可证及办理采矿许可延期手续的情况下，谢某某指挥从山顶剥山皮、开采矿石，并将剥山皮和开采矿石产生的弃石往山下倾倒，造成原有植被严重毁坏的结果。北京市朝阳区自然之友环境研究所（以下简称“自然之友”）、福建省绿家园环境友好中心

---

① 福建省高级人民法院（2015）闽民终字第2060号民事判决书．此案判决书主要内容参见第一章［案例文书2］“自然之友、福建绿家园诉谢某某等环境民事公益诉讼原告起诉主体资格案”。

（以下简称“福建绿家园”）就谢某某、倪某某、郑某某、李某某的违法行为提起诉讼，在请求四被告恢复植被、赔偿生态环境服务功能损失等之外，还请求判令四被告承担原告自然之友支出的律师服务费 96 200 元、赔偿原告福建绿家园支出的律师服务费 25 261 元。诉讼中两原告分别提供两组证据证明其律师费的合理性的收费发票、委托代理协议、律师费计算说明、《关于印发〈湖北省律师服务收费管理实施办法（暂行）〉的通知》、《关于印发〈福建省律师服务收费管理规定〉的通知》，证明原告福建绿家园支出律师服务费25 261元。

【案例文书3】重庆市人民政府、重庆两江志愿服务发展中心诉重庆藏金阁物业管理有限公司等环境污染，酌情收取律师费环境民事公益诉讼案[①]

原告：重庆市人民政府、重庆两江志愿服务发展中心

被告：重庆藏金阁物业管理有限公司、重庆首旭环保科技有限公司

审理法院：重庆市第一中级人民法院

案件基本情况：原告重庆市人民政府与被告重庆藏金阁物业管理有限公司（以下简称“藏金阁公司”）环境污染责任纠纷一案于 2017 年 6 月 2 日立案，重庆市人民政府于 2017 年 7 月 5 日向法院申请追加重庆首旭环保科技有限公司（以下简称“首旭公司”）为被告，经法院审查后予以准许。法院另行受理原告重庆两江志愿服务发展中心与被告藏金阁公司、被告首旭公司环境污染责任纠纷一案，因重庆市人民政府和重庆两江志愿服务发展中心基于同一事实向法院提起诉讼，经各方当事人同意，法院于 2017 年 7 月 26 日决定依法将两案进行合并审理。

法院经审理查明，重庆藏金阁电镀工业园建于 2005 年，位于重庆市江北区港城工业园区内，是港城工业园区内唯一的电镀工业园。藏金阁公司于 2012 年 7 月成立，为园区入驻企业提供物业管理服务，并负责处理园区入驻企业产生的废水。藏金阁公司领取了排放污染物许可证，并拥有废水

① 重庆市第一中级人民法院（2017）渝 01 民初 773 号民事判决书.

处理的设施设备。2013 年 12 月 5 日，藏金阁公司与首旭公司签订为期 4 年的“委托运行协议”，首旭公司承接藏金阁电镀工业中心废水处理项目，该电镀工业中心的废水由藏金阁公司交给首旭公司，由它使用藏金阁公司所有的废水处理设备进行处理。2016 年 4 月 21 日，重庆市环境监察总队执法人员对藏金阁公司的废水处理站进行多次现场检查，均发现废水处理站中两个总铬反应器和一个综合反应器设施均未运行，生产废水未经处理便被排入外环境，对生态环境造成严重影响和损害。

受重庆市人民政府委托，重庆市环境科学研究院对藏金阁公司和首旭公司违法排放超标废水造成的生态环境损害进行鉴定评估，并于 2017 年 4 月出具“鉴定评估报告书”。该评估报告载明：本事件污染行为明确，污染物迁移路径合理，污染源与违法排放至外环境的废水中的污染物具有同源性，且污染源具有排他性。评估二被告违法排放废水造成的生态环境污染损害量化数额为 1 441.677 6 万元（即 320.372 8 万元×4.5＝1 441.677 6 万元）。重庆市环境科学研究院是环境保护部《关于印发〈环境损害鉴定评估推荐机构名录（第一批）〉的通知》中确认的鉴定评估机构。

2016 年 6 月 30 日，重庆市环境监察总队以藏金阁公司从 2014 年 9 月 1 日至 2016 年 5 月 5 日通过 1 号综合调节池内的 120 mm 口径管网将含重金属的废水，未经废水处理站总排口便直接排入港城园区市政废水管网进入长江为由，作出行政处罚决定，对藏金阁公司罚款 580.72 万元。藏金阁公司向重庆市环境保护局申请行政复议，重庆市环境保护局作出维持行政处罚决定的复议决定。后藏金阁公司诉至重庆市渝北区人民法院，要求撤销行政处罚决定和行政复议决定。重庆市渝北区人民法院于 2017 年 2 月 28 日作出（2016）渝 0112 行初 324 号行政判决，驳回藏金阁公司的诉讼请求。判决后，藏金阁公司没有提起上诉，该判决发生法律效力。

2016 年 11 月 28 日，重庆市渝北区人民检察院向重庆市渝北区人民法院提起公诉，指控首旭公司承接藏金阁公司电镀废水处理委托运行项目，非法将未按程序处理达标的电镀废水直接排放至外环境，首旭公司、程某（首旭公司的法定代表人）等构成污染环境罪，应依法追究刑事责任。重庆市渝北区人民法院于2016年12月29日作出（2016）渝0112刑初1615号刑事判决，认定首旭公司构成污染环境罪，判处罚金8万元；程某等人构成污染环境罪，分别判处有期徒刑9个月到6个月，并处罚金4万元到1万元。判决后，检察机关未提起抗诉，被告未上诉，该判决发生法律效力。

另查明，重庆两江志愿服务发展中心成立于2011年，系重庆市精神文明建设委员会主管的主要从事环境保护、文化教育、灾害救助等各类公益活动的社会组织。

法院认为：依据中共中央办公厅、国务院办公厅《关于印发〈生态环境损害赔偿制度改革试点方案〉的通知》（中办发〔2015〕57号）的规定，重庆市人民政府有权提起生态环境损害赔偿诉讼，重庆两江志愿服务发展中心具备合法的环境公益诉讼主体资格，二原告的诉讼主体资格均不存疑义。重庆市人民政府和重庆两江志愿服务发展中心基于不同的规定而享有各自的诉权，均应依法予以保护，对两案分别立案受理并无不当。鉴于两案案件事实相同、诉讼目的一致、被告相同、诉讼请求基本相同，故将两案合并审理更为适宜。

本案的争议焦点为：（1）生效刑事判决、行政判决所确认的事实与本案的关联性；（2）“鉴定评估报告书”认定的污染物种类、污染源排他性、违法排放废水计量以及损害量化数额是否准确；（3）藏金阁公司与首旭公司是否构成共同侵权。

（1）关于生效刑事判决、行政判决所确认的事实与本案关联性的问题。

首先，从证据效力来看，生效刑事判决、行政判决所确认的事实可以直接作为本案事实加以确认，无须再在本案中举证证明。《民事诉讼法司法解释》第93条规定，“下列事实，当事人无须举证证明：……（五）已为人民法院发生法律效力的裁判所确认的事实……前款第二项至第四项规定的事实，当事人有相反证据足以反驳的除外；第五项至第七项规定的事实，当事人有相反证据足以推翻的除外。”（2016）渝0112行初324号行政判决和（2016）渝0112刑初1615号刑事判决均为生效判决，其所确认的事实具有既判力，无须再在本案中举证证明，除非被告提出了相反证据并足以推翻原判决，而本案中被告并未出示证据，故对于相关事实直接予以采信。而且，由于（2016）渝 0112 行初 324 号行政判决确认了重庆市环境监察总队作出的渝环监罚（2016）269 号行政处罚决定 、重庆市环境保护局作出的渝环法（2016）29 号行政复议决定的合法性，故上述行政决定也具有既定力。

其次，本案在性质上属于环境侵权民事案件，其与刑事犯罪、行政违法案件所要求的证明标准和责任标准存在差异，故最终认定的案件事实在不存在矛盾的前提条件下，可以不同于刑事案件和行政案件中认定的事实。刑事案件的证明标准和责任标准明显高于民事案件的相应标准，环境污染犯罪行为造成损害后果的，行为人固然应当承担相应赔偿责任，但未被认定为犯罪的污染行为，不等于不构成民事侵权，本案中行为人依法应承担赔偿责任的环境污染行为包括但不限于（2016）渝 0112 刑初 1615 号刑事判决所认定的环境污染犯罪行为，故被告提出的应当仅以生效刑事判决所认定的污染物种类即总铬和六价铬为准的异议不成立，法院对此不予支持。就生效行政判决认定的事实而言，环保部门对环境污染行为进行行政处罚时，依据的主要是国家和地方规定的污染物排放标准。违反了国家和地方的强制性标准的，便应当受到相应的行政处罚。当然，违反强制性标准当然也是污染行为人承担侵权责任的依据。然而，虽然因违反强制性标准而受到行政处罚的污染行为必然属于环境侵权行为，但符合强制性标准的排污行为不一定不构成环境民事侵权。《环境侵权责任司法解释》第 1 条第 1 款规定："因污染环境造成损害，不论污染者有无过错，污染者应当承担侵权责任。污染者以排污符合国家或者地方污染物排放标准为由主张不承担责任的，人民法院不予支持。"该条规定表明，污染行为人不得以合乎强制性标准进行抗辩而主张免除民事责任，亦即对环境污染行为承担民事责任的范围可以大于受到行政处罚的范围。但是在本案中，由于原告起诉的事实与生效行政判决确认的事实相同，其并未主张超出行政处罚范围的环境侵权行为，故（2016）渝 0112 行初 324 号行政判决所确认的违法排污事实可以用于认定本案的环境侵权事实，只是本案中法院会从环境侵权的角度对构成要件、责任主体等加以考量。

最后，结合生效刑事判决和行政判决确认的事实，可以认定首旭公司直接实施了本案所诉环境侵权行为。理由在于：一是前述生效行政判决和刑事判决均确认，藏金阁公司通过与首旭公司签订“委托运行协议”，将全部排污作业交由首旭公司处理，首旭公司在运营该项目的过程中，实施了利用暗管违法排污的行为。二是由于首旭公司是受托排污，藏金阁公司持有排污许可证，且是排污设备所有人，故环保部门认定的排污单位即行政相对人为藏金阁公司，并据此对藏金阁公司进行了行政处罚。尽管行政处罚的对象是藏金阁公司，但行政处罚决定和行政判决并未否定首旭公司实施排污行为的事实，首旭公司亦作为第三人参加了行政诉讼，而且正是由于首旭公司直接实施了排污行为，所以刑事判决对首旭公司及其直接责任人进行了定罪处罚。三是对于生效行政判决和刑事判决所认定的排污单位和直接责任人，藏金阁公司和首旭公司均无异议。综上，可以认定，首旭公司实施的环境侵权行为即生效行政判决所确认的违法排污事实。

（2）关于“鉴定评估报告书”认定的污染物种类、污染源排他性、违法排放废水计量以及损害量化数额是否准确的问题。

首先，关于“鉴定评估报告书”认定的污染物种类、污染源排他性和违法排放废水计量是否准确的问题。二被告对污染物种类、污染源排他性及违法排放废水计量提出异议，这三个方面的问题是环保部门作出行政处罚时认定的基本事实，均已被（2016）渝 0112 行初 324 号行政判决直接或者间接确认，而且藏金阁公司已经通过申请行政复议和提起行政诉讼，依法行使了程序权利，在本案中二被告并未提供相反证据来推翻原判决，故对“鉴定评估报告书”依据的上述环境污染事实予以确认。故藏金阁公司和首旭公司提出的污染物种类、违法排放废水量和污染源排他性认定有误的异议不能成立。

其次，关于“鉴定评估报告书”认定的损害量化数额是否准确的问题。为证明二被告违法排污造成的生态环境损害后果和赔偿数额，原告方委托重庆市环境科学研究院就本案的生态环境损害进行鉴定评估并出具了“鉴定评估报告书”，该报告确定二被告违法排污造成的生态环境损害量化数额为 1 441.677 6 万元。经查，重庆市环境科学研究院是环境保护部《关于印发〈环境损害鉴定评估推荐机构名录（第一批）〉的通知》中确立的鉴定评估机构，委托其进行本案的生态环境损害鉴定评估符合《环境侵权责任司法解释》第 8 条关于“对查明环境污染案件事实的专门性问题，可以委托具备相关资格的司法鉴定机构出具鉴定意见或者由国务院环境保护主管部门推荐的机构出具检验报告、检测报告、评估报告或者监测数据”之规定，其具备相应鉴定资格。根据环境保护部组织制定的《生态环境损害鉴定评估技术指南 总纲》《环境损害鉴定评估推荐方法》（第Ⅱ版），鉴定评估可以采用虚拟治理成本法对污染事件造成的生态环境损害进行量化，量化结果可以作为生态环境损害赔偿的依据。鉴于本案中的违法排污行为持续时间长、违法排放数量大，且长江水体处于流动状态，难以直接计算生态环境修复费用，故“鉴定评估报告书”采用虚拟治理成本法对损害结果进行量化并无不当。综上，法院依法驳回对“鉴定评估报告书”认定的损害量化数额之异议。

综上所述，法院认为，环境污染纠纷类案件具有很强的专业性和复杂性，本案中作出“鉴定评估报告书”的鉴定机构和鉴定评估人资质合格，鉴定评估委托程序合法，鉴定评估项目负责人亦应法庭要求出庭接受质询，鉴定评估所依据的事实有生效法律文书作支撑，采用的计算方法和结论科学有据，且二被告未能提出任何证据来反驳推翻“鉴定评估报告书”，故对“鉴定评估报告书”及其所依据的相关证据均予以采信。

（3）关于藏金阁公司与首旭公司是否构成共同侵权的问题。

首旭公司是明知 1 号废水调节池池壁上存在 120 mm 口径管网并故意利用它进行违法排污的行为的直接实施主体，其行为造成环境污染，其理应对损害后果承担赔偿责任。对此应无疑义。本案争议的核心问题在于如何评价藏金阁公司的行为，其与首旭公司是否构成共同侵权。法院认为，藏金阁公司与首旭公司构成共同侵权，应当承担连带责任。其理由是：首先，我国实行排污许可制，排污许可制对于实现工业污染源达标排放具有重要意义。排污许可证是国家对排污者进行有效管理的手段，同时也可被视为政府与排污单位之间的契约，取得排污许可证的企业即是排污单位，负有依法排污的义务，否则将承担相应法律责任。藏金阁公司持有行政主管部门颁发的排污许可证，其属于可以进行排污的企业，但同时必须确保按照许可证的规定和要求排放。藏金阁公司以“委托运行协议”的形式将废水处理交由专门从事环境治理业务（含工业废水运营）的首旭公司作业，该行为并不为法律所禁止。但是，无论是自行排放还是委托他人排放，藏金阁公司都必须确保其废水处理站正常运行，并确保排放物达到国家和地方排放标准。这是取得排污许可证企业的法定责任，该责任不能通过民事约定来解除。其次，无论是作为排污设备的产权人和具有法定责任的排污主体人，还是按照双方协议的约定，藏金阁公司均应确保废水处理设施设备正常、完好。再次，待处理的废水是由藏金阁公司提供给首旭公司的，因此，藏金阁公司知道需处理的废水数量；同时藏金阁公司作为排污主体，负责向环保部门缴纳排污费，其也知道合法排放的废水数量，加之作为园区物业管理部门，其对于园区企业产生的实际用水量亦是清楚的，而将这几个数据结合起来，即可确知违法排放行为的存在，因此可以认定藏金阁公司知道首旭公司在实施违法排污行为，但其却放任首旭公司违法排放废水，同时还继续将废水交由首旭公司处理，可以视为其与首旭公司形成了默契，具有共同侵权的故意，并共同造成了污染后果。最后，环境侵权案件具有侵害方式的复合性、侵害过程的复杂性、侵害后果的隐蔽性和长期性等特点，其证明难度，尤其是对排污企业违法排污主观故意的证明难度较高，且本案又涉及对环境公益的侵害，故应充分考虑此类案件的特殊性，通过准确把握举证责任和归责原则来避免责任逃避和公益受损。综上，藏金阁公司辩称不知道首旭公司在违法排污，不应承担赔偿责任的主张不能成立，法院对此不予支持。根据本案事实和证据，藏金阁公司与首旭公司构成环境污染共同侵权的证据已达到高度盖然性的民事证明标准，应当认定藏金阁公司和首旭公司对于违法排污存在主观上的共同故意和客观上的共同行为，二被告构成共同侵权，依据《侵权责任法》第 8 条关于“二人以上共同实施侵权行为，造成他人损害的，应当承担连带责任”之规定，由二被告承担连带责任。

原告重庆两江志愿服务发展中心主张本案亦属于第三人污染环境的情形，可以适用《环境侵权责任司法解释》第5条之规定判决二被告承担赔偿责任。法院认为，在藏金阁公司与首旭公司构成共同侵权的情况下，不适用环境污染第三人侵权的相关规定。

除了“鉴定评估报告书”所认定的生态环境损害量化数额以外，二原告还就鉴定费、律师费等费用提出请求。《环境民事公益诉讼司法解释》第22条规定：“原告请求被告承担检验、鉴定费用，合理的律师费以及为诉讼支出的其他合理费用的，人民法院可以依法予以支持。”原告主张此次委托鉴定评估所支出的鉴定费用为30万元，但只提供了合同而无票据证明，且明显超出重庆市物价局重庆市司法局《关于印发〈重庆市实行政府指导价管理的司法鉴定收费项目目录和收费标准〉的通知》规定的指导价。重庆市人民政府和重庆两江志愿服务发展中心为本次诉讼支出的律师代理费用分别为19.8万元和8万元，上述收费有合同或发票作为证据，且符合《重庆市律师服务收费指导标准》的规定，二被告亦未提出异议，故该项主张具有事实根据和法律依据，法院予以支持。

对于重庆两江志愿服务发展中心在庭审中增加的要求二被告赔礼道歉的诉讼请求，法院认为，长江水域生态系统的维护需要公众参与，对它实施破坏行为会侵害到千家万户乃至子孙后代的利益，二被告对长江生态环境的严重破坏行为，是对社会公众权益的损害，要求其公开赔礼道歉既是行使公众合法权利的体现，也是对其他类似行为的警示，还能够让二被告公开表达对自身过错的深刻认识和真诚悔意。无论是环境公益诉讼还是生态环境损害赔偿诉讼，均具有公益性，在本案中原告代表社会公众要求污染环境的侵权行为人赔礼道歉，该请求具有合法性和合理性，法院予以支持。

综上所述，对生效行政判决和刑事判决所认定的藏金阁公司和首旭公司实施的违法排污事实，予以确认。“鉴定评估报告书”合法有效，予以采信。藏金阁公司和首旭公司共同实施违法排污行为，造成环境污染的损害后果，构成共同侵权，应当承担连带责任。

法院判决：依照《水污染防治法》第 9 条，《环境保护法》第 42 条第 4 款、第 64 条，《侵权责任法》第 8 条，《环境侵权责任司法解释》第 2 条、第 13 条，《环境民事公益诉讼司法解释》第 22 条，以及《民事诉讼法》第 64 条、第 142 条的规定，判决如下：

（1）被告藏金阁公司和首旭公司连带赔偿生态环境修复费用 1 441.677 6万元，于本判决生效后 10 日内交付至重庆市财政局专用账户，由原告重庆市人民政府及其指定的部门和原告重庆两江志愿服务发展中心结合本区域生态环境损害情况用于开展替代修复；

（2）被告藏金阁公司和首旭公司于本判决生效后 10 日内，在省级或以上媒体向社会公开赔礼道歉；

（3）被告藏金阁公司和被告首旭公司在本判决生效后 10 日内给付原告重庆市人民政府鉴定费 5 万元、律师费 19.8 万元；

（4）被告藏金阁公司和被告首旭公司在本判决生效后 10 日内给付原告重庆两江志愿服务发展中心律师费 8 万元；

（5）驳回原告重庆市人民政府和原告重庆两江志愿服务发展中心其他诉讼请求。

如未按本判决指定的期限履行给付义务，应当依照《民事诉讼法》第 253 条的规定，加倍支付迟延履行期间的债务利息。

案件受理费 110 269 元，由被告藏金阁公司与被告首旭公司连带承担，于判决生效之日起 7 日内向法院交纳。

【案例文书 4】中华环保联合会诉德州晶华集团振华有限公司大气污染，原告诉请被告承担律师费被驳回环境民事公益诉讼案①

原告：中华环保联合会

被告：德州晶华集团振华有限公司

① 山东省德州市（地区）中级人民法院（2015）德中环公民初字第 1 号民事判决书. 此案判决书主要内容参见第二章第二节［案例文书 1］“中华环保联合会诉德州晶华集团振华有限公司大气污染单个法人环境民事公益诉讼案”。

审理法院：山东省德州市（地区）中级人民法院

案件基本情况：德州晶华集团振华有限公司原有三条浮法玻璃生产线，1#线已于2011年全面停产，2#线、3#线因玻璃生产特殊工艺要求及冬季供暖，一直继续生产。虽振华公司已投入资金建设了两线脱硫除尘设施，但2#线、3#线两个烟囱向大气长期超标排放污染物造成了严重的大气污染，严重地影响了周围居民生活。其被环境保护主管部门多次处罚后仍未整改，继续超标向大气排放污染物。中华环保联合会向人民法院提起诉讼，其诉讼请求之一为请求法院支持由被告负担律师费。

法院经审理认为，原告中华环保联合会与山东康桥律师事务所于2016年4月20日订立委托代理合同，约定按照诉讼标的2 746万元计算代理费，为436 100元，但未提交交款凭证或发票，原告中华环保联合会亦承认至开庭之日该费用未发生。故法院以律师代理费尚未发生为由，驳回了原告要求被告承担律师费的诉讼请求。

【案例文书5】绿发会诉河南省新郑市薛店镇人民政府、薛店镇花庄村民委员会、新郑市林业局、新郑市旅游和文物局、新郑市教育体育局，法院酌定支付律师费环境民事公益诉讼案[①]

原告：中国生物多样性保护与绿色发展基金会

被告：河南省新郑市薛店镇人民政府、薛店镇花庄村民委员会、新郑市林业局、新郑市旅游和文物局、新郑市教育体育局

审理法院：河南省郑州市中级人民法院

案件基本情况：中国生物多样性保护与绿色发展基金会（以下简称“绿发会”）对河南省新郑市薛店镇花庄村民委员会、新郑市薛店镇人民政府、新郑市林业局、新郑市旅游和文物局、新郑市教育体育局破坏古枣树的行为提起诉讼，请求判令被告停止毁坏古树的行为、恢复被毁林地等。其诉讼请求之一为请求被告承担本次诉讼的律师费。在诉讼中原告提供北京兆

---

① 河南省郑州市中级人民法院（2016）豫01民初705号民事判决书. 此案判决书主要内容参见第三章第四节［案例文书11］“绿发会诉新郑市薛店镇人民政府、薛店镇花庄村民委员会、新郑市林业局、新郑市旅游和文物局、新郑市教育体育局破坏古枣树公益诉讼案”。

实律师事务所开具的购买方为绿发会的发票 5 张，每张显示案件调查费 100 000元，共 500 000 元。原告方认为该款项包括案件调查费和律师费。因其未提供具体进行哪些调查工作及相关调查工作的费用支出情况的证据，也未提供律师费收费计算说明、北京市律师服务收费政府指导价标准等辅证该部分款项的合理性，对案件调查费 500 000 元的证据，不予采信，对律师费法院酌定支持 100 000 元。

【案例文书 6】自然之友诉江苏省泰州市沃爱特化工有限公司，法院酌定支持律师费环境民事公益诉讼案①

原告：北京市朝阳区自然之友环境研究所

被告：江苏省泰州市沃爱特化工有限公司

审理法院：江苏省泰州市中级人民法院

案件基本情况：法院经审理查明：2012 年 10 月至 2013 年 2 月期间，无危险废物处理资质的戴某某、姚某某等人从被告江苏省泰州市沃爱特化工有限公司（以下简称沃爱特公司）处拉出废酸 27 车，每车 12 吨左右，合计约 324 吨，倾倒至泰兴市如泰运河、古马干河，严重污染了环境。原告北京市朝阳区自然之友环境研究所（以下简称自然之友）于 2014 年 11 月 11 日向法院起诉江苏中丹化工技术有限公司、沃爱特公司、泰兴市橡胶化工厂，因江苏中丹化工技术有限公司向法院提出共同管辖异议，原告自然之友遂撤诉，后单独起诉沃爱特公司。

另查明，被告沃爱特公司于 2014 年 8 月被泰州市大泗镇人民政府强制关闭，其营业执照尚未吊销。被告沃爱特公司处置废酸案为江苏常隆农化有限公司等六公司处置废酸案的系列案件之一。法院在审理泰州市环保联合会与江苏常隆农化有限公司、泰兴锦汇化工有限公司、江苏施美康药业股份有限公司、泰兴市申龙化工有限公司、泰兴市富安化工有限公司、泰兴市臻庆化工有限公司环境污染公益诉讼案［（2014）泰中环公民初字第 1 号民事判决］中认定，2010 年、2011 年泰州市环境保护局环境质量年报载

① 江苏省泰州市中级人民法院（2015）泰中环公民初字第 00003 号民事判决书.

明：如泰运河水质现状为Ⅲ类，古马干河水质现状为第Ⅲ类。江苏省环境科学学会 2014 年 4 月出具的“泰兴 12·19 废酸倾倒事件环境污染损害评估技术报告”载明，消减倾倒危险废物中的酸性物质对水体造成的损害需要花费人民币 2 541.205 万元；正常处理倾倒危险废物中的废酸需要花费人民币 3 662.064 4 万元，其中，江苏常隆农化有限公司每吨需花费 1 507.69 元，泰兴锦汇化工有限公司每吨需花费 1 669.23 元，江苏施美康药业股份有限公司每吨需花费 700 元，泰兴市申龙化工有限公司每吨需花费 1 238.46 元，泰兴市富安化工有限公司每吨需花费 1 754.31 元，泰兴市臻庆化工有限公司每吨需花费 1 453.85 元。

法院认为：本案的争议焦点是：（1）被告沃爱特公司是否存在非法处置废酸的行为；（2）生态环境损害赔偿费用。

关于第一个争议焦点，被告沃爱特公司是否存在非法处置废酸的行为。戴某某等人的讯问笔录证明，其从被告沃爱特公司处拉出废酸 27 车，每车 12 吨左右。被告沃爱特公司的环评文件亦证明其生产会产生废酸。被告沃爱特公司辩称该行为是租赁其厂房的马某某所为。因被告沃爱特公司未能提供相应证据证明，对此法院不能采信。《侵权责任法》第 65 条规定，因污染环境造成损害的，污染者应当承担侵权责任。第 66 条规定，因污染环境发生纠纷，污染者应当就法律规定的不承担责任或者减轻责任的情形及其行为与损害之间不存在因果关系承担举证责任。被告沃爱特公司并未举证证明其存在法律规定的不承担责任或者减轻责任的情形，其应当对其行为造成的环境损害承担侵权责任。

关于第二个争议焦点，生态环境损害赔偿费用。被告沃爱特公司的废酸被倾倒至河流中，必然对水生态环境造成损害。根据环境保护部《环境损害鉴定评估推荐方法》（第Ⅱ版）中的附件《突发环境事件应急处置阶段环境损害评估技术规范》附 F 虚拟治理成本法规定，被告沃爱特公司的废酸的治理成本法院酌定为 1 200 元。按照虚拟治理成本的 4.5 倍计算，被告沃爱特公司应承担的生态环境损害赔偿费用为 1 749 600 元。

关于原告为本案支付的差旅费、律师费的承担。《环境民事公益诉讼司法解释》第22条规定，原告请求被告承担检验、鉴定费用、合理的律师费用以及为诉讼支出的其他合理费用的，人民法院可以依法予以支持。原告为本案支付的差旅费3 077元，有相关票据证明，应由被告负担。关于原告所称的9.6万元的律师费，法院认为，原告提起环境民事公益诉讼的目的是保护公益，原告及其代理人不得有牟取经济利益的行为，关于原告的律师费，法院考虑其律师误工损失等情况，酌定为2万元，由被告负担。

关于被告辩称的原告不具备诉讼主体资格问题。因江苏省高级人民法院（2015）苏环公民诉终字第1号民事裁定对此作了认定，对于被告的该辩称理由，法院不予采纳。

综上，《水污染防治法》（2008年）第29条的规定，禁止向水体排放油类、酸液、碱液或者剧毒废液；《侵权责任法》第65条的规定，因污染环境造成损害的，污染者应当承担侵权责任。被告沃爱特公司将废酸交给无危险废物处置资格的戴某某等人处置，严重污染环境，应当承担损害赔偿责任。

法院判决：依据《水污染防治法》（2008年）第29条第1款，《侵权责任法》第65条、第66条之规定，判决如下：

（1）被告沃爱特公司在本判决生效后10日内赔偿生态环境损害费用人民币1 749 600元，用于泰兴地区的环境修复；上述款项交付至泰州市环保公益金专用账户。

（2）被告沃爱特公司在本判决生效后10日内给付原告自然之友差旅费3 077元、律师费2万元，合计23 077元。

案件受理费20 546元，由被告沃爱特公司负担。

【知识点关联及案例点评】

上述六个案例均为关于环境民事公益诉讼律师费的典型案例。

《环境民事公益诉讼司法解释》第22条规定，原告可以请求被告承担合理的律师费。关于律师费没有统一的标准，司法实践中律师费的确定也存在不同情况，依据律师费诉讼请求的确定主体不同分为当事人双方协商确定律师费与法院依据案件情况认定律师费。法院认定律师费的情况也有不同：第一种是法院依据原告提供的律师费发票、委托代理协议、律师费收费机关说明及指导价标准等证据文件确定律师费的数额，否则将不支持此项诉讼请求；第二种是法院酌定律师费的数额。目前缺乏环境民事公益诉讼律师费认定的统一标准。

在案例 1 中，环境民事公益诉讼双方当事人以达成协议的方式确定案件的律师费。这种律师费确定方式以双方合意为基础，能在一定程度上最大限度地满足原告的律师费诉讼请求。但是在司法实践中，需要法院通过审查的方式来确定，以避免诉讼双方之间发生诉讼利益交换。

在案例 2、3、4、5 中，法院均依相似的标准确定律师费，即原告是否提交了能够证明律师费实际发生的证据。但是典型案例中也存在差别：案例 2 中原告提交了律师费发票、委托代理协议、律师费计算说明及律师事务所所在地律师收费指导标准等证明文件；案例 3 中原告提供了律师费发票或者合同，以及律师事务所所在地律师收费指导标准；案例 4 中原告仅提供了合同，但未提交交款凭证或发票；案例 5 中原告仅提供了律师费发票，但是无法证明律师费的实际支出情况，且未提供律师费的合理性证明。法院支持了案例 2 和 3 中原告的律师费诉讼请求。而案例 4 和 5 中，法院以律师费未实际发生为由驳回原告的律师费诉讼请求。可见，在司法实践中，多数法院以律师费实际支出作为支持原告的律师费诉讼请求的实质判断标准。

在案例 6 中，原告未能提供证明律师费支出的证据。法院以环境民事公益诉讼具有公益性目的、律师不得牟利为由，以律师误工损失等情况为参考，酌定确定律师费的数额。

律师费的确定必须坚持《环境民事公益诉讼司法解释》第 22 条所规定的合理原则，而且不论律师费是否已经实际支付，只要合理，哪怕尚未支付，仅签订了律师法律服务委托代理合同，足以证明因诉讼产生了律师费支付的债务，法院也应判决予以支持。当然，对于律师费数额的合理性，主张对方承担律师费的一方应举证证明，提供例如当地司法行政机关或律协的有关指导性文件所确定的收费标准、记载律师工作具体工作量的工作日志表等证据。

（案例编辑人：竺效、梁晓敏、邱涛韬、李欣）

三、环境民事公益诉讼案件的鉴定费

【案例文书1】重庆市绿色志愿者联合会诉湖北省恩施自治州建始磺厂坪矿业有限责任公司请求支付鉴定费环境民事公益诉讼案[①]

上诉人（原审被告）：湖北省恩施自治州建始磺厂坪矿业有限责任公司

被上诉人（原审原告）：重庆市绿色志愿者联合会

支持起诉人：重庆市人民检察院第二分院

审理法院：重庆市第二中级人民法院

案件基本情况：湖北省恩施自治州建始磺厂坪矿业有限责任公司（以下简称建始磺厂坪矿业公司）因违法生产，污染饮用水源而被重庆市绿色志愿者联合会（以下简称“重庆绿联会”）起诉。重庆绿联会除了请求责令被告修复生态环境、赔礼道歉等之外，还要求被告承担鉴定费 163 000 元。一审法院判决鉴定费 163 000 元由被告建始磺厂坪矿业公司承担。建始磺厂坪矿业公司不服一审判决，提起上诉，请求法院撤销原审判决，改判驳回被上诉人重庆绿联会在一审中的全部诉讼请求；并提出，对于鉴定费，在一审的时候未进行质证，希望二审法院进行审理。二审庭审过程中，二审法院组织双方当事人对北京师范大学出具的鉴定费用清单进行了质证。二审法院认为，北京师范大学出具的鉴定费用清单明确了鉴定费的实际构成，根据北京师范大学在接受委托后为鉴定事项所实际支出的各项费用，考虑到本案鉴定事项的复杂疑难程度，北京师范大学收取 163 000 元鉴定费具有合理性。二审法院最终判决，驳回上诉，维持原判。

---

① 重庆市第二人民法院（2016）渝 02 民终 772 号民事判决书. 此案判决书主要内容参见本书第四章第一节［案例文书］“重庆市绿色志愿者联合会诉湖北省恩施自治州建始县磺厂坪矿业公司请求停止侵害、恢复原状、赔礼道歉环境民事公益诉讼案”。

【案例文书2】重庆市人民政府、重庆两江志愿服务发展中心诉重庆藏金阁物业管理有限公司等环境污染，酌情收取鉴定费环境民事公益诉讼案①

原告：重庆市人民政府、重庆两江志愿服务发展中心

被告：重庆藏金阁物业管理有限公司、重庆首旭环保科技有限公司

审理法院：重庆市第一中级人民法院

案件基本情况：2013年12月，重庆藏金阁物业管理有限公司（以下简称"藏金阁公司"）与重庆首旭环保科技有限公司（以下简称"首旭公司"）签订"电镀废水处理委托运行承包管理运行协议"，首旭公司承接藏金阁电镀工业中心废水处理项目。执法人员对藏金阁公司的废水处理站进行现场检查时发现，藏金阁公司和首旭公司存在违法排放废水，造成生态环境严重损害的违法行为。原告的诉讼请求之一为判令被告藏金阁公司和被告首旭公司承担本案的生态环境损害鉴定评估费用30万元。诉讼过程中原告提交生态环境损害鉴定评估技术咨询合同及费用报价清单，证明本案委托鉴定评估费用为30万元。法院经审理认为，原告方主张此次委托鉴定评估所支出的鉴定费用为30万元，但只提供了合同而无票据证明，且该数额明显超出《重庆市物价局重庆市司法局关于印发〈重庆市实行政府指导价管理的司法鉴定收费项目目录和收费标准〉的通知》规定的指导价，该通知规定，涉及财产案件的司法鉴定，按照标的额比例分段累计收费。考虑到鉴定必然会产生相应费用，结合本案实际，参照重庆市指导价酌情支持5万元。最终，针对该诉讼请求，法院判令被告藏金阁公司和被告首旭公司在本判决生效后10日内给付原告重庆市人民政府鉴定费5万元。

---

① 重庆市第一中级人民法院（2017）渝01民初773号. 此案判决书主要内容参见第五章第七节5.7.2［案例文书3］"重庆市人民政府、重庆两江志愿服务发展中心诉重庆藏金阁物业管理有限公司等环境污染酌情收取律师费环境民事公益诉讼案"。

【知识点关联及案例点评】

上述两个案例是关于环境民事公益诉讼之鉴定费的典型案例。

污染环境、破坏生态案件具有较强的专业性和技术性，因此对于应当由原告承担举证责任的必要的专门性问题，法院可以委托具备资格的鉴定人进行鉴定，基于此产生的费用为鉴定费用。依据《环境民事公益诉讼司法解释》第22条的规定，原告可以请求被告承担鉴定费用。在司法实践中，环境民事公益诉讼案件之鉴定费的确定方式有两种：第一种为通过鉴定机构提供的鉴定费用清单确定；第二种为不能提供清单的，由法院依据相关指导价和鉴定标的额酌情确定。

在案例1中，法院以鉴定机构提供的鉴定清单为准，确定其判决支持的鉴定费数额。在案例2中，因原告方仅提供鉴定委托合同而不能提供票据，法院以指导价和鉴定标的额为准，酌情确定鉴定费数额。当前实践中，法院对于支持鉴定费的诉讼请求通常以鉴定费实际发生为原则，即以鉴定费的实际支出为原则；以酌情确定为例外，即无法证明鉴定费实际支出的，法院依据相关合理因素酌情确定判决支持的原告请求的鉴定费数额。对此，笔者认为，未来应改为以司法行政机关确定的收费计算规定为原则，以主张方能证明鉴定费合理为例外。具体来说，首先需要司法行政机关联合有关部门尽快制定有关环境损害鉴定收费的指导文件，在特殊情况下，只要当事人能证明鉴定费合理，即可予以支持。例如，原告主张被告承担案件所涉环境损害鉴定费的，需提供记载鉴定费数额的委托合同，并附具详细的收费计算依据，诸如鉴定的物耗、能耗、设备使用费、具体参与人员及其工作内容和投入时间，并以行业通行的标准计算人力费用等。

（案例编辑人：竺效、梁晓敏、邱涛韬、李欣）

第八节 与其他诉讼的衔接

一、环境民事公益诉讼案件与环境行政公益诉讼案件的衔接

【案例文书】吉林省白山市人民检察院诉吉林省白山市江源区卫生和计划生育局及江源区中医院行政附带民事公益诉讼案[①]

公益诉讼人：吉林省白山市人民检察院

被告：吉林省白山市江源区卫生和计划生育局、吉林省白山市江源区中医院

审理法院：吉林省白山市中级人民法院

案件基本情况：2012年，被告吉林省白山市江源区中医院设综合楼时未建设污水处理设施，综合楼未经环保验收即投入使用，并将医疗污水经消毒粉处理后直接排入院内渗井及院外渗坑，污染了周边地下水及土壤。2014年1月8日，被告在进行建筑设施改建时，未执行建设项目的防治污染措施应当与主体工程同时设计、同时施工、同时投产使用的“三同时”制度，江源区环保局对被告作出了罚款的行政处罚和责令改正、限期办理环保验收的行政处理。但因污水处理系统建设资金未到位，江源区中医院继续通过渗井、渗坑排放医疗污水。2015年5月18日，在被告未提供环评相关手续的情况下，被告江源区卫生和计划生育局仍对其“医疗机构执业许可证”校验结果评定为合格。2016年2月29日，白山市人民检察院向白山市中级人民法院提起行政附带民事公益诉讼，诉求判令江源区中医院立即停止违法排放医疗污水，确认江源区卫生和计划生育局校验监管行为违法，并要求江源区卫生和计划生育局立即履行法定监管职责，责令江源区中医院有效整改建设污水净化设施。同年7月15日，白山市中级人民法院

① 吉林省白山市中级人民法院（2017）检例第29号民事判决书.

分别就行政公益诉讼和民事公益诉讼作出一审判决，支持原告请求。其中，行政判决确认江源区卫生和计划生育局行政行为违法，并判令其履行监督管理职责，监督江源区中医院完成医疗污水处理设施整改工作；民事判决则判令江源区中医院立即停止违法排放医疗污水。

【知识点关联及案例点评】

环境民事公益诉讼案件与环境行政公益诉讼案件的衔接是指在侵害环境公共利益的案件中既存在污染环境、破坏生态的加害行为，也存在负有监管职责的行政机关不正确履行职责的行为。这两种行为及结果分别满足提起环境民事公益诉讼和环境行政公益诉讼的条件，应当分别依照相关规定进行立案。但是为了避免同案不同判，以及节约司法资源，两个案件宜由同一审判机构审理。

该案发生在检察公益诉讼试点期间，具有典型意义。一审法院将基于紧密关联的违法行为和违法事实的环境行政公益诉讼与环境民事公益诉讼并案审理。这种由同一审判机构审理的做法，既有利于准确查明案件事实，均衡相关的行政公益诉讼和民事公益诉讼的裁判结果，又有利于节省司法资源，提高两个相关案件的裁判效率，保证裁判的社会效果。

（案例编辑人：竺效、孟若琪、李欣）

二、环境民事公益诉讼案件与环境民事私益诉讼案件的衔接

【案例文书】朱某某、中华环保联合会诉江阴港集装箱公司环境污染私益兼具公益救济案[1]

原告：朱某某、中华环保联合会

被告：江阴港集装箱公司

审理法院：江苏省无锡市中级人民法院法院

---

① 朱某某、中华环保联合会与江阴港集装箱公司环境污染责任纠纷案.（2014－07－03）[2018－10－06]. https：//www. chinacourt. org/article/detail/2014/07/id/1329692. shtml.

案件基本情况：2004 年，被告江阴港集装箱公司未经环境保护行政主管部门环境影响评价审批和建设行政主管部门立项审批，自行增设铁矿石（粉）货种接卸作业。在作业过程中，被告采用露天接卸，造成了铁矿石粉尘直接侵入周边居民住宅；被告采用冲洗方式处理散落在港区路面和港口外道路上的红色粉尘，形成的污水直接排入周边河道和长江水域，并在河道中积淀，造成了周边大气污染、水污染，严重影响了周边地区的空气质量、长江支流的水质和附近居民的生活环境。虽经朱某某等周边居民反映情况、江阴市人民政府召开协调会议，被告亦采取了整改措施，但仍未彻底消除污染现象。2009 年 7 月 6 日，原告朱某某作为周边居民代表与中华环保联合会共同提起诉讼，请求判令江阳港集装箱公司停止侵害，使港口周围的大气环境符合环境标准，排除妨碍；对铁矿粉冲洗进行处理，消除对饮用水源地和取水口产生的危险；将港口附近的下水道恢复原状；对铁矿粉泥作无害化处理。

法院调解：审理过程中，无锡市中级人民法院依法主持调解，双方当事人达成如下协议：由被告限期补办相关的行政许可审批手续，限期内未获得行政许可的，必须立即停止相关业务；在申办期内，被告必须做到无尘化装卸作业，不得向周边河流、水域排放任何影响水体质量的污染物，不得产生超过国家规定标准的噪声；被告应每 30 天书面报告本协议履行情况，并附当地环境保护行政主管部门的环境监测报告。

无锡市中级人民法院于 2009 年 9 月出具民事调解书，对上述协议依法予以确认。

【知识点关联及案例点评】

由于环境民事公益诉讼与环境私益诉讼保护的法益不同，两种诉讼并不存在相互抵触的情况，适格主体可以同时分别针对污染者行为导致的环境公共利益损害或者人身伤害、财产损失提起环境民事公益诉讼和环境民事私益诉讼。除此之外，《环境民事公益诉讼司法解释》在制度设计上也已对环境民事公益诉讼生效裁判对环境民事私益诉讼的影响，以及环境公益诉讼和环境私益诉讼受偿顺位问题，作出了规定。

《环境民事公益诉讼司法解释》第30条规定："已为环境民事公益诉讼生效裁判认定的事实，因同一污染环境、破坏生态行为依据民事诉讼法第一百一十九条规定提起诉讼的原告、被告均无需举证证明，但原告对该事实有异议并有相反证据足以推翻的除外。对于环境民事公益诉讼生效裁判就被告是否存在法律规定的不承担责任或者减轻责任的情形、行为与损害之间是否存在因果关系、被告承担责任的大小等所作的认定，因同一污染环境、破坏生态行为依据民事诉讼法第一百一十九条规定提起诉讼的原告主张适用的，人民法院应予支持，但被告有相反证据足以推翻的除外。被告主张直接适用对其有利的认定的，人民法院不予支持，被告仍应举证证明。"第31条规定："被告因污染环境、破坏生态在环境民事公益诉讼和其他民事诉讼中均承担责任，其财产不足以履行全部义务的，应当先履行其他民事诉讼生效裁判所确定的义务，但法律另有规定的除外。"

该案发生在《民事诉讼法》新增环境民事公益诉讼制度之前，因此，只能"曲线救国"，由因环境侵权私益受害的受害人代表与作为环境公共利益代表的环保组织作为共同原告，提起民事诉讼。这一案例表明并案审理基于同一环境违法行为而提起的环境民事私益诉讼与环境民事公益诉讼，具有提高司法效率、平衡相关案件裁判结果的积极作用。事实上，从《环境民事公益诉讼司法解释》第30条和第31条的规定来分析，该司法解释的逻辑前提是承认存在独立于环境侵权损害的对环境（生态）本身利益的损害，即环境公共利益损害独立于环境侵权私益损害。因此，该司法解释对这类诉讼的证据和执行问题作出了规定。

关于环境民事公益诉讼案件与环境私益诉讼案件是否能够合并审理，下文主要从三个方面进行论证。

首先，关于共同诉讼的规定。2017年修订的《民事诉讼法》第52条规定："当事人一方或者双方为二人以上，其诉讼标的是共同的，或者诉讼标的是同一种类、人民法院认为可以合并审理并经当事人同意的，为共同诉讼。共同诉讼的一方当事人对诉讼标的有共同权利义务的，其中一人的诉讼行为经其他共同诉讼人承认，对其他共同诉讼人发生效力；对诉讼标的没有共同权利义务的，其中一人的诉讼行为对其他共同诉讼人不发生效力。”根据该条规定，满足“诉讼标的是同一种类”“人民法院认为可以合并审理”“当事人同意”这三个条件的，原则上可以由同一法院在同一程序中合并审理同一事件引发的环境民事公益诉讼和环境民事私益诉讼。这种合并属于普通的共同诉讼，即一方的诉讼行为对其他共同诉讼人并不发生效力。当然，合并的前提是级别管辖一致，合并之前的诉也应当由同一法院受理。

其次，由于环境公益诉讼案件具有特殊性，《环境民事公益诉讼司法解释》第 10 条作出特别规定：“人民法院受理环境民事公益诉讼后，应当在立案之日起五日内将起诉状副本发送被告，并公告案件受理情况。有权提起诉讼的其他机关和社会组织在公告之日起三十日内申请参加诉讼，经审查符合法定条件的，人民法院应当将其列为共同原告；逾期申请的，不予准许。公民、法人和其他组织以人身、财产受到损害为由申请参加诉讼的，告知其另行起诉。”由该条可知，立法者虽然在《民事诉讼法》第 52 条中赋予了法官对共同诉讼的选择与判断权，但是在《环境民事公益诉讼司法解释》中又对环境民事公益诉讼案件的审理作出了例外规定，因此，环境民事公益诉讼与环境民事私益诉讼案件不能合并审理。

最后，实践中，环境民事公益诉讼的管辖法院可能为中级人民法院，其与环境私益诉讼案件的管辖法院级别相同的可能性较小。但是，若两类案件被同一法院受理、诉讼标的为同一种类且当事人同意合并审理，法院是否可以根据情况在实践中合并审理呢？笔者认为，虽然两类诉讼在实践中存在一定交叉，但是并案审理不仅会违反《环境民事公益诉讼司法解释》的本意，还可能导致事实认定和法律适用的矛盾。

因此，对于同一审判机构是否适合并案审理基于同一违法事实产生的环境民事公益诉讼和环境民事私益诉讼这两类案件的问题，笔者认为，在实践中，如果两类案件的当事人向同一法院提起诉讼，宜分别审理，先将环境民事公益诉讼案件审理完成，再行审理相关环境侵权案件，以便更充分地保护环境侵权受害人的利益。

（案例编辑人：竺效、孟若琪、李欣）

三、环境民事公益诉讼案件与刑事案件的衔接

【案例文书1】安徽省合肥市包河区检察院诉李某某刑事附带民事公益诉讼案[①]

公诉机关（附带民事诉讼原告）：安徽省合肥市包河区人民检察院

被告：李某某

审理法院：安徽省合肥市包河区人民法院

<u>案件基本情况</u>：2016年1月21日，安徽省巢湖管理局发布2016年巢湖禁渔通告，告示主要事项包括：巢湖主体水域、滩涂及各通湖河流河口水域禁止使用电鱼作业；该水域禁渔期自2016年2月1日起至7月31日止；禁渔期内，银鱼、虾以外的水生动物的捕捞活动一律禁止。2016年4月22日下午，被告人李某某在巢湖禁渔期内，至合肥市包河区环湖大道十五里河东100米巢湖水域，使用电瓶、电流逆变器、电捕捞网等国家禁止的电鱼工具进行捕鱼，共捕得鲤鱼、鲫鱼等水产品合计26.1公斤。后被告人李某某被巢湖管理局渔政管理总站工作人员当场查获，另查获作案工具及捕得的水产品。经鉴定，被告人李某某所使用的捕鱼工具系禁用渔具。

案件审理期间，合肥市包河区人民检察院以公益诉讼人身份向法院提起刑事附带民事公益诉讼，诉请判令被告人李某某在巢湖指定水域投放鲤鱼鱼种326尾（20尾/千克）、鲫鱼鱼种1 305尾（20尾/千克），以恢复受损的渔业资源（如其不能自主采购鱼种投放，则判令其承担环境修复费用2 283元），并判令由被告人李某某承担损害和修复的评估费用1 000元。

庭审后，经法院主持调解，公益诉讼人合肥市包河区人民检察院与被告人李某某于2017年8月9日，就本案民事赔偿达成调解协议：李某某赔偿环境修复费用2 283元、环境评估费用1 000元。该调解协议已于2017年8月10日在法院公告栏及官方网站上进行了为期30日的公告，公告期满后未收到任何意见或建议。该调解协议不违反法律规定和社会公共利益，法院

① 安徽省合肥市包河区人民法院（2017）皖0111刑初153号刑事判决书.

于 2017 年 9 月 18 日依法作出刑事附带民事调解书，对调解协议予以确认。现该调解协议已履行完毕。

法院认为：被告人李某某违反保护水产资源法规，在禁渔区、禁渔期使用禁用的工具、方法捕捞水产品，情节严重，其行为已构成非法捕捞水产品罪。公诉机关指控的事实清楚，证据确实充分，罪名成立，法院予以支持。被告人李某某归案后能如实供述所犯罪行，系坦白，可依法予以从轻处罚；关于民事赔偿已达成协议并履行完毕，可酌情予以从轻处罚。综合本案被告人李某某犯罪的事实、犯罪的性质、犯罪的情节和对社会的危害程度，以及其认罪态度和悔罪表现，决定对其予以从轻处罚，并适用缓刑。对于辩护人提出的与以上相同的辩护意见，法院予以支持；对于与以上不同的辩护意见，法院不予采纳。

法院判决：依照《刑法》第 340 条、第 67 条第 3 款、第 72 条第 1 款、第 73 条第 1 款和第 3 款、第 64 条之规定，判决如下：(1) 被告人李某某犯非法捕捞水产品罪，判处拘役 2 个月，缓刑 3 个月。(缓刑考验期限，从判决确定之日起计算。) (2) 扣押在案的作案工具及水产品，予以没收。

【案例文书 2】浙江省绍兴市越城区人民检察院诉李甲等刑事附带民事公益诉讼案[①]

公诉机关（附带民事诉讼原告）：浙江省绍兴市越城区人民检察院

被告：李甲、李乙

审理法院：浙江省绍兴市越城区人民法院

案件基本情况：2017 年 2 月至 3 月 29 日期间，被告人李甲在未经相关部门批准、许可的情况下，在浙江省诸暨市浣东街道李村一村李村坞坑自然村其自行搭建的小屋中进行金属发黑作业，并雇用被告人李乙参与加工作业。金属发黑作业所产生废水通过被告人李甲事先设置的渗坑及暗管排放，共计 2.5 吨。经浙江省诸暨市环境监测站监测，所排废水中含有有毒金属铬和《国务院重金属污染综合防治“十二五”规划》中的重点防控重金

① 浙江省绍兴市越城区人民法院（2018）浙 0602 刑初 188 号刑事附带民事判决书.

属污染物锌。经鉴定评估，本案生态环境损害价值量为人民币 49 308 元。另，加工点地下渗坑中仍积有属于危险废物的污泥未处理。2017 年 3 月 29 日 20 时许，被告人李甲、李乙在浙江省诸暨市浣东街道李村一村被警察抓获归案。案发后，被告人李甲已缴纳人民币 100 000 元。

法院同时查明：被告人李甲在实施污染环境的违法行为过程中，所排放废水损害了生态环境，造成生态环境损害金额为 18 708 元。经评估，还需支付监测费 10 600 元、鉴定评估费 20 000 元。

另查明，被告人李甲为排放废水所建造的地下渗坑中留存的污泥属于危险废物，目前尚未处置。

法院认为：被告人李甲、李乙违反国家规定，利用渗坑排放有毒物质，严重污染环境，其行为均已构成污染环境罪，且系共同犯罪。公诉机关指控的罪名成立，法院予以支持。被告人李甲在共同犯罪中起主要作用，属主犯，应依法处罚；被告人李乙在共同犯罪中起辅助、次要作用，属从犯，应依法从轻处罚。被告人李甲、李乙归案后能如实供述罪行，均可依法从轻处罚。被告人李甲在案发后能积极履行赔偿义务，可对其酌情从轻处罚。对于被告人李甲、李乙及其辩护人据此提出请求从轻处罚的意见，公诉机关提出的量刑建议，法院均予以采纳。综观本案的事实、性质、社会危害性以及被告人李乙在共同犯罪中所起的作用，其犯罪情节尚不属于情节轻微不需要判处刑罚的情形，故其辩护人提出请求对李乙免予刑事处罚的辩护意见，与查明事实及法律规定不符，法院不予采纳。根据二被告人的犯罪情节及其案发后的悔罪表现，可依法对二被告人适用缓刑。对于二被告人的辩护人请求对被告人适用缓刑的辩护意见，法院均予以采纳。

被告人李甲除负刑事责任外，对其犯罪行为造成的损失，依法应负民事赔偿责任。公益诉讼起诉人要求被告人李甲消除危险、依法处置渗坑中的污泥以及赔偿生态环境受到损害至恢复期间服务功能损失费、支付监测费和鉴定评估费，合法有据，法院予以支持。关于渗坑中留存的污泥，被告人李甲已自行委托有资质的机构制作处置方案并承诺委托专业第三方处置，法院予以确认。被告人李甲于庭前缴纳的 100 000 元款项，可用于抵扣案涉罚金和赔偿款等，剩余部分予以退还。

法院判决：依照《刑法》第 338 条、第 25 条第 1 款、第 26 条、第 27 条、第 67 条第 3 款、第 72 条第 1 款和第 3 款，《环境污染刑事案件司法解释》第 1 条第 5 项、第 15 条，《环境保护法》第 64 条，《固体废物污染环境防治法》第 16 条，《侵权责任法》第 4 条、第 15 条、第 65 条，《环境民事公益诉讼司法解释》第 18 条、第 21 条、第 22 条之规定，判决如下：

（1）被告人李甲犯污染环境罪，判处有期徒刑 9 个月，缓刑 1 年，并处罚金人民币 2 万元（缓刑考验期限，从判决确定之日起计算。罚金限在本判决生效后即时缴纳）；

（2）被告人李乙犯污染环境罪，判处拘役 6 个月，缓刑 8 个月，并处罚金人民币 1 万元（缓刑考验期限，从判决确定之日起计算。罚金限在本判决生效后即时缴纳）；

（3）被告人李甲于本判决生效之日起 10 日内依法处置加工点渗坑中留存的污泥并承担相应处置费；赔偿生态环境受到损害至恢复期间服务功能损失费人民币 18 708 元，承担监测费人民币 10 600 元、鉴定评估费人民币 20 000 元。

【案例文书 3】上海铁路运输检察院就顾某为饱腹捕杀野生鸟提起刑事附带民事公益诉讼案[①]

公诉机关（附带民事诉讼原告）：上海铁路运输检察院

被告：顾某

审理法院：上海铁路运输法院

案件基本情况：2017 年 11 月中旬至 2017 年 12 月 6 日期间，为饱口腹之欲，顾某在上海市崇明区东部一小树林内悬挂张网 2 顶，用于捕获野生鸟类，挂网范围长 12 余米。使用上述方法先后捕获乌鸫、白腹鸫等 37 只野生

① 王文娟，汪双申．上海首例刑事附带民事公益诉讼案：为饱腹捕 37 只野生鸟．(2018 - 04 - 13) [2018 - 05 - 22]. http://sh.people.com.cn/n2/2018/0413/c134768 - 31459867.html. 上海市首例刑事附带民事公益诉讼案宣判．(2018 - 06 - 23) [2018 - 10 - 07]. http://law.eastday.com/n197/n198/u1ai104598.html.

鸟，并将捕获的鸟捕杀后藏匿于家中。2018 年 3 月 30 日，上海铁路运输检察院向上海铁路运输法院提起刑事附带民事公益诉讼，请求判令被告人顾某赔偿国家经济损失，并公开道歉。上海铁路运输法院合议庭经合议当庭宣判，判处被告人顾某有期徒刑 6 个月，缓期 1 年执行，赔偿国家经济损失共计人民币 10 500 元，并向社会公众道歉。法院宣判后，被告人顾某表示忏悔，当庭公开道歉。

【案例文书 4】河北省晋州市人民检察院就张某和王某的违法行为提起刑事附带民事公益诉讼案①

公诉机关（附带民事诉讼原告）：河北省晋州市人民检察院

被告：张某、王甲、宋某、王乙、何某、田某、侯某

审理法院：河北省晋州市人民法院

案件基本情况：2013 年春天，被告人张某、王甲在晋州市东里庄镇北寺村东北方向 2 公里处合伙经营化工厂，非法生产苦味酸和 P 酸，苦味酸一部分深加工成 P 酸销售，一部分直接销售。2013 年春天至 2016 年 9 月期间，张某、王某甲陆续非法生产苦味酸 140 吨，并先后以每吨 9 500 元至 1.1 万元的价格向被告人宋某出售 110 吨，向被告人王乙出售 30 吨。宋某将购买的 87 吨苦味酸销售给山东省东平县永鑫化工有限公司谭某和吴某（该公司具有苦味酸合法生产资质）；将购买的 15 吨苦味酸销售给被告人何某，何某将 15 吨苦味酸加工成 P 酸后销售到湖北省荆州市安隆纺织化工厂；宋某存放于何某处的 3 吨苦味酸于 2016 年 10 月 2 日被晋州市公安局依法扣押；宋某将购买的 6 吨苦味酸出售给王乙，王乙购买苦味酸后用于非法生产 P 酸并出售。*

被告人侯某在未取得经营硫酸的相关资质及经营许可的情况下，于 2013 年年底到 2016 年 2 月期间，为张某、王甲经营的化工厂提供非法生产 P 酸、苦味酸的原料硫酸，销售总价值 99 070 元。

---

* 本段中的数字均来自判决书。

① 张铭贤，孙继增. 化工厂爆炸牵出废酸污染案.（2018 - 04 - 17）［2018 - 05 - 22］. http://www.cenews.com.cn/qy/bgt/201804/t20180417_871704.html?from=timeline&isappinstalled=0.

被告人田某在未取得危险化学品经营许可证的情况下，自2013年以来向张某、王甲经营的化工厂提供非法生产P酸、苦味酸的原料硫氢化钠，案涉价值222 302.5元。

2016年9月3日上午，张某雇用张乙、贾甲、李乙、杨某、贾乙五名焊工（均未办理特种作业操作证）在该厂车间内对一个旧反应釜进行切割焊接固定作业，准备安装降温设备。期间张某、王甲均曾告诉焊工关于施工安全方面的注意事项。在旧反应釜车间的隔壁仓库内存有硝酸约200公斤、硫酸约200公斤、苯酚2个半桶（约200公斤）、片碱约0.5吨、硫氢化钠约1.5吨、三硝基苯酚成品2.7吨、P酸约5吨。2016年9月8日上午，在张乙等人施工作业期间，该化工厂发生爆炸，致使张乙等五名焊工及化工厂工人施某、赵某在爆炸事故中死亡。同时，造成东寺村向前养老院损毁财物价值235 615元、东寺村等六村居民损毁门窗玻璃价值61 421元、金润丰果业等七家企业损毁门窗玻璃价值45 305元。

被告人张某、王甲在非法经营化工厂期间产生废酸，并将这些废酸用泵抽到厂区东侧一渗坑内。经石家庄翔宇环保技术服务中心检测，渗坑内的废液成分为硝酸、硫酸、水的混合物，有强烈腐蚀性，pH值为1，属于危险废物。

石家庄翔宇环保技术服务中心清理废酸101.9吨，晋州市环境保护局为此开支费用108.014 0万元。

法院认为，被告人张某、王甲在合伙经营化工厂非法生产苦味酸、P酸期间，安全生产条件不符合国家规定，发生苦味酸整体爆炸，造成重大伤亡事故和财产损失，后果严重，其行为均已构成重大劳动安全事故罪；被告人张某、王甲、宋某、王乙、何某在未取得许可证和营业执照的情况下非法买卖苦味酸，被告人田某、侯某在没有经营许可证的情况下，非法向被告人张某、王甲销售生产原料，情节严重，张某、王甲、宋某、王乙、何某、田某、侯某的行为均构成非法经营罪；被告人张某、王甲违反国家规定，排放有毒物质，后果特别严重，张某、王甲的行为又构成污染环境罪。公诉机关指控被告人张某、王甲犯重大劳动安全事故罪、污染环境罪，指控被告人田某、侯某犯非法经营罪的事实清楚、证据确实充分，指控罪名成立；指控被告人张某、王甲、宋某、王乙、何某犯非法买卖爆炸物罪。经查，案发后，石家庄市公安局物证鉴定所对宋某存放在何某处的苦味酸进行鉴定，送检的苦味酸不具备爆炸能力；东平县公安局对宋某销售给东平永鑫化工有限公司吴某的苦味酸的危险性类别说明的回复载明，该苦味酸含水≥30%，属于一般危化品，不属于爆炸物品管理范围。公诉机关指控被告人张某、王甲、宋某、王乙、何某非法买卖苦味酸的事实清楚、证据确实充分，但指控罪名不当，五被告人均无销售苦味酸的经营许可证，应以非法经营罪追究其刑事责任。对于被告人张某、王甲、宋某、王乙、何某的辩护人提出的不构成非法买卖爆炸物罪的辩护意见，法院予以采纳。被告人张某、王甲犯有数罪，应数罪并罚。案发后，被告人张某、王甲主动到公安机关投案自首，对其所犯罪行可依法从轻或减轻处罚；被告人宋某、王乙、何某、田某、侯某认罪态度较好，可酌情从轻处罚。被告人张某、王甲污染环境对于因其犯罪行为而使国家付出的处置废酸的费用应予赔偿。

法院判决：根据本案的犯罪事实、犯罪性质、情节以及对社会的危害程度，依照《刑法》第135条、第225条、第338条、第25条、第67条、第69条、第72条、第73条、第76条，《民法通则》124条，《侵权责任法》第65条之规定，判决如下：

（1）被告人张某犯重大劳动安全事故罪，判处有期徒刑5年，犯非法经营罪，判处有期徒刑2年6个月，并处罚金人民币15万元，犯污染环境罪，判处有期徒刑2年6个月，并处罚金人民币2万元，决定执行有期徒刑8年6个月，并处罚金人民币17万元。

被告人王甲犯重大劳动安全事故罪，判处有期徒刑5年，犯非法经营罪，判处有期徒刑2年6个月，并处罚金人民币15万元，犯污染环境罪，判处有期徒刑2年6个月，并处罚金人民币2万元，决定执行有期徒刑8年6个月，并处罚金人民币17万元。

被告人宋某犯非法经营罪，判处有期徒刑1年9个月，并处罚金人民币8万元。

被告人王乙犯非法经营罪，判处有期徒刑1年7个月，并处罚金人民币3万元。

被告人何某犯非法经营罪，判处有期徒刑1年6个月，并处罚金人民币1万元。

被告人田某犯非法经营罪，判处有期徒刑1年，缓刑2年，并处罚金人民币2万元（已缴纳）。

被告人侯某犯非法经营罪，判处有期徒刑8个月，缓刑1年，并处罚金人民币1万元（已缴纳）。

（2）被告人张某、王甲共同赔偿晋州市环境保护局支付的处置废酸的费用108.014 0万元。

【知识点关联及案例点评】

有些污染环境或破坏生态、破坏资源的违法行为会侵犯刑法所保护的法益，对这类案件除可能追究刑事责任之外，还可能提起环境民事公益诉讼。鉴于司法实践中的做法[①]，《检察公益诉讼司法解释》第20条规定："人民检察院对破坏生态环境和资源保护、食品药品安全领域侵害众多消费者合法权益等损害社会公共利益的犯罪行为提起刑事公诉时，可以向人民法院一并提起附带民事公益诉讼，由人民法院同一审判组织审理。人民检察院提起的刑事附带民事公益诉讼案件由审理刑事案件的人民法院管辖。"

上述四个案例分别是因破坏自然资源和污染环境引发的环境刑事追责案件，分别在追究非法捕捞水产品、污染环境、捕杀野生动物的刑事责任的同时，由公诉机关一并提起环境民事公益诉讼，并由刑事案件的管辖法院一并审理。这类刑事附带环境民事公益诉讼的案件，可以由污染环境的行为引发，也可由破坏自然资源、破坏生态的行为引发。环境民事公益诉讼的诉讼请求可以是要求被告修复被污染的环境、恢复被破坏的生态或承担赔偿修复被污染的环境、恢复被破坏的生态的费用；也可以是要求被告承担环境监测、生态（环境）损害鉴定、修复措施评估的费用；若自加害

---

① 安徽省合肥市包河区人民法院（2017）皖0111刑初153号刑事判决书.

行为发生之日起，至被污染的环境修复完成或被破坏的生态恢复之日，本可提供的生态、环境服务功能在修复（恢复）期间临时丧失的，则应要求被告赔偿期间服务功能损失费用；此外，从理论上而言，如果危害程度严重到被污染的环境无法修复或被破坏的生态无法恢复的，则应要求被告承担生态（环境）永久丧失的损害赔偿责任。对此，现行法律尚未明确规定，而《环境民事公益诉讼司法解释》第23条仅规定："生态环境修复费用难以确定或者确定具体数额所需鉴定费用明显过高的，人民法院可以结合污染环境、破坏生态的范围和程度、生态环境的稀缺性、生态环境恢复的难易程度、防治污染设备的运行成本、被告因侵害行为所获得的利益以及过错程度等因素，并可以参考负有环境保护监督管理职责的部门的意见、专家意见等，予以合理确定。"因此，尚无法在没有法律明文规定的前提下，规定针对生态（环境）永久丧失的损害赔偿责任。对这类案件，建议适用刑事诉讼法有关刑事附带民事诉讼案件的调解规则予以解决。由此引发另一个问题：在公诉机关提起的刑事附带环境民事公益诉讼中是否可以就环境民事公益诉讼请求达成调解协议？这两个有关调解的问题，存在功能需求与理论解释上的某些矛盾，建议未来立法予以明确。

（案例编辑人：竺效、孟若琪、梁晓敏、邱涛韬、李欣）

第九节　检察机关的二审身份

【案例文书1】江苏省徐州市鸿顺造纸有限公司对徐州市人民检察院提起上诉环境民事公益诉讼案[①]

原告：江苏省徐州市人民检察院

被告：江苏省徐州市鸿顺造纸有限公司

审理法院：江苏省高级人民法院

① 江苏省高级人民法院（2016）苏民终1357号民事判决书．此案判决书主要内容参见本书第四章第四节［案例文书1］"江苏省徐州市人民检察院诉徐州市鸿顺造纸有限公司环境民事公益诉讼请求赔偿过渡期损失案"。

案件基本情况：江苏省徐州市鸿顺造纸有限公司因污染环境而被徐州市人民检察院提起诉讼，徐州市中级人民法院作出判决。徐州市鸿顺造纸有限公司因不服江苏省徐州市中级人民法院的判决，以徐州市人民检察院作为被上诉人，向江苏省高级人民法院提起上诉。

【案例文书2】南通利奥化工科技有限公司因管辖权异议对江苏省泰州市人民检察院等提起上诉环境民事公益诉讼案①

上诉人（原审被告）：南通利奥化工科技有限公司

被上诉人：江苏省泰州市人民检察院

原审被告：南通丰越生物化工有限公司、南通恒铭化工有限公司

审理法院：江苏省高级人民法院

案件基本情况：上诉人南通利奥化工科技有限公司（以下简称“利奥化工”）因与被上诉人江苏省泰州市人民检察院，原审被告南通丰越生物化工有限公司（以下简称“丰越生物化工”）、南通恒铭化工有限公司（以下简称“恒铭化工”）环境污染损害赔偿民事公益诉讼一案，不服江苏省泰州市中级人民法院（2016）苏12民初20—4号民事裁定，向江苏省高级人民法院（以下简称“江苏高院”）提起上诉。

利奥化工在一审提交答辩状期间对管辖权提出异议，认为其与丰越生物化工不存在人格混同，没有污染环境的行为，根据《民事诉讼法》“原告就被告”的规定，案件应当由南通市中级人民法院管辖，请求将本案移送南通市中级人民法院审理。

一审法院经审查后认为，《人民检察院公益诉讼试点工作办法》第5条规定，人民检察院提起的第一审民事公益诉讼案件由侵害行为发生地、损害结果地或者被告住所地的中级人民法院管辖。因本案中泰州市姜堰区是污染行为发生地和损害结果地，故该地区的中级人民法院对本案具有管辖权。至于利奥化工与丰越生物化工是否存在人格混同并承担赔偿责任为本案实体审查问题，不影响本案管辖权审查，故利奥化工的管辖异议理由不

① 江苏省高级人民法院（2017）苏民终第2040号民事裁定书.

能成立，不予支持。依照《民事诉讼法》第127条的规定，裁定驳回利奥化工对本案管辖权提出的异议。

利奥化工向江苏高院提起上诉，请求撤销一审法院（2016）苏12民初20－4号民事裁定。事实和理由是：（1）一审认定事实和适用法律错误。上诉人与泰州市污染行为的发生并没有实际关系，且上诉人是法人企业，不与任何公司存在人格混同问题。（2）一审法院对本案无管辖权。根据《民事诉讼法》第21条确定的“原告就被告”原则，本案应移送江苏省南通市中级人民法院管辖。

江苏高院认为：《环境民事公益诉讼司法解释》第6条第1款规定，第一审环境民事公益诉讼案件由污染环境、破坏生态行为发生地、损害结果地或者被告住所地的中级以上人民法院管辖。一审法院认为因本案中泰州市姜堰区是污染行为发生地和损害结果地，故该院对本案具有管辖权，具有法律依据，并无不当。上诉人利奥化工所提管辖权异议，明显没有事实与法律依据。对其提出的上诉请求，不予支持。

法院判决：依据《民事诉讼法》第170条第1款第1项、第171条之规定，裁定如下：驳回上诉，维持原裁定。

【知识点关联及案例点评】

两个案例是关于检察院之二审身份的典型案例。

《人民检察院公益诉讼试点工作办法》第25条规定：“地方各级人民检察院认为同级人民法院未生效的第一审判决、裁定确有错误，应当向上一级人民法院提出抗诉。”若承认检察机关在二审中的抗诉权意味着法院承认环境民事公益诉讼中原、被告双方处于不平等的诉讼地位。因此，在一段时间内法院与检察院就人民检察院在环境民事公益诉讼二审案件中的诉讼身份存在较大分歧。最高人民法院和最高人民检察院联合发布的《检察公益诉讼司法解释》第4条规定：“人民检察院以公益诉讼起诉人身份提起公益诉讼，依照民事诉讼法、行政诉讼法享有相应的诉讼权利，履行相应的诉讼义务，但法律、司法解释另有规定的除外。”同时，其第10条规定，“人民检察院不服人民法院第一审判决、裁定的，可以向上一级人民法院提起上诉。”这一规定不仅消除了法院和检察院之间的分歧，同时也从侧面确认了环境民事公益诉讼双方当事人的诉讼地位平等。

案例1是被告不服一审判决提起上诉的案件，案例2是原审被告之一不服原审法院对管辖权异议的裁定提起上诉的案件。《检察公益诉讼司法解释》第4条规定：“人民检察院以公益诉讼起诉人身份提起公益诉讼，依照民事诉讼法、行政诉讼法享有相应的诉讼权利，履行相应的诉讼义务，但法律、司法解释另有规定的除外。”依据《民事诉讼法》的相关规定，上诉案件的当事人为上诉人和被上诉人。因此，在环境民事公益诉讼上诉案件中，人民检察院的身份是被上诉人。

（案例编辑人：梁晓敏、邱涛韬、李欣）

第十节　再　审

【案例文书1】绿发会诉宁夏瑞泰科技股份有限公司环境污染，原告因法院裁定不予受理申请再审环境民事公益诉讼案[①]

再审申请人（一审起诉人、二审上诉人）：中国生物多样性保护与绿色发展基金会

被告：宁夏瑞泰科技股份有限公司

审理法院：最高人民法院

<u>案件基本情况</u>：宁夏瑞泰科技股份有限公司（以下简称“瑞泰公司”）在生产过程中违规将超标废水直接排入蒸发池，造成腾格里沙漠严重污染，截至起诉时仍然没有整改完毕。中国生物多样性保护与绿色发展基金会（以下简称“绿发会”）向宁夏回族自治区中卫市中级人民法院提起诉讼。宁夏回族自治区中卫市中级人民法院于2015年8月19日作出（2015）卫民公立字第6号民事裁定，以绿发会不能被认定为《环境保护法》第58条规

① 最高人民法院（2016）最高法民再47号民事裁定书。此案裁定书主要内容参见第一章第一节［案例文书3］“绿发会诉宁夏瑞泰科技股份有限公司环境民事公益诉讼原告起诉主体资格案”。

定的"专门从事环境保护公益活动"的社会组织为由，裁定对绿发会的起诉不予受理。绿发会不服，向宁夏回族自治区高级人民法院提起上诉。该院于 2015 年 11 月 6 日作出（2015）宁民公立终字第 6 号民事裁定，驳回上诉，维持原裁定。绿发会又向最高人民法院申请再审。最高人民法院于 2016 年 1 月 22 日作出（2015）民申字第 3377 号民事裁定，裁定提审本案；并于 2016 年 1 月 28 日作出（2016）最高法民再第 47 号民事裁定，裁定本案由宁夏回族自治区中卫市中级人民法院立案受理。

【案例文书 2】泰兴锦汇化工有限公司、泰州市环保联合会等环境污染案件被告申请再审环境民事公益诉讼案①

再审申请人（一审被告、二审上诉人）：泰兴锦汇化工有限公司

被申请人（一审原告、二审被上诉人）：泰州市环保联合会

一审被告、二审上诉人：江苏常隆农化有限公司、江苏施美康药业股份有限公司、泰兴市申龙化工有限公司

一审被告：泰兴市富安化工有限公司、泰兴市臻庆化工有限公司

审理法院：最高人民法院

案件基本情况：再审申请人泰兴锦汇化工有限公司因与被申请人泰州市环保联合会以及一审被告、二审上诉人江苏常隆农化有限公司、江苏施美康药业股份有限公司、泰兴市申龙化工有限公司，一审被告泰兴市富安化工有限公司、泰兴市臻庆化工有限公司环境污染侵权赔偿纠纷一案，不服江苏省高级人民法院（2014）苏环公民终字第 00001 号民事判决，向最高人民法院申请再审。再审申请人提出了 8 项再审申请事由。

【案例文书 3】自然之友因判决适用法律错误申请再审环境民事公益诉讼案②

再审申请人：北京市朝阳区自然之友环境研究所

① 最高人民法院（2015）民申字第 1366 号民事判决书. 此案判决书主要内容参见第四章第三节［案例文书 2］"泰州市环保联合会与泰兴锦汇化工有限公司等环境民事公益诉讼确定恢复性责任再审案"。

② 最高人民法院（2017）最高法民申 4542 号民事裁定书.

被申请人（一审被告、二审被上诉人）：中国石油天然气股份有限公司、中国石油天然气股份有限公司吉林油田分公司

一审原告、二审上诉人：中华环保联合会

审理法院：最高人民法院

案件基本情况：再审申请人北京市朝阳区自然之友环境研究所（以下简称“自然之友”）因与被申请人中国石油天然气股份有限公司、中国石油天然气股份有限公司吉林油田分公司及一审原告、二审上诉人中华环保联合会环境污染公益诉讼纠纷一案，不服北京市高级人民法院（2017）京民终538号民事裁定，向最高人民法院申请再审。最高人民法院认为再审申请符合《民事诉讼法》第200条第6项的规定，审查之后裁定提审。

【知识点关联及案例点评】

上述三个案例是目前司法实践中产生的环境民事公益诉讼再审的典型案例。

《环境民事公益诉讼司法解释》中没有对再审规则作出规定。有关环境民事公益诉讼的再审适用《民事诉讼法》的相关规定。依据程序启动主体不同，再审分为两种：第一种是最高人民法院依职权提审或指令下级法院再审；第二种是当事人申请再审。《民事诉讼法》同时规定了可以启动再审的实质条件。

上述三个典型案例均是由当事人申请再审启动的环境民事公益诉讼再审案件，但是这三个案件的再审结果不同。在案例1中，原告因一审和二审法院否定其原告主体资格，裁定不予受理而向最高人民法院申请再审，最高人民法院经审理后认定原告具备主体资格后发回原一审法院重审，以保障原告的审级利益。在案例2中，再审申请人因不服二审法院的判决向最高人民法院提出再审申请。在案例3中，最高人民法院经审查认为再审申请符合《民事诉讼法》第200条第6项之规定——“原判决、裁定适用法律确有错误的”，裁定提审。

（案例编辑人：梁晓敏、李欣）

第六章　环境民事公益诉讼的结案方式

【案例文书1】重庆市绿色志愿者联合会诉湖北省恩施自治州建始磺厂坪矿业有限责任公司环境民事公益诉讼判决案[①]

上诉人（原审被告）：湖北省恩施自治州建始磺厂坪矿业有限责任公司

被上诉人（原审原告）：重庆市绿色志愿者联合会

支持起诉人：重庆市人民检察院第二分院

审理法院：重庆市第二中级人民法院

案件基本情况：2014年8月10日，湖北省恩施自治州建始磺厂坪矿业有限责任公司选矿厂违法生产，产生的废水、尾矿未经处理就排入临近有溶洞漏斗发育的自然洼地，导致千丈岩水库饮用水源取水口的水质出现异常，水呈灰黑色，有异味，感官浊度高。应急监测结果表明，被污染水体无重金属毒性，但具有有机物毒性，COD（化学需氧量）、Fe（铁）分别超标0.25倍、30.3倍，悬浮物高达260 mg/L。重庆市绿色志愿者联合会（以下简称绿联会）以建始磺厂坪矿业有限责任公司水污染损害公共利益为由向重庆市万州区人民法院提起环境公益诉讼。一审法院认为，建始磺厂坪矿业有限责任公司违法生产，污染环境，损坏公共利益，遂于2016年1月14日作出判决：(1) 建始磺厂坪矿业有限责任公司立即停止对千丈岩水库饮用水源的侵害，

① 重庆市第二中级人民法院（2016）渝02民终772号民事判决书. 此案判决书主要内容参见本书第四章第一节［案例文书］“重庆市绿色志愿者联合会诉恩施自治州建始县磺厂坪矿业公司请求停止侵害、恢复原状、赔礼道歉环境民事公益诉讼案”。

重新进行环境影响评价，未经批复和环境保护设施未经验收，不得生产；（2）建始磺厂坪矿业有限责任公司在判决生效后180日内，对位于恩施自治州建始县业州镇郭家淌国有高岩子林场的选矿厂洼地土壤制订修复方案，进行生态修复，逾期不履行修复义务或修复不合格，由建始磺厂坪矿业有限责任公司承担修复费用991 000元支付至指定的账号；（3）建始磺厂坪矿业有限责任公司对其污染生态环境、损害公共利益的行为在国家级媒体上赔礼道歉；（4）建始磺厂坪矿业有限责任公司支付重庆绿联会为本案诉讼而产生的合理费用及律师费共计150 000元；（5）驳回重庆绿联会的其他诉讼请求。案件受理费15 069元，由重庆绿联会承担1 069元，依法予以免收，由建始磺厂坪矿业有限责任公司承担14 000元；鉴定费163 000元由建始磺厂坪矿业有限责任公司承担。被告建始磺厂坪矿业有限责任公司不服该判决，提起上诉。重庆市第二中级人民法院经审理，判决驳回上诉，维持原判。

【案例文书2】中华环保基金会诉长岛联凯风电发展有限公司环境民事公益诉讼调解案①

原告：中华环境保护基金会

被告：长岛联凯风电发展有限公司

审理法院：山东省烟台市中级人民法院

案件基本情况：2016年1月15日，中华环保基金会获悉2016年1月13日环保部委托华北环境保护中心分别就山东长岛国家级自然保护区核心区内建有风力发电项目，约谈了烟台市人民政府、山东省林业厅等以及国家级保护区管理机构的主要负责人，督促其全面落实《环境保护法》《自然保护区条例》及相关规定，坚决制止破坏自然保护区生态环境的各种违法违规行为。经调查核实，长岛联凯风电在山东长岛国家级自然保护区核心区内违规建设风机项目，违建风机设施处于中国东部候鸟迁徙的必经之地，已经出现一些鸟类在迁徙中撞风机杆而死亡等情况，这给迁徙鸟类的生存造成重大威胁。

① 山东省烟台市中级人民法院（2016）鲁06民初373号民事调解书.

中华环保基金会于1993年4月成立，是环保部主管、民政部登记注册的中国第一家专门从事环境保护事业的5A级公募基金会，宗旨是“取之于民、用之于民，保护环境、造福人类”；围绕国家环境保护中心工作，开展系列保护环境、惠及民生、促进和谐的环保公益活动。维护社会公共利益，从事环境保护公益活动是中华环保基金会的工作领域和主要职能。

法院调解：在案件审理过程中，经法院主持调解，双方当事人自愿达成如下协议：

（1）被告长岛联凯风电在2018年12月31日前拆除在山东长岛国家级自然保护区核心区内建设的七台风机及配套设施；

（2）被告长岛联凯风电在全部风机及配套设施被拆除后30日内承担生态环境修复义务，长岛国家级自然保护区管理局对其修复过程进行监管，如果被告长岛联凯风电未按时将生态环境修复到损害发生之前状态，则由长岛国家级自然保护区管理局负责实施修复行为，费用由被告长岛联凯风电承担；

（3）被告长岛联凯风电于本调解生效后10日内给付原告中华环保基金会在本案中支出的诉讼费用、律师费用等为诉讼支出的其他合理费用共计188 324.5元。

【案例文书3】湘潭环保协会诉湖南省株洲市金利亚环保科技有限公司环境民事公益诉讼和解案[①]

原告：湘潭环境保护协会

被告：湖南省株洲市金利亚环保科技有限公司

审理法院：湖南省株洲市中级人民法院

案件基本情况：2015年6月5日，湘潭环境保护协会作为原告提起环境民事公益诉讼，诉称：因湖南省株洲市金利亚环保科技有限公司（以下简称“金利亚公司”）的垃圾渗滤液处理设施于2015年3月至5月发生污水泄漏事故，周边水体受到直接污染，污水在降雨的冲刷作用下，沿乡间

① 我省首例环境民事公益诉讼案达成和解.（2016-05-16）[2018-04-06]. http://hunan.voc.com.cn/xhn/article/201605/201605160942288949.html.

沟渠经株洲霞湾港铜霞桥排口流入湘江，造成环境公共利益损害，故请求法院判令被告金利亚公司停止侵害、排除妨碍，并赔偿生态环境损失。

受理案件后，法院多次到现场进行调查，被告承认损害公共利益的事实并停产整改，投入一千余万元对污水处理设施进行了升级改造。2016 年 4 月，经过改造，被告的垃圾渗滤液处理设施通过了环保部门的验收。原告认为其停止侵害、排除妨碍的诉求已经实现。经过现场联合调查，听取咨询专家意见及多次协调，原、被告双方确认了被告污水泄漏量，同意适用虚拟治理成本法计算生态环境损害数额。法院秉承公平公正原则，组织双方达成和解：由被告承担生态环境损失费用1 313 802.04元，对于原告因本案发生的差旅费、律师费、检测费等费用 252 874 元及本案诉讼费 550 元，被告也一并承担。

【案例文书 4】辽宁省大连市环保志愿者协会诉中石油，法院裁定不予立案环境民事公益诉讼案①

原告：辽宁省大连市环保志愿者协会

被告：大连中石油国际储运有限公司

审理法院：大连海事法院

案件基本情况：2010 年 7 月 16 日，中石油下属的大连中石油国际储运有限公司原油库输油管道发生爆炸，引发大火并造成大量原油泄漏。根据官方通报，溢油量为 1 500 余吨，造成 430 平方公里海面污染，其中 12 平方公里为重度污染海域，52 平方公里为一般污染海域。2015 年 6 月 5 日，辽宁省大连市环保志愿者协会就此次溢油事故造成的海洋环境污染与生态资源损失向大连海事法院提起环境公益诉讼。2015 年 6 月 18 日，该协会收到了大连海事法院的裁定书，裁定不予立案受理。随后不久，在准备向上一级法院辽宁省高级人民法院提起诉讼时，大连市环保志愿者协会接到大

① 中石油拟出 2 亿为大连溢油事故埋单 环保组织弃诉.（2015－06－25）［2018－04－06］. http：//finance. ifeng. com/a/20150625/13798297 _ 0. shtml. 大连环保志愿者协会起诉中石油索赔 6.45 亿.（2015－06－06）［2018－04－06］. http：//ln. sina. com. cn/news/b/2015－06－06/detail-icrvvqrf4241444. shtml.

连海事法院和市政府方面的协调通知。后经大连市政府协调，大连海事法院、大连市环保局及中石油等单位共同协商，在 24 日决定由中石油出资 2 亿元建立海洋生态专项资金，用于大连海洋环境保护与生态修复等，但前提条件是该协会不再上诉。

【知识点关联及案例点评】

上述案件中既包含了普通的判决结案、调解结案、和解结案方式，也包括特殊的由政府出面协调的结案方式，充分反映了环境公益诉讼的政策性、公益性的特征。

依据环境民事公益诉讼的相关法律规定和司法实践，环境公益诉讼案件的结案方式有法院判决、法院调解、当事人和解、不符合诉讼条件起诉被法院驳回、原告依法撤回起诉。

就法院判决来说，按照《环境民事公益诉讼司法解释》的规定，法院应该根据原告提出的诉讼请求进行裁判，判决被告承担民事责任、原告支出的合理费用、环境修复责任或环境修复费用。对于污染环境、破坏生态，已经损害社会公共利益或者具有损害社会公共利益重大风险的行为，原告可以请求被告承担停止侵害、排除妨碍、消除危险、恢复原状、赔偿损失、赔礼道歉等民事责任。原告为防止生态环境损害的发生和扩大，请求被告停止侵害、排除妨碍、消除危险的，人民法院可以依法予以支持。原告为停止侵害、排除妨碍、消除危险采取合理预防、处置措施而发生的费用，请求被告承担的，人民法院可以依法予以支持。原告请求恢复原状的，人民法院可以依法判决被告将生态环境修复到损害发生之前的状态和功能；无法完全修复的，可以准许采用替代性修复方式。人民法院可以在判决被告修复生态环境的同时，确定被告不履行修复义务时应承担的生态环境修复费用；也可以直接判决被告承担生态环境修复费用。原告请求被告赔偿生态环境受到损害至恢复原状期间的服务功能损失的，人民法院可以依法予以支持。原告请求被告承担检验、鉴定费用，合理的律师费以及为诉讼支出的其他合理费用的，人民法院可以依法予以支持。

就法院调解和当事人和解来说，按照《环境民事公益诉讼司法解释》的规定，环境民事公益诉讼当事人达成调解协议或者自行达成和解协议后，人民法院应当将协议内容公告，公告期间不少于30日。公告期满后，人民法院审查认为调解协议或者和解协议的内容不损害社会公共利益的，应当出具调解书。当事人以达成和解协议为由申请撤诉的，不予准许。调解书应当写明诉讼请求、案件的基本事实和协议内容，并应当公开。

不符合诉讼条件起诉被法院驳回的情况应该按照《民事诉讼法》规定的一般情况认定。就原告依法撤回起诉来说，《环境民事公益诉讼司法解释》规定了一种特殊情况，即负有环境保护监督管理职责的部门依法履行监管职责而使原告的诉讼请求全部实现，原告申请撤诉的，人民法院应予准许。

在案例1中，被告建始磺厂坪矿业有限责任公司选矿厂违法生产产生的废水、尾矿未经处理就排入临近有溶洞漏斗发育的自然洼地，导致水库水质超标，严重污染环境。法院依据《环境保护法》《环境民事公益诉讼司法解释》等法律法规判决被告停止侵害、修复环境并承担原告支出的鉴定费、律师费等合理费用，判决公正合法，有效填补了被告之行为导致的公共利益损失。案例2由法院主持调解结案，有效弥补了环境公共利益的损害。对环境损害通常需要进行价格高昂的鉴定，双方进行对抗性的诉讼不利于尽快地修复环境，维护环境公共利益。调解结案的优点在于减少了双方的诉累，降低了后期执行的阻力，降低了环境公益诉讼的成本。目前，国内已经有多起案件采用调解方式结案。在案例3中，被告主动承认损害公共利益的事实并停产整改，投入一千余万元对污水处理设施进行了升级改造，主动承担了停止侵害、排除妨碍的责任，从而为和解创造了积极条件，在法院主持下，双方达成了和解协议，顺利地实现了公益诉讼的目的。从该案例可以看出，和解结案也是一种有效的结案方式，能够确保环境公共利益得到维护。案例4较为特殊：在法院裁定不予立案之后，政府部门又出面协调，并由中石油出资建立专项资金。该案的特殊性在于涉及海洋生态（环境）损害，涉及的利益较为复杂，具有较强的专业性，且鉴定费用十分高昂，不太适合由公益组织主导协调解决。因此，最终由地方政府出面协调，使问题得到有效解决。从上述案例可以看出，环境公益诉讼的结案方式较为灵活多样，但不管采用何种结案方式，最终的目的是必须使环境公共利益得到维护。这是环境公益诉讼与私益诉讼的根本区别所在。

（案例编辑人：曹炜、李欣、白香东、孙琴）

第七章　环境民事公益诉讼赔偿资金的管理

【案例文书1】湖北省荆州市沙市区人民检察院诉刘某某水污染生态损害赔偿资金入财政局环保专用账户案[①]

公益诉讼人：湖北省荆州市沙市区人民检察院

被告：刘某某

审理法院：湖北省荆州市沙市区人民法院

案件基本情况：自2014年6月至2015年5月13日，刘某某在未取得行政许可和未经环评审批的情况下，在荆州经济技术开发区胜利村八组98号内私自经营电镀加工作坊，并将电镀加工过程中产生的电镀废水未经处理直接排放到周边沟渠中。荆州市环境保护监测站于2015年5月6日、5月13日对该作坊外排口采样，结果表明，其重金属铬和锌分别超过国家标准2.54倍和3.15倍、6.84倍和34.2倍。湖北省荆州市人民检察院依据《检察机关提起公益诉讼试点方案》和《人民检察院公益诉讼试点工作办法》的相关要求，以公益诉讼人身份，对刘某某的环境污染行为提起民事公益诉讼。2017年5月10日，法院判决被告刘某某于判决生效之日起15日内赔偿因其违法排放电镀废水造成的生态环境损害损失202 050元，赔偿款付至荆州市沙市区财政局环保专用账户，用于修复被损害的生态环境。

---

① 湖北省荆州市沙市区人民法院（2016）鄂1002民初1947号民事判决书．此案判决书主要内容参见第五章第七节5.7.1［案例文书3］“荆州市沙市区人民检察院诉刘某某水污染被告败诉承担案件受理费环境公益诉讼案”。

【案例文书 2】云南省昆明市环境保护局诉昆明三农农牧有限公司等生态损害赔偿资金入环保局开设的救济资金专门账户案[①]

上诉人（原审被告）：昆明三农农牧有限公司、昆明羊甫联合牧业有限公司

被上诉人（原审公益诉讼人）：云南省昆明市环境保护局

原审支持起诉人：云南省昆明市人民检察院

审理法院：云南省高级人民法院

<u>案件基本情况</u>：云南省昆明市环境保护局（以下简称“昆明市环保局”）起诉并由云南省昆明市人民检察院支持起诉昆明三农农牧有限公司（以下简称“三农公司”）、昆明羊甫联合牧业有限公司（以下简称“羊甫公司”）环境污染侵权纠纷一案，三农公司、羊甫公司不服云南省昆明市中级人民法院（2010）昆环保民初字第 1 号民事判决，向云南省高级人民法院（以下简称“云南高院”）提起上诉。

一审法院经审理查明：羊甫公司成立后于 2007 年 1 月 23 日以土地使用权流转承包的方式，从官渡区小哨村委会获得了 1 000 亩集体土地使用权，并于 4 月 8 日向官渡区发展和改革局提出立项申请，申请承担畜牧小区建设项目。随后，羊甫公司向昆明市官渡区农业局、昆明市国土资源局官渡分局、官渡区环保局报批，上述政府部门均同意对该项目进行审核备案。

三农公司、羊甫公司自 2008 年 6 月在畜牧小区项目的环保治污设施未通过竣工验收的情况下，就陆续将承包的养殖用地分割发包给 200 余户生猪养殖户，并与生猪养殖户签订了“昆明市标准化生猪养殖基地小哨三农生态畜牧园项目承包合同书”，约定：由养殖户自行建设猪舍设施，自主生产经营，由三农公司、羊甫公司负责“统一土地管理，统一建筑设计，统一防疫管理，统一环保排污，统一物业管理（含环境卫生、污水处理、水电管线、道路、绿化、治安保卫等）”，各生猪养殖户向三农公司、羊甫公司交纳环境卫生、污水处理、水电管线、道路、绿化、治安保卫等综合物业

---

① 云南省高级人民法院（2011）云高民一终字第 41 号民事判决书.

管理费用。承包合同签订后，养殖户就进入畜牧小区从事生猪养殖至今。

由于三农公司、羊甫公司的环保设施未经环评验收合格，养殖废水渗入地下水系统。环境监测部门多次抽样检测，证实大龙潭水氨氮指标和菌落总数及大肠杆菌等指标严重超标。污染事故发生后，官渡区环保局经过相关行政调查程序，给予三农公司责令停止生猪养殖、罚款 50 万元的行政处罚，并根据环境后评估评审结果和现状通知其立即停止畜牧小区建设，重新进行环境影响评价。2010 年 2 月 27 日至 3 月 3 日，畜牧小区再次发生养殖废水泄漏进入地下水系统事故。污染事件发生后，羊甫公司及三农公司采取了相应补救措施。

2010 年 6 月 21 日，公益诉讼人昆明市环保局提起诉讼，请求判令：(1) 三农公司、羊甫公司立即停止对环境的侵害；(2) 由三农公司、羊甫公司赔偿为治理嵩明县杨林镇大树营村委会七里湾大龙潭水污染所发生的全部费用，暂计人民币 417.21 万元（其中，治理设施建设成本费用计人民币 363.94 万元，运行维护成本按 1 年运行期计算计人民币 53.27 万元）；(3) 由三农公司、羊甫公司赔偿为处理水污染事故所产生的专项应急环境监测费和污染治理成本评估费用，计人民币 155 293 元（其中，昆明市环境监测中心监测费 17 974 元，嵩明县环境监测站监测费 4 629 元，嵩明县疾病预防控制中心水质监测费 170 元，昆明环科院污染治理成本评估费 132 520 元）；(4) 由三农公司、羊甫公司承担本案的诉讼费用。

一审法院认为：昆明市环保局为保护昆明市生态、生活环境，追究危害生态、生活环境的环境侵权责任，挽回环境侵权行为给社会造成的损失，代表国家向三农公司、羊甫公司提起民事诉讼符合《环境保护法》（1989 年）第 6 条关于“一切单位和个人都有保护环境的义务，并有权对污染和破坏环境的单位和个人进行检举和控告”的规定，也符合最高人民法院《关于为加快经济发展方式转变提供司法保障和服务的若干意见》（法发［2010］18 号）有关法院“依法受理环境保护行政部门代表国家提起的环境污染损害赔偿纠纷案件，严厉打击一切破坏环境的行为”的规定。昆明市人民检察院支持起诉符合《民事诉讼法》第 15 条之规定。《侵权责任法》第

65条规定，“因污染环境造成损害的，污染者应当承担侵权责任”。本案被污染的大龙潭水自2009年11月、2010年2月两次爆发污染以来，经环境监测部门多次抽样检测，氨氮指标和菌落总数及大肠杆菌等指标严重超标，致使依赖该龙潭水生产、生活的农村、单位的人畜无法继续饮用。污染事件发生后，三农公司、羊甫公司虽然解决了村民的饮用水问题，也采取了建设收集池、净水设施、沼气池等措施进行源头治理，但到目前为止，三农公司、羊甫公司的环保设施仍未通过环评验收。同时，羊甫公司和三农公司两个公司法人人格混同，共同经营管理畜牧小区，应当共同承担侵权责任。

昆明市环保局起诉要求三农公司、羊甫公司承担侵权赔偿责任，是公益诉讼人代表社会提起的诉讼，诉讼利益应当归于社会。昆明市人民政府制定了《昆明市环境公益诉讼救济专项资金管理暂行办法》，建立了“昆明市环境公益诉讼救济专项资金”，对环境民事公益诉讼涉及的资金进行专项管理。因此，三农公司、羊甫公司承担的赔偿金应当向“昆明市环境公益诉讼救济专项资金”支付，用于大龙潭水治理。

综上，一审法院依照《侵权责任法》第4条，第15条第1款第1、6项，第65条的规定，判决：“（一）被告昆明三农农牧有限公司、昆明羊甫联合牧业有限公司立即停止对环境的侵害；（二）由被告昆明三农农牧有限公司、昆明羊甫联合牧业有限公司于本判决生效后10日内向‘昆明市环境公益诉讼救济专项资金’支付人民币417.21万元；（三）由被告昆明三农农牧有限公司、昆明羊甫联合牧业有限公司于本判决生效后十日内向‘昆明市环境公益诉讼救济专项资金’支付评估费人民币132 520元；（四）驳回昆明市环境保护局的其他诉讼请求。”“案件受理费40 176.80元由昆明三农农牧有限公司、昆明羊甫联合牧业有限公司共同承担。”

一审宣判后，三农公司、羊甫公司不服，向云南高院提起上诉，请求：撤销一审判决，改判驳回昆明市环保局的诉讼请求；一、二审诉讼费用由昆明市环保局承担。

其上诉的事实及理由主要有以下五个方面：（1）上诉人已经停止了对环境的侵害，一审判令上诉人立即停止对环境的侵害没有相应的事实根据。

(2) 通过上诉人三农公司的一系列污染治理措施的实施和落实，大龙潭水的水质已实现根本性好转。(3) 一审判决判令上诉人向“昆明市环境公益诉讼救济专项资金”支付人民币 417.21 万元没有相应的事实根据和可行性方案支撑，且属判非所请，依法应予纠正。(4) 一审判决判令上诉人承担成本评估费错误，因昆明环科院出具的“嵩明县杨林镇大树营村委会七里湾受污染大龙潭饮用水源治理成本评估报告”(以下简称“治理成本评估报告”) 不具可行性、必要性和科学性，评估费用不应由上诉人承担。(5) 一审判决认定羊甫公司与三农公司共同管理、经营小区没有事实依据，上诉人羊甫公司在本案中不应承担任何责任。羊甫公司与三农公司均为独立的企业法人，相关政府文件已明确项目的建设主体由羊甫公司变更为三农公司，污染事故发生于三农公司建设、经营小区过程中，故上诉人羊甫公司对此不应承担任何责任。

被上诉人昆明市环保局作出以下四个方面的答辩意见：(1) 上诉人至今未停止对环境的侵害。(2) 一审判决认定上诉人环境侵权事实成立的事实清楚，依据充分。1) 上诉人对于违法排污造成大龙潭水污染的事实，已当庭予以确认。2) 大龙潭为周边村民世代饮用水源是不争的事实。3) 上诉人分别委托云南省产品质量监督检验研究院和云南省疾控中心出具的检验报告，存在检验机构、人员主体资格不适格，取样程序不合法、报告使用效力受限制等问题，不具有证明效力。4) 昆明市环境监测中心、嵩明县环境监测站系法定的环境监测机构，其依法对大龙潭等进行的水质监测检验结论合法、客观，应当依法采信。本案系被上诉人为维护环境公共利益而提起的公益诉讼，诉讼利益并不归属于被上诉人，而归属于社会公众，因此，作为被上诉人下属机构的昆明市环境监测中心，并不当然与本案具有利害关系。因此，上诉人关于昆明市环境监测中心与本案有利害关系的观点不能成立。昆明市环境监测中心关于本案大龙潭水的实际取样地点前后一致，均为嵩明县大树营村委会七里湾大龙潭。5) 从昆明市环境监测中心、嵩明县环境监测站的持续监测结论看，大龙潭水的总氮和粪大肠杆菌监测指标持续超标，不符合国家相关标准，不能被人畜饮用。6) 上诉人提出的“源头治理”是其法定义务，不能替代其对大龙潭污染的直接治理责任。上诉人实施的替代供水方案也不能取代对大龙潭的治理方案。（3）昆明环科院出具的“治理成本评估报告”，鉴定主体资格适格，评估方法科学，治理方案合理可行，应当依法采信。昆明环科院是具有独立法人资格的环境科研单位，其依照法定职责开展环境科研工作，与本案不存在利害关系。该院具有“工程咨询单位资格证书”，具有生态建设和环境工程咨询乙级资质。其指派的专家均具有相应的专业从业资质，“治理成本评估报告”所依据的相关事实和采用的技术参数客观、公正、合法，其所提出的处理方案科学、合理、可行。（4）一审判决羊甫公司与三农公司共同承担责任事实清楚，依据充分。羊甫公司与三农公司虽在公司登记机关登记为独立法人，但两公司的法定代表人相同，管理机构和人员混同导致其法人人格混同。两公司共同经营和管理了养殖小区，对本案环境侵权的后果存在共同过错，所以一审判决两公司共同承担责任有充分的事实和法律依据。

除上述异议外，各方当事人对一审确认的其余事实无异议。对各方均无异议的事实，二审法院予以确认。当事人就各自主张的事实分别进行了举证和质证。

综合各方诉辩主张，二审法院认为，本案二审中的争议焦点为：（1）上诉人对大龙潭水环境的侵权行为是否仍在继续，大龙潭的水质是否已经恢复，一审判决停止侵权是否适当；（2）昆明市环科院出具的“治理成本评估报告”是否具有可行性、必要性和科学性，上诉人应否承担治理费用417.21万元及评估费132 520元；（3）羊甫公司在本案中应否承担责任。

二审法院认为，《环境保护法》（1989年，下同）第6条规定，“一切单位和个人都有保护环境的义务，并有权对污染和破坏环境的单位和个人进行检举和控告”。昆明市环保局为维护环境公共利益，有权代表国家向三农公司、羊甫公司的环境侵权行为提起民事诉讼。《民事诉讼法》（2007年）第15条规定，“机关、社会团体、企业事业单位对损害国家、集体或者个人民事权益的行为，可以支持受损害的单位或者个人向人民法院起诉”。昆明市人民检察院支持昆明市环保局起诉三农公司、羊甫公司于法有据。

第一，关于三农公司、羊甫公司对大龙潭水环境的侵权行为是否仍在继续，大龙潭的水质是否已经恢复，一审判决停止侵权是否适当的问题。

二审法院认为，根据《环境保护法》第 26 条第 1 款关于“建设项目中防治污染的设施，必须与主体工程同时设计、同时施工、同时投产使用。防治污染的设施必须经原审批环境影响报告书的环境保护行政主管部门验收合格后，该建设项目方可投入生产或者使用”的规定，上诉人应当在环评验收后，开展经营活动，但到目前为止，上诉人仍未通过环评验收，其生猪养殖行为仍然属于违法生产。上诉人自己虽然已经停止生猪养殖，但 200 余户养殖户现在仍然在从事生猪养殖，仍然在向环境排放污水。上诉人与养殖户签订的“承包合同”明确约定了“五统一”，其中，环保设施由上诉人统一建设，污水由上诉人统一处理，而上诉人并未按约履行。正是上诉人未履行治污义务，致使养殖户继续排放污水造成污染。同时，法院采信昆明环境监测中心及嵩明县环境监测站出具的“监测报告”，认定上诉人的侵权行为仍在继续，大龙潭水的水质未完全恢复。《侵权责任法》第 4 条第 1 款规定，“侵权人因同一行为应当承担行政责任或者刑事责任的，不影响依法承担侵权责任”。本案中，行政机关作出的行政处罚针对的是三农公司的环保设施未经竣工验收，违反法律规定的“三同时”义务。而本案为侵权纠纷，停止侵害系承担侵权责任的首要方式。上诉人因侵权行为所应承担的民事责任，与行政处罚并不冲突。故上诉人的该项上诉理由不成立，二审法院不予支持，一审判决停止侵权适当。

第二，关于昆明环科院出具的“治理成本评估报告”是否有可行性、必要性、科学性，上诉人应否承担治理费用 417.21 万元及评估费 132 520 元的问题。

二审法院认为，昆明环科院具有从事环境影响评估的专业资质，其作出的治污方案评估报告具有科学性。大龙潭水系地表水，但由地下水生成。恢复被污染的地下水水质需要较高技术，昆明环科院针对已被污染和将可能被污染的大龙潭水进行治理的方案，具有现实可行性。虽然三农公司和羊甫公司对村民进行了赔偿并暂时解决了村民目前的饮用水困难，但无法从根本上保证村民的饮用水，故“治理成本评估报告”提出建盖治污设施具有必要性。大龙潭水目前仍处于被污染中，且该污染在雨季和非雨季所呈现的严重程度有所不同，大龙潭水质不稳定，故“治理成本评估报告”针对大龙潭水在污染严重时提出建盖治污设施仍具有时效性。故对昆明环科院出具的“治理成本评估报告”二审法院予以采信，上诉人应承担治污费用 417.21 万元。由于对昆明环科院出具的“治理成本评估报告”予以采信，故上诉人认为因该报告产生的评估费 132 520 元不应由其承担的主张不成立，二审法院不予支持。在昆明市人民政府设立“昆明市环境公益诉讼救济专项资金”后，上诉人应向“昆明市环境公益诉讼救济专项资金”支付治污设备的成本、运行费及相关的评估费用，由昆明市人民政府按照《昆明市环境公益诉讼救济专项资金管理办法》的规定进行使用。

第三，关于羊甫公司应否承担责任的问题。

二审法院认为，畜牧小区项目由羊甫公司牵头建立，并与部分养殖户签订过“承包合同”，在环评未竣工验收的情况下允许养殖户进场，羊甫公司亦存在过错。虽相关政府部门的文件证明该项目主体由羊甫公司变更为三农公司，但 2009 年建沼气池、买污水处理设备、出售生猪等事实均有证据表明羊甫公司亦参与，故两公司系实施污染大龙潭水侵权行为的共同侵权人，羊甫公司亦应承担责任。

综上，上诉人三农公司、羊甫公司已构成侵权，理应承担相应的民事责任，其上诉请求及理由不能成立，二审法院不予支持。原判认定事实清楚，适用法律正确，应予维持。

法院判决：依照《民事诉讼法》第 153 条第 1 款第 1 项之规定，判决如下：驳回上诉，维持原判。二审案件受理费 40 176.80 元由三农公司、羊甫公司共同承担。

【案例文书 3】自然之友诉山东金岭化工股份有限公司大气污染生态损害赔偿资金入法院指定专用账户案[①]

原告：北京市朝阳区自然之友环境研究所

---

① 山东省东营市中级人民法院（2016）鲁 05 民初 11 号民事调解书.

被告：山东金岭化工股份有限公司

支持起诉单位：中国政法大学环境资源法研究和服务中心、山东省济南市绿行齐鲁环保公益服务中心

审理法院：山东省东营市中级人民法院

案件基本情况：原告北京市朝阳区自然之友环境研究所（以下简称“自然之友”）起诉称：自2014年以来，被告山东金岭化工股份有限公司（以下简称“金岭化工”）长期向大气超标排放污染物，环保设施未经验收即投入生产且不正常使用大气污染物处理设施，在线监测设备未验收、未移交第三方运营，存在数据弄虚作假行为，经环境保护主管部门多次行政处罚并未整改合格，是性质恶劣的环境违法行为，严重危及大气环境，损害了社会公共利益，违反了《环境保护法》《大气污染防治法》等多部法律法规，造成了严重的环境损害后果，应该承担环境侵权法律责任。为维护环境公共利益，依法制止被告违法排污的恶劣行为，请求：（1）判令被告停止超标排污对大气环境的侵害，消除所有不遵守环境保护法律法规行为对大气环境造成的危险；（2）判令被告支付2014年1月1日起至被告停止侵害、消除所有不遵守环境保护法律法规行为对大气环境造成危险期间，向大气排放污染物所产生的大气环境治理费用，约人民币1 000万元，具体数额以专家意见或鉴定意见为准；（3）判令被告在省级以上媒体向全社会公开赔礼道歉；（4）判令被告承担本案诉讼费用，包括案件受理费、鉴定检测费用、专家费、原告律师费等。

山东省济南市绿行齐鲁环保公益服务中心支持起诉意见称：被告存在长期向大气超标排放等违法行为，严重危及大气环境，损害公共利益，应承担环境侵权责任，被告应停止侵害，支付环境治理费用并公开道歉。

被告金岭化工辩称：（1）被告已于2015年6月份全部达标排放，监测设备也全部运行并通过了市环保局的验收。被告未及时纠正违法行为是因为承担了当地乡镇机关和居民的供暖，在供暖期无法停工，造成了设备改造的延期；（2）请求在考虑企业承担能力的情况下适当地降低对大气污染治理费用的支付数额，同时考虑被告是因公益而延期改造，并非企业有意

为之，不再让被告公开道歉。

法院经审理查明，被告金岭化工下属热电厂自 2014 年以来持续向大气超标排放污染物，并存在环保设施未验收即投入生产、私自篡改监测数据等环境违法行为。2014 年至 2015 年间，广饶县环境保护局因超标排放大气污染物、环保设施未经验收即投入生产等违法行为对被告进行了 13 次行政处罚；东营市环保局对被告进行了 3 次行政处罚；山东省环保厅对被告挂牌督办，责成东营市环保局立案查处，责成被告停产整改、限期建成脱硫脱硝设施；2015 年 11 月 5 日，国家环保部对被告通报、督查。

法院调解：在审理过程中，经法院主持调解，原、被告双方达成如下调解协议：

（1）被告金岭化工支付生态环境治理费 3 000 000 元，于调解协议生效后 10 日内支付于法院指定的环保基金账户；

（2）原告自然之友支出的律师代理费 95 000 元、交通费等 30 000 元、专家咨询费 30 000 元，被告金岭化工于调解协议生效后 10 日内向原告支付。

（3）案件受理费 81 800 元，减半收取 40 900 元，由被告金岭化工负担。

【典型事例 1】贵州部分地区环境公益诉讼案件产生的生态损害赔偿资金交由全国性公募基金会管理①

2016 年上半年，中国绿色发展与生物多样性保护基金会（以下简称“绿发会”）与贵州省清镇市人民法院共同进行相关制度探索，专门成立生态环境修复（贵州）专项基金，用于承接贵州部分地区环境公益诉讼案件的资金收益。绿发会成立了生态环境修复专项基金（贵州）管理委员会，委员会管理的资金来自贵州清镇市人民法院审理的一起环境公益诉讼案件的赔偿金。该笔生态环境修复专项基金专用于贵州当地的环境治理与修复。在经历了管委会作出使用决议、司法确认、拨款公示后，使用该笔资金的

① 环境公益诉讼赔偿金从哪来？怎么管?.（2017－02－20）［2018－04－08］. http：//www.zhhjw. org/a/qkzz/zzml/20170102/fmbd/2017/0220/6308. html.

贵州清镇市犁倭镇污水处理项目已经基本完成。

【典型事例2】自然之友诉江苏中丹化工技术有限公司环境污染专业信托机构管理资金案①

2012年4月至2012年12月期间，被告江苏中丹化工技术有限公司以每吨补贴30～60元的价格将814.72吨尾气吸收液交予处置人处置，任其倾倒至泰兴市如泰运河、泰州市高港区古马干河，污染河道及周围的生态环境。自然之友于2014年11月11日向泰州市中级人民法院提起诉讼，案件于2016年9月21日调解结案。江苏中丹化工技术有限公司委托长安信托成立环境保护慈善信托，信托资金100万元，为期2年，旨在保护生态环境，优先用于江苏本地特别是泰州地区的环境保护公益事业，逐步扩展到长江下游水环境保护。在该环境保护慈善信托中，资金管理机构是长安国际信托股份有限公司，并由北京德和衡律师事务所担任监察人，自然之友担任公益顾问，合一绿学院负责招标执行。

【知识点关联及案例点评】

为了行文方便，本书将当前各案实践中所出现的各种形式的环境民事公益诉讼赔偿资金统称为“生态损害赔偿资金”。生态损害赔偿资金，是指生态环境损害事件发生后，根据法院判决、调解或磋商的结果，由造成损害的单位或个人缴纳的，用于支付生态环境修复费用及相关费用的资金。②需要指出的是，实践中生态损害赔偿资金的来源较为广泛，包括了财政拨款、环境公益诉讼案件中产生的生态损害赔偿资金等。本书主要探讨基于环境公益诉讼判决或调解所产生的生态损害赔偿资金。

关于生态损害赔偿资金的管理，我国法律尚无明文规定，各地做法不尽相同。为规范生态损害赔偿资金的管理，生态损害赔偿制度改革试点工作首先在7个试点地方展开。试点地方以《生态环境损害赔偿制度改革方案》

---

① 长安慈—环境保护慈善信托成立公告.（2016-10-19）［2018-04-08］. https：//www.caitc.cn/uploads/fore/projectText/201610803422/1010/101002/147693061702868.pdf.

② 《山东省生态环境损害赔偿资金管理办法》第2条.

为指导[①]，纷纷出台生态环境损害赔偿制度改革试点工作实施方案，规定：赔偿义务人造成的生态环境损害无法修复的，其赔偿资金作为政府非税收入，全额上缴地方国库，纳入地方预算管理。[②] 2017 年 12 月，中共中央办公厅、国务院办公厅印发《生态环境损害赔偿制度改革方案》，规定：自 2018 年 1 月 1 日起，在全国试行生态环境损害赔偿制度。

关于生态损害赔偿资金的管理主体，实践中出现了行政机关、司法机关、基金会以及信托机构等不同的管理主体。依据其性质管理主体可以分为公权力机关和非公权力机关两种。由公权力机关主导资金管理，比如实践中出现的由财政局、环保局、法院设立生态损害赔偿金财政专户。由非公权力机关管理生态损害赔偿资金，比如通过全国性公募基金会或者专业信托机构管理生态损害赔偿资金。

案例 1 是获赔的生态损害赔偿资金由财政局环保专用账户管理的典型案件。此种模式的生态损害获赔资金管理规范，以《湖南省生态环境损害赔偿资金管理办法（试行）》（以下简称《办法》）较为典型。该办法第 4 条规定了生态环境损害赔偿资金的收缴：（1）分类执收：生态环境损害赔偿磋商协议确定的生态环境损害赔偿资金，按分类管理原则，由生态环境损害地生态环境保护行政主管部门（包含环境保护、国土资源、住房和城乡建设、水利、农业、林业等部门，下同）负责执收；人民法院判决、调解生效的法律文书确定的生态环境损害赔偿资金，由人民法院负责执行。（2）专款专用：生态环境损害赔偿资金由执收单位开具“湖南省非税收入一般缴

① 2015 年 12 月 3 日，中共中央办公厅、国务院办公厅印发《生态环境损害赔偿制度改革试点方案》，规定：赔偿义务人造成的生态环境损害无法修复的，其赔偿资金作为政府非税收入，全额上缴地方国库，纳入地方预算管理。2017 年 12 月 17 日，中共中央办公厅、国务院办公厅印发了《生态环境损害赔偿制度改革方案》，2015 年印发的《生态环境损害赔偿制度改革试点方案》自 2018 年 1 月 1 日起废止。《生态环境损害赔偿制度改革方案》规定，赔偿义务人造成的生态环境损害无法修复的，其赔偿资金作为政府非税收入，全额上缴同级国库，纳入预算管理。

② 吉林、江苏、湖南、重庆、贵州、山东、云南七省市已分别制定了生态环境损害赔偿制度改革试点工作实施方案。比如《云南省生态环境损害赔偿制度改革试点工作实施方案》在“试点主要内容”中规定，生态环境损害无法修复的，赔偿义务人缴纳的赔偿金作为政府非税收入，缴入地方国库，纳入地方预算管理，由省政府指定的相关部门开展替代修复。

款书”，在“国有资源（资产）有偿使用收入”类别下的执收项目中列“生态环境损害赔偿资金”，全额缴入同级财政部门非税收入汇缴结算户，并及时划缴本级国库，由地方财政部门列为生态环境损害赔偿专项资金管理，专款专用。根据现有地方实践，该案所获赔偿的生态损害赔偿资金最终可缴至地方财政部门，列为生态环境损害赔偿专项资金。

案例2是获赔的生态损害赔偿资金由环保局开设救济资金专门账户管理的典型案例。根据《昆明市环境公益诉讼救济专项资金管理暂行办法》第2条的规定，“环境公益诉讼救济专项资金”是由昆明市人民政府建立的对提起环境公益诉讼涉及的调查取证、鉴定评估、诉讼费用、环境恢复和执行救济等合理费用进行救济的专项资金。因此，三农公司、羊甫公司承担的赔偿金应当向“昆明市环境公益诉讼救济专项资金”支付，用于大龙潭水治理。又根据该办法第5条的规定，昆明市环保局开设救济资金专门账户，对救济资金统一核算和管理。因此，最终该笔生态损害赔偿资金由昆明市环保局统一核算和管理。

案例3是获赔的生态损害赔偿资金由法院指定专用账户管理的典型案例。《山东省生态环境损害赔偿资金管理办法》第9条规定，生态环境损害赔偿资金属省级政府非税收入，应全额上缴省级国库，纳入省级财政预算管理。通过磋商议定的生态损害赔偿资金，由环保主管部门负责执收；通过人民法院环境公益诉讼生效判决、调解确定的生态损害赔偿资金，由人民法院负责执行。生态环境损害赔偿资金具体通过“山东省非税收入征收与财政票据管理系统”上缴，省财政厅负责确定执收单位生态损害赔偿资金执收编码。该案属于人民法院环境公益诉讼调解确定的生态损害赔偿资金，因此由人民法院负责执行，人民法院可以指定专用账户管理生态损害赔偿资金。

典型事例1是全国性公募基金会尝试对生态损害赔偿资金进行管理的典型事例。根据我国2004年颁布的《基金会管理条例》，基金会是指利用自然人、法人或者其他组织捐赠的财产，以从事公益事业为目的成立的非营利性法人。基金会分为面向公众募捐的基金会（以下简称“公募基金会”）

和不得面向公众募捐的基金会（以下简称“非公募基金会”）。公募基金会按照募捐的地域范围，分为全国性公募基金会和地方性公募基金会。绿发会属于全国性公募基金会。本案中，绿发会与清镇市人民法院共同探索成立生态环境修复（贵州）专项基金，由绿发会作为管理主体，为生态损害赔偿资金的管理提供新思路。

典型事例 2 是专业信托机构对生态损害赔偿资金进行管理的尝试。我国《信托法》第 60 条规定，为了公益之目的，比如发展环境保护事业，维护生态环境的目的，可以设立公益信托。本案中，100 万元的信托资金并非直接来自于环境公益诉讼的生效裁判所确定的生态损害赔偿资金，但此案可以为生态损害赔偿资金的管理提供新的思路。

（案例/事例编辑人：蒙禹诺、李欣）

第八章　环境行政公益诉讼的概念及特点

【案例文书】山东省莱西市人民检察院诉山东省莱西市水利局不依法履行职责行政公益诉讼案[①]

公益诉讼起诉人：山东省莱西市人民检察院

被告：山东省莱西市水利局

审理法院：山东省莱西市人民法院

案件基本情况：山东省莱西市人民检察院在履行职责中发现，2014 年 6 月 27 日，青岛广豪建设工程有限公司取得莱西市日庄镇堤上村小沽河河道采砂权后，长期违法大面积超采。经鉴定，该公司堤上砂场共采砂 34 万余立方米，超采 32 万余立方米，价值高达 1 200 余万元。对此，莱西市水利局仅于 2014 年 12 月 10 日认定砂场管理人员张某某超范围采砂 75 立方米，对其作出罚款 5 000 元的行政处罚，对该公司的其他违法行为却一直未依法履行职责。2015 年 10 月 28 日，山东省莱西市人民检察院向莱西市水利局发出检察建议，建议其撤销案涉行政处罚决定并对非法采砂行为重新作出行政处罚。莱西市水利局收到检察建议后未在规定时间内纠正违法行为，致使国家利益和社会公共利益仍处于受侵害状态。

2016 年 8 月 17 日，山东省莱西市人民检察院依法向山东省莱西市人民

① 检察机关提起公益诉讼试点工作典型案例——十、山东省莱西市人民检察院诉莱西市水利局行政公益诉讼案.（2018 - 01 - 31）［2018 - 04 - 06］. http：//www. spp. gov. cn/spp/zxjy/qwfb/201801/t20180131 _ 362948. shtml.

法院提起行政公益诉讼，请求撤销莱西市水利局案涉行政处罚决定书，并判令该局对案涉非法采砂行为依法履行法定职责。诉讼过程中，莱西市水利局主动撤销了案涉行政处罚决定书，检察机关遂将第一项诉讼请求变更为确认案涉行政处罚决定书违法。

法院判决：2017 年 4 月 11 日，山东省莱西市人民法院对该案进行了公开开庭审理，并于 4 月 21 日作出一审判决，确认莱西市水利局作出的案涉行政处罚决定书违法，并责令其对案涉非法采砂行为依法履行法定职责。

【知识点关联及案例点评】

本案是人民检察院针对行政机关不依法履行职责提起环境行政公益诉讼的典型案例。

环境行政公益诉讼是指人民检察院在履行职责中发现生态（环境）和资源保护领域负有监督管理职责的行政机关违法行使职权或者不作为，致使国家利益或者社会公共利益受到侵害，人民检察院向行政机关提出检察建议，督促其依法履行职责，行政机关不依法履行职责时，人民检察院向人民法院提起的诉讼。《行政诉讼法》第 25 条第 4 款规定："人民检察院在履行职责中发现生态环境和资源保护、食品药品安全、国有财产保护、国有土地使用权出让等领域负有监督管理职责的行政机关违法行使职权或者不作为，致使国家利益或者社会公共利益受到侵害的，应当向行政机关提出检察建议，督促其依法履行职责。行政机关不依法履行职责的，人民检察院依法向人民法院提起诉讼。"《检察公益诉讼司法解释》第 21 条也依据这一条作出相似规定。

我国环境行政公益诉讼具有以下特点。

（1）原告法定性。根据现行法律和司法解释的规定，人民检察院是我国环境行政公益诉讼的唯一法定适格原告。

（2）保护法益的特殊性。我国环境行政公益诉讼保护的法益是行政机关违法行使职权或者不作为侵害的国家利益或者社会公共利益。在环境行政公益诉讼实践中，国家利益与社会公共利益常常呈现交织状态，难以对行政机关违法行为所侵害的法益进行清晰的界定。关于这一点可以从裁判文书中窥见一、二，即“国家利益和社会公共利益”似乎成为一个“不可分割”的名词。但是，生态、环境和资源保护领域实际上存在着国家利益与社会公共利益两种不同的利益类型：一方面，国家环境利益主要体现为国家所有的自然资源的利益；另一方面，环境公共利益实质上是一种自然人享受生态服务功能的共同善，这种生态服务功能独立于资源权属。①

（3）提起环境行政公益诉讼前需要经过诉前程序。人民检察院向行政机关提出检察建议，督促其依法履行职责，行政机关不依法履行职责时，人民检察院向人民法院提起诉讼。这一点表明，环境行政公益诉讼具有督促行政机关依法履行职责的功能。

本案中，山东省莱西市人民检察院在履职过程中发现莱西市水利局未依法履职，符合环境行政公益诉讼原告和被告的主体资格。莱西市人民检察院在发现违法行为之后，在提起诉讼之前发出检察建议，督促莱西市水利局依法履行职责，但是莱西市水利局并未在规定时间内纠正违法行为，莱西市人民检察院随后提起环境行政公益诉讼。这一实践符合人民检察院提起环境行政公益诉讼前应依法履行诉前程序的规定。莱西市水利局未依法履行职责的行为导致国家利益和社会公共利益受到损害，符合提起环境行政公益诉讼的条件。

（案例编辑人：梁晓敏、张舒）

① 肖建国. 利益交错中的环境公益诉讼原理. 中国人民大学学报，2016（2）：14-22.

第九章　环境行政公益诉讼的原告

【案例文书】湖北省宜昌市猇亭区人民检察院诉湖北省宜昌市伍家岗区农林水局行政公益诉讼案[①]

公益诉讼人：湖北省宜昌市猇亭区人民检察院

被告：湖北省宜昌市伍家岗区农林水局

审理法院：湖北省宜昌市猇亭区人民法院

案件基本情况：南湾垭林地属宜昌市伍家岗区伍家乡南湾村集体所有，地处宜昌市伍家岗区行政区划内，因区划调整等历史原因，部分林地由宜昌市夷陵区林业局进行森林、林木、林地登记。2011 年 8 月 8 日，宜昌市伍家岗区农林水局以宜伍农文〔2011〕54 号《关于临时占用林地的批复》，批准伍家乡南湾村委会临时占用南湾垭林地面积 2 000 平方米（3 亩）兴办停车场。2012 年 7 月，南湾垭林地被调整为国家级生态公益林。2012 年下半年，金银岗公司向南湾村委会租用南湾垭林地，双方签订“项目合作协议书”（协议签订时间写为 2011 年 7 月 1 日），约定南湾村委会向金银岗公司提供约 6 亩土地用于食用菌的生产和技术服务、观光农业项目。后该公司实际占用包含经批准兴办停车场的 2 000 平方米在内的南湾垭林地 5 227 平方米（7.83* 亩），超出审批范围 3 227 平方米（4.83* 亩）。2013 年 2 月 26 日，宜昌市伍家岗区农林水局向宜昌市林业局报告请求代为查处南湾村委会违法占用南湾垭林地的行为。2013 年 5 月 13 日，宜昌市林业局对南湾村

* 数据来自判决书。

① 湖北省宜昌市猇亭区人民法院（2017）鄂 0505 行初 29 号行政判决书.

委会擅自改变林地用途的行为作出鄂宜森林罚书字（2013）第 27 号“林业行政处罚决定书”，限 2013 年 12 月 31 日前将改变用途林地恢复原状；对非法改变 3 227 平方米用途林地的行为，并处每平方米 20 元的罚款，计 64 540元；同时将处罚结果函告宜昌市伍家岗区农林水局，要求其继续履行后续恢复林地的监管职责。南湾村委会于 2013 年 5 月 21 日如数缴纳了罚款，但一直未恢复原状。金银岗公司继续在南湾垭林地建筑房屋、硬化道路。2013 年 8 月 8 日，南湾垭 2 000 平方米（3 亩）林地的两年临时占用期限届满后，占用林地未归还，林地未恢复原状。2014 年 6 月 9 日，宜昌市国土资源局作出宜土资执罚【2014】18 号“行政处罚决定书”，对金银岗公司时任法定代表人贺某擅自占用南湾垭土地修建房屋的行为作出处罚，责令退还土地，罚款 45 698.70 元，限期拆除在非法占用的土地上新建的建筑物。2014 年 6 月 13 日，贺某缴纳了罚款，但并未拆除建筑物并退还土地。2014 年 11 月 11 日，宜昌市国土资源局向宜昌市伍家岗区人民法院申请执行拆除贺某在非法占用的土地上新建的建筑物，宜昌市伍家岗区人民法院根据《最高人民法院关于违法的建筑物、构筑物、设施等强制拆除问题的批复》（法释〔2013〕5 号），裁定不予受理。2015 年 12 月 12 日、2016 年 7 月 7 日，宜昌市伍家岗区农林水局依据《森林法实施条例》第 43 条的规定，两次下发“整改通知书”，责令南湾村委会立即整改。

2010 年 7 月 30 日，伍家岗区人民政府办公室下发宜伍府办发【2010】42 号《伍家岗区农林水局主要职责内设机构和人员编制规定》，规定伍家岗区农林水局的主要职责为“……（五）负责全区林政资源的管理；负责林地、林权管理并对依法应由国家和省、市批准的林地征用、占用进行审核；组织协调、指导、监督全区森林防火、森林资源管护及森林病虫害的防治……”。

宜昌市伍家岗区人民检察院在履职中发现，宜昌市伍家岗区农林水局未依法履行职责导致国家和社会公共利益受损，遂于 2017 年 4 月 28 日向该局发出宜市伍检行建〔2017〕6 号“检察建议书”，建议该局依法督促南湾村委会、金银岗公司恢复南湾垭占用林地的林业生产条件。2017 年 5 月 15

日，宜昌市林业调查规划设计院对南湾垭占用林地情况进行调查后称：该地与2013年占用的5 227平方米对比，已绿化2 836平方米，还余房屋、硬化路面等2 391平方米。2017年5月28日，宜昌市伍家岗区农林水局对“检察建议书”复函称：接受检察建议并积极整改，部分林地已经恢复，尚未恢复的林地因本部门执法权限原因，恢复林业生产条件难度较大，正联合相关部门积极整改。2017年5月31日，经检察机关现场勘察，发现占用南湾垭林地的建筑物和硬化路面仍未拆除，被占林地仍未完全恢复。宜昌市伍家岗区人民检察院认为宜昌市伍家岗区农林水局未依法履职，遂向宜昌市伍家岗区人民法院提起行政公益诉讼。2017年9月15日，宜昌市人民检察院指定宜昌市猇亭区人民检察院作为本案公益诉讼人参加诉讼。

法院判决：法院认为本案涉及的争议焦点有以下三点：(1) 宜昌市伍家岗区农林水局对案涉被占用林地是否具有管理和监督的法定职责；(2) 宜昌市伍家岗区农林水局是否依法履行了法定职责；(3) 宜昌市伍家岗区农林水局是否需要继续对被占林地的生态修复履行管理和监督的职责。对以上争议焦点，法院评析如下：

(1) 宜昌市伍家岗区农林水局对案涉被占用林地是否具有管理和监督的法定职责。《森林法》第10条规定，“国务院林业主管部门主管全国林业工作。县级以上地方人民政府林业主管部门，主管本地区的林业工作”。第13条规定，“各级林业主管部门依照本法规定，对森林资源的保护、利用、更新，实行管理和监督”。《森林法实施条例》(2016年) 第43条规定，“未经县级以上人民政府林业主管部门审核同意，擅自改变林地用途的，由县级以上人民政府林业主管部门责令限期恢复原状，并处非法改变用途林地每平方米10元至30元的罚款”；“临时占用林地，逾期不归还的，依照前款规定处罚”。根据上述规定，县级以上地方人民政府林业主管部门主管本地区的林业工作是法律赋予的法定职责。伍家岗区人民政府批准的《伍家岗区农林水局主要职责内设机构和人员编制规定》规定，伍家岗区农林水局“负责全区林政资源的管理；负责林地、林权管理并对依法应由国家和省、市批准的林地征用、占用进行审批”。南湾垭林地属于宜昌市伍家岗区行政区划，因此，宜昌市伍家岗区农林水局作为当地人民政府的林业主管部门，具有主管当地林业工作的法定职责，应当依法履行法律规定的职责。

（2）宜昌市伍家岗区农林水局是否依法履行了法定职责。宜昌市伍家岗区农林水局在行政相对人申请临时占用林地时，进行了审查审批，并征缴了森林植被恢复费；在发现行政相对人擅自改变林地用途并建设建筑物时，报请上级林业主管部门和土地主管部门进行了查处，并于2015年、2016年两次下发责令整改通知书，责令行政相对人立即整改；在检察机关发出检察建议后，对检察建议中指出的部分被占用林地进行了督促恢复，履行了部分法定职责。但是在宜昌市林业局2013年5月对案涉擅自改变林地用途的行为作出行政处罚和行政强制决定，且违法行为人未完全履行后，至2014年6月宜昌市国土资源局对违法占地建房行为作出行政处罚前，以及经批准临时占用的林地2 000平方米（3亩）于2013年8月8日到期后，被告未采取相关措施及时督促履行，也未采取代履行措施，致使南湾村委会、金银岗公司擅自改变南湾垭林地用途的违法行为得以继续，导致被毁林地至今未恢复，其行为有违《森林法实施条例》第43条第1款、第2款，《行政强制法》第50条的规定，没有全面、正确履行法定职责，应当确认其行为已经构成怠于履行行政职责的不作为违法行为。

（3）宜昌市伍家岗区农林水局是否需要继续对被占林地的生态修复履行监督和管理的职责。南湾垭林地属于国家级生态公益林，被擅自改变用途后有2 391平方米林地至今未恢复生态。宜昌市伍家岗区农林水局作为县级林业行政主管部门，应依法继续履行相关职责，包括责令恢复被占用林地的植被，在其未履行的情况下，应依法采取督促履行、代履行等相关措施，切实担负监督和管理等法定职责。

综上所述，经合议庭评议，依照《行政诉讼法》第72条之规定，判决如下：

（1）确认宜昌市伍家岗区农林水局对南湾村委会、金银岗公司擅自改变南湾垭林地用途的违法行为未依法履行职责违法。

（2）责令宜昌市伍家岗区农林水局对南湾村被改变用途的南湾垭林地生

态修复工作继续履行监督和管理的法定职责，在本判决生效后6个月内监督和管理南湾垭林地生态修复完毕。

本案案件受理费50元，由宜昌市伍家岗区农林水局负担。

如不服本判决，可在判决书送达之日起15日内，向法院递交上诉状，并按对方当事人的人数提出上诉状副本，上诉于湖北省宜昌市中级人民法院。

【知识点关联及案例点评】

本案是人民检察院作为环境行政公益诉讼原告的典型案例。

环境行政公益诉讼原告是指生态、环境和资源保护领域负有监督管理职责的行政机关违法行使职权或者不作为，致使国家利益或者社会公共利益受到侵害时，依法向行政机关提出检察建议，督促其依法履行职责，行政机关未遵从检察建议履行职责的，依据法定监督权提起环境行政公益诉讼的人民检察院。依据《行政诉讼法》第25条第4款，人民检察院有权提起环境行政公益诉讼。《检察公益诉讼司法解释》也规定人民检察院是提起环境行政公益诉讼的主体。依据法律和司法解释的规定，目前我国有权提起环境行政公益诉讼的原告具有唯一性，即人民检察院。

依据《行政诉讼法》和《检察公益诉讼司法解释》的相关规定，人民检察院有权针对行政机关不作为或者不正确履行职责导致环境污染或者生态破坏，从而造成国家利益或社会公共利益受到损害的行为提起环境行政公益诉讼。本案中，湖北省宜昌市猇亭区人民检察院在履职过程中发现违法行为，在履行诉前程序后依法对宜昌市伍家岗区农林水局提起环境行政公益诉讼。

（案例编辑人：梁晓敏、张舒）

第十章　环境行政公益诉讼的被告

《人民检察院公益诉讼试点工作办法》第 42 条规定："人民检察院以公益诉讼人身份提起行政公益诉讼。行政公益诉讼的被告是生态、环境和资源保护、国有资产保护、国有土地使用权出让等领域违法行使职权或者不作为的行政机关，以及法律、法规、规章授权的组织。"

一般而言，行政诉讼被告的资格认定采用行政主体、行为主体和责任主体三合一的标准[①]，即被告须为具有行政主体资格、违法行使职权或者不作为且具有责任能力的机构。与之相应，环境行政公益诉讼的被告具有以下特征：是具有环境行政主体资格的行政机关或依法律、法规、规章授权的组织；存在行政行为，包括违法行使职权与不作为两种情形；需要由该主体作为责任主体继续履行相应的环境保护管理职责。

此外还需注意，环境行政公益诉讼的被告适格标准在客观上受到诉讼启动条件的限制。一方面，当前我国实体法上的环境行政公益诉讼仅为公诉，即公民、法人和其他社会组织无法对行政机关提起公益诉讼，只有人民检察院可以对行政机关提起环境行政公益诉讼；另一方面，诉前程序要求人民检察院在诉讼之前向行政机关提出检察建议，行政机关拒不纠正违法行政行为或者拒不履行职责时，才有可能成为被告。[②]

因此，环境行政公益诉讼被告是指在生态、环境和资源保护领域负有监督管理职责，因违法行使职权或者不作为，致使国家利益或者社会公共利

---

① 杨小君. 我国行政诉讼被告资格认定标准之检讨. 法商研究，2007 (1)：48－53.

② 张忠民. 环境公益诉讼被告的局限及其克服. 环球法律评论，2016 (5)：42－61.

益受到侵害，经人民检察院提出检察建议，督促其依法履行职责，仍不依法履行职责的行政机关以及法律、法规、规章授权的组织。依据被告主体的数量，环境行政公益诉讼的被告分为单一被告和共同被告；依据我国环境管理体制，环境行政公益诉讼的被告分为人民政府、环境保护主管部门以及其他负有生态、环境和资源保护职责的政府部门。

第一节 人民政府

【案例文书】贵州省六盘水市六枝特区人民检察院诉龙河镇人民政府不依法履行垃圾管理职责环境行政公益诉讼案[①]

公益诉讼人：贵州省六盘水市六枝特区人民检察院

被告：贵州省六盘水市龙河镇人民政府

审理法院：贵州省普安县人民法院

案件基本情况：2015 年 7 月 10 日，根据龙党纪字（2015）14 号文件记载，会议同意永久性征用永丰五组王海土地 1.75 亩作为龙河镇生活垃圾堆放处理场用地。

2015 年 9 月 21 日，龙河镇政府与龙河镇永丰山家寨村民王海签订“龙河镇垃圾堆放处理场土地征用协议书”，约定征用王海的承包地作为龙河镇垃圾堆放处理场，用于集中堆放该镇的生活垃圾。

2017 年 1 月 23 日，六枝特区国土资源局对龙河镇垃圾堆放处理场进行场地面积测量，经测量，该垃圾场占地面积为 951.98 平方米（1.428 0 亩），根据土地利用总体规划图，该地块规划性质为基本农田。

2017 年 2 月 20 日，贵州大学资源与环境工程学院吴攀教授和吴永贵教授应贵州省六盘水市六枝特区人民检察院（以下简称六枝检察院）邀请，对龙河镇垃圾堆放处理场进行现场调研及环境影响评估，并形成专家意见，分析了龙河镇垃圾堆放处理场的位置、周边环境敏感点、可能危害以及龙

① 贵州省普安县人民法院（2017）黔 2323 行初 12 号行政判决书.

河镇垃圾堆放处理场目前存在的问题。

2017 年 1 月 24 日，六枝检察院向龙河镇政府发出诉前检察建议书，要求其依法履行垃圾监管职责。龙河镇政府于 2017 年 2 月 14 日针对检察建议书作出回复，称：该镇积极承办《六枝特区城乡规划和城市管理局关于开展六枝特区小城镇生活垃圾清运系统项目征地工作的函》的有关事项，已于 2017 年 2 月 15 日完成小城镇生活垃圾清运系统项目转运站建设用地征地，由六枝特区规划和城管局组织建设，计划于 5 月底竣工投入使用，投入使用后就停用永丰垃圾堆放处理场。六枝检察院认为该政府虽回复，但未进行整改，垃圾堆放处理场造成的环境污染问题至今未得到妥善解决，污染仍然存在，并继续扩大。六枝检察院于 2017 年 3 月 29 日向法院提起行政公益诉讼。至本案开庭之时，龙河镇永丰“挖银坑”处王海承包土地上的垃圾堆放处理场仍在使用。

法院判决：《环境保护法》（2014 年）第 6 条第 2 款规定：“地方各级人民政府应当对本行政区域的环境质量负责。”第 37 条规定：“地方各级人民政府应当采取措施，组织对生活废弃物的分类处置、回收利用。”《贵州省城镇垃圾管理暂行办法》第 7 条规定：“县级以上人民政府城市建设或城市管理行政主管部门负责本行政区域内的垃圾管理工作。镇人民政府负责本辖区内的垃圾管理工作。”据此，龙河镇政府负责龙河镇辖区内的垃圾管理工作，应当履行本辖区内的垃圾管理职责。

公益诉讼人六枝检察院作为该区域的法律监督机关，依照《公益诉讼试点工作决定》和《人民法院审理人民检察院提起公益诉讼案件试点办法》的规定，在履行职务过程中，发现被告龙河镇政府的相关行政机关行为造成国家和社会公共利益受到侵害，向龙河镇政府提出检察建议而龙河镇政府拒不纠正违法行为或者不履行法定职责的，可以向人民法院提起行政公益诉讼。

根据《固体废物污染环境防治法》（2016 年）第 17 条第 1 款（收集、贮存、运输、利用、处置固体废物的单位和个人，必须采取防扬散、防流失、防渗漏或者其他防止污染环境的措施；不得擅自倾倒、堆放、丢弃、遗撒固体废物）、第 40 条（对城市生活垃圾应当按照环境卫生行政主管部门的规定，在指定的地点放置，不得随意倾倒、抛撒或者堆放）、第 41 条（清扫、收集、运输、处置城市生活垃圾，应当遵守国家有关环境保护和环境卫生管理的规定，防止污染环境），被告龙河镇政府未经环境卫生行政主管部门的指定设置垃圾堆放处理场，该垃圾堆放处理场亦未采取防扬散、防流失、防渗漏或者其他防止污染环境的措施，其行为已造成危及周围环境的后果。公益诉讼人六枝检察院向被告龙河镇政府提出检察建议后，被告龙河镇政府仍未采取有效措施履行相应的管理职责，相关公共利益受到的侵害仍呈持续状态。依照《行政诉讼法》第 74 条第 2 款第 1 项关于“行政行为有下列情形之一，不需要撤销或者判决履行的，人民法院判决确认违法：（一）行政行为违法，但不具有可撤销内容的……”的规定，应当确认其行为违法。

至本案审理过程中，被告龙河镇政府表明了积极整改的态度，表示正在进行整改中，且现垃圾堆放处理场仍在使用。根据《行政诉讼法》第 76 条关于“人民法院判决确认违法或者无效的，可以同时判决责令被告采取补救措施……”的规定，公益诉讼人六枝检察院请求判令被告龙河镇政府依法履行垃圾管理职责，对该镇永丰“挖银坑”处王海承包土地上的垃圾堆放处理场依法进行处置的诉讼请求符合法律规定，法院予以支持。被告龙河镇政府依然要继续履行其职能，完善垃圾堆放的管理工作，对现垃圾堆放处理场采取补救措施，完善垃圾堆放处理场的环保治理工作，确保达到环保要求。但考虑到要彻底解决被告龙河镇政府辖区内的垃圾管理问题，需要在经费、技术等方面同其他相关单位进行协调，法院确定给被告龙河镇政府一定期限完善相关工作。

综上，为保护绿色生态环境，监督行政机关依法行政，维护国家法治权威，根据《行政诉讼法》第 74 条第 2 款第 1 项、第 76 条之规定，判决如下：

（1）确认被告龙河镇人民政府在该镇永丰村“挖银坑”处集中倾倒垃圾的行为违法；

（2）责令被告龙河镇人民政府依法履行垃圾管理职责，采取补救措施于 2017 年 12 月 31 日前完善垃圾堆放处理场的环保治理工作，确保达到环保要求。

如不服本判决，可以在判决书送达之日起15日内向法院递交上诉状，并按对方当事人的人数提出副本，上诉于贵州省黔西南布依族苗族自治州中级人民法院。

【知识点关联及案例点评】

本案是地方人民政府作为环境行政公益诉讼被告的典型案例。

环境问题是典型的公共物品。较之私主体而言，公权力在制度供给方面具有明显优势；同样，政府失职对生态（环境）造成的负面影响亦不容忽视。许多国家都明确规定政府的环境保护职责。我国《宪法》第26条第1款规定："国家保护和改善生活环境和生态环境，防治污染和其他公害。"这一规定奠定了国家环境保护职责的宪法基础。2014年《环境保护法》首先在第6条第2款规定了地方各级人民政府对本行政区域的环境质量负责，之后又通过限期达标（第28条）、生态保护红线（第29条）等制度确保地方政府严格履行环境保护职责，同时在农业农村环境（第33条、第49条）、海洋环境（第34条）以及城乡建设（第35条、第37条、第51条）等领域具体明确了政府的相关环境职责。

在生态、环境和资源保护领域，人民政府因违法行使职权或者不作为，致使国家利益或者社会公共利益受到侵害，收到人民检察院的检察建议仍不依法履行职责的，人民检察院可以对其提起环境行政公益诉讼。

本案中，龙河镇政府符合环境行政公益诉讼被告的资格认定标准。首先，龙河镇政府作为地方人民政府，具有行政主体资格，且与村民王海签订土地征用协议书，是本案行政行为主体。其次，龙河镇政府未依法履行其辖区内的垃圾管理职责，造成环境污染，损害社会公共利益。《环境保护法》第6条第2款规定："地方各级人民政府应当对本行政区域的环境质量负责"；第37条规定："地方各级人民政府应当采取措施，组织对生活废弃物的分类处置、回收利用。"然而，龙河镇政府未经环境卫生行政主管部门指定设置垃圾堆放处理场，也没有采取防扬散、防流失、防渗漏或者其他防止污染环境的措施，造成了周边环境污染。在六枝特区检察院提出检察建议后，龙河镇仍未采取有效措施履行相应的管理职责，致使社会公共利益仍处于持续受损状态。因此，本案中龙河镇政府属于环境行政公益诉讼的适格被告。

（案例编辑人：田时雨、张舒）

第二节　环境保护主管部门

【案例文书】甘肃省庆城县人民检察院诉甘肃省庆城县环境保护局怠于履行法定职责环境行政公益诉讼案[①]

公益诉讼人：甘肃省庆城县人民检察院

被告：甘肃省庆城县环境保护局

审理法院：甘肃省庆阳林区人民法院

案件基本情况：庆阳欣达技术工程股份有限公司西峰油田第一轻烃回收厂系原长庆双昌建筑安装工程有限公司变更的企业，建厂于 2003 年 8 月 6 日，隶属于原长庆油田公司，2004 年 5 月投产，2005 年 6 月 10 日，庆阳市环保局以庆环发（2005）第 53 号文件批复投入生产使用。2016 年 4 月 27 日，公益诉讼人控申部门接群众举报称，第一轻烃回收厂建厂 12 年来未办理排污许可证违法排放尾气，致使周边群众生活生产困难，生态环境遭到破坏。2016 年 5 月 17 日公益诉讼人向被告庆城县环保局发出检察建议书，要求庆城县环保局及时督促第一轻烃回收厂完成项目竣工验收及申领排污许可证。2015 年 8 月 14 日，庆城县环保局对第一轻烃回收厂作出“责令改正违法行为决定书”，责令其立即停止排污，于 2015 年 8 月 30 日前办理排污许可证。8 月 26 日，庆城县环保局作出罚款 100 000 元的行政处罚决定。但直至诉讼时该厂仍在违法排污，公共利益仍处于受侵害状态。

法院判决：《环境保护法》第 10 条规定：“国务院环境保护主管部门，对全国环境保护工作实施统一监督管理；县级以上地方人民政府环境保护主管部门，对本行政区域环境保护工作实施统一监督管理。”故被告庆城县

① 甘肃省庆阳林区基层法院行政判决书（2016）甘 1091 行初 46 号.

环保局负有对辖区内环境保护的监督管理职责。我国实行严格的排污许可制度，凡在行政区域内直接或间接排放污染物的企业事业单位、个体工商户，应按照规定申领排污许可证，未取得排污许可证的排污者，不得排放污染物。本案案涉企业建厂12年来，未按环评要求竣工验收即投入生产，未取得排污许可证，违法排放污染物。被告庆城县环保局作为域内环境保护的监管部门，怠于履行监管职责，在公益诉讼人发出诉前检察建议后，仍然未督促案涉企业完成整改，公共利益仍处于受侵害状态。其行为违反了《环境保护法》等相关法律的规定，公益诉讼人要求确认被告庆城县环保局对于案涉企业未取得排污许可证违法排污怠于履行监管职责的行为违法应予支持，鉴于案涉企业仅是关闭了第一轻烃回收厂干气放空火炬，企业违法排污问题尚未完全消除，被告庆城县环保局仍应继续履行监管职责。

依据《行政诉讼法》第72条、第74条第2款第2项之规定，判决如下：

（1）确认被告庆城县环保局对于庆阳欣达技术工程股份有限公司未取得排污许可证违法排污怠于履行监管职责的行为违法；

（2）被告庆城县环保局在判决生效后继续履行监管职责。

如不服本判决，可在判决书送达之日起15日内，公益诉讼人可以提出抗诉，被告庆城县环保局可向法院递交上诉状及副本，上诉于甘肃省庆阳市中级人民法院。

【知识点关联及案例点评】

本案是环境保护主管部门作为环境行政公益诉讼被告的典型案例。

在我国环境行政管理体制中，环境保护行政主管部门是最主要的执法主体，负责对环境保护工作进行统一监督管理。2018年3月进行的国家机构改革中，生态环境部取代环境保护部成为国务院环境保护主管部门。

《环境保护法》第10条第1款规定："国务院环境保护主管部门，对全国环境保护工作实施统一监督管理；县级以上地方人民政府环境保护主管部门，对本行政区域环境保护工作实施统一监督管理。"同时，为解决以往环境执法难的问题，《环境保护法》还规定了现场检查（第24条）、查封扣押（第25条）、责令限产停产（第60条）等行政处罚方式，以增强环境保护主管部门的执法权威与力度。因此，环境保护主管部门违法行使职权或者不作为，致使国家利益或者社会公共利益受到侵害，收到人民检察院的检察建议仍不依法履行职责的，属于环境行政公益诉讼中的适格被告。

庆城县环保局怠于履行环境保护监管职责致使社会公共利益受损，是本案适格被告。首先，作为地方环境保护行政主管部门，庆城县环保局负有对辖区内环境保护的监督管理职责，依据是《环境保护法》第 10 条第 1 款中的规定："县级以上地方人民政府环境保护主管部门，对本行政区域环境保护工作实施统一监督管理。"其次，庆城县环保局的实质行政不作为在客观上纵容了案涉企业的违法排污行为，致使社会公共利益持续处于受侵害的状态。对于第一轻烃回收厂的违法排放行为，尽管庆城县环保局作出了责令改正违法行为以及罚款等处理决定，但并未采取查封扣押、限产停产等更有力的行政处罚措施，同时，对于最重要的排污许可证，也存在督促不力的情形。《环境保护法》第 45 条明文规定了排污许可管理制度，即企业事业单位和其他生产经营者应当按照排污许可证的要求排放污染物，未取得排污许可证则不得排放污染物。本案中第一轻烃回收厂建厂 12 年来，未按环评要求竣工验收即投入生产，未取得排污许可证而违法排放污染物。总之，庆城县环保局作为该区域环境保护的监管机关，怠于履行监管职责，在庆城县人民检察院发出检察建议后，仍然未督促案涉企业完全整改，导致社会公共利益仍处于受侵害状态，属于环境行政公益诉讼的适格被告

（案例编辑人：田时雨、张舒）

第三节　其他负有生态、环境、资源保护职责的政府部门

【案例文书 1】湖北省黄石市黄石港区人民检察院诉湖北省黄石市林业局不履行林业监管法定职责环境行政公益诉讼案①

公益诉讼人：湖北省黄石市黄石港区人民检察院

① 湖北省黄石市黄石港区人民法院（2017）鄂 0202 行初 3 号行政判决书.

被告：湖北省黄石市林业局

审理法院：湖北省黄石市黄石港区人民法院

案件基本情况：2013年7月31日，湖北省大冶市人民政府印发《大冶市狮子山公益性公墓建设实施方案》，决定以大冶市金湖街道办事处辖区内的狮子山为中心区域建设公益性公墓，并成立了大冶市狮子山公益性公墓建设协调领导小组，部分行政机关、金湖街道办事处、供水供电公司分别负责其职责范围内的协调管理工作。该项目由大冶市城投公司负责投资建设，大冶市民政局负责承建和管理，狮子山公墓项目建设工程指挥部负责组织实施。随后，该指挥部在未办理林地征占用手续的情况下，安排施工队对狮子山区域山体坡面进行挖掘和取土削平。2014年4月，湖北省林业厅根据群众举报，由湖北省森林公安局立案调查后，于同年5月将该案移交大冶市森林公安局侦查。2014年8月，被告黄石市林业局决定由黄石市森林公安局提办此案。同年9月，黄石市森林公安局侦查终结并移送大冶市人民检察院审查起诉。同年11月，大冶市人民检察院认定狮子山公墓项目建设工程指挥部日常工作具体负责人熊某俊犯罪情节轻微，案发后能如实供述犯罪事实，不需要判处刑罚，决定对熊某俊不起诉。2015年3月16日，被告黄石市林业局作出鄂黄林（黄森）林罚决字［2015］2号“林业行政处罚决定书”，认定大冶市狮子山公墓项目建设工程指挥部在未办理林地征占用手续的情况下，非法占用林地10.9亩，其中，灌木林地4.1亩，荒山3.4亩，有林地3.4亩，其行为已违反了《森林法》第18条第1款、《森林法实施条例》第16条第1款第1项的规定；根据《森林法实施条例》第43条第1款的规定，决定对大冶市狮子山公墓项目建设工程指挥部处以行政处罚：(1) 责令限期一年内恢复林地原状；(2) 处非法改变林地用途每平方米27.5元，计人民币20万元的罚款。次日，大冶市狮子山公墓项目建设工程指挥部主动向被告黄石市林业局缴纳了20万元罚款。

2016年，公益诉讼人黄石市黄石港区人民检察院经调查发现，大冶市狮子山公墓项目建设工程指挥部既未补办林地征占用手续，也未按照行政处罚决定的要求恢复林地原状。被告未依法履行法定监管职责，未监督大冶市狮子山公墓项目建设工程指挥部在规定时间内恢复林地。2016 年 10 月 13 日，公益诉讼人根据《公益诉讼试点工作决定》和《人民检察院公益诉讼试点工作办法》第 40 条的规定，作出了港检行公建［2016］1 号“检察建议书”，要求被告依法履行职责，立即采取有效措施，恢复狮子山地区受破坏林地原状；并要求被告于收到检察建议书后一个月内将办理情况书面回复公益诉讼人。公益诉讼人于 2016 年 10 月 17 日向被告送达了上述“检察建议书”。但被告对该检察建议书未予回复，亦未依法履行监管职责。2016 年 11 月，公益诉讼人委托湖北民丰林业工程勘察设计有限公司对案涉林地的破坏情况进行了勘验认定，并出具了认定结论：狮子山公益性公墓项目破坏林地 10.9 亩，其中 4.1 亩已植树，栽植密度达到国家造林技术规程标准，但该范围内地面所砌水泥石坎未拆除，与原有林地状态不符；有林地 3.4 亩已平整为道路，未植树；宜林荒山荒地 3.4 亩未植树，未作其他用途，与占用前林地原状不相符。2016 年 11 月、2017 年 2 月，公益诉讼人两次到案涉现场调查，发现所砌水泥石坎仍未拆除，亦未发现有补种的树木，且有部分山体出现水土流失的迹象。

湖北民丰林业工程勘察设计有限公司 2016 年 11 月出具的认定结论中，4.1 亩已植树的林地，系公墓建设时为美化墓地而种植的法国冬青树，并非被告在作出行政处罚决定后种植的树木。

法院判决：根据《森林法》及《森林法实施条例》的规定，被告系林业主管部门，对其辖区内的森林资源及生态建设具有监督管理的法定职责。大冶市狮子山公墓项目建设工程指挥部在被告依法下达鄂黄林（黄森）林罚决字［2015］2 号“林业行政处罚决定书”后，只缴纳了 20 万元的罚款，未按要求在一年内恢复林地原状。虽然林木的生长需要一定的时间，但该指挥部既未铲除水泥石坎，更未重新在已被破坏的林地范围内补种树木。被告在对大冶市狮子山公墓项目建设工程指挥部下达行政处罚决定后，既未督促该指挥部补种树木，也未在行政处罚决定书到期后采取催告、加处罚款等方式督促其履行，更未在催告无效后采取代履行措施，致使已经发生法律效力的行政处罚决定中有关对被破坏林地在指定期限内恢复原状的处罚内容未能得到执行，已经构成怠于履行行政职责的不作为。并且，被告在收到公益诉讼人依法向其发出的检察建议后，仍未纠正其不作为，仍然不履行法定的监管职责，使案涉林地至今仍处于被破坏的状态，故法院对公益诉讼人要求确认被告怠于履行法定职责的不作为违法，并判令被告继续履行监管职责，督促被处罚人恢复林地原状的诉讼请求予以支持。被告应当继续履行法定职责，通过持续有效的监管，促使被破坏的林地早日得到修复。

综上，依照《行政诉讼法》第 72 条之规定，判决如下：

(1) 确认被告黄石市林业局在作出鄂黄林（黄森）林罚决字［2015］2 号“林业行政处罚决定书”后，未依法履行后续监管职责的行为违法。

(2) 责令被告黄石市林业局继续履行监管职责，督促大冶市狮子山公墓项目建设工程指挥部恢复被破坏的林地原状。

如不服本判决，可在判决书送达之日起 15 日内向法院递交上诉状，并按对方当事人的人数提交副本，上诉于湖北省黄石市中级人民法院。

【案例文书 2】内蒙古自治区鄂托克前旗人民检察院诉鄂托克前旗草原监督管理执法局未完全履行草原监管职责环境行政公益诉讼案[①]

公益诉讼人：内蒙古自治区鄂托克前旗人民检察院

被告：内蒙古自治区鄂托克前旗草原监督管理执法局

审理法院：内蒙古自治区鄂托克前旗人民法院

案件基本情况：鄂托克前旗是一个畜牧业大旗，曾以畜牧业为支柱产业，对土地、草原的管理利用相对宽松。随着社会经济的不断发展，农村土地承包经营制的落实，以及国家对草原生态环境保护力度的加大和绿色环保发展理念的提出，当地人民政府对土地、草原的管理也逐渐规范化、法律化。2011 年将原来的草原工作站、草原监理所、禁牧办三机构合并，成立了鄂托克前旗草原监督管理执法局（以下简称草监局），其主要职责就

① 内蒙古自治区鄂托克前旗人民法院（2016）内 0623 行初 10 号行政判决书.

是：编制全旗草原的保护、建设规划，依法对草原面积、等级、产草量、载畜量及草原建设进行调查，建立健全草原资源档案和数据库。组织引导全民所有制单位、集体经济组织和草原经营承包者对草原基础设施的建设和治理，全面贯彻实施禁牧等政策，依法查处非法使用草原、非法开垦草原、非法采挖破坏草原植被等案件，责令其恢复草原植被，并依照相关法律法规进行行政处罚。近年来由于受农副产品市场价格上涨和国家、地方政府对粮食直补政策的影响，当地农牧户开始大面积非法开垦草原发展水浇地，仅2013年至2015年期间，就发生非法开垦草原案件432起，非法开垦草原面积达42 619.966亩。虽然鄂托克前旗草监局加大了查处力度，但由于主、客观等因素的影响，非法开垦草原的案件还是屡禁不止。针对此种情况，鄂托克前旗草监局将一批构成刑事立案标准的案件，移送公安机关侦查，依法追究了刑事责任后，才有效遏制了这一现象的蔓延。

期间，公益诉讼人鄂托克前旗人民检察院在履行职责中发现，鄂托克前旗境内非法开垦草原、未恢复植被现象严重，而有监督管理职责的鄂托克前旗草监局又履行职责不到位，便于2016年3月22日向鄂托克前旗草监局发出检察建议，督促其履行草原监管法定职责，限期恢复植被。鄂托克前旗草监局于2016年4月18日以鄂前草执字（2016）5号文件回复称："将继续加大力度查处破坏草原的行为，严禁未经审批非法开发水浇地，对已查处的破坏草原生态环境案件及时跟踪验收植被恢复情况。"2016年7月5日鄂托克前旗草监局再次用（2016）10号文件回复公益诉讼人，其内容是：对鄂托克前旗近年来开垦草原及植被恢复情况进行了详细说明。对存在的问题制定的工作措施是：加强对《草原法》《内蒙古自治区草原管理条例》《内蒙古自治区基本草原保护条例》《最高人民法院关于审理破坏草原资源刑事案件应用法律若干问题的解释》（法释〔2012〕15号）等法律法规的宣传，继续加大对非法开垦草原行为的查处力度，对于未完全恢复植被的再次责令违法行为人限期恢复等。后公益诉讼人就鄂托克前旗草监局的履职情况继续跟进监督，并委托鄂托克前旗经纬勘测设计技术有限公司，对姚某某等8人非法开垦草原的恢复植被情况进行实地测绘，并经内蒙古自治区草原勘察规划院现场勘测评估，结论为：截至 2016 年 12 月还有 3 218.20 亩草原仍然未恢复植被建设，草原生态环境受侵害的事实继续存在。公益诉讼人根据《公益诉讼试点工作决定》和《人民检察院公益诉讼试点工作办法》第 41 条的规定，向鄂托克前旗人民法院提起行政公益诉讼。

本案在庭审即将结束、法庭最后陈述阶段，鄂托克前旗草监局的法定代表人起立发言：第一，针对当前草原执法中存在的问题予以认可；第二，对公益诉讼人提起公益诉讼予以理解及肯定，并表示感谢；第三，庭审使自己触动很大，接受教育非常深刻，也认识到工作中存在的问题和不足；第四，对过去工作中存在执法不严所造成的后果向全旗人民表示深深的歉意；第五，此次行政公益诉讼给自己一个警示，明白了今后要更进一步努力学习业务，提高业务素质，加强草原执法队伍建设，增强责任意识、担当意识，积极主动严格依法履行职责，为促进辖区内草原保护建设及生态环境持续改善，作出积极贡献。

法院判决：《草原法》第 56 条第 1 款规定，“国务院草原行政主管部门和草原面积较大的省、自治区的县级以上地方人民政府草原行政主管部门设立草原监督管理机构，负责草原法律、法规执行情况的监督检查，对违反草原法律、法规的行为进行查处”。《内蒙古自治区基本草原保护条例》第 6 条第 1 款规定，“旗县级以上人民政府草原行政主管部门主管本行政区域内基本草原保护监督管理工作”；第 15 条第 1 款第 1 项规定：“禁止在基本草原上实施下列行为：（一）开垦基本草原……”被告鄂托克前旗草监局是合法成立的法定草原监督管理单位，作为草原保护监督管理的主管机关，针对辖区内违反草原法律法规、破坏草原生态的行为，有及时履行监督管理的行政职责，在制止草原违法行为的同时，也有负责监督草原违法行为人恢复草原生态的义务。本案中，根据法庭查明的事实，可以证实被告所监管的辖区内存在大量未经审核批准、非法开垦草原且数目巨大的事实。被告虽然在一定程度上履行了对草原监督管理的法定职责，但由于履行职责不到位，仅姚某某等 8 人至今仍有 3 218.20 亩草原未恢复植被建设，草原生态环境仍处于受侵害状态。这是客观存在的事实。且根据内蒙古自治区草原勘察规划院现场勘测评估结论，非法开垦草原所造成的后果十分严重，若恢复到原有状态比较困难，且周期长，需投入的代价大。此与被告不能完全履行监督管理职责有因果关系。虽然被告在履职时存在诸多主、客观原因，但这不能成为不严格依法行政的理由。故其辩称意见法院不予采纳。对于被告提出的在执法中存在无法可依等事宜，建议按照《立法法》的相关规定办理。在当前国家依法治国的大环境下，严肃执法、依法行政是根本。作为政府的一个行政执法部门，被告理应率先垂范，模范地依法行政，带动人民群众守法、敬法、畏法，以推动法治进步，实现依法治国的目的。值得赞许的是，通过此次行政公益诉讼，被告从内心深处已认识到问题的严重性，并当庭表示在以后的工作中确实加以纠正。对此法院予以肯定。现公益诉讼人请求确认被告未完全履行草原监督管理职责的行为违法，并继续履职的诉讼请求符合法律规定和本案的客观事实，法院予以支持。依照《行政诉讼法》第 72 条、第 74 条第 2 款第 1 项、第 102 条及《最高院执行行政诉讼法司法解释》(法释〔2000〕8 号) 第 60 第 2 款之规定，判决如下：

(1) 被告鄂托克前旗草监局对非法开垦草原的行为，未依法完全履行法定监督管理职责的行为违法；

(2) 被告鄂托克前旗草监局依法继续履行对草原的法定监督管理职责。

案件受理费 50 元，由被告鄂托克前旗草监局承担，于本判决生效后 3 日内向法院缴纳。

如不服本判决，公益诉讼人可以在判决书送达之日起 15 日内向鄂尔多斯市中级人民法院提出抗诉，被告鄂托克前旗草监局可以在判决书送达之日起 15 日内向法院递交上诉状，上诉于鄂尔多斯市中级人民法院。

【案例文书 3】甘肃省靖远县人民检察院诉靖远县水务局不履行法定职责行政公益诉讼案[①]

公益诉讼人：甘肃省靖远县人民检察院

被告：甘肃省靖远县水务局

① 兰州铁路运输法院 (2017) 甘 7101 行初 94 号行政判决书.

审理法院：兰州铁路运输法院

案件基本情况：2016年，被告许可金洋石料厂在黄河河道进行采砂，期限为2016年12月25日至2017年12月31日。2015年10月22日，因金洋石料厂以东100米处新建了黄河大桥，原来的可采区变成了禁采区，被告向金洋石料厂下发了“清障决定书”，但金洋石料厂厂长王某某并未按期履行。2016年7月，公益诉讼人发现金洋石料厂的违法行为后，于2016年8月30日向被告发出检察建议书。被告收到检察建议书后，于2016年9月11日对金洋石料厂占用河道滩涂堆放砂料一案立案查处，于2016年9月20日向金洋石料厂下发了“清障决定书”、“行政处罚告知书”和“听证告知书”，于2016年9月27日向其作出了“行政处罚决定书”，决定对其罚款1万元。2016年9月22日，王某某向被告作出了限期清障书面承诺。2016年11月至12月王某某将其采砂船和筛砂设备进行了拆除处理，对部分存量毛砂和石料进行了清理和回填。* 至公益诉讼人提起诉讼时，金洋石料厂采砂船还存在，河道旁还堆放着大量的砂石料，河道没有得到治理和恢复，生态环境和水资源依然受到破坏，国家和社会公共利益仍处于被侵害状态。

法院判决：根据相关法律规定，被告对黄河靖远段河道负有保护职责。金洋石料厂自2008年以来无证非法在黄河河道开采砂石，在河堤洗砂、大量堆放弃料，对河势稳定、行洪畅通、桥基稳定构成威胁，破坏了河道生态环境，造成水土流失。被告对金洋石料厂的上述违法行为应予及时制止，并给予行政处罚，责令其恢复河道原状，但2015年金洋石料厂未按期履行被告向其下发的“清障决定书”后，被告未采取有效措施制止其违法行为。被告收到公益诉讼人的检察建议书后，虽然对金洋石料厂发出了“清障决定书”，进行了行政处罚，督促其拆解了部分采砂设备，对部分存量毛砂和石料进行了清理，履行了部分职责，但对金洋石料厂不履行清障决定书内容的行为持容忍态度，既不及时向人民法院申请强制执行，也不及时向上级政府汇报反映，致使河道旁还堆放着大量的砂石料，河道没有得到治理

* 前述时间均来自判决书。

和恢复，生态环境和水资源依然受到破坏，国家和社会公共利益仍处于被侵害状态，应当认定为不履行法定职责。

综上，根据《行政诉讼法》第72条、74条第2款第1项之规定，判决如下：

（1）确认被告靖远县水务局不履行法定职责的行为违法。

（2）责令被告靖远县水务局自本判决书生效之日起60日内履行监督管理职责，恢复金洋石料厂所占河道原状。

责令被告靖远县水务局自本判决书生效之日起60日内履行监督管理职责，恢复金洋石料厂所占河道原状。

如不服本判决可在判决书送达之日起15日内向法院递交上诉状，并按对方当事人的人数提出副本，上诉于兰州铁路运输中级人民法院。

【案例文书4】贵州省安龙县人民检察院诉安龙县国土资源局行政不作为环境行政公益诉讼案[①]

公益诉讼人：贵州省安龙县人民检察院

被告：贵州省安龙县国土资源局

审理法院：贵州省普安县人民法院

案件基本情况：2006年3月，郑某等人在安龙县工商局注册设立合伙企业安龙县龙山闽乐联营页岩矿山；同月经安龙县国土资源局获准在安龙县龙山镇竹林村坡森下寨从事页岩开采活动。2011年12月，安龙县龙山闽乐联营页岩矿山在办理采矿许可证延期手续时，按照《土地复垦条例》的规定向安龙县国土资源局呈报了“安龙县龙山闽乐联营页岩矿山土地复垦方案报告书”。根据该方案，安龙县闽乐联营页岩矿山在采矿结束后，需投资29.75万元对所破坏的矿区农用地进行复垦。2014年3月2日，安龙县龙山闽乐联营页岩矿山采矿许可证到期，该矿山遂停止开采活动，并于2014年8月1日到安龙县工商行政管理局办理了注销手续。但安龙县龙山闽乐联营页岩矿山未按照“安龙县龙山闽乐联营页岩矿山土地复垦方案报

① 贵州省普安县人民法院（2016）黔2323行初2号行政判决书.

告书”的内容对所破坏的竹林村集体农用地进行复垦，也未对矿区地质环境进行治理恢复。

安龙县人民检察院在履行职责中发现，2006年6月至2014年3月，安龙县龙山闽乐联营页岩矿山在安龙县龙山镇竹林村坡森组露天开采页岩，破坏了该村2.199 8公顷集体土地，但在2014年3月开采结束后，该矿山未依法履行矿山地质环境恢复治理义务，损害了社会环境公益，遂于2016年9月20日向安龙县国土资源局送达安检民（行）行政违监（2016）52232800018号检察建议书，建议安龙县国土资源局依法履行职责，监督安龙县龙山闽乐联营页岩矿山履行矿山地质环境恢复治理义务，对所破坏的2.199 8公顷土地进行复垦，并将办理情况一个月内书面回复检察院。安龙县国土资源局于2016年9月27日向安龙县龙山闽乐联营页岩矿山郑某下达责令履行法定义务通知书：责令该矿山立即按备案的“矿山地质环境保护与恢复治理方案”和“矿山土地复垦方案”开展生态环境治理恢复。治理恢复工程须于2016年12月31日前结束，并报请安龙县国土资源局组织验收。逾期未完成或未通过验收的，使用保证金委托第三方进行治理，保证金不足的，按规定进行追缴；拒不治理的，移送相关部门依法处理。同时，安龙县国土资源局于2016年10月20日对安龙县人民检察院的检察建议书作出书面回复，称将加强制度建设、强化监督管理、足额征收保证金，推进实施矿山环境恢复治理和补植复绿工作。

2016年11月22日，安龙县检察院工作人员在走访中发现，该矿山矿区仍未采取任何治理恢复措施，遂诉讼来院，请求判令：（1）确认安龙县国土资源局怠于履行职责的行为违法；（2）判决安龙县国土资源局依法对安龙县龙山闽乐联营页岩矿山地质环境治理恢复和土地复垦履行工作职责。

2016年12月22日，法院组织安龙县人民检察院、安龙县国土资源局到现场查看，该矿区现已补种杉树幼苗7 000余株，约20亩，但未完全实现矿山矿区生态修复。

法院判决：《土地复垦条例》第5条第1款规定，“国务院国土资源主管部门负责全国土地复垦的监督管理工作。县级以上地方人民政府国土资源主管部门负责本行政区域土地复垦的监督管理工作”；第 17 条第 2 款规定，“县级以上地方人民政府国土资源主管部门应当加强对土地复垦义务人使用土地复垦费用和实施土地复垦工程的监督”。《矿山地质环境保护规定》第 4 条第 2 款规定，“县级以上地方国土资源行政主管部门负责本行政区的矿山地质环境保护工作”；第 18 条第 2 款规定，“采矿权人未履行矿山地质环境治理恢复义务，或者未达到矿山地质环境保护与治理恢复方案要求，经验收不合格的，有关国土资源行政主管部门应当责令采矿权人限期履行矿山地质环境治理恢复义务”。据此被告应当依照职权，积极履行对安龙县矿山地质环境土地复垦工程的监管职责。安龙县龙山闽乐联营页岩矿山采矿权于 2014 年 3 月 2 日到期，并且该合伙企业于 2014 年 8 月 1 日就已注销，被告作为土地复垦的监管单位，应对企业的土地复垦进行管理和监督。公益诉讼人发现上述土地未被采取任何治理恢复措施后，于 2016 年 9 月 20 日向被告发出检察建议，要求被告履行行政职责。被告于 2016 年 9 月 27 日向安龙县龙山闽乐联营页岩矿山下达责令履行法定义务通知书，责令该矿立即开展生态环境治理恢复，但至 2016 年 11 月 22 日，该矿山仍处于未恢复治理状态。被告未履行监管职责，致使安龙县龙山闽乐联营页岩矿山原矿区未得到复垦，因此，公益诉讼人诉请确认被告怠于履行职责的行为违法的理由成立，法院予以支持。公益诉讼人提起诉讼后，该矿区上种植了杉树约 7 000 株（成活情况未知），土地复垦面积 20 亩。虽然被告于 2016 年 12 月对环境恢复治理工程进行了验收，但其对安龙县龙山闽乐联营页岩矿山所造成的破坏未全部复垦，故对公益诉讼人诉请被告履行工作职责，依法对安龙县龙山闽乐联营页岩矿山进行地质环境治理恢复和土地复垦的诉讼请求成立，法院予以支持。据此，依照《行政诉讼法》第 74 条第 2 款第（1）项、第 78 条，《最高院执行行政诉讼法司法解释》第 60 条第 2 款之规定，判决如下：

（1）确认被告安龙县国土资源局对安龙县龙山闽乐联营页岩矿山进行地质环境治理恢复和土地复垦的监管怠于履行职责的行为违法；

（2）责令被告安龙县国土资源局依法履行对安龙县龙山闽乐联营页岩矿

山地质环境治理恢复和土地复垦的工作职责。

本案案件受理费50元免缴。

如不服本判决，公益诉讼人安龙县人民检察院可以在判决书送达之日起15日内向贵州省黔西南布依族苗族自治州中级人民法院提出抗诉，被告安龙县国土资源局可以在判决书送达之日起15日内向法院递交上诉状，上诉于贵州省黔西南布依族苗族自治州中级人民法院。

【案例文书5】云南省昆明市西山区人民检察院诉西山区城市管理综合行政执法局未依法正确履行建筑垃圾监管职责环境行政公益诉讼案[①]

公益诉讼人：云南省昆明市西山区人民检察院

被告：云南省昆明市西山区城市管理综合行政执法局

审理法院：云南省昆明市西山区人民法院

案件基本情况：《昆明市工程弃土消纳场及弃土调拨项目管理规定》于2013年1月1日开始实施，该规定对弃土消纳场的审批机关、审批程序等作出了规定。国土资源局、林业局、综合执法局等部门对工程弃土消纳场联合审批。2015年7月3日，经城投公司申请，昆明市国土资源局西山区分局（以下简称“国土资源局”）出具“工程弃土消纳场审验意见表（辖区国土部门意见）”，对古莲弃土消纳场项目用地进行标识，确定西山区碧鸡街道办事处西华社区古莲小组老青山脚为工程弃土消纳场（以下简称“消纳场”），用地面积37.53亩。2015年9月15日，被告结合其他部门出具的审查意见，出具《昆明市西山区城市管理综合行政执法局关于核准碧鸡街道办事处西华古莲小组老青山脚建筑垃圾弃土消纳场的批复》，同意城投公司在西山区碧鸡街道办事处西华古莲小组开设消纳场，主要用于消纳、处置西山区建设项目产生的工程弃土，核准期限为1年，从2015年9月14日至2016年9月13日止。城投公司于2015年9月21日出具授权书，授权同鹏公司负责经营、管理消纳场。对于辖区内建筑垃圾运输处置违规违法

① 云南省昆明市西山区人民法院（2017）云0112行初24号行政判决书.

行为的日常巡查及执法查处工作、消纳场的日常监管、辖区内渣土资质运输公司的日常监管等监管责任，被告确定由该局下属执法大队环卫绿化中队行使。2015 年 11 月 18 日，被告向同鹏公司出具“责令限期整改通知书”，要求该公司即日起在消纳场设置文明施工、安全警示标牌，保持路面清洁。2015 年 11 月 26 日，被告要求消纳场于 2015 年 11 月 30 日前就安装文明施工安全标牌事项整改。消纳场出具“古莲村弃土场渣土车运输记录”，记载了 2015 年 11 月 25 日至 2015 年 12 月 28 日期间运输渣土车车辆情况。被告对消纳场的监管以“西山区建筑垃圾消纳场文明施工现场勘查登记表”的方式对工作进行记录。庭审中被告共向法院提交了从 2015 年 11 月 26 日至 2017 年 2 月 15 日期间 7 份勘查登记表，该勘查记录表中记载了被告下属的绿化中队对于是否存在超审批范围填土事项进行现场勘查，并在检查记录中就该项内容进行了填写，2016 年 1 月 8 日、2016 年 4 月 14 日、2016 年 5 月 30 日三份登记表填写内容均为“否”，对于整改要求亦未提及超越审批范围整改问题。2016 年 2 月 16 日，被告对城投公司出具“接受询问（调查）通知书”“责令限期整改通知书”“责令停止违法行为通知书”，明确要求该公司于 2016 年 3 月 16 日前清除环向道路入口、道路上违法倾倒的所有建筑垃圾，立即停止在消纳场入口道路环向道路倾倒建筑垃圾约 150 立方米。2016 年 3 月 7 日，国土资源局向被告发出《关于加强碧鸡古莲渣土场监管工作的函》，内容为：经国土资源局工作人员实地勘查比对古莲渣土消纳场项目设计方案和排土场用地范围图并经昆明市西山区地政综合服务中心技术人员对排土场排土量现场实施测量，发现该排土场并未按照报批范围及排土场设计方案进行堆放，存在“批甲地堆乙地”的乱排放渣土的行为，另，项目现场未安排土场施工设计方案和地址灾害危险性评估报告中提出的防止措施落实相关安全措施，存在安全隐患；并建议被告停止该排土场的排土许可，责令该排土场项目方停工开展相关整改工作；并附“古莲渣土场排土现状测绘图”，在该测绘图上明确表示渣土消纳场的审批地块、项目方实际排放渣土地块及超范围地块的面积。2016 年 3 月 21 日及 2017 年 4 月 1 日，被告向城投公司两次发文要求城投公司对消纳场进行整改，内容为：因国土资源局检查消纳场发现消纳场存在弃土未按照报批范围及设计方案进行堆填，造成乱堆乱填弃土，存在安全隐患，要求城投公司对被破坏的滇池面山开展植被恢复综合治理、立即停止弃土接纳，按照国土部门要求整改，停止办理弃土场处置排放证，立即聘请第三方资质认证单位对古莲消纳场弃土填埋状况进行安全评估。2016 年 11 月 9 日，公益诉讼人向被告发出检察建议书，督促被告履行法定职责，加强对古莲弃土消纳场的监管，督促停止侵害、恢复原状、赔偿损失。2016 年 11 月 28 日，被告向城投公司发函要求对消纳场进行整改，整改内容为对古莲弃土消纳场核准范围内被破坏的地表进行恢复等。2016 年 12 月 5 日，公益诉讼人委托昆明市西山区地政综合服务中心就古莲消纳场整体现状进行测绘，并将测绘结果与原审批面积进行比对；对古莲消纳场在施工过程中剥取山表土面积进行测绘，对剥取山表土体积进行测绘计算。昆明市西山区地政综合服务中心于 2016 年 12 月 20 日出具"古莲弃土消纳场测绘报告"，并附"测绘结果对比图""坝区填土方量""2015 年影像图"。该报告结论为消纳场超审批范围堆放、填埋弃土。2016 年 12 月 6 日，被告针对检察建议函回复公益诉讼人，简述其已向城投公司发函，要求该公司对已破坏的地表环境、植被进行恢复，消除安全隐患，并配合国土等部门对倾倒在核准用地范围之外的行为进行处理等办理情况及进一步工作；陈述依靠现有资源无法判定弃土场是否严格按照填埋设计方案进行填埋。2017 年 2 月 9 日，被告对城投公司人员进行询问，对现场进行了勘验；同天对该公司在核准范围外倾倒建筑垃圾等行为下发了"责令限期整改通知书"，责令城投公司于 2017 年起自行清除审批核准范围外的建筑渣土，并恢复植被原样、消除安全隐患。至今，消纳场超范围堆放的建筑垃圾未被清除。

法院判决：本案系公益诉讼人要求确认被告未正确履行法定职责违法一案，依法属于人民法院行政诉讼的受案范围，亦属法院管辖范围。公益诉讼人根据《公益诉讼试点工作决定》的规定就环境资源保护提起公益诉讼，具有合法的主体资格。被告依据法律法规的授权负责辖区内的城市管理工作，包括对城市建筑垃圾消纳的监管工作，具备城市管理的主体资格和职责，是本案适格的被告。在本案中，被告依法、正确、及时履行自己的行政职责是评价被告实施具体行政行为合法性的标准。根据 2013 年 1 月 1 日昆明市政府针对建筑工程弃土消纳场审批及管理等监管事项颁布的《昆明市工程弃土消纳场及弃土调拨项目管理规定》，被告系建筑垃圾场审批及管理部门之一。在作出消纳场经营许可之前，被告应按照昆明市政府颁布、实施的该管理规定，在申报资料备齐后，与市级主管部门一同前往现场进行查勘，即查勘是被告审批项目前的义务。在作出行政许可后，被告亦应继续履行对现场的查勘义务。本案中，被告无证据证实其在作出行政许可前经过现场查勘，而被告所提交的现场查勘登记表证实被告下属的环卫绿化中队于 2016 年 4 月 14 日作出的现场查勘记录表中仍然记录未检查出消纳场超范围倾倒建筑垃圾的违法事实，而该时间段已是在国土资源局正式发函给被告之后，说明被告于 2016 年 2 月 16 日责令消纳场整改及 4 月 1 日要求消纳场整改、停止接纳弃土的监管措施并未对违法行为人产生约束，并且在违法状态持续的前提下被告下属的环卫绿化中队作出的现场查勘结论与现状相悖。由此，法院可以确定被告作出的要求消纳场停业整改的决定并未得到落实，被告并未正确尽到依法履行监管职责的事实。此外，被告在消纳场从 2015 年 9 月 13 日开始经营到国土资源局函告后才知道消纳场超范围倾倒建筑垃圾的行为，显然未履行好其应尽的监管职责。对于被告主张其于 2015 年 11 月 18 日开始即对消纳场超范围倾倒建筑垃圾的违法行为进行监管的事实，因当时被告发出的“责令限期整改通知书”及 2016 年 2 月 16 日再次向城投公司发出的“责令限期整改通知书”的内容中并未涉及超范围倾倒建筑垃圾的事项，故上述证据不能证实被告的主张。被告提交的 2016 年 4 月 1 日向城投公司发出的“关于要求辖区古莲弃土消纳场停业整改的通知”及 2017 年 2 月 9 日对城投公司作出的“责令整改通知书”，可以证实被告在发现消纳场超审批范围堆放建筑垃圾的违法事实后确实履行了一定的监管职责。但从公益诉讼人向被告发出检察建议函至今，消纳场超范围堆放的建筑垃圾仍未清理，违法状态一直持续，造成了水土、植被不能及时恢复的客观事实。综上所述，法院对公益诉讼人提出的要求确认被告未正确履行监管职责行为违法的诉讼请求予以支持。对于公益诉讼人提出的要求被告继续履行职责的诉讼请求，庭审中被告无异议。根据建设部《城市建筑垃圾管理规定》《昆明市工程弃土消纳场及弃土调拨项目管理规定》等规范性文件的规定，被告到目前为止，确实尚未尽到其应尽的法定职责，故法院对公益诉讼人的该项诉讼请求予以支持。对于公益诉讼人提出的被告应按照昆明市政府2016年3月25日针对建筑工程弃土消纳场审批及管理等监管事项颁发的《昆明市工程弃土消纳场及弃土调拨项目管理规定》履行职责的主张，因法院判令被告继续履行监管职责，被告应根据该规范性文件实施的时间，按照该规范性文件中所确定的职责履行其对消纳场的监管职责。据此，法院依据《行政诉讼法》第72条、第74条第2款第1项，《人民法院审理人民检察院提起公益诉讼案件试点办法》第11条、第16条、第22条、第23条，《诉讼费用交纳办法》第6条、第13条第1款第5项第2目、第29条第1款之规定，判决如下：

（1）确认被告昆明市西山区城市管理综合行政执法局对古莲弃土消纳场在审批范围外倾倒建筑垃圾未正确履行监管职责的行为违法。

（2）被告昆明市西山区城市管理综合行政执法局依法继续履行法定职责。

案件受理费人民币50元，由被告昆明市西山区城市管理综合行政执法局承担，于本判决生效后3日内向法院缴纳。

如不服本判决，可在收到本判决书之日起15日向法院递交上诉状，并按对方当事人的人数提出副本，上诉于云南省昆明市中级人民法院。

【知识点关联及案例点评】

上述案例为地方林业主管部门、草原主管部门、水主管部门、国土资源主管部门以及城市综合管理执法部门不依法履行职责，致使国家利益和社会公共利益受损而成为环境行政公益诉讼被告的典型案例。

生态、环境和资源保护并非环境保护主管部门的“一家之责”，需要各部门予以积极配合与协作。2014年《环境保护法》第10条第2款规定：“县级以上人民政府有关部门和军队环境保护部门，依照有关法律的规定对资源保护和污染防治等环境保护工作实施监督管理。”此规定是当前环境保护主管部门之外的其他有关部门承担生态、环境和资源保护职责的主要法律依据。

在生态、环境和资源保护的实践中，各有关部门基于自身职权承担对特定自然资源或者环境要素的保护管理职责。因此，各有关部门违法行使职权或者不作为，致使国家利益或者社会公共利益受到侵害，收到人民检察院的检察建议仍不依法履行职责的，人民检察院可以对其提起行政公益诉讼。具体而言，林业、草原、水、土地资源以及城市综合管理执法部门都可以成为环境行政公益诉讼的适格被告。

首先，根据相关法律法规，上述行政机关均在各自职权范围内负有生态、环境与资源保护的法定职责。其次，本案的被告虽然对案涉第三人采取了行政处罚等措施，但未能制止其违法行为，督促其恢复生态，甚至在收到检察建议书后，仍存在履职不力的情况，致使国家利益和社会公共利益处于受到侵害的状态。

因此，除环境保护主管部门外，其他负有生态、环境和资源保护职责的政府部门违法行使职权或不作为而致使国家利益或社会公共利益受损，在收到检察建议后仍不依法履行职责的，公益诉讼起诉人可依法对其提起环境行政公益诉讼。实践中，法院判决结果也表明，诸如林业主管部门、草原主管部门、水主管部门、国土资源主管部门以及城市综合管理执法部门等其他负有生态、环境和资源保护职责的政府部门，可以成为环境行政公益诉讼的适格被告。

（案例编辑人：田时雨、杨雪峥、张舒）

第四节　环境行政公益诉讼的共同被告

【案例文书1】内蒙古自治区包头市九原区人民检察院诉包头市国土资源局九原分局、包头市环境保护局九原分局、包头市九原区林业局怠于履行监管职责环境行政公益诉讼案①

公益诉讼人：内蒙古自治区包头市九原区人民检察院

① 内蒙古自治区包头市九原区人民法院（2016）内0207行初76号行政判决书.

被告：内蒙古自治区包头市国土资源局九原分局、包头市环境保护局九原分局、包头市九原区林业局

审理法院：内蒙古自治区包头市九原区人民法院

案件基本情况：法院查明，内蒙古呼铁采石有限责任公司于2010年4月28日成立，经营范围为石料加工、销售（仅限分支机构）。该公司在梅力更自然保护区设立的矿山名称为呼和浩特铁路局哈业胡同采石厂。1964年，内蒙古自治区人民委员会同意包头市人民委员会对呼和浩特铁路局新建采石厂用地的申请。后包头市城市建设局为内蒙古呼铁采石有限责任公司哈业胡同采石厂（以下简称“哈业胡同采石厂”）划拨用地405亩。2001年11月16日，内蒙古自治区人民政府作出内政字〔2001〕322号批复，同意内蒙古自治区林业厅请示将包头市某某区。* 随着经济社会的快速发展，市场对矿产资源的需求增大，在梅力更自然保护区内出现了开采矿产资源的现象，且有扩大趋势。自然保护区内环境保护与矿产资源开发利用之间的矛盾日益突出，严重制约着保护区保护的管理工作和保护区的建设。2011年12月14日包头市人民政府向内蒙古自治区人民政府作出包府字〔2011〕255号《关于内蒙古梅力更自治区级自然保护区调整保护范围的请示》，请示将自然保护区内的包钢综企集团、昆仑矿业等7家既有采矿企业调出保护区范围，调整出的区域土地权属归梅力更林场所有，梅力更林场可按照国家相关法律法规对区域内矿产资源开发进行监督和管理。哈业胡同采石厂未在此列。2012年9月3日，内蒙古自治区人民政府作出内政字〔2012〕263号《关于内蒙古梅力更自治区级自然保护区调整保护范围的批复》，原则同意对内蒙古梅力更自治区级自然保护区的范围和功能进行调整。2015年11月18日，包头市林业局针对包头市九原区林业局《包头市九原区林业局关于确定内蒙古呼铁采石有限责任公司哈业胡同采石场是否在梅力更自然保护区的勘验申请》作出复函，其勘验结果为哈业胡同采石厂，位于九原区哈业胡同镇西、与巴彦淖尔市交汇处，地块占地总面积为41.656 4公

* 本句为判决书原文。

顷，涉及梅力更自治区级自然保护区的林业用地面积为 35.676 5 公顷。根据《自然保护区条例》的相关规定，禁止一切在梅力更自然保护区范围内的采石活动。2016 年 12 月 20 日，包头市生态湿地保护管理中心作出的《关于呼和浩特铁路局哈业胡同采石场勘验情况的说明》中指出，根据哈业胡同采石厂技术人员指认的现地 GPS 标记与该部门 GPS 现场复核得出，该采石厂位于该部门管理的梅力更自然保护区试验区内。2016 年，包头市九原区人民政府向包头市人民政府、包头市林业局分别作出《关于将内蒙古呼铁采石有限责任公司哈业胡同采石场调整出梅力更自然保护区的请示》《关于将内蒙古呼铁采石有限责任公司哈业胡同采石场调整出梅力更自然保护区的函》，指出哈业胡同采石厂涉及梅力更自然保护区实验区边缘林业用地 35.676 5 公顷，鉴于保护区确定时间晚于哈业胡同采石厂开采时间，本着尊重历史、地企共赢的原则，请示将哈业胡同采石厂调整出梅力更自然保护区的范围。2016 年 4 月 21 日，包头市林业局向包头市九原区人民政府作出《关于将内蒙古呼铁局采石有限责任公司哈业胡同采石场调整出梅力更自然保护区的复函》，建议暂不调整梅力更自然保护区的范围。

另查明，2010 年，包头市国土资源局为哈业胡同采石厂办理了“采矿许可证”，生产规模为每年 2 万立方米，有效期为两年零四个月，从 2010 年 12 月 11 日至 2013 年 4 月 24 日。2013 年至 2015 年包头市国土资源局九原分局每年对哈业胡同采石厂签署年检合格的意见。2015 年 6 月，包头市国土资源局为内蒙古呼铁采石有限责任公司延续办理了“采矿许可证”，矿山名称为哈业胡同采石厂，有限期为 3 年，自 2015 年 6 月 23 日至 2018 年 6 月 23 日，并批准其生产规模由年 2 万立方米增加到年 5 万立方米。2015 年，哈业胡同采石厂开采片麻岩 10.8 万立方米。连续多年的采石活动导致山体破坏严重，植被恢复困难。

又查明，《包头市国土资源局职能配置、内设机构和人员编制规定》中明确包头市国土资源局是包头市人民政府主管全市土地资源、矿产资源等自然资源的规划、管理、保护与合理利用的工作部门，依法管理矿产资源采矿权的审批登记发证和转让审批登记，负责矿产资源开发利用、保护的监督管理，依法查处破坏矿产资源各类违法案件。《包头市环境保护局四个分局主要职责内设机构和人员编制规定》中明确包头市环境保护局九原分局为包头市环境保护局的派出机构，其主要职责为负责自然生态环境保护工作，依法查处环境违法行为。《九原区林业局主要职责内设机构和人员编制规定》中明确包头市九原区林业局为包头市九原区人民政府工作部门，其主要职责为负责全区林业及生态建设的监督管理，承担全区森林资源保护发展监督管理的责任，负责包头市九原区自然保护区的监督管理，在国家和自治区自然保护区区划、规划原则的指导下，依法指导包头市九原区自然保护区的建设和管理。2007 年 3 月 28 日，包头市九原区机构编制委员会决定成立包头市九原区梅力更自然保护区管护中心，该中心隶属于包头市九原区林业局，其主要职责为：负责生态保护区的保护、培育和合理利用辖区内的森林资源，有效管护好各类生态保护工程设施；按照区委、政府的统一要求，做好生态区的禁牧、禁矿工作。2015 年 5 月 27 日，包头市国土资源局对内蒙古呼铁采石有限责任公司作出包国土监罚字〔2015〕第 004 号“行政处罚决定书”，责令该公司退出本采区开采，并处罚款 50 000 元。2015 年 5 月 28 日，内蒙古呼铁采石有限责任公司全额缴纳了罚款。2015 年 7 月 21 日，包头市国土资源局哈业胡同国土资源管理中心所向哈业胡同采石厂下达包国土胡同字〔2015〕12 号“责令整改通知书”，指出该单位存在不规范生产行为，责令该单位尽快整改完毕，并以书面形式写明情况上报。2015 年 7 月 23 日，内蒙古呼铁采石有限责任公司向包头市国土资源局哈业胡同国土资源管理中心作出《呼铁采石公司哈业胡同采石场环境治理整改安排》，上报其治理期限、计划。2011 年 5 月 9 日，包头市环境保护局九原分局对内蒙古呼铁采石有限责任公司进行调查，发现该公司在无环保审批手续、无大气污染防治设施的情况下，于 2011 年 3 月在包头市某某区从事加工生产石料。2011 年 6 月 1 日，包头市环境保护局九原分局对内蒙古呼铁采石有限责任公司作出九原环罚〔2011〕025 号“行政处罚决定书”，决定对该公司罚款 20 000 元。2011 年 6 月 23 日，内蒙古呼铁采石有限责任公司全额缴纳罚款。2016 年 4 月 27 日，包头市环境保护局九原分局对内蒙古呼铁采石有限责任公司进行调查，发现该公司在未办理环保审批手续、料场未封闭、无大气污染防治设施的情况下，露天堆放石料。2016年5月5日，包头市环境保护局九原分局对内蒙古呼铁采石有限责任公司作出九原环罚〔2016〕040号“行政处罚决定书”，决定对该公司罚款20 000元并要求其立即停止生产。2014年7月11日，包头市林业局向包头市国土资源局作出《关于对昆区*九原区辖区已设建筑用砂、石采矿权是否在梅力更自治区级自然保护区内征求意见的复函》，指出哈业胡同采石厂位于九原区阿嘎如泰苏木梅力更嘎查境内，占地面积50.875公顷，其中非林地面积46.875公顷，林业用地面积4公顷。2014年5月9日、2016年4月1日，包头市九原区林业局下属的包头市某某区管护中心、包头市九原区梅力更国有林场向内蒙古呼铁采石有限责任公司下达“责令整改通知单”，指出：因该单位未办理征占林地审批手续，责令该单位限期整改，否则将承担相应法律责任，情节严重的，追究刑事责任。2015年8月21日、2016年4月15日，包头市九原区林业局向内蒙古呼铁采石有限责任公司下达“责令停产停业停工通知单”，指出：因该公司未办理征占林地审批手续，责令其停工，并去该局接受处理，否则将承担相应的法律责任，情节严重的，追究刑事责任。目前，公益诉讼人包头市九原区人民检察院提供的航拍影像资料显示哈业胡同采石厂的违法采石行为对梅力更自然保护区的破坏情况严重，生态资源和自然环境破坏状态持续存在且未采取补救措施，国家和社会公共利益仍处于受侵害状态。

再查明，2016年11月16日，公益诉讼人包头市九原区人民检察院分别向被告包头市国土资源局九原分局、包头市环境保护局九原分局、包头市九原区林业局发出“检察建议书”，要求三部门对哈业胡同采石厂的违法问题依法履行监管职责，保护国家利益不受侵害。2016年12月31日，包头市国土资源局九原分局书面回复公益诉讼人，表示：已向包头市国土资源局上报关于撤销哈业胡同采石厂等8个矿业权的请示，对国家级、自治区

---

* 判决书原文。

级自然保护区内属包头市审批登记权限内的采矿权一律不予延续并依法退出；对在期采矿权按照保护区有关规定停止开采，对矿区范围部分位于保护区的，退出该范围后可以办理矿权变更登记。对国家级、自治区级自然保护区内属自治区国土资源厅审批登记探（采）矿权，未经保护区主管部门同意要停止勘查开采活动，并按照自治区有关政策要求办理。2016 年 11 月 26 日，包头市环境保护局九原分局书面回复公益诉讼人，表示：将按照检察建议书要求，加大对内蒙古呼铁采石有限责任公司的监管力度，坚决制止该公司违法生产的行为。2016 年 12 月 5 日，包头市九原区林业局书面回复公益诉讼人，表示将积极组织包头市九原区森林公安局、梅力更管护中心加大巡查力度，在没有得到上级相关部门的批复，禁止哈业胡同采石厂生产作业；同时建议包头市九原区人民政府对于哈业胡同采石厂的各发证部门，以谁发证、谁负责的原则，收回已颁发且作废的相关证照，起到共同监督的职责。三部门在检察建议要求的一个月内未完全履职，使国家利益和社会公共利益仍处于受侵害的状态。为此公益诉讼人包头市九原区人民检察院于 2016 年 12 月 23 日向法院提起行政公益诉讼，请求：（1）确认三部门对哈业胡同采石厂在梅力更自然保护区非法采石怠于履行监管职责的行为违法；（2）判令三部门继续履行法定监管职责。

法院判决：公益诉讼人包头市九原区人民检察院提起本案诉讼符合最高人民法院《人民法院审理人民检察院提起公益诉讼案件试点办法》、最高人民检察院《人民检察院公益诉讼试点工作办法》规定的行政公益诉讼受案范围，符合法定起诉条件。依据《行政处罚法》《矿产资源法》《大气污染防治法》《自然保护区条例》《矿产资源开采登记管理办法》《自然保护区土地管理办法》《内蒙古自治区自然保护区实施办法》《内蒙古自治区矿产资源管理条例》的相关规定，被告包头市国土资源局九原分局对其辖区内的土地资源、矿产资源等自然资源的规划、管理、保护与合理开发利用负有监督和管理职责，对矿产资源采矿行为进行年度审核；被告包头市环境保护局九原分局对辖区内自然生态环境的保护负有监督和管理职责；被告包头市九原区林业局对辖区内的林业及生态建设、森林资源的保护发展负有监督和管理职责，负责在国家和自治区自然保护区区划、规划原则的指导下，依法指导包头市九原区自然保护区的建设和管理。三被告对于破坏自然保护区的行为均有依法查处的职责，应当对哈业胡同采石厂在梅力更自然保护区的非法采石行为及时履行监管职责。本案认证的事实可以证实，哈业胡同采石厂的采矿作业点中35.676 5公顷属于梅力更自然保护区范围。此采石厂的建设及投产时间虽先于梅力更被确定为自治区级自然保护区的时间，但其持续在保护区内进行采矿作业的违法行为存在，致使采矿山体处于被破坏状态，植被尚未恢复。三被告已履行了部分职责，但不能否定其怠于履行法定职责的违法事实存在，因三被告未能全面充分履行职责，非法采石造成的生态资源和环境破坏仍然存在且未能采取补救措施，致使国家利益和社会公共利益仍处于受侵害状态。被告包头市国土资源局九原分局、被告包头市环境保护局九原分局、被告包头市九原区林业局等相关职能部门，应对哈业胡同采石厂在梅力更自然保护区非法的采石行为进行共同监管，各方联动，集中开展生态环境联合检查、综合整治，形成齐抓共管的强大合力，进一步提高巡护质量，切实落实整改责任。虽三被告辩称其在接到检察建议后，采取了上报请示、严格审批登记及加大监管、巡查力度等在内的措施积极履职，但三被告积极履职并不能代表其完全履职并使国家利益及社会公共利益不再遭受侵害。公益诉讼人包头市九原区人民检察院的诉讼请求有相应证据证明，有相应的法律依据，法院予以支持。综上，为保护自然保护区矿产资源及林业资源，维护国家利益和社会公共利益，依照《行政诉讼法》第72条、第101条，《最高院执行行政诉讼法司法解释》第60条第2款，《人民法院审理人民检察院提起公益诉讼案件试点办法》第11条、第12条、第13条、第14条、第19条、第22条、第23条，《人民检察院公益诉讼试点工作办法》第28条第1款、第29条第1款、第41条、第50条、第56条之规定，判决如下：

（1）确认被告包头市国土资源局九原分局、包头市环境保护局九原分局、包头市九原区林业局对哈业胡同采石厂在梅力更自然保护区非法采石怠于履行监管职责的行为违法；

(2) 责令被告包头市国土资源局九原分局、包头市环境保护局九原分局、包头市九原区林业局依法继续履行法定监督管理职责。

如不服本判决，公益诉讼人包头市九原区人民检察院可以在判决书送达之日起 15 日内向包头市中级人民法院提出抗诉，被告包头市国土资源局九原分局、包头市环境保护局九原分局、包头市九原区林业局可以在判决书送达之日起 15 日内向法院递交上诉状，并按对方当事人的人数提出副本，上诉于包头市中级人民法院。

【知识点关联及案例点评】

本案是环境行政公益诉讼普通共同诉讼的典型案例。

除依行政机关的职责划分外，环境行政公益诉讼中的被告，可以根据具体诉讼形态分为单一被告或者共同被告。实践中，行政公益诉讼的共同被告需满足当事人数量与诉讼标的之客观条件，同时还需符合经法院一并审理的程序要件。

客观上的两个适格条件是：第一，主体的数量须为两个以上行政机关或依法律、法规、规章授权的组织；第二，诉讼标的之同一性或同类性。[①]

首先，有关被告主体数量，尽管《行政诉讼法》第 25 条第 4 款仅明确了在生态环境和资源保护、食品药品安全、国有财产保护、国有土地使用权出让等领域负有监督管理职责的行政机关的被告地位，但《行政诉讼法》第 2 条第 2 款将可诉的行政行为扩张至"法律、法规、规章授权的组织作出的行政行为"，因此，依据体系解释，理论上共同被告可以是两个以上行政机关、两个以上依法授权的组织，或者一个以上行政机关与一个以上依法授权的组织。

其次，根据诉讼标的之同一性或同类性，可将共同被告进一步区分为必要共同诉讼中的共同被告与普通共同诉讼中的共同被告。《行政诉讼法》第 27 条规定："当事人一方或者双方为二人以上，因同一行政行为发生的行政案件，或者因同类行政行为发生的行政案件、人民法院认为可以合并审理

---

① 张晋红. 论行政共同诉讼. 法律科学（西北政法大学学报），1990（1）：19－23.

并经当事人同意的，为共同诉讼。”可见，诉讼标的的数量决定了共同诉讼的性质[①]，进而意味着环境行政公益诉讼中的共同被告实际上会出现在两种不同的共同诉讼中。当诉讼标的是同一个，即公益诉讼起诉人请求确认两个以上行政机关所共同作出的同一行政行为违法时，为必要共同诉讼；而当诉讼标的是同类的多个，即公益诉讼起诉人请求确认两个以上行政机关所分别作出的不同行政行为违法时，为普通共同诉讼。《行政诉讼法》第26条所列举的共同被告，实质上是指必要共同诉讼中的共同被告，其包括第2款（复议机关决定维持原行政行为的，作出原行政行为的行政机关和复议机关是共同被告）以及第4款（两个以上行政机关作出同一行政行为的，共同作出行政行为的行政机关是共同被告）。在环境行政执法中，两个以上行政机关共同作出同一行政行为的情形较为少见，因而环境行政公益诉讼的共同被告多出现在普通共同诉讼中。

此外，共同诉讼的形成还需具备法院一并审理这一程序性要件。《最高院行政诉讼法司法解释》（法释〔2018〕1号）第27条规定：“必须共同进行诉讼的当事人没有参加诉讼的，人民法院应当依法通知其参加；当事人也可以向人民法院申请参加。”“人民法院应当对当事人提出的申请进行审查，申请理由不成立的，裁定驳回；申请理由成立的，书面通知其参加诉讼。”“前款所称的必须共同进行诉讼，是指按照行政诉讼法第二十七条的规定，当事人一方或者双方为两人以上，因同一行政行为发生行政争议，人民法院必须合并审理的诉讼。”

《行政诉讼法》第27条中所规定的当事人因同类行政行为发生的行政案件，因诉的合并而成为了共同诉讼。基于普通共同诉讼中共同被告的适格标准，包头市国土资源局九原分局、包头市环境保护局九原分局、包头市九原区林业局是本案的共同被告。一方面，三个被告在数量上符合了共同

① 段厚省. 共同诉讼形态研究——以诉讼标的理论为方法. 诉讼法论丛，2006（11）：246-270.

被告的形式要求；另一方面，三被告的行政不作为构成同类诉讼标的。[①]

区别于必要共同诉讼中多个行政机关共同作出同一行政行为的情形，诉讼标的的同类性首先意味着存在两个以上的行政行为，在本案中即表现为三被告各自的行政不作为。《自然保护区条例》第8条第1款规定，“国家对自然保护区实行综合管理与分部门管理相结合的管理体制”。第35条进一步规定：“……在自然保护区进行砍伐、放牧、狩猎、捕捞、采药、开垦、烧荒、开矿、采石、挖沙等活动的单位和个人，除可以依照有关法律、行政法规规定给予处罚的以外，由县级以上人民政府有关自然保护区行政主管部门或者其授权的自然保护区管理机构没收违法所得，责令停止违法行为，限期恢复原状或者采取其他补救措施……”然而，三被告在各自职责范围内均未履行自然保护区相关的管理职责。包头市国土资源局九原分局未依据《包头市国土资源局职能配置、内设机构和人员编制规定》履行对土地资源、矿产资源等自然资源的规划、利用与保护的监督管理职责；包头市环境保护局九原分局未依据《包头市环境保护局四个分局主要职责内设机构和人员编制规定》对自然环境进行及时、有效的保护；包头市九原区林业局未依据《九原区林业局主要职责内设机构和人员编制规定》对森林资源提供有力保障。

其次，诉讼标的之同类性要求多个行政行为所针对的是同类法律事实，在本案中表现为案涉采石厂违法在自然保护区内开采，并因此造成了国家利益和社会公共利益受损的事实。由于自然保护区是基于生态整体性理念而设立的，在自然保护区内违法采矿必然会造成土地与矿产资源、森林资源以及整体环境的破坏。案涉采石厂在自然保护区内持续性违法开采这一行为，实际上涉及三个行政机关所应当承担的法定职责。上述三个行政机关均怠于履行对同一行政相对人的监管职责，并且在收到检察建议后仍未能全面充分履行职责，在客观上共同造成了国家利益和社会公共利益的受损。

① 有关诉讼标的理论，具体参见张晋红. 论行政共同诉讼. 法律科学（西北政法大学学报），1990（1）：19-23。

此外，值得探讨的是案件审理的程序问题：根据《行政诉讼法》第27条的规定，对于行政诉讼的普通共同诉讼须“人民法院认为可以合并审理并经当事人同意”，对于检察机关提起的环境行政公益诉讼是否还需征得各被诉行政机关的一致同意？法院送达起诉状书副本后，各被诉行政机关并未表示异议，是否可以推定为不反对？对这些问题可能需要未来立法或司法解释进一步明确规定。但从理论上而言，笔者认为，考虑到检察机关提起的环境行政公益诉讼的特殊性，建议未来规定，这类案件无须征得各被诉行政机关对合并审理的意见即可由法院依据职权确定是否一并审理。

总之，本案中的三个行政机关之所以成为环境行政公益诉讼中的共同被告，是由于客观上诉讼标的具有同类性，同时程序上属于人民法院认为可以合并审理的情形。尽管非必要共同诉讼，但诸如本案的普通共同诉讼，也确有一并审理的必要，不仅基于诉讼资源的考虑，同时也有利于负有环境管理职责的行政机关形成监管合力，更好地保障国家利益和社会公共利益。

（案例编辑人：竺效、田时雨、张舒）

【案例文书2】安徽省金寨县人民检察院诉金寨县商务和粮食局、金寨县财政局不依法履行职责环境行政公益诉讼案①

公益诉讼起诉人：安徽省金寨县人民检察院

被告：安徽省金寨县商务和粮食局、金寨县财政局

审理法院：安徽省金寨县人民法院

案件基本情况：原金寨县商务局（2015年与原金寨县粮食局合并成立“金寨县商务和粮食局”）、金寨县财政局违法初审金寨县家佳乐超市有限公司（以下简称“家佳乐超市”）“万村千乡市场工程”农家店项目验收和资金拨付申请，导致46.69万元国家财政补贴资金被骗取。2016年3月24日，金寨县人民检察院分别向上述两行政机关发出检察建议，督促其依法追回被骗取的国家财政补贴资金。两行政机关收到检察建议后，仅向家佳

① 安徽金寨一行政公益诉讼案一审胜诉.（2017-06-20）[2018-05-12]. http：//www.spp.gov.cn/xwfbh/wsfbh/201706/t20170620_193494.shtml.

乐超市发出关于限期退缴骗取的国家财政补贴资金通知书，未对该超市依法作出行政处罚决定，未采取实际措施履行资金追回职责，也未将办理检察建议的情况书面回复检察机关。2016 年 10 月 13 日，金寨县人民检察院依法向金寨县人民法院提起行政公益诉讼。

法院判决：判令两被告继续履行追缴被家佳乐超市骗取的财政资金职责。

【知识点关联及案例点评】

本案是环境行政公益诉讼必要共同诉讼的典型案例。

除依行政机关的职责划分外，环境行政公益诉讼中的被告，可以根据具体诉讼形态分为单一被告或者共同被告。实践中，行政公益诉讼的共同被告需满足当事人数量与诉讼标的之客观条件，同时还需符合经法院一并审理的程序要件。客观上的两个适格条件是：第一，主体的数量须为两个以上行政机关或依法律、法规、规章授权的组织；第二，诉讼标的具有同一性或同类性。此外，根据诉讼标的之同一性或同类性，可将共同被告进一步区分为必要共同诉讼中的共同被告与普通共同诉讼中的共同被告。除此之外，共同诉讼的形成还需具备法院一并审理这一程序性要件。

《行政诉讼法》第 26 条第 4 款规定，“两个以上行政机关作出同一行政行为的，共同作出行政行为的行政机关是共同被告”。这是关于必要共同诉讼的规定。本案中金寨县商务和粮食局与金寨县财政局的行政行为之间具有牵连性：金寨县财政局作出的拨款行为是以金寨县商务和粮食局作出的实质性审查为基础的。因此，对于社会公共利益受侵害而言，这两个机关作出的行政行为构成一个整体，针对一个行政相对人作出，并因此侵害社会公共利益。金寨县人民检察院将两个行政机关作为共同被告提起环境行政公益诉讼具有合理性和正当性。

（案例编辑人：梁晓敏、邱涛韬、张舒）

第十一章　环境行政公益诉讼的对象

在一般意义上环境公益诉讼旨在救济社会公共利益，但现实中存在行政公益诉讼与民事公益诉讼的区分，二者表现为被告类型不同，本质的区别是保护的法益有所区别。环境行政公益诉讼的对象是指环境行政公益诉讼要保护的法益。依据《行政诉讼法》和《检察公益诉讼司法解释》的规定，环境行政公益诉讼要保护的法益是，由于负有监督管理职责的行政机关违法行使职权或者不作为而受到侵害的国家利益或者社会公共利益。

《行政诉讼法》第 25 条规定，环境行政公益诉讼保护“国家利益或者社会公共利益”；《民事诉讼法》第 55 条规定，环境民事公益诉讼救济“社会公共利益”。但是在这两种公益诉讼中，“公益”的范畴并不一致。在环境行政公益诉讼实践中，国家利益与社会公共利益常常呈现交织状态，因而难以对行政机关违法行为所侵害的法益作出清楚的界定。因此，在裁判文书中“国家利益和社会公共利益”似乎成为一个“不可分割”的名词。但是，在理论上有必要对国家利益和社会公共利益略作探讨。通说认为，公共利益是上位概念，国家利益与社会利益并存于其下。① 二者的区分，可以追溯至国家与市民社会中国家利益与私人利益之间对立的状态。之后出现了追求公共利益的社会领域②，客观上起到了促进国家与社会融合的作用。但不可否认的是，国家利益难以直接等同于社会公共利益。

在环境行政公益诉讼的受案范围中，国有财产保护和国有土地使用权出

① 胡棉光，王楷．论我国宪法中“公共利益”的界定．中国法学，2005（1）：18－27.

② 高志宏．公共利益的独立性及当代表达．学术界，2013（11）：194－202.

让是典型的国家利益，而生态、环境和资源保护领域则存在着国家利益与社会公共利益。一方面，国家环境利益主要体现为国家所有的自然资源的利益。《宪法》第 9 条第 1 款明确自然资源国家所有。另一方面，环境公共利益实质上是一种自然人享受生态服务功能的共同善，并且这种生态服务功能独立于资源权属。① 因此，在环境行政公益诉讼的语境下，不妨理解为“国家利益表现为国家对自然资源享有的所有权，公共利益指向生态服务功能”②。

基于违法行政行为与受侵法益之间密不可分的联系，可以依据《行政诉讼法》第 25 条第 4 款中的“违法行使职权或者不作为”，将环境行政公益诉讼的对象分为两类：第一类，致使国家利益或者社会公共利益受到侵害的违法行使职权行为；第二类，致使国家利益或者社会公共利益受到侵害的行政不作为。

第一节　违法行使职权致使国家利益或者社会公共利益受到侵害

【案例文书 1】贵州省清镇市人民检察院诉清镇市流长苗族乡人民政府违法行使职权环境行政公益诉讼案③

公益诉讼人：贵州省清镇市人民检察院

被告：贵州省清镇市流长苗族乡人民政府

审理法院：贵州省清镇市人民法院

案件基本情况：2009 年 2 月 15 日，清镇市人民政府颁发清府林证字（2009）第 5201810600386—1 号林权证，确定清镇市流长乡对贵州省某某乡某某村土木楼木叶高坡 115.4 亩防护林（东抵犁倭镇界，南抵兴隆村土，西抵马郎村土，北抵冒井村土）的林地、森林或林木享有所有权和使用权。

① 肖建国．利益交错中的环境公益诉讼原理．中国人民大学学报，2016（2）：14－22.

② 黄忠顺．环境公益诉讼制度扩张解释论．中国人民大学学报，2016（2）：32－42.

③ 贵州省清镇市人民法院（2016）黔 0181 行初 35 号行政判决书.

2013年12月，流长乡人民政府决定将该林地、林木发包给他人经营。2013年12月6日，流长乡人民政府与黄某发签订了“贵州省清镇市流长苗族乡木叶高坡林场经营权转包合同”，约定流长乡人民政府将前述林地、林木发包给黄某发从事农业项目（特色经果林）种植生产经营，林地转包后，黄某发享有承包林地的使用权、林木所有权和经营权，转包经营权期限为65年，自2013年12月6日起至2078年12月6日止，转包价格20万元。协议签订后，流长乡人民政府收取了黄某发转让款20万元，并将前述林地、林木交予黄某发。

上述林地转包于黄某发后，黄某发与王某合伙经营。2016年2月5日，王某将木叶高坡林场部分林木卖于周某砍伐，后周某砍伐了林木78株，共计1.897 6立方米，周某被林业部门处以罚款2 125元，并被责令于2016年12月31日前补种林木390株。

2016年10月14日，公益诉讼人向流长乡人民政府提出检察建议，建议流长乡人民政府：（1）对木叶高坡林场森林资源进行清查并建档管理；（2）完善木叶高坡林场流转手续；（3）认真履行管理职责，对承包方违反合同约定导致木叶高坡林场森林资源被破坏的行为，按照合同约定追究违约责任。2016年11月15日，流长乡人民政府回复公益诉讼人，表示：将切实抓好木叶高坡林场林木资源的清查管理，建立台账资料，明确乡护林人员进行管护，健全完善巡山记录台账；督促林场经营权转包人进行补植补种，已补种树木70株；转包合同应属无效合同，拟向人民法院提起诉讼。2016年12月15日，公益诉讼人向法院提起诉讼，请求如前所述。

另，2017年1月9日，流长乡人民政府向人民法院提起民事诉讼，请求确认与黄某发2013年12月6日签订的“贵州省清镇市流长苗族乡木叶高坡林场经营权转包合同”无效，请求判决黄某发、王某将木叶高坡林场返还于流长乡人民政府。该案已于2017年4月11日开庭审理。本案庭审中，流长乡人民政府出具该乡林业站的证明，表示已补种柳杉600株，保存率为100%，成活率为85%以上。

2017年5月24日，公益诉讼人向人民法院提交变更诉讼请求决定，将本案诉讼请求变更为“确认清镇市流长苗族乡人民政府转包木叶高坡林场的行为违法”。

法院判决：森林是宝贵的生态资源，森林在提供林产品的同时，对于蓄水保土、调节气候、维持生态平衡、保存物种资源、改善环境具有重要作用，国家立法对森林资源实施特别的保护。贵州作为喀斯特地貌地区，生态相对较为脆弱。建设百姓富、生态美的多彩贵州，更需要特别加强对森林资源的保护。为了协调好森林的生态效益、社会效益与经济效益之间的关系，《森林法》将森林划分为防护林、用材林、经济林、薪炭林和特种用途林，在此基础上，结合不同的类型，确定了用材林、经济林等森林、林木、林地使用权可以依法转让，同时规定防护林不得转让。本案中，被告决定将作为防护林的木叶高坡林场转让予他人从事农业项目（特色经果林）种植生产经营，将防护林的用途更改为商品林，违反了《森林法》第 15 条第 3 款的规定。被告决定转包的行政行为违反法律的禁止性规定，侵害了社会公共利益，依法应被认定为违法行为，对公益诉讼人诉请确认被告转包木叶高坡林场的行为违法的诉讼请求依法应予支持。公益诉讼人提起本案诉讼后，被告采取措施督促相关责任人按照有关行政机关的决定补植了树木，达到了一定的成活率。被告另案提起诉讼，对其决定违法转包行为予以法律救济。公益诉讼人对被告的补救行为予以认可，并变更诉讼请求，法院依法应予准许。

综上，根据《行政诉讼法》第 74 条第 2 款第 1 项之规定，判决如下：

确认被告清镇市流长苗族乡人民政府决定转包木叶高坡林场的行为违法。

如不服本判决，可以在判决书送达之日起 15 日内向法院递交上诉状，并按对方当事人的人数提出副本，上诉于贵州省贵阳市中级人民法院。

【知识点关联及案例点评】

本案是地方人民政府违法行使职权致使国家利益和社会公共利益受损的环境行政公益诉讼典型案例。

行政行为违法可以分为作为违法与不作为违法两类。在环境行政公益诉讼的对象中，前者是指负有环境保护管理职责的行政机关直接、主动为一定的行政行为致使国家利益或社会公共利益受损，在《行政诉讼法》第25条第4款中表述为“违法行使职权”。具体而言，行使的职权实际上由行政管辖权和行政处理权所构成[①]，行政机关超越职权对特定事项进行管辖或者对该事项作出不当处理时，都可能构成违法行使职权。行政机关滥用职权即属于行政机关对事项作出不当处理。在司法实践中，违法行使职权侵害国家利益或社会公共利益的情形，多表现为行政机关违法处理生活垃圾或危险废物等污染物、违法发放行政许可或出具审批文件等。

本案中流长乡人民政府违法行使职权，致使国家利益和社会公共利益受损，因而成为环境行政公益诉讼的被告。首先，根据《森林法》第10条的规定——“乡级人民政府设专职或者兼职人员负责林业工作”，流长乡人民政府须对本地区林业工作负责。其次，流长乡人民政府违法行使职权造成森林资源严重破坏，其中包括森林生态资源丧失。依据《森林法》第4条和第15条的规定，防护林不得转让。本案中，流长乡人民政府通过签订林场经营权转包合同，将作为防护林的木叶高坡林场转让予他人从事农业项目种植生产经营，实际上将防护林的用途更改为商品林，且由此导致78株林木被砍。最后，森林资源被破坏对国家利益和社会公共利益造成了损害。在提供资源利益的同时，森林在水土保持、调节气候、维护物种多样性以及生态平衡等方面具有重要作用。本案中所涉及的防护林在被违法改变用途后得到了破坏，无疑给社会公共利益造成了巨大损失。总之，环境行政公益诉讼将侵害国家利益或者社会公共利益的违法行使职权行为作为诉讼对象，有助于促使行政机关严格依法行使职权，维护自然资源的生态服务价值。

（案例编辑人：田时雨、张舒）

① 施立栋. 被滥用的“滥用职权”——行政判决中滥用职权审查标准的语义扩张及其成因. 政治与法律，2015（1）：93-101.

【案例文书2】贵州省江口县人民检察院诉贵州省铜仁市国土资源局、贵州梵净山国家级自然保护区管理局违法行使职权环境行政公益诉讼案[①]

公益诉讼起诉人：贵州省江口县人民检察院

被告：贵州省铜仁市国土资源局、贵州梵净山国家级自然保护区管理局

审理法院：贵州省遵义市播州区人民法院

案件基本情况：2005年，贵州省铜仁市国土资源局（以下简称国土局）向紫玉公司颁发采矿许可证，许可其在梵净山国家级自然保护区进行采矿。梵净山保护区管理局亦对紫玉公司的采矿行为予以认可。紫玉公司在没有办理环境影响评价、安全生产许可、占用林地许可、生物多样性影响评价的情况下，边建设边生产，置报批的开采方案于不顾，采取爆破方式破坏性开采，资源毁坏率达80%，产生90%以上的废渣碎石；还将部分矿洞转让给当地村民小组，造成资源巨大浪费、生态环境被严重破坏，保护区内堆积长数百米、宽数十米、深度难以测算的尾矿废渣，压覆植被，形成地质灾害隐患。2016年6月采矿权期限届满，铜仁市国土局接受了紫玉公司的延续采矿权申请并收取了相应费用。

法院判决：铜仁市国土局作为铜仁市人民政府地质矿产行政主管部门，应当依法履行其权限范围内的矿业权设置、审批登记、矿山运营及停用后治理等监督管理职责。梵净山保护区管理局作为梵净山国家级自然保护区管理机构，应当在法律法规授权及相应行政主管机关委托的权限范围内正确履行自然保护区管理职责。梵净山保护区管理局、铜仁市国土局在未取得国务院授权的行政主管部门同意、未办理环境影响评价的情况下在自然保护区设置采矿权并许可紫玉公司采矿的行为违法。对于紫玉公司破坏性开采、浪费矿产资源、破坏生态环境等行为，铜仁市国土局和梵净山保护区管理局均怠于履行监督管理法定职责，并有滥用职权许可其违法开采的

① 最高人民检察院. 检察公益诉讼典型案例.（2018-03-03）[2018-04-07]. http：//www.spp.gov.cn/spp/zdgz/201803/t20180303_368651.shtml.

行为，应确认违法。遂判决：

（1）确认铜仁市国土局为紫玉公司颁发许可证行为违法；

（2）确认铜仁市国土局和梵净山保护区管理局对紫玉公司违法开采行为怠于履行监督管理法定职责的行为违法；

（3）由铜仁市国土局对紫玉公司矿山环境修复治理工程履行监督管理职责至环境修复治理工程验收合格，由梵净山保护区管理局对环境修复治理工程进行全程监督管理。

【知识点关联及案例点评】

本案是相关行政部门违法行使职权致使国家利益和社会公共利益受损的环境行政公益诉讼典型案例。

本案涉及对国家级自然保护区矿产资源和生态、环境的保护。铜仁市国土局、梵净山保护区管理局违法发放采矿许可证并怠于履行监管职责，致使自然保护区的生态、环境遭到严重破坏，矿产资源遭到极大浪费，严重损害了国家利益和社会公共利益，由此成为环境行政公益诉讼的被告。

首先，二被告负有保护管理自然保护区矿产资源和生态、环境的职责。《自然保护区条例》第8条第3款规定："国务院林业、农业、地质矿产、水利、海洋等有关行政主管部门在各自的职责范围内，主管有关的自然保护区。"铜仁市国土局作为铜仁市人民政府地质矿产行政主管部门，应当依法履行其权限范围内的矿业权设置、审批登记、矿山运营及停用后治理等监督管理职责。梵净山保护区管理局作为梵净山国家级自然保护区管理机构，应当在法律法规授权及相应行政主管机关委托的权限范围内正确履行自然保护区管理职责。

其次，二被告许可紫玉公司在自然保护区内采矿构成违法行使职权。《自然保护区条例》第26条规定："禁止在自然保护区内进行砍伐、放牧、狩猎、捕捞、采药、开垦、烧荒、开矿、采石、挖沙等活动；但是，法律、行政法规另有规定的除外。"铜仁市国土局向紫玉公司颁发采矿许可证，梵净山保护区管理局亦对紫玉公司的采矿行为予以认可，二被告均构成违法行使职权。

再次，三被告对紫玉公司浪费矿产资源、破坏生态等行为并未尽到监督管理职责。违法取得采矿许可后，紫玉公司未进行环境影响评价，未取得安全生产许可与占用林地许可，更是采取爆破方式破坏性开采。这些违法行为都是在行政机关不作为的情况下作出的。

最后，基于三被告上述不依法履行职责的行为，紫玉公司浪费矿产资源、破坏矿区生态，给国家利益和社会公共利益造成了极大危害。国家实行自然保护区制度，旨在对特定区域的生态系统予以整体性的保护，其中国家级自然保护区具有重大生态价值。本案中的采矿企业在国家级自然保护区内大肆开采，给矿产、土地以及森林资源都产生了极大破坏，甚至可能危害到生物多样性以及该区域的整体生态平衡，对国家利益和社会公共利益造成巨大损害。

（案例编辑人：田时雨、张舒）

第二节　行政不作为致使国家利益或者社会公共利益受到侵害

【案例文书 1】陕西省绥德县人民检察院诉被告绥德县环境保护局怠于履行法定职责环境行政公益诉讼案[①]

公益诉讼人：陕西省绥德县人民检察院

被告：陕西省绥德县环境保护局

审理法院：陕西省绥德县人民法院

案件基本情况：西安铁路局下属机构绥德火车站于 2001 年筹建并运行。2011 年太中银铁路线建成并投入运行，绥德火车站未进行环保验收。绥德火车站内驻有 7 家单位排放污水（分别是西安铁路局绥德工务段、西安铁路局绥德电务段、西安铁路局绥德生活段、西安铁路局绥德供电段、西安铁路局延安车务段、西安铁路局新丰镇机务段绥德车间、西延铁路公安处绥

① 陕西省绥德县人民法院（2017）陕 0826 行初 1 号行政判决书.

德派出所）。

2014 年 5 月 13 日，被告绥德县环境保护局接到自来水公司关于“五里店饮用水源地水质超标”的报告后，对水源地上游排污企业事业单位实施拉网式排查时发现，绥德火车站非法设置排污口，直接将生活污水排放到五里店水源保护区，对水源造成污染。被告于 2014 年 5 月 14 日对绥德火车站作出绥环发【2014】35 号《绥德县环境保护局关于绥德火车站向水源地保护区排放生活污水环境违法行为的处理决定》，责令绥德火车站立即采取应急措施，停止向水源保护区排放污水，并于 6 月 14 日前拆除、关闭该排污口；采取其他方式排放生活污水必须经其许可。2014 年 11 月 7 日被告作出关于建议责令限期拆除绥德火车站废水排污口的报告，建议绥德县人民政府责令绥德火车站限期拆除水源保护区的废水排污口。2015 年 5 月、7 月，绥德县人民政府就火车站排污问题与西安铁路局两次进行协商，未达成一致意见，绥德火车站依然向水源保护区排放生活污水。2015 年 12 月 2 日被告向绥德县人民政府书面请示，将绥德火车站在二级水源保护区内存在的废水排污口，报经县人民政府批准，拆除或者关闭。

公益诉讼人绥德县人民检察院于 2016 年 4 月 11 日向被告发出绥检行建（2016）2 号检察建议书，建议被告对绥德火车站的环境违法行为限期处理。被告于 2016 年 4 月 18 日作出书面回复，称：其已经依法履行了职责，但认为被告对绥德火车站在饮用水水源保护区内擅自设置排污口的行为不具有行政处罚权，认为应由县级以上人民政府水行政主管部门处罚。2016 年 5 月 4 日公益诉讼人在进行诉前程序组织勘验时，发现绥德火车站主要有以下违法排放污水的行为：（1）在绥德县五里店水源保护区无定河河道上非法排放污水，该排污点位于二级水源保护地；（2）在绥德火车站站前公路与沿河大道之间有 4 处利用排洪涵洞排放污水，该 4 处排污地点位于水源保护地之外。上述 5 处排污点均有不同程度的污水排放。此外，绥德火车站利用在绥德火车站工务段围墙外的排污口排放污水，污水经排洪渠流入无定河河道，绥德火车站工务段围墙外的排污口位于水源保护地之外。2016 年 5 月 12 日，受公益诉讼人委托西安高新区中凯环境检测有限公司对绥德火车站的 3 处污水排放点现场进行抽样，经检测结果为：多项监测项目水污染物超标。

2016 年 11 月 1 日，绥德县人民政府研究决定，由绥德县水务局牵头，其他部门配合，对在绥德县五里店水源保护区无定河河道上非法设置的排污口进行封堵。11 月 6 日，封堵了该排污口。

公益诉讼人认为绥德火车站在饮用水水源保护区内违法排污的问题依然存在，被告并没有按照公益诉讼人建议的要求进行处理，遂于 2017 年 1 月 3 日向法院提起公益诉讼。在审理期间，被告于 2017 年 4 月 10 日对西安铁路局作出绥环罚（2017）1 号行政处罚决定书，认定：2016 年 12 月 27 日被告检查发现，隶属西安铁路局的 7 家单位的生活污水未经处理，通过暗管直接排入绥德县二级水源地保护区内，作出行政处罚如下：（1）责令西安铁路局于 2017 年 4 月 15 日前拆除暗管；（2）罚款 10 万元。2017 年 4 月 14 日经被告现场检查，该排污口已被封堵。2017 年 4 月 14 日起，绥德火车站等单位的生活污水被拉运至绥德县生活污水处理厂代为处置。现污水不再排入该水源保护区。2017 年 11 月 27 日，公益诉讼人撤回行政公益诉讼请求第二项诉讼请求。

法院判决：法院认为，公益诉讼人提起的本案诉讼符合《行政诉讼法》第 25 条的规定，以及最高人民法院《人民法院审理人民检察院提起公益诉讼案件试点办法》、最高人民检察院《人民检察院公益诉讼试点工作办法》规定的诉前程序等相关要求。

本案争议焦点（1）：被告对绥德火车站的排污行为是否具有法定监管职责？《环境保护法》第 10 条规定："国务院环境保护主管部门，对全国环境保护工作实施统一监督管理；""县级以上地方人民政府环境保护主管部门，对本行政区域环境保护工作实施统一监督管理。""县级以上人民政府有关部门和军队环境保护部门，依照有关法律的规定对资源保护和污染防治等环境保护工作实施监督管理。"《水污染防治法》（2008 年，下同）第 8 条第 1 款规定："县级以上人民政府环境保护主管部门对水污染防治实施统一监督管理。"根据以上法律规定对本行政区域内的环境保护工作行使统一的监督管理权。《陕西省城市饮用水水源保护区环境保护条例》第 25 条规定：

“县级以上人民政府环境保护主管部门在城市饮用水水源保护区环境保护方面的主要职责是：(一) 组织有关部门拟定城市饮用水水源保护区环境保护规划，经同级人民政府批准后监督实施；(二) 依法监督执行污染物排放总量控制制度和实施排污许可证制度；(三) 组织城市对饮用水水源保护区及保护区内排污口的水质监测；(四) 监督检查有关城市饮用水水源保护区环境保护的法律、法规的实施。”以上法律法规规定了被告的环保监督管理法定职责以及其在水源保护区环保监督管理的主要职责。故被告对绥德火车站在水源保护区的违法排污行为负有法定监管职责。被告认为本案系饮用水污染案件，应该适用《水污染防治法》而不应适用《环境保护法》。法院认为，《环境保护法》第10条与《水污染防治法》第8条均规定，县级以上地方人民政府环境保护主管部门，对本行政区域环境保护工作实施统一监督管理。并无规定不一致的情形，故对被告的环保监督管理法定职责的法律适用，《环境保护法》与《水污染防治法》均可适用。《水污染防治法》第75条对在水源保护区内设置排污口的行为以及在水源保护区之外违反法律法规和国务院环境保护主管部门的规定设置排污口或者私设暗管的处罚权已作出明确的规定，故对于被告的环保监督管理的处罚权法定职责的法律适用，应当适用《水污染防治法》。

虽然《水污染防治法》第75条第1款规定了在饮用水水源保护区内设置排污口的，县级以上地方人民政府有责令限期拆除或罚款等处罚权，但对饮用水水源保护区内的违法行为的日常监管权，仍然由被告行使，不能因为对该违法行为的处罚权属于绥德县人民政府，就认为对该区域的违法行为的监管权也转移到绥德县人民政府。

本案焦点 (2)：被告是否依法履行了环保监管法定职责？其行为是否违法？《水污染防治法》第44条规定，城镇污水应当集中处理。绥德火车站于2001年投入运行，2011年太中银铁路投入运行。此后，绥德火车站原配套污水处理厂废弃使用，生活污水散乱排放，绥德火车站擅自设置排污管向无定河河道排放污水，经检测所排放生活污水水污染物超标。被告对此违法行为负有监管职责，绥德火车站污水未依法排放的违法状态长期存在，被告在执行该监管职责时，履职不力。

《水污染防治法》第3条规定，“水污染防治应当坚持预防为主、防治结合、综合治理的原则，优先保护饮用水源”。该法条规定了水污染防治的保护原则及优先保护的对象。被告在履行环保监督管理职责时应当坚持依上述原则进行监管。绥德火车站存在边运行边建设、未经环保验收的现状，被告作为监管单位针对该种现状，应当加强履行监管职责，防止绥德火车站出现违法行为。但绥德火车站的排污行为，在较长时间段内没有得到有效监管，且随着时间推移，违法行为趋于严重，最终私设排污口、私设暗管，向水源保护区多处排污，导致饮用水水源水质超标，对公共利益造成危害。被告对绥德火车站违法排放污水的行为怠于履行监管职责，行为违法。

对于被告怠于履行监管职责具体认定如下：

2014年5月13日被告发现绥德火车站在绥德县五里店水源地保护区无定河河道非法设置排污口一个排放污水。被告虽然于2014年5月14日对绥德火车站作出，绥德县环境保护局关于绥德火车站向水源地保护区排放生活污水环境违法行为的处理决定，并报告绥德县人民政府，求助于榆林市环保局。但被告认为，在水源保护区对排污口的拆除、罚款属于绥德县人民政府的职责，绥德县人民政府未履行上述处罚程序。法院认为，在水源保护区排污口的拆除、罚款的处罚权，法律规定属于绥德县人民政府，但对违法行为的立案、调查、向有处罚权的主体部门建议处罚、配合有处罚权的绥德县人民政府确定处罚对象、将涉及违法依法应当实施行政拘留的案件移送公安机关的职责仍属于被告应当履行的职责。被告于2016年5月19日向榆林市环保局作出绥环字（2016）8号关于“绥德县火车站在四十铺饮用水源保护区设置排污口”违法行为有关问题的请示报告，称：被告配合绥德县人民政府督促西安铁路局洽谈协调，但因西安铁路局与太中银公司互相推诿、绥德火车站责任主体不明等种种原因而无果，被告面临的调查、取证、执法阻力困难较大，该项工作推进缓慢。《水污染防治法》第70条规定：“拒绝环境保护主管部门或者其他依照本法规定行使监督管理权的部门的监督检查，或者在接受监督检查时弄虚作假的，由县级以上人民政府环境保护主管部门或者其他依照本法规定行使监督管理权的部门责令改正，处一万元以上十万元以下的罚款。”对于绥德火车站责任主体问题，《国务院关于组建中国铁路总公司有关问题的批复》[国函（2013）47 号] 和《中国铁路总司章程》以及《中国铁路总公司关于明确两级企业管理关系的规定》(铁总发展与法律〔2014〕96 号）已经明确铁路局是中国铁路总公司的全资子企业，故依照法律规定处罚主体责任明确。被告在 2014 年 5 月 13 日发现绥德火车站的违法行为后，没有积极履行对违法行为的调查，调查受阻后没有依法履行法律规定的对阻挠调查行为的处罚权，在法律法规、部门规章有明确规定的情况下没有有效配合对在水源地设置排污口的违法行为具有处罚权的绥德县人民政府确定处罚对象。被告该行为属于怠于履行法定职责。被告认为在本案中按其法定权限已尽其所能，不存在行政不作为的事实的意见，法院不予支持。

《水污染防治法》第 44 条第 1 款规定："城镇污水应当集中处理。"绥德火车站在站前公路与沿河大道之间 4 处排污点利用排洪涵洞排放污水，污水排放混乱。依照《行政处罚法》《环境行政处罚办法》的规定，被告管辖本行政区域的环境行政处罚案件。《环境行政处罚办法》第 22 条规定："环境保护主管部门对涉嫌违反环境保护法律、法规和规章的违法行为，应当进行初步审查，并在 7 个工作日内决定是否立案。"《环境行政处罚办法》第 16 条、第 26 条、第 45 条、第 51 条就环境保护主管部门对环境违法行为的处理程序涉及的登记立案、及时组织调查取证、终结调查、实施处罚作出了具体规定，被告对上述违法行为未按照法律法规、规章的规定履行立案、调查、实施处罚、将涉及违法依法应当实施行政拘留的案件移送公安机关等法定职责，且疏于管理，未能有效行使环保行政管理职责，造成绥德火车站无视环保法律法规的规定，从随意利用排洪涵洞排放污水，发展至随意设置排污口向无定河排污，导致污水排放超标，危及供水安全的后果。对此被告负有怠于履行法定职责的责任。

综上，被告作为县级以上地方人民政府环境保护主管部门，对绥德县行政区域环境保护工作实施统一监督管理。被告对绥德县五里店水源保护区内违反环保规定的行为行使除对排污口的拆除、罚款权之外的环保监督管理职责。对对绥德火车站未经环保验收即运行，在运行过程中存在未按环保要求进行污水处理，污水排放混乱，利用排洪涵洞排放污水的违法行为，因该违法排放行为毗邻五里店水源保护区，被告作为环境保护主管部门，应当将绥德火车站作为环保管理重点关注对象，加大环保监督管理工作，对绥德火车站运行中违反环保的行为进行督促整改，按照《水污染防治法》第 3 条规定的“防治结合、综合治理，优先保护饮用水源”的原则，对毗邻水源保护区的违法行为进行监管，防止环保违法行为扩大，造成危及饮用水水源安全的后果。但被告对于绥德火车站在水源保护区外毗邻区域违反环保法的行为及绥德火车站在绥德县五里店二级水源保护区无定河河道上违反环保法规排污的行为怠于依法履行监管职责，故应当确认被告怠于履行法定环保监管职责违法。公益诉讼人请求确认被告的行为违法的诉请，法院予以支持。对被告关于其已经依法履行其法定职责的答辩意见不予采纳。依照《行政诉讼法》第 74 条第 2 款的规定，判决如下：

确认被告绥德县环境保护局对绥德火车站等单位向无定河四十铺饮用水水源保护区内排放污染的行为未依法履行环境保护监管职责的行为违法。

公益诉讼案件免交诉讼费用。

如不服本判决，可以在判决书送达之日起 15 日内向法院递交上诉状，并按对方当事人的人数提出副本，上诉于陕西省榆林市中级人民法院。

【知识点关联及案例点评】

本案因被告绥德县环境保护局怠于履行职责致使国家利益或者社会公共利益受到侵害，而成为环境行政公益诉讼的典型案例。

司法实践中，除行政机关违法行使职权之外，致使国家利益或者社会公共利益受到侵害的行政行为违法情形，更多表现为行政机关在生态、环境和资源保护职责上的不作为。“行政不作为是指行政主体负有某种作为的法定义务，并且具有作为的可能性而在程序上逾期有所不为的行为。”[1] 对行政

① 周佑勇. 行政不作为构成要件的展开. 中国法学，2001 (5)：64 - 73.

机关的不作为可以从三个要件上进行理解。首先是存在作为义务，即行政机关在其行政管理活动过程中，须存在作出某种行政行为的法定或事实义务。在环境保护管理领域中，行政机关的作为义务最主要的依据即是法律法规所规定的法定职责。其次是主观意志范围内的不作为，即排除由客观因素导致的作为不可能。最后是客观事实上的不作为。这一要件涉及不作为的具体形态，包含拒绝作为、拖延履行与不予答复等。具体在环境行政公益诉讼实践中，行政不作为主要表现为两类：一是行政机关对公民或者企业的违法行为不采取任何行动加以控制；二是行政机关对违法行为采取了一定措施，但未达到应尽义务。最终，公民或者企业污染环境或破坏生态的违法行为由于行政不作为而未能得到及时纠正，致使国家利益和社会公共利益处于受侵害状态。

首先，被告对绥德火车站的排污行为具有法定监管职责。《环境保护法》第 10 条与《水污染防治法》第 8 条均规定："县级以上地方人民政府环境保护主管部门，对本行政区域环境保护工作实施统一监督管理。"被告辩称其对绥德火车站在饮用水水源保护区内擅自设置排污口的行为不具有行政处罚权，这实际上是对其监管职责的误解。即使《水污染防治法》（2008 年）第 75 条第 1 款规定"在饮用水水源保护区内设置排污口的，由县级以上地方人民政府责令限期拆除"，被告仍具有对饮用水水源保护区内违法行为的日常监管职权。因此，本案中被告存在法定的作为义务。其次，虽然被告积极履行了一定的法定职责，但仍存在行政不作为的事实，属于不完全作为。绥德火车站边运行边建设、未经环保验收且其违法排放污水的违法状态长期存在，被告在执行该监管职责时，履职不力。加之并未出现客观上行政不可能作为的情形，故被告之行为仍属于主观意志范围内的不作为。最终，由于被告的行政不作为，绥德火车站的违法行为趋于严重，私设排污口、私设暗管、向水源保护区多处排污，最终导致水源水质超标，严重危害社会公共利益。

实践中，环境行政公益诉讼案件中有关行政不作为的定性常常成为争议焦点。由于对监管职责的误解甚至曲解，被告行政机关常常辩称其已经积极履行相应职责，而法院却认为其怠于履职或者履职不力而构成行政不作为。为了更好地维护国家利益和社会公共利益，环境行政公益诉讼中需重视对行政机关的具体行政行为进行审查。

（案例编辑人：田时雨、张舒）

【案例文书2】广东省始兴县人民检察院诉始兴县林业局怠于履行职责环境行政公益诉讼案①

公益诉讼人：广东省始兴县人民检察院

被告：广东省始兴县林业局

审理法院：广东省韶关市武江区人民法院

案件基本情况：2013年6月18日，始兴县人民政府（甲方）与始兴阿公岩影视基地及旅游综合开发（股份）有限公司的代表王某兴签订一份“始兴影视城投资开发框架协议”，就甲方邀请乙方投资开发始兴阿公岩影业基地及综合旅游项目事宜达成框架合作协议。2014年3月11日始兴县人民政府（甲方）与始兴县阿公岩影视基地及旅游综合开发（股份）有限公司签订“始兴阿公岩影业基地项目投资开发合同书”，对先前签订的框架合作协议的具体细节内容和各自的权利义务进行了细化敲定。为履行上述协议和合同书，上述协议书和合同书的乙方于2014年6月18日注册成立了始兴县阿公岩旅游综合开发有限公司（以下简称阿公岩旅游公司）即本案第三人具体推进和负责项目的建设，王某兴任该公司法定代表人，苏某明任该公司项目建设负责人并直接负责项目的推进和建设事宜。2015年8月20日，阿公岩旅游公司（乙方）与始兴县沈所镇黄所村民委员会（甲方）签订“‘歇马庙’修复工程协议书”，约定甲方提供“歇马庙”原址给乙方重新修复，为修复该庙祠，阿公岩旅游公司（甲方）又于2015年12月18日与黄所村刘屋坝村民小组（乙方）签订“始兴县阿公岩旅游综合开发有限公司租用集体土地协议书”，约定甲方以每年每亩20元的租金，租用乙方506亩的集体土地30年，租地方位为歇马祠原址和周边山地位于黄所村的

① 广东省韶关市武江区人民法院（2017）粤0203行初72号行政判决书.

西北角，以甲方所提供的山林证红线图为准。在此前后，阿公岩旅游公司即组织人员、机械设备进场施工。

2015年12月1日，沈所林场护林员发现在其管辖的沈所镇黄所村阿公岩山场有人使用挖掘机开发山场准备从事建设作业。该林场的负责人即向被告广东省始兴县林业局进行了汇报。不久，被告广东省始兴县林业局又接到了村民的举报。遂派出行政执法人员前往现场处置，要求阿公岩旅游公司立即停止作业，告知其必须依法办理相关的占用林地手续方可动工，并于2015年12月4日向阿公岩旅游公司发出始停通〔2015〕第1102号停工通知书，要求阿公岩公司立即停止毁坏林地的违法行为，并要求该公司在2015年12月9日前往该局接受处理。后阿公岩旅游公司向被告广东省始兴县林业局提交了营业执照和法定代表人身份证明及申请书复印件各一份，但并未办理占用林地手续。2016年1月12日，被告广东省始兴县林业局再次接到群众举报阿公岩旅游公司擅自开发山林，便前往查处，发现阿公岩旅游公司正开挖林地进行寺庙建设。次日，被告广东省始兴县林业局委派专业技术人员对被开挖的林地进行了鉴定，发现被毁林地面积达53.85亩。2016年2月4日，被告广东省始兴县林业局向阿公岩旅游公司发出“责令限期恢复原状通知书”，责令其于2016年3月20日将擅自开垦的林地恢复原状并做好复绿及相关工作。阿公岩旅游公司的负责人苏某明承诺将认真履行责令内容。此后，被告广东省始兴县林业局前往检查阿公岩旅游公司的复绿工作，发现该公司虽进行了复绿工作，但并不合格，遂要求其补植树苗。阿公岩旅游公司口头应允，但一直未能落实。2016年5月5日，被告广东省始兴县林业局再次接到群众举报阿公岩旅游公司在开挖的林地进行水泥硬化并搭建板房，经派员调查，发现阿公岩旅游公司在林地进行了大面积的混凝土硬化和板房搭建工作，遂于同日以始林罚立字〔2016〕第11004号案对阿公岩旅游公司擅自改变林地用途的问题进行立案调查。次日，经林业技术鉴定人员鉴定，阿公岩旅游公司擅自改变林地用途（已水泥硬化部分）面积为5.4亩，林种为生态公益林。2016年5月16日，被告广东省始兴县林业局在巡查过程中发现在5月6日林地硬化基础上阿公岩旅游公司又新增了几块水泥硬化地面，便要求立即停工。其后，有群众向被告广东省始兴县林业局举报有人在阿公岩山场使用挖掘机开挖林地，被告广东省始兴县林业局遂联合森林公安分局前往现场处置，当即扣押毁林挖掘机一台。2016 年 7 月 4 日，被告广东省始兴县林业局根据其调查结果，将案件移交始兴县公安局森林分局立案侦查，森林分局经审查后于 2016 年 7 月 6 日立案侦查，并于 2016 年 10 月 10 日对苏某明采取了取保候审。后案件进入审查起诉阶段。

公益诉讼人在履职过程中发现阿公岩旅游公司未经批准，非法占用省级生态公益林建房，大面积开挖林地并用混凝土硬化地面及建造板房，造成严重的环境资源损失，遂于 2016 年 10 月 17 日作出始检民（行）行政违监〔2016〕44022200023 号检察建议书，建议被告广东省始兴县林业局依法履行职责，对始兴县阿公岩旅游公司非法占用农用地的行为进行行政处罚，要求将非法改变用途的林地依法进行恢复原状，并依据部门职能，全面排查，加强监管，对全县存在的非法占用农用地的行为依法进行查处、整治；并要求被告广东省始兴县林业局在收到检察建议书后一个月内作出处理并将处理结果书面回复公益诉讼人。该检察建议书于 2016 年 10 月 20 日送达，被告广东省始兴县林业局于 2016 年 11 月 14 日对公益诉讼人的检察建议进行了书面回复，将案件的始末告知了公益诉讼人。公益诉讼人认为被告广东省始兴县林业局存在怠于履职情形，且其怠于履职的行为已经给国家利益和社会公共利益造成损失。受损的环境未能得到恢复，国家和社会公共利益仍处于受侵害状态。其为维护国家和社会公共利益不受侵害，督促行政机关依法履行职责，故提起本案行政公益诉讼。

另查明，在书面回复公益诉讼人的检察建议后，被告广东省始兴县林业局于 2016 年 11 月 23 日向阿公岩旅游公司发出始林罚责通字〔2016〕第 11004 号“责令限期恢复原状通知书”，责令该公司在 2016 年 12 月 30 日前自行组织人员拆除在擅自改变林地上搭建的棚架及挖除林地地面上非法使用混凝土硬化的林地，恢复原有林地的状貌，且林地需能达到造林复绿状态，并于 2017 年 3 月 20 日前将所有擅自开垦的林地及擅自改变林地用途的林地做好造林复绿及相关工作。2016年11月28日及2017年2月13日，被告广东省始兴县林业局分别向阿公岩旅游公司发出始林罚权告字〔2016〕第11004号“林业行政处罚先行告知书”和始林罚听权告字〔2016〕第11004号“林业行政处罚听证权利告知书”，告知其对拟处罚内容有陈述和申辩以及提出听证的权利。阿公岩旅游公司明确放弃听证权利。次日，被告广东省始兴县林业局作出始林罚决字〔2016〕第11004号“林业行政处罚决定书”，对阿公岩旅游公司作出以下行政处罚：（1）责令立即停止违法行为；（2）在2017年3月20日前自行组织人员拆除在擅自改变林地上搭建的棚架及挖除林地地面上非法使用混凝土硬化的林地，恢复原有林地状貌，且林地需达到能造林复绿状态，并于2017年3月20日前将所有擅自开垦的林地及擅自改变林地用途的林地做好造林复绿及相关等工作。2017年6月16日，被告广东省始兴县林业局林业调查规划设计队对阿公岩旅游公司的复绿工作进行验收鉴定，鉴定结果为复绿山场面积为53.85亩，种植树种为木荷、枫香、樟树；种植密度为2.5×2.5米，即亩种植株数为107株，成活率为96%，折算亩成活株数为103株，符合碳汇林营造标准。

还查明，在案涉林地进行开发建设的主体为本案第三人阿公岩旅游公司，在该公司成立前，与始兴县人民政府签订框架合作协议和项目投资开发合同书的主体分别为始兴阿公岩影业基地及旅游综合开发（股份）有限公司和始兴县阿公岩影业基地及旅游综合开发（股份）有限公司；被告广东省始兴县林业局于本案作出的“停工通知书”“责令限期恢复原状通知书”“林业行政处罚先行告知书”“林业行政处罚听证权利告知书”“林业行政处罚决定书”等文书所列当事人分别为始兴阿公岩影业基地及旅游综合开发有限公司、始兴阿公岩影业基地开发公司，但上述文书均向第三人阿公岩旅游公司送达并由该公司负责人或者工作人员签收，第三人阿公岩旅游公司对此并未提出异议。

法院判决：法院认为，本案系因公益诉讼人认为被告广东省始兴县林业局未及时对阿公岩旅游公司作出行政处罚，致使林地未能得到及时保护，从而导致国家、社会的公共利益受损引起。公益诉讼人作为国家的法律监督机关，负有履行法律监督的职责。其在履职过程中发现国家、社会的公共利益遭受损害而提起本案行政公益诉讼，公益诉讼人的起诉符合《公益诉讼试点工作决定》《人民法院审理人民检察院提起公益诉讼案件试点办法》和《人民检察院公益诉讼试点工作办法》的相关规定。

根据《森林法》第10条（国务院林业主管部门主管全国林业工作。县级以上地方人民政府林业主管部门，主管本地区的林业工作。乡级人民政府设专职或者兼职人员负责林业工作）、第13条（各级林业主管部门依照本法规定，对森林资源的保护、利用、更新，实行管理和监督）的规定，被告广东省始兴县林业局作为县级林业主管部门，对本地区的森林和林地负有监管保护职责，并有权依据《森林法》及其他相关法律法规对破坏森林资源的行为进行处理。

本案中，第三人阿公岩旅游公司未经林业部门的审核批准，擅自毁林建房，硬化地面，造成林地受损、破坏国家森林资源的事实，有行政机关和公益诉讼人的调查为证，第三人阿公岩旅游公司对此也不予否认。第三人阿公岩旅游公司违法事实清楚，证据确凿充分，被告广东省始兴县林业局针对第三人阿公岩旅游公司的违法行为发出“停工通知书”“责令限期恢复原状通知书”，属于依法履行法定职责。第三人阿公岩旅游公司收到上述通知书后，并未严格依照通知书的要求停工并恢复原状，反而继续采取硬化林地地面的非法方式破坏林地。被告广东省始兴县林业局多次调查处理，发现涉嫌刑事犯罪后还依法将案件移送司法机关查处。在此过程中，被告广东省始兴县林业局确实依法履行了自己的部分职责，但从其作出行政处理的文书存在错误以及第三人阿公岩旅游公司屡罚屡犯破坏林地和森林资源的行为来看，被告广东省始兴县林业局的履职过程和履职效果存在不足。公益诉讼人在履职过程中发现第三人阿公岩旅游公司的违法行为及被告广东省始兴县林业局的查处行为存在问题之时，依法向被告广东省始兴县林业局发出检察建议，建议其依法履行职责，对第三人阿公岩旅游公司的违法行为进行行政处罚，并将非法改变用途的林地依法进行恢复原状，并依据部门职能全面排查加强监管，对违法行为依法进行查处和整治。被告广东省始兴县林业局虽对公益诉讼人的检察建议进行了书面回复，但其恢复的内容仅为陈述案件的始末，对于公益诉讼人的检察建议既未采纳，也未说明不予采纳的理由。在本案庭审之时，被告广东省始兴县林业局还以案件已经移送司法机关追究刑事责任为由进行辩解。对于被告广东省始兴县林业局的辩解，法院评判如下。

根据《行政处罚法》(2009 年）第 7 条第 2 款（违法行为构成犯罪，应当依法追究刑事责任，不得以行政处罚代替刑事处罚)、第 22 条（违法行为构成犯罪的，行政机关必须将案件移送司法机关，依法追究刑事责任）的规定，违法行为构成刑事犯罪的，行政机关必须将案件移送司法机关追究刑事责任，而不能“以罚代刑”。但此规定并不意味着负有行政管理职责的行政机关可对违法行为不予理会、一移了之。本案中，被告广东省始兴县林业局虽然将阿公岩旅游公司的毁林违法行为移送给公安机关，公安机关亦对该公司的违法行为以涉嫌非法占用农用地案立案侦查，但此时，阿公岩旅游公司毁坏林木、硬化林地的行为已经完成，损害后果已经客观存在，即便司法机关追究违法行为人的刑事责任，其承担刑事责任的方式亦只能是法律所规定的刑罚，而无法直接恢复受损的林地和森林资源。即便违法行为人被追究了刑事责任，消除了违法犯罪带来的后果，恢复林地的原有状貌依旧需要被告广东省始兴县林业局的积极履职。且根据国务院颁布的《行政执法机关移送涉嫌犯罪案件的规定》第 11 条第 2 款（行政执法机关向公安机关移送涉嫌犯罪案件前已经作出的警告，责令停产停业，暂扣或者吊销许可证、暂扣或者吊销执照的行政处罚决定，不停止执行）以及公安部发布的《公安机关受理行政执法机关移送涉嫌犯罪案件规定》第 6 条第 3 款（移送案件的行政执法机关在移送案件后，需要作出责令停产停业、吊销许可证等行政处罚，或者在相关行政复议、行政诉讼中，需要使用已移送公安机关证据材料的，公安机关应当协助）的规定，法律法规并未将行政处罚和追究刑事责任完全割裂，行政机关需区分不同情形正确理解法律法规的规定，依法积极履行自己的职责。本案被告广东省始兴县林业局认为案件已经移送司法机关追究刑事责任，即无其履行行政职责的空间的认识，与法律法规的原意有偏差。即便其已经将阿公岩旅游公司的违法行为移送司法机关追究刑事责任，对于其已于2016年2月4日作出的“责令限期恢复原状通知书”，在阿公岩旅游公司未予履行的情形下，依法不得停止执行；对于阿公岩旅游公司违法毁林建房导致的林地和森林资源遭到破坏的后果，其依然负有保护国家林业资源的行政职责。在公益诉讼人向其发送检察建议后，被告广东省始兴县林业局未能积极正确履行职责，致使国家森林资源利益未能得到及时有效的保护。公益诉讼人要求判决确认被告广东省始兴县林业局怠于履行职责的行为违法有事实和法律依据，法院予以支持。

至于公益诉讼人的第二项诉讼请求即要求判决被告广东省始兴县林业局依法履行职责，对阿公岩旅游公司作出行政处罚，并对被毁损的林地补种复绿，恢复原状，法院认为，根据本案查实的情况，被告广东省始兴县林业局在公益诉讼人起诉后已经对阿公岩旅游公司作出行政处罚决定，责令其停止违法行为、拆除违法搭建的地上设施、挖除非法硬化的地面并恢复林地原有状貌，阿公岩旅游公司亦依此履行了行政处罚决定。现案涉林地已经恢复林地用途，国家的林业资源已经得到保护，公益诉讼人的该项诉讼请求业已实现，故公益诉讼人的该项诉讼请求已无处理之必要。

综上所述，依据《行政诉讼法》第74条之规定，判决如下：

确认被告广东省始兴县林业局在查处始兴县阿公岩旅游综合开发有限公司非法损毁国家森林资源过程中怠于履行职责的行为违法。

本案受理费50元，由被告广东省始兴县林业局负担。

如不服本判决，可以在判决书送达之日起15日内向法院递交上诉状，并按对方当事人的人数提出副本，上诉于广东省韶关市中级人民法院。

【知识点关联及案例点评】

本案是行政机关怠于履行职责的行为致使国家利益和社会公共利益未能得到及时有效保护而成为环境行政公益诉讼被告的典型案例。本案的争议焦点在于：追究行为人的刑事责任是否可以成为行政机关履行法定指责的抗辩理由。

首先，被告广东省始兴县林业局对本地区的森林和林地负有监管保护职责，其应当依据《森林法》与其他相关法律法规及时处理破坏森林资源的行为，恢复受损林地和森林资源。

其次，并未出现客观上行政不可能作为的情形。被告广东省始兴县林业局的行为仍属于主观意志范围内的不作为。被告广东省始兴县林业局主张犯罪嫌疑人被移送司法机关追究其刑事责任，其行政职责已经履行完毕，但法院认为：一方面，行政机关不能“以罚代刑”；另一方面，也不可以“一移了之”。尽管公安机关已对阿公岩旅游公司的违法行为立案侦查，但其毁坏林木、硬化林地的行为已经造成了损害后果，被追究刑事责任也只是消除了违法犯罪带来的后果，而恢复林地需要被告广东省始兴县林业局积极履行职责。

（案例编辑人：田时雨、张舒）

【案例文书3】宁夏回族自治区银川市西夏区人民检察院诉银川市水务局怠于履行职责行政公益诉讼案①

公益诉讼起诉人：宁夏回族自治区银川市西夏区人民检察院

被告：宁夏回族自治区银川市水务局

案件基本情况：银川市西夏区环卫作业近年来全部使用自备井抽取地下水，日均用水量保守估计为800吨。所有自备井均未安装用水计量设施，取水单位也未缴纳过水资源费。根据法律规定，西夏区城管局作为取水单位，在未取得取水许可证的情况下，长期使用地下水，既未进行计量，也未缴纳水资源费，属违法用水。银川市水务局作为审批机关和监管部门，既未对取水工程进行验收，又未向取水单位收取水资源费，存在监管缺失。2017年4月26日，西夏区人民检察院向银川市水务局发出督促履职检察建议，建议其依法正确履职，及时验收所审批取水工程是否符合相关规定，同时向取水单位依法收取水资源费，加强节水管理。随后，虽然银川市水

① 宁夏区、市两级检察院发布公益诉讼典型案例.（2018-04-02）[2018-05-12]. http://www.legaldaily.com.cn/index/content/2018-04/02/content_7512520.htm?node=20908.

务局及时回复，但截至7月31日，相关自备井仍未安装计量设施，取水单位对于从自备井中抽取的地下水仍未缴纳水资源费，违法情形依旧存在。经报批，西夏区人民检察院于同日将该案正式立为行政公益诉讼案件。经银川市人民检察院指定，西夏区人民检察院于2017年8月29日向银川市水务局发出诉前检察建议。收到检察机关的检察建议后，银川市水务局向西夏区城管局下发了责令整改通知书，责令该局补缴2015年至2017年9月20日期间地下水水资源费共计81万余元，同时限期停止使用并封填现有的两眼自备井，对道路洒水水源采用其他方式解决，并在全市范围内责令相关单位针对相同问题进行同步整改。

【知识点关联及案例点评】

本案是行政机关怠于履行职责的行为违法致使国家利益和社会公共利益未能得到及时有效保护而成为环境行政公益诉讼被告的典型案例。

"行政不作为是指行政主体负有某种作为的法定义务，并且具有作为的可能性而在程序上逾期有所不为的行为。"对行政机关的不作为可以从三个要件进行理解。首先，存在作为义务，即行政机关在其行政管理活动的过程中，须存在作出某种行政行为的法定或事实义务。在环境保护管理领域中，行政机关的作为义务最主要的依据即是法律法规所规定的法定职责。其次，是主观意志范围内的不作为，即排除由客观因素而导致的作为不可能。最后，是客观事实上的不作为。这一要件涉及不作为的具体形态，包含拒绝作为、拖延履行与不予答复等。具体在环境行政公益诉讼实践中，行政不作为主要表现为两类：一是行政机关对公民或者企业的违法行为不采取任何行动加以控制；二是行政机关对违法行为采取了一定措施，但未达到应尽义务。最终，公民或者企业污染环境或破坏生态的违法行为由于行政不作为而未能得到及时纠正，致使国家利益和社会公共利益处于侵害状态。

本案中行政相对人作为取水单位，在未取得取水许可证的情况下，长期使用地下水，既未进行计量，也未缴纳水资源费，属违法用水。银川市水务局作为审批机关和监管部门，既未对取水工程进行验收，又未向取水单位收取水资源费，存在监管缺失。银川市水务局在接到检察机关的检察建议之后并未针对检察建议的相关内容正确履行行政行为，因此被银川市西夏区人民检察院作为被告诉至法院。

（案例编辑人：梁晓敏、邱涛韬、张舒）

第十二章　环境行政公益诉讼的诉讼请求

【案例文书1】江苏省泰州市高港区人民检察院诉泰州市高港区水利局请求确认行政行为违法、依法履行职责环境行政公益诉讼案[①]

公益诉讼人：江苏省泰州市高港区人民检察院

被告：江苏省泰州市高港区水利局

审理法院：江苏省泰州医药高新技术产业开发区人民法院

案件基本情况：2014年至2015年期间，第三人泰兴市江汉水利工程有限公司（以下简称“江汉公司”）在承揽集装箱公司（2014年12月签订合同）、泰联公司（2014年1月签订合同）、汇胜公司（2014年9月签订合同）相关聚填砂工程时，未经许可非法采砂，经初步计算，非法采砂量总计达317 430.1立方米。因该公司法定代表人杨某汉与被告高港区水利局工作人员王某某、李某之间存在不正当经济往来，王某某、李某对第三人的非法采砂行为采取“不予处罚或单处罚款”的方式，帮助江汉公司规避监管，免于缴纳长江河道砂石资源费。

公益诉讼人江苏省泰州市高港区人民检察院发现上述事实后，于2016年10月25日向被告高港区水利局送达了泰高检民（行）行政违监〔2016〕32120300010号督促履职令以及第三人江汉公司涉嫌单位行贿，王某某、李某涉嫌职务犯罪的案卷材料。被告高港区水利局收到上述材料后未作出任

① 江苏省泰州医药高新技术产业开发区人民法院（2016）苏1291行初330号行政判决书.

何处理。公益诉讼人遂提起行政公益诉讼。法院立案后，被告于2016年12月26日对江汉公司的非法采砂行为予以立案。

法院认为，本案的争议焦点为：（1）公益诉讼人提起本起行政公益诉讼，是否符合法定条件；（2）被告是否构成侵害国家和社会公益的行政不作为；（3）公益诉讼人关于被告继续履职的主张是否应予支持。

关于焦点一，《人民法院审理人民检察院提起公益诉讼案件试点办法》第11条规定："人民检察院认为在生态环境和资源保护、国有资产保护、国有土地使用权出让等领域负有监督管理职责的行政机关或者法律、法规、规章授权的组织违法行使职权或不履行法定职责，造成国家和社会公共利益受到侵害，向人民法院提起行政公益诉讼，符合行政诉讼法第四十九条第二项、第三项、第四项规定的，人民法院应当登记立案"；第12条规定，"人民检察院提起行政公益诉讼应当提交下列材料：（一）行政公益诉讼起诉状，并按照被告人数提出副本；（二）被告的行为造成国家和社会公共利益受到侵害的初步证明材料；（三）人民检察院已经履行向相关行政机关提出检察建议、督促其纠正违法行政行为或者依法履行职责的诉前程序的证明材料"。《人民检察院公益诉讼试点工作办法》第40条规定，"在提起行政公益诉讼之前，人民检察院应当先行向相关行政机关提出检察建议，督促其纠正违法行为或者依法履行职责。行政机关应当在收到检察建议书后一个月内依法办理，并将办理情况及时书面回复人民检察院"。

本案中，《长江河道采砂管理条例》第3条第3款规定，"沿江县级以上地方人民政府水行政主管部门依照本条例的规定，具体负责本行政区域内长江采砂的管理和监督检查工作"。被告高港区水利局作为长江高港区流段水行政主管部门，负有对管辖区域内的非法采砂行为予以查处的职责。公益诉讼人在履职过程中发现第三人存在未经许可非法采砂的事实，向被告发送了督促履职令，但被告未在规定的1个月内予以纠正。公益诉讼人在立案时已经提供了被告不作为可能造成国家和社会公共利益受到侵害的初步材料，以及其履行诉前程序的相关证据，故公益诉讼人的起诉符合上述所规定的受理条件。

关于焦点二，国家为维护长江河势稳定，保障防洪和通航安全，制定《长江河道采砂管理条例》。根据该条例第 9 条、第 17 条之规定，长江采砂实行采砂许可制度，从事长江采砂活动的单位和个人应当向发放河道采砂许可证的机关缴纳长江河道砂石资源费。

根据查明的事实，第三人在承揽集装箱公司、泰联公司、汇胜公司相关工程时，未申领采砂许可非法采砂，且经初步统计，采砂量较大。被告高港区水利局收到公益诉讼人的督促履职令知晓上述事实后，在规定期限内未采取积极的处理措施。第三人的非法采砂行为未受到查处，砂石资源费未被追缴。被告高港区水利局的不作为不仅导致国家矿石资源费的流失，还使非法采砂活动对长江生态、水文及航道安全的破坏未得到消弭，受侵害的公共利益未能恢复。因此，对于被告高港区水利局上述不履行长江采砂监管法定职责的行为，依法应予确认违法。

关于被告主张的公益受到侵害系被告工作人员与第三人串通的不廉洁行为所致这一问题，与被告不作为无因果关系。机关法人本身并无行为意志，其决策与管理活动依赖于负责人集体研究决定及工作人员具体实施。不可否认，并无证据证明被告在决策上具有放纵第三人违法行为的意思，但行政处理以行政调查为前置程序。调查程序中，被告的工作人员王某某、李某作为代表国家履行长江采砂监管职责的办案人员，已经发现第三人的非法采砂活动，但其嗣后自主决定对第三人不予追究或仅追究部分责任。其上述行为构成效果上归属于被告的行政监管活动的一部分，故被告所任用人员因职务犯罪而放弃职权的行为对外仍应构成被告的不作为。据此，被告上述辩称，依法欠缺法律依据，法院不予采纳。

关于焦点三，法院认为，本案应责令被告继续履职，理由如下。

（1）关于立案审批表对被告履职的证明力问题。

首先，被告自收到督促履职令之后，除公益诉讼人向其送达的案卷外，无证据证明其已就第三人涉嫌的违法行为进行了调查、询问。被告辩称杨某汉被羁押，无法开展调查，但其完全可以向第三人江汉公司及施工合同相对方调取相关证据，故该辩称显无依据。由此，被告单凭立案审批表并不能证明其已经履行了必要职责，反有规避实质履职之嫌。

其次，无论第三人涉嫌的违法行为是否超出行政处罚的追究时效，案件系属被告自行处理权限抑或移送刑事侦查，均必须经被告全面调查、核实基础事实之后再作判断。但本案中，被告并未查明第三人之违法行为的发生、持续、终了时间、非法采砂具体数量等基本事实，故其根本无法确定处罚追究时效的起算时点以及第三人之违法行为的性质，其再以此作为拖延履职的理由，明显欠缺事实依据。

最后，为维护法秩序的安定性，《行政处罚法》第29条规定，“违法行为在二年内未被发现的，不再给予行政处罚”。一般来说，该条规定中的“发现”作为两年时效计算的终止时点，应理解为行政机关的立案处理行为。本案中，被告的工作人员已发现第三人的违法行为，但因其与第三人之间的不廉洁往来而未提请被告集体研究予以查处。根据法律原理，任何人不得从违法行为中获益，法律也不保护用不法手段所直接追求的目的。第三人利用不正当手段规避查处，不应产生一般违法行为人将行政机关的“立案处理”作为“发现”的期待与信赖，不宜享受追究时效制度的一般保护方式，故不宜对其违法行为适用追究时效制度以行政机关的“立案处理”作为“发现”的一般理解。由此，第三人之违法行为是否超逾行政处罚追究时效并成为被告履职的阻碍因素，被告亦需重新考量。

（2）关于行政公益诉讼中被诉行政机关变更原行政行为的审查方式。

司法审查是行政行为的法定监督方式之一，但司法权应尊重行政权且不得过度干预行政权的具体行使方式和内容。如何分清司法权与行政权的边界或如何确定司法审查的标准与强度，是行政不作为案件需要解决的问题。《最高院执行行政诉讼法司法解释》第50条第3款、第4款规定，“被告改变原具体行政行为，原告不撤诉，人民法院经审查认为原具体行政行为违法的，应当作出确认其违法的判决；认为原具体行政行为合法的，应当判决驳回原告的诉讼请求。原告起诉被告不作为，在诉讼中被告作出具体行政行为，原告不撤诉的，参照上述规定处理”。本案中，虽被告对第三人予以立案处理，但行政公益诉讼制度设立的本旨在于通过对行政行为的司法审查，责令行政机关依法履行职责，有效消除公益受侵害状态。《人民检察院公益诉讼试点工作办法》第 41 条规定，“经过诉前程序，行政机关拒不纠正违法行为或者不履行法定职责，国家和社会公共利益仍处于受侵害状态的，人民检察院可以提起行政公益诉讼”。作为人民检察院提起公益诉讼前的审查要件，对行政机关的履职程度尚且要求以消除公益受侵害状态为限度，人民法院在公益诉讼司法审查中对行政机关作为义务的审查强度当然不应低于起诉前对行政机关的履职要求。因此，被告当前仅作出对第三人予以立案的处理，至今未有任何处理结果，故不应被视为已对原行政不作为作出实质变更，仍应责令其继续履行法定职责。

综上，被告高港区水利局未依法及时查处第三人非法采砂行为的行政不作为违法，应责令其限期作出处理决定，以回复受侵害的公共利益。第三人江汉公司未到庭参加诉讼，不影响案件的审理。

法院判决：依照《行政诉讼法》第 72 条之规定，判决如下。

责令被告泰州市高港区水利局于本判决生效后两个月内对第三人江汉公司的非法采砂行为作出处理。

人民检察院提起的行政公益诉讼案件，案件受理费予以免交。

如不服本判决，可在判决书送达之日起 15 日内，向法院递交上诉状，并按对方当事人的人数提出副本，上诉于江苏省泰州市中级人民法院。

【知识点关联及案例点评】

本案是以确认被诉行政行为违法、责令被告依法履行职责作为行政公益诉讼之诉讼请求的典型案例。

环境行政公益诉讼的诉讼请求是指环境行政公益诉讼原告提出的，请求人民法院予以支持的请求。环境行政公益诉讼的主要目的是督促行政机关正确履行职权。结合环境行政公益诉讼的特点，以及《检察公益诉讼司法解释》第 25 条的规定，环境行政公益诉讼的诉讼请求包括：（1）判决确认被诉行政行为违法，并责令行政机关采取补救措施；（2）判决撤销或者部分撤销被诉行政行为，并判决被诉行政机关重新作出行政行为；（3）判决被诉行政机关在一定期限内履行法定职责；（4）判决被诉行政机关变更明显不当的行政处罚或者错误的行政处罚。

本案中，原告泰州市高港区人民检察院提出两项诉讼请求——“确认高港区水利局不及时查处江汉公司非法采砂的行为违法，并判决责令高港区水利局依法查处江汉公司的违法行为”。《检察公益诉讼司法解释》第25条规定：“被诉行政行为具有行政诉讼法第七十四条、第七十五条规定情形之一的，判决确认违法或者确认无效，并可以同时判决责令行政机关采取补救措施”，“被诉行政机关不履行法定职责的，判决在一定期限内履行”。《行政诉讼法》第74条规定，行政行为违法，但不具有可撤销内容的，人民法院判决确认行政行为违法。据此，原告提出的诉讼请求符合相关法律的规定，法院均予以支持。

（案例编辑人：邱涛韬、张舒）

【案例文书2】吉林省白城市洮北区人民检察院诉洮北区畜牧业管理局请求确认行政行为违法、行政机关依法履行职责、恢复草原植被环境行政公益诉讼案[①]

公益诉讼人：吉林省白城市洮北区人民检察院

被告：白城市洮北区畜牧业管理局

审理法院：吉林省白城市洮北区人民法院

案件基本情况：2015年春季，顾某某未经任何部门审批，私自将位于镇南种羊场报好农场南侧的草原非法开垦。被告区畜牧局接到群众举报后，责令洮北区草原站执法人员进行了现场勘查。经勘查，被破坏草原性质为国有，面积为10.068公顷。2015年7月8日，区畜牧局将该案移送公安机关侦查，并告知了顾某某，但未责令顾某某将破坏的草原恢复植被。公益诉讼人于2017年7月28日向区畜牧局发出检察建议，建议其依法履行监管职责，责令顾某某停止开垦、恢复植被。2017年8月28日，区畜牧局向公益诉讼人书面回复称找不到当事人顾某某，已将该案移送公安机关。至今，顾某某破坏的草原植被仍然没有恢复。公益诉讼人认为顾某某违法开垦草

① 吉林省白城市洮北区人民法院（2017）吉0802行初52号行政判决书.

原，且破坏后未对草原进行恢复，使草原植被和生态环境仍处于被破坏的状态，损害了社会公共利益。被告区畜牧局对此没有依法采取监督管理措施。公益诉讼人向被告发出检察建议，督促其履行法定监管职责，但被告至今未依法履行职责，被破坏的草原至今未得到恢复，国家和社会公共利益持续处于受侵害的状态，故向法院提起行政公益诉讼。

法院认为，《草原法》第56条第1款规定："国务院草原行政主管部门和草原面积较大的省、自治区的县级以上地方人民政府草原行政主管部门设立草原监督管理机构，负责草原法律、法规执行情况的监督、检查，对违反草原法律、法规的行为进行查处"。《吉林省草原管理条例》第4条规定："县级以上人民政府的畜牧业行政部门为草原主管部门，负责贯彻执行有关法律、法规和政策，以及本行政区域内的草原管理工作，对草原使用者进行指导和监督。"故被告区畜牧局作为草原行政主管部门对草原保护、建设和利用工作负有监督管理职责。《草原法》第46条规定，"禁止开垦草原"。《吉林省草原保护条例》第25条规定，"禁止开垦草原、挖草皮和其他破坏草原植被的活动。已经开垦并造成草原沙化或严重水土流失的，县级以上人民政府应当限期封闭、责令退耕恢复植被"。第39条规定："有下列违反本条例行为的，由县级以上草原主管部门按下列规定处罚……（四）违反第25条规定的，责令其停止开垦，恢复植被；情节严重的，每开垦一亩处五十元以上一百元以下的罚款。"顾某某违法开垦草原，使草原植被和生态环境处于被破坏的状态，损害了社会公共利益。被告区畜牧局对此没有依法采取监督管理措施。公益诉讼人向被告发出检察建议，督促其履行法定监管职责后，被告至今未依法履行职责，被破坏的草原至今未得到恢复，国家和社会公共利益持续处于受侵害的状态。故认定被告不履行法定职责的行为违法。

法院判决：依照《行政诉讼法》第72条的规定，判决如下。

确认被告区畜牧局未依法履行督促顾某某恢复草原植被的监管职责违法；责令被告区畜牧局依法履行监督、管理职责。

案件受理费50元由被告区畜牧局负担。

如不服本判决，可以在判决书送达之日起 15 日内向法院递交上诉状，并按对方当事人的人数提出副本，上诉于白城市中级人民法院。

【知识点关联及案例点评】

本案是以确认行政行为违法、责令被告依法履行职责以及恢复植被为行政公益诉讼之诉讼请求的典型案例。

依据《检察公益诉讼司法解释》第 25 条的规定，环境行政公益诉讼的诉讼请求包括：（1）判决确认被诉行政行为违法，并责令行政机关采取补救措施；（2）判决撤销或者部分撤销被诉行政行为，并判决被诉行政机关重新作出行政行为；（3）判决被诉行政机关在一定期限内履行法定职责；（4）判决被诉行政机关变更明显不当的行政处罚或者错误的行政处罚。

除了提出确认被告行政行为违法、责令被告履行监管职责这两项诉讼请求之外，本案原告还提出“请求被告采取有效措施，恢复被破坏的草原植被”。《检察公益诉讼司法解释》第 25 条规定：“被诉行政行为具有行政诉讼法第七十四条、第七十五条规定情形之一的，判决确认违法或者确认无效，并可以同时判决责令行政机关采取补救措施”，“被诉行政机关不履行法定职责的，判决在一定期限内履行”。《行政诉讼法》第 74 条规定，行政行为违法，但不具有可撤销内容的，人民法院判决确认行政行为违法。根据《检察公益诉讼司法解释》第 25 条的规定，法院在判决确认行政行为违法的同时，“可以责令行政机关采取补救措施”。

（案例编辑人：邱涛韬、张舒）

【案例文书 3】贵州省铜仁市碧江区人民检察院诉铜仁市国土资源局请求撤销行政处罚决定环境行政公益诉讼案[①]

公益诉讼人：贵州省铜仁市碧江区人民检察院

被告：贵州省铜仁市国土资源局

审理法院：贵州省遵义市播州区人民法院

案件基本情况：2009 年 8 月 28 日，贵州省国土资源厅以黔国土资规划

① 贵州省遵义市播州区人民法院（2016）黔 0321 行初 155 号行政判决书.

函〔2009〕72号《关于铜仁地区申请开展土地储备试点工作请示的复函》回复铜仁地区国土资源局，同意铜仁地区开展土地储备试点工作，要求拟制具体方案由铜仁地区行政公署报省人民政府审批，并要求“涉及土地征收和农用地转用，按照土地管理法律法规办理用地手续”。2009年9月4日，铜仁地区行政公署以铜署呈〔2009〕118号《关于开展土地储备试点工作的请示》请示贵州省人民政府：请求批准开展土地储备试点工作，在两年内储备土地3 000公顷，根据土地利用总体规划将农村集体土地征为国有，作为土地储备；在被征收农用地转用前，不改变土地利用现状，农民可以继续耕种；严格按照国家用地政策办理转用手续。2009年11月19日，贵州省国土资源厅作出黔国土资规划函〔2009〕110号《关于对开展土地储备工作的复函》，根据省政府办公厅办2124号批示函复铜仁地区行政公署：同意在两年内收储1 000公顷，要求必须以土地利用年度计划为依据，按照《土地管理法》和有关规定，依法办理建设项目用地的征收和农用地转用报批手续。

2011年10月，铜仁地区被撤销，地级铜仁市设立。

2012年10月1日，铜仁市人民政府办公室发布铜府办发〔2012〕195号文件《关于印发铜仁市土地收购储备工作实施方案的通知》，决定收储碧江区、万山区、梵净山公路环线、城市快速干道沿线、主城区近期急需开发利用的土地，因单位搬迁等原因调整出的国有土地，城市建成区内闲置或低效利用的国有和集体土地等以及市政府决定收储的其他土地。

2013年9月6日，铜仁市人民政府办公室印发《关于印发整顿和规范铜仁市城市规划区砂石市场秩序专项行动工作方案的通知》（铜府办发〔2013〕192号），并附《铜仁市城市规划区砂石集中加工场挂牌出让方案》等，决定取缔非法砂石开采点和加工场，设置集中加工场，选址规划后投放市场公开出让；并规定：竞买人必须是城市规划区内的合法砂石企业；竞得人必须在市国土局指定的地点和范围进行加工、堆放和弃渣，具备弃土条件的砂石加工场必须接受建设单位有偿弃土，收费标准不得高于2元/立方米；一旦砂石加工场投入运行，竞得人必须停止开采原有砂石矿山，砂石加工结束报市国土局验收同意后方可开采砂石矿山；竞得人在投产前必须向市国土局申请采矿权变更。案涉地块碧江区西河办事处新庄村马家地块BJ7在规划第一次出让之列，用途为砂石加工和弃土场，设计能力为年产50万立方米，出让年限4年，建议挂牌价100万元/年。

2013年9月22日，铜仁市国土局委托铜仁市公共资源交易中心对包括案涉地块在内的11个规划砂石集中加工场挂牌出让，后于2013年10月23日以“公告期间发现个别加工点存在纠纷”为由暂停挂牌出让。2013年11月5日，铜仁市国土资源局函告铜仁市公共资源交易中心，称：按照“我局编制《铜仁市城市规划区砂石集中加工场挂牌出让方案》”，“经我局进一步调查核实”，问题已经解决，并重新完善了《铜仁市城市规划区砂石集中加工场挂牌出让方案》，现再次委托挂牌出让。2013年11月7日，铜仁市公共资源交易中心发布“铜仁市城市规划区砂石集中加工场挂牌出让须知”和“铜仁市城市规划区砂石集中加工场挂牌出让公告”，挂牌价为集中加工场年租金，案涉地块矿区面积为0.043平方公里（标定12个坐标拐点），拟征地面积100亩，出让期限为5年。银弯采石场系铜仁市城市规划区合法砂石加工企业，符合竞买条件，于2013年11月21日报名竞买案涉地块并交纳保证金100万元。同年12月10日，经公开竞价，银弯采石场以年租金250万元报价竞得，当日签订成交确认书，约定竞得人须在7个工作日内与铜仁市国土资源局签订“砂石集中加工场出让合同”，竞得人逾期签订的，竞得人自动丧失竞得资格，所交保证金不予退还。2013年12月16日，铜仁市国土局完成案涉地块面积勘丈，并按照征收安置补偿标准完成补偿安置，计“征地”面积132.672 8亩，其中耕地115.453 6亩、林地17.219 2亩；但未办理农用地转用及征收报批。

成交确认书签订后，银弯采石场未签订“砂石集中加工场出让合同”，也未按成交确认书确认的数额交纳租金，直接进场平场，在未办理土地使用许可和环境影响评价审批的情况下，收费接受弃土，在弃土场北端架设三套砂石加工设备加工砂石出售，同时停止了在其相邻的原有砂石采矿区的开采加工行为。银弯采石场之车辆因携带泥土等污染行为被城管部门阻止通行；其进出道路因系农业生态园区所建以及生产加工、车辆通行扬尘影响农业生态园环境等而被农业生态园阻止通行；其经营因土地征收补偿款未结清而受到当地农民阻碍。其间，在铜仁市国土局等相关部门积极配合协调下，案涉地块得以用于弃土并加工砂石，但有关问题未得到彻底解决。2014 年 5 月 12 日起，银弯采石场多次向铜仁市国土局递交书面材料，提出因上述原因及每立方米 2 元弃土费远低于服务成本、建成投产后会产生大量粉尘和噪声、非法加工厂没有完全取缔、五分之二的弃土是生态园及其他人没有付费倾倒的、竞卖挂牌价过高、弃土泥土太多难以筛选等，建议取消案涉地块砂石集中加工场项目建设，退还保证金，或者废除原有挂牌结果，重新挂牌出让，尽快取缔非法加工场，全力协调生态园区等相邻关系。铜仁市国土局未采纳。银弯采石场也一直未与铜仁市国土局签订出让合同，但一直占有、使用该土地。

2015 年 12 月 25 日，铜仁市国土局作出并向银弯采石场送达“关于自动丧失碧江区马家地块 BJ7 砂石集中加工场竞得资格的通知”，通知银弯采石场因未在规定期限内签订出让合同，自动丧失竞得资格，所交保证金 100 万元不予退还。2015 年 12 月 31 日，铜仁市国土局作出“责令停止违法行为通知书”并送达银弯采石场，认定银弯采石场未经批准违法占用案涉地块，责令立即停止违法行为，听候处理。2016 年 1 月 6 日，铜仁市人民检察院向铜仁市国土局发出铜检民（行）行政违监〔2016〕52220000001 号检察建议书，建议：（1）立即关停银弯采石场，并加强日常巡查，防止偷采砂石、非法加工，并责令其对破坏的资源进行恢复治理；（2）对银弯采石场的违法开采行为进行处罚；（3）依法向银弯采石场追偿非法开采、非法加工期间的违法所得，挽回非法开采造成的巨额经济损失；（4）自行对本案中存在不作为行为的工作人员进行处理。2016 年 1 月 14 日，银弯采石场向供电局申请变压器报停。2016 年 2 月 2 日，铜仁市国土局回复铜仁市人民检察院，称：2013 年挂牌成交的 5 个砂石加工场，仅有马家集中加工场进行了一段时间的弃土、弃渣和加工，但没有签订合同，也没有缴纳每年度的租金；已经责令停止违法占地行为并已停用变压器；银弯采石场没有非法开采行为，故未作处罚。鉴于案涉地块虽被收储，但没有报经有权机关批准为建设用地，将其设置为加工场进行出让不符合法律规定，已经通知银弯采石场自动丧失竞得资格，保证金不予退还。因进场道路权利问题、砂石车辆通行对农业生态园造成一定影响、车辆带泥土上路城管不允许通行、农业生态园建设拖欠民工工资致道路受阻使竞得人不能正常进场、出让地块内有几家坟未迁、一直没有将出让地块明确交付竞得人、交易前已经有弃土无法准确定界等原因，无法签订合同。加上岗位人员变化等，将在查明责任后严肃处理。2016 年 3 月 29 日，铜仁市人民检察院现场巡查，发现银弯采石场仍在接受弃土并加工砂石。2016 年 3 月 31 日，铜仁市国土局对银弯采石场的违法占地行为立案调查。2016 年 4 月 29 日，铜仁市国土局向供电局发出《建议停止向河西办事处新庄村铜仁市银弯砂石场供电的函》。2016 年 5 月 6 日，铜仁市人民检察院、碧江区人民检察院、铜仁市国土局等再次现场巡查，发现银弯采石场仍在加工砂石并外运销售，当即阻止其加工销售行为，并监督供电局于当日 11 时 40 分断开银弯采石场的 10KV 电源线。

2016 年 5 月 11 日，铜仁市国土资源局委托贵州省地质矿产勘查开发局一O三地质大队对案涉地块的地质环境进行调查。2016 年 5 月 12 日作出调查报告，查明：渣场为松散土，是自然堆放，中部堆填高度 530 米，边坡坡度 38°；北侧堆填高度 60 米，边坡坡度 4.550°，边坡表层有滑动痕迹，底部为砂石加工作业区；西侧堆填高度 2 060 米，边坡与一斜沟之间形成一冲沟，沟口处为耕地，边坡坡度 4.550°，坡顶有横向裂缝发育，沟口及部分耕地中可见部分滚石。所有边坡均未做防护措施，在强降雨等外力作用下发生小规模滑塌及块石滚动的可能性大。结论为存在地质安全隐患，可能引发地质灾害；并提出了初步防治措施建议。

2016 年 8 月 15 日，碧江区人民检察院作出铜碧检行建〔2016〕28 号检察建议书，并于 8 月 22 日送达铜仁市国土局，督促铜仁市国土局：(1) 依法办理案涉地块农用地转用和征收审批手续；(2) 对银弯采石场的非法占用土地行为进行查处，即责令拆除机器设备和其他设施、恢复土地原状；(3) 立即开展案涉地块的地质灾害防治工作，避免发生安全事故，造成人身、财产损失。2016 年 8 月 26 日，铜仁市国土局作出铜市国土资处〔2016〕5 号行政处罚决定书，对银弯采石场作出行政处罚：（1）责令 1 个月内拆除在非法占用的 2 192 平方米土地上架设的砂石加工设备；（2）对非法占用的 2 192 平方米土地按照 15 元/平方米处以罚款共计 32 880 元。2016 年 9 月 5 日，银弯采石场足额缴纳罚款。同日，铜仁市国土局委托贵州省地质矿产勘查开发局一 O 三地质大队进行应急治理方案设计并制作施工图，地质大队于 2016 年 9 月 12 日作出。2016 年 9 月 13 日，铜仁市国土局回复碧江区人民检察院，称：（1）案涉地块砂石集中加工场在土地利用总体规划中属于限制建设区，已于 2016 年 5 月上报调整规划，需待省政府批准规划后才能完善农用地转用和征收审批手续。（2）对银弯采石场的非法占地行为，已于 2016 年 8 月 26 日作出行政处罚，并已执行；恢复土地原状不可能也无必要，待批准后转为建设用地即可。（3）关于地质灾害防治，已于 2016 年 5 月委托专业机构进行了地质环境调查，确实存在地质安全隐患，需要治理，已作了治理安排。9 月 15 日，应急治理方案通过评审。检察机关于 2016 年 9 月 18 日巡查，发现案涉地块上的机器设备尚未拆除，土地仍未恢复原状，地质安全隐患仍然存在。9 月 25 日铜仁市国土资源局与地质大队签订治理施工合同，10 月 26 日开工报审，10 月 28 日开工进行地质灾害隐患应急治理，10 月 31 日将机器设备拆除完毕，11 月 1 日竣工，11 月 2 日验收通过。

关于银弯采石场违法占用案涉地块的面积，2013 年 11 月挂牌出让公示时附图显示出让范围为 43 039.90 平方米，折合 64.559 8 亩。2016 年 3 月 31 日铜仁市国土局办案人员提交的调查报告记载：经铜仁市碧江区国土资源勘测规划院实地测量，堆土占用面积 15 003 平方米（折合 22.5 亩）；加工设备及转运场土地为其原矿区范围，土地面积 3 256 亩。并提出按违法占地面积 15 003 平方米进行处罚。银弯采石场于 2016 年 5 月 20 日向铜仁市国土局递交情况反映，认为测成*处罚协议，处罚后办理临时用地手续，协

* 判决书原文。

商结果不能作为处罚依据。2016 年 6 月 28 日，铜仁市碧江区国土资源勘测规划院再次测绘，将银弯采石场的加工设备及转运场占地用红线勾出，面积为 2 192 平方米，在弃土堆占地范围内。公益诉讼人提交的 2016 年 5 月 25 日加盖铜仁市国土资源局印章并手书“同意报送”字样的“碧江区 BJ07 马家集中堆放区范围”图注明，碧江区 BJ07 售出面积约 132 亩，集中堆放区面积约 47.79 亩，绿色区域堆填方量约 32 万立方米。

2016 年 10 月 25 日铜仁市万山区人民政府报请铜仁市人民政府批准将案涉地块部分（23 000 平方米）规划为学校建设用地并划拨使用，10 月 27 日铜仁市人民政府转铜仁市国土局提出意见，10 月 31 日铜仁市国土局审核同意报铜仁市人民政府。

法院认为：铜仁市国土局作为铜仁市人民政府土地行政管理部门，依照《土地管理法》和铜仁市人民政府铜府办发〔2015〕146 号文件规定，负责铜仁市行政区域内的土地管理和监督工作，应当依法履行土地征收和农用地转用报批、土地使用权出让、土地违法行为查处、地质灾害防治等法定职责。依照《公益诉讼试点工作决定》和《人民法院审理人民检察院提起公益诉讼案件试点办法》的规定，公益诉讼人碧江区人民检察院作为该区域的法律监督机关在履行职务过程中，发现被告的行为造成国家和社会公共利益受到侵害，向被告提出检察建议而被告拒不纠正违法行为或者不履行法定职责的，可以向人民法院提起行政公益诉讼。

本案的争议焦点是：(1) 土地收储和出让行为是否合法以及谁是责任主体。1) 土地用于有偿弃土和砂石加工是铜仁市人民政府的行为还是被告铜仁市国土局的行为；2) 公开挂牌交易是临时出租还是土地出让；3) 收储和出让的法律依据为何。(2) 被告是否依法履行了土地管理职责。1) 第三人占用案涉地块的行为是否违法；2) 被告对第三人占用案涉地块之行为的态度和采取的措施；3) 被告对第三人的占地行为是否严格、认真履职，实施处罚是否全面、真实，包括对第三人占用土地面积的确认是否准确；4) 被告是否依法全面履行了土地治理和地质安全隐患防治职责。(3) 公益诉讼人是否有权请求撤销行政处罚决定和请求恢复土地原状。

第一，关于收储和出让行为是否合法以及谁是责任主体。依照《土地管理法》第 44 条第 1 款、第 4 款和第 45 条第 2 款的规定，建设占用土地，涉及农用地转为建设用地的，应当经省级人民政府办理农用地转用审批并按照审批权限批准征为国有。按照《土地储备管理办法》（国土资发〔2007〕277 号）第 10 条、第 15 条的规定，已办理农用地转用、土地征收批准手续的土地，才可以被纳入土地储备范围。本案中，原铜仁地区行政公署呈报贵州省人民政府的报告及贵州省国土资源厅受省政府委托作出的批复，均要求严格依照《土地管理法》等法律法规办理农用地转用和征收审批。铜仁市人民政府铜府办发〔2012〕195 号文件《铜仁市土地收购储备工作实施方案》中"收储基本原则"第 3 条要求衔接相关规划，确定的收储范围涉及农用地的为"城市建成区内闲置或低效利用的国有和集体土地""已办理农用地转用、土地征收审批或经省国土资源厅审查通过，但尚未支付征地补偿款、新增建设用地土地有偿使用费的土地"，并明确铜仁市国土局负责土地收购储备工作的业务指导、报批和供地工作。铜府办发〔2013〕192 号文件《整顿和规范铜仁市城市规划区砂石市场秩序专项行动工作方案》决定设置砂石集中加工场，明确选址的第一原则是"符合相关政策和法律法规"。铜仁市国土局作为铜仁市人民政府土地政策的执行机关，在实施过程中，违反上级人民政府关于农用地转用和征收审批的要求，违反土地管理法律法规，违背土地利用总体规划，在未报批农用地转用和征收，也未办理临时用地审批的情况下，将土地利用总体规划中属于限制建设区的案涉地块向农民进行"征收"储备，改变土地用途为弃土和砂石集中加工用地，以"砂石集中加工场"的名义公开挂牌出让。在其方案、挂牌公告、成交确认书等文件上均明确标示为"出让"，竞买价设置为每年若干元，看似加工场按年度竞租；但其公告及表册公示以地理坐标标注区域范围，要求竞得人须配置的机器设备标准，且将经铜仁市人民政府批准的出让年限 4 年擅自变更为 5 年，在公开挂牌竞价前已按土地征收补偿标准对农村集体经济组织和用地农民进行了"征收补偿"。其改变土地用途的方式实为永久占用土地，其挂牌交易行为实为裸地出让。上述行为严重违反了《土地管理法》

第44条关于农用地转为建设用地应当经省级人民政府批准的规定、第45条关于征收农用地必须报经省级以上人民政府批准的规定，以及第53条、第54条关于建设用地审批、出让的规定。土地收储和砂石集中加工场出让，经铜仁市人民政府决定后，被告铜仁市国土局在实施时违背上级人民政府关于依法行政的要求，应当对其实施行为的后果承担法律责任。综上，铜仁市国土局违反法律法规和上级人民政府的要求，将农用地出让用于弃土场和砂石加工场建设，违反法律规定。其出让行为依法应当被认定为违法。鉴于铜仁市国土局在以砂石集中加工名义出让案涉地块且竞价成交后未签订合同，铜仁市国土局已书面通知竞得人自动丧失竞得资格，依照《行政诉讼法》第74条第2款第1项的规定，应当确认其行为违法。公益诉讼人请求确认其行为违法，法院予以支持。被告铜仁市国土局辩称此系铜仁市人民政府的行为，系出租不是出让的理由，与事实、法律不符，法院不予采纳。

第二，关于被告是否依法履行了土地管理职责。铜仁市国土局将案涉地块违法公开挂牌出让，第三人银弯采石场通过公开竞价获得竞得资格。签订成交确认书后，铜仁市国土局明知未签订交易合同，且第三人未缴纳租金，仍默许第三人先行进场作业，在案涉地块项目实施已经形成环境危害，对相邻的农业生态园构成环境影响，造成道路尘土飞扬并受到城管局等相关部门干预的情况下，非但未采取有效措施防止违法占地和环境危害的产生和加重，反而协助、放任第三人实施违法占地行为，建成弃土场和砂石加工场，造成农用地被大量破坏，建筑渣土堆积成山，周边环境受到损害，形成地质安全隐患，对国家、集体和社会公共利益造成危害。此系履职不力、不到位的失职行为。被告在第三人违法占用案涉地块两年后才通知其自动丧失竞得资格并作出“责令停止违法行为通知书”，在检察机关发出检察建议督促后，仍未立案查处，在检察机关巡查发现第三人仍在继续实施违法行为后才立案调查，但仍未采取有效措施制止违法行为，直至检察机关巡查并当面督促才制止违法行为，在检察机关第二次发出检察建议后，才作出行政处罚，直到本案诉讼过程中才拆除案涉地块上的机器设备，致使违法行为继续，国家和社会公共利益持续受到侵害。其行为违反《土地管理法》第 66 条的规定，构成怠于履行法定职责。第三人银弯采石场在被告的默许、协助、放任之下，违法占用案涉地块，将被告违法出让的案涉地块置于其控制之下，有偿接受弃土，建成砂石加工场开展经营活动，构成违法占地。违法占地面积应以实际占用土地面积计算，包括弃土和砂石加工场占地。应当在查明事实、准确认定违法占地面积的基础上，对违法行为人的违法行为进行全面处罚，但铜仁市国土局在上报占地面积 47.79 亩、认定堆土面积 22.5 亩的情况下，对第三人实际占用面积没有作出准确界定，仅认定架设砂石加工设备及转运场占地 2 192 平方米为第三人违法占地面积并据此作出处罚。这显属认定事实不清，主要证据不足，处罚明显不当。被告与第三人将农用地改变为弃土场和砂石加工场，实际改变土地用途，并形成地质灾害隐患。依照《土地管理法》第 76 条的规定，对违反土地利用总体规划将农用地改为建设用地的行为，应当限期拆除建筑物和其他设施，恢复土地原状，可以并处罚款。依照《地质灾害防治条例》第 5 条第 3 款、第 35 条、第 42 条的规定，因工程建设等人为活动引发的地质灾害，国土资源主管部门应当作出责任认定，责令限期治理，不治理或者治理达不到要求的，由国土资源主管部门治理，由责任单位承担治理费用，并可处以罚款。被告作为土地行政管理和地质灾害防治的行政主管部门，对违法占地并造成地质灾害隐患之行为的处罚应当包括责令停止违法行为、限期拆除建筑物和其他设施、恢复土地原状、责令限期治理地质灾害隐患或承担治理费用，可以并处罚款；但被告作出的行政处罚中仅对第二人处以罚款和责令限期拆除设施设备，并未责令恢复土地原状，也未按照《地质灾害防治条例》的规定责令限期治理地质灾害隐患或者承担治理费用。这显属适用法律错误，遗漏处罚事项，处罚不到位，损害国家和社会公共利益，履职明显不当。依照《行政诉讼法》第 70 条的规定，应当判决撤销，并责令被告依照法律规定重新作出行政行为。案涉地块至今仍为农用地，相关人民政府已申报改变土地用途为学校建设用地，可考虑恢复为可利用地。被告于 2016 年 5 月 6 日在检察机关督促下制止了第三人的违法行为，随后委托地质环境调查、地质安全隐患治理方案设计并实施了地质灾害应急治理，使地质灾害隐患得到缓解。地质灾害隐患的根本排除可在土地治理时一并解决，其履职不当可在重新作出行政行为时予以纠正。因案涉地块在第三人控制之下，任何人的弃土行为均应得到土地控制人的许可，至于是否收费、收费多少，是土地控制人的商业行为，如出现未经土地控制人许可擅自弃土，系土地控制人管理不力所致，土地控制人不得以此推卸责任。被告及第三人所持部分弃土非第三人所为，也不能确认第三人实际收费接受弃土所占面积的主张不能成立，法院不予采信。

第三，关于公益诉讼人是否有权请求撤销行政行为和恢复土地原状问题。《人民法院审理人民检察院提起公益诉讼案件试点办法》第13条规定："人民检察院提起行政公益诉讼，可以向人民法院提出撤销或者部分撤销违法行政行为、在一定期限内履行法定职责、确认行政行为违法或者无效等诉讼请求"。根据该条规定，公益诉讼人有权请求撤销违法行政行为。责令违法占地责任人恢复土地原状，是土地管理行政机关的法定职责，也是公益诉讼人依法行使法律监督权的范围，公益诉讼人提出该项请求并无不当。

法院判决：依照《行政诉讼法》第70条第1、2、6项，第74条第2款第1项之规定，判决如下。

（1）确认被告铜仁市国土局出让案涉地块用于弃土和砂石加工的行为违法；

（2）撤销被告铜仁市国土局于2016年8月26日作出的铜市国土资处字〔2016〕5号行政处罚决定书，由被告铜仁市国土局在判决生效后1个月内重新作出行政行为。

如不服本判决，可以在判决书送达之日起15日内向法院递交上诉状，并按对方当事人的人数提出副本，上诉于贵州省遵义市中级人民法院。

【知识点关联及案例点评】

本案是以"撤销行政处罚决定"作为行政公益诉讼之诉讼请求的典型案例。本案的争议焦点在于：原告碧江区人民检察院是否可以诉请被告撤销行政处罚决定？

《人民法院审理人民检察院提起公益诉讼案件试点办法》第 13 条规定，“人民检察院提起行政公益诉讼，可以向人民法院提出撤销或者部分撤销违法行政行为、在一定期限内履行法定职责、确认行政行为违法或者无效等诉讼请求”。根据上述规定，人民检察院提起行政公益诉讼时有权向人民法院提出撤销违法行政行为的诉讼请求。本案中，原告认为，银弯采石场实际违法占地面积为 47.79 亩，而非被告作出的行政处罚中所用的 2 192 平方米，故而诉请撤销此行政处罚决定。通过上述分析可知，原告的诉讼请求符合相关法律规定。

（案例编辑人：邱涛韬、张舒）

第十三章　环境行政公益诉讼的特殊规则

第一节　环境行政公益诉讼的诉前程序

【案例文书1】湖南省永州市蓝山县环境保护局不依法履行职责诉前整改案[①]

监督方：湖南省永州市蓝山县人民检察院

被监督方：湖南省永州市蓝山县环境保护局

案件基本情况：永州市蓝山县人民检察院在履行职责中发现，蓝山县新圩镇上清涵村村民廖某某在未办理国土、环保、工商等手续的情况下，在本村租用土地86.44亩兴建选矿厂，从2006年年底至2017年4月持续非法选矿生产。该厂无任何污水处理设施，其中多个尾砂库无防渗措施，生产过程中排放的废水、废渣致使所占用土地产生了污染，发生了质变。蓝山县环境保护局（以下简称“县环保局”）作为环境保护主管部门，对该厂的违法排污行为一直怠于履行监管职责，虽对该厂作出了行政处罚，但该厂始终未能完全履行生效行政处罚决定。直到中央环保督查组督查后，县环保局才于2017年4月28日联合蓝山县新圩镇政府等部门，将该厂强行关

① 最高人民法院、最高人民检察院发布10起检察公益诉讼典型案例.（2018-03-02）[2018-03-27]. http://www.pkulaw.cn/fulltext_form.aspx? Db=chl&Gid=2b85b11e3b3c69bcbdfb&keyword=检察公益诉讼&EncodingName=&Search_Mode=accurate&Search_IsTitle=0.

停并拆除生产设备及厂房。虽该厂被取缔，但厂内的废水未进行无害化处理，对尾砂也未得到进一步处置，存在持续对周边环境造成污染的状况和危险，国家利益及社会公共利益仍然处于被侵害状态。

诉前程序：蓝山县人民检察院调查核实后，于2017年10月19日向县环保局发出检察建议，建议县环保局立即采取有效措施，对环境损害责任方廖某某所办选矿厂的废水、废渣进行处置，防止废水、废渣逸散，避免对环境造成进一步的污染；依法履行环境监管责任，责令相关人员尽快制定污水处理方案及土壤污染修复方案，并监督相关责任人员依方案实施。

行政机关整改情况：县环保局收到检察建议后，积极督促廖某某对被污染的环境进行治理；与永清环保股份有限公司签订了技术服务合同，委托制定了“蓝山县新圩镇上清涵非法选矿厂环境污染应急处置方案”，并监督廖某某按处置方案实施。截至2017年12月6日，已恢复可利用土地面积约4 000平方米，完成总量的约70%；污泥池用地恢复面积约2 500平方米，完成总量的约25%；已沉淀处理污水约600立方米（未中和），现厂区剩余污水量约15 000立方米。至此，该起案件已通过诉前检察建议取得了实质效果。

【案例文书2】北京市通州区城市管理综合行政执法监察局等单位不依法履行职责诉前整改案①

监督方：北京市通州区人民检察院

被监督方：北京市通州区城市管理综合行政执法监察局、通州区环境保护局

案件基本情况：2016年10月16日，环境保护部公开通报了对北京市重污染天气应急响应的专项督查情况，其中明确指出通州区存在部分工地未按要求实施停工，扬尘污染没有得到有效控制的问题。北京市人民检察院指令通州区人民检察院对该通报中涉及通州区的相关情况进行调查，并

① 检察机关提起公益诉讼试点工作典型案例．（2018－01－31）[2018－03－27]．http：//www．spp．gov．cn/spp/zxjy/qwfb/201801/t20180131＿362948．shtml．

将该案作为北京市检察机关行政检察部门开展大气污染防治专项监督活动扬尘专项监督的线索进行挂牌督办。通州区人民检察院经调查核实发现，在2016年10月14日至10月16日本市空气重污染黄色预警期间，通州区七处施工工地未按规定采取抑尘措施，《通州区空气重污染应急预案》的执行未落到实处，相关行政机关未依法履行职责。

诉前程序：2016年10月28日，通州区人民检察院依法向通州区城市管理综合行政执法监察局、通州区环境保护局发出检察建议，要求区城市管理综合行政执法监察局积极履行监管职责，尽快对扬尘违法行为依法进行查处；要求区环境保护局切实履行组织协调职责，确保《通州区空气重污染应急预案》执行到位、落到实处。

行政机关整改情况：收到检察建议后，两行政机关高度重视，立即行动。通州区城市管理综合行政执法监察局迅速启动针对违法行为的查处程序，责令案涉工地限时整改，对施工裸露地面、易产生扬尘的沙土、水泥等物料全部加以苫布覆盖，并依法对相关责任单位和个人作出行政处罚，共处以罚款17万元。同时，该局各执法队实行24小时值班制，不断加强巡查和盯守力度，确保扬尘污染问题的发现和查处不留死角。通州区环境保护局通过增设微信、官网、电视、报纸等渠道拓宽下达预警指令的途径，根据黄、橙、红不同预警级别采取逐级严格的检查措施，确保各项应急措施落实到位。同时，该局加快完成对《通州区空气重污染应急预案》的修订和《通州区环境保护工作职责分工》的编制工作，并提交区政府常务会议进行了审议，并获得通过。根据完善后的应急体系，区重污染应急领导小组成员范围从现有的30个部门增至53个，应急指挥部成员级别提升至区长亲自担任总指挥。各相关单位的环境保护工作职责得到进一步明确，针对预警指令传达不到位、应急职责履行不到位、应急措施落实不到位等情形，将根据责任追究机制对相关单位和人员进行问责。通过上述措施，通州区在空气重污染预警期间发生的施工扬尘等环境违法行为被有效遏制，相关应急预案的执行机制也得到了进一步强化，有力地配合了北京的大气污染防治工作，维护了首都的蓝天白云。

【知识点关联及案例点评】

上述两个案例均是环境行政公益诉讼诉前程序取得良好成效而检察机关未提起环境行政公益诉讼的典型案例。

由于行政公益诉讼的主要目的是督促行政机关正确履行职责，所以制度上作了程序设计，即人民检察院在正式提起环境行政公益诉讼之前，发出检察建议，督促行政机关正确履行职责。如果行政机关正确履行职责，则可阻却人民检察院提起环境行政公益诉讼。《检察公益诉讼司法解释》第 21 条第 2 款和第 3 款规定：行政机关应当在收到检察建议书之日起 2 个月内依法履行职责，并书面回复人民检察院。出现国家利益或者社会公共利益损害继续扩大等紧急情形的，行政机关应当在 15 日内书面回复。行政机关不依法履行职责的，人民检察院依法向人民法院提起诉讼。

上述两个案例中，检察机关均因相关行政机关不依法履行职责而发出检察建议。两案中的行政机关均积极回应检察建议，采取措施进行整改，并且最终都使环境得到实质性改善。检察建议成效显著，相关行政机关履行职责，终止了国家利益或公共利益受损的状态，因此检察机关未进一步提起环境行政公益诉讼。

（案例编辑人：邱涛韬、张舒）

第二节　原告提交的起诉材料

【案例文书】云南省大理自治州宾川县人民检察院诉宾川县环境保护局补正起诉材料环境行政公益诉讼案[①]

公益诉讼人：云南省大理自治州宾川县人民检察院

被告：大理自治州宾川县环境保护局

审理法院：云南省大理自治州宾川县人民法院

案件基本情况：养殖户刘某某从 20 世纪 90 年代开始在宾川县宾居镇某

① 云南省大理自治州宾川县人民法院（2017）云 2924 行初 1 号行政判决书.

某村进村路口村公路边从事生猪养殖，并逐渐扩大规模，至2016年11月共建盖圈舍16间，总面积2 988平方米，养殖生猪1 086头，并建有酿酒作坊、化粪池、堆捂房等设施。

2016年11月10日，公益诉讼人大理自治州宾川县人民检察院向被告宾川县环境保护局发出宾检行建〔2016〕3号检察建议书，提出：宾川县环境保护局作为环境保护主管部门，对刘某某养殖场严重污染环境、影响村民生产生活的行为未依法履行职责，使社会公共利益一直处于受侵害状态。建议宾川县环境保护局依法规范执法程序，积极履行环境保护的监管职责，对刘某某养殖场严重污染环境、影响村民生产生活的行为和造成的损害后果依法进行处理，使国家和社会公共利益不受损害。

2016年11月14日，被告对刘某某进行调查询问并对刘某某养殖户的养殖现场进行现场勘察。2016年11月16日，被告对刘某某养殖户的环境违法行为立案调查。2016年11月20日，被告以宾环专〔2016〕45号文件向宾川县人民政府请示，请求依法拆除或关闭宾居镇某某村刘某某养殖户的规模生猪养殖场，报请宾川县人民政府批示。2016年11月28日，宾川县人民政府作出《关于依法拆除宾居镇某某村刘某某户规模生猪养殖场的批复》，批复如下："一、请宾居镇人民政府、县环保局高度重视，采取有效措施，坚决消除环境污染行为；二、请县环保局依法督促刘某某户规模生猪养殖场停止养殖生产行为并自行拆除养殖设施；三、请宾居镇人民政府牵头，县环保局配合，做好养殖场的选址工作；四、请县环保局进一步加大环境执法力度，杜绝类似情况发生。"2016年12月2日，被告针对刘某某养殖户的环境违法行为作出行政处罚，并向刘某某送达宾环罚字〔2016〕2号行政处罚决定书，该行政处罚决定书载明："1. 责令宾居镇双墩村刘某某养殖户立即停止违法行为，另行选址；另行选址后，限期3个月办理建设项目环境影响评价文件及审批手续，规范建设相关环保设施。2. 罚款人民币贰万元（￥20 000元）。"当日刘某某缴纳罚款20 000.00元。2016年12月6日，被告书面向宾川县人民检察院报告对刘某某养殖户的规模生猪养殖场的调查处置情况。2016年12月15日，被告对刘某某养殖户的养殖现场进行现场检查，有生猪 300 多头。2016 年 12 月 26 日，被告对刘某某养殖户作出宾环发〔2016〕36 号《关于责令停止养殖拆除养殖设施的通知》，并于次日向刘某某送达。该通知载明："根据你户环境违法行为，经县人民政府研究决定：一、请宾居镇人民政府、县环保局高度重视，采取有效措施，坚决消除环境污染行为；二、请县环保局依法督促刘某某户规模生猪养殖场停止养殖生产行为并自行拆除养殖设施；三、请宾居镇人民政府牵头，县环保局配合，做好养殖场的选址工作。我局按照《宾川县人民政府关于依法拆除宾居镇某某村刘某某户规模生猪养殖场的批复》（宾政复〔2016〕440 号）决定事项要求，责令刘某某养殖户立即停止养殖生产行为，并于 90 日内自行拆除养殖设施，养殖场另行选址后，办理建设项目环境影响评价文件及审批手续，规范建设项目相关环保设施。逾期不自行拆除养殖设施，我局将依法申请县人民法院强制执行，并按照《环境保护法》的规定给予处罚。"原告认为被告未依法履行职责，于 2016 年 12 月 23 日向法院提起诉讼。但因未提交委派工作人员办理登记立案手续的介绍信及相关工作人员工作证、身份证等身份证明材料，法院当日释明补正，原告及时提交补正材料。

2017 年 1 月 11 日，被告对刘某某养殖户的养殖现场进行现场检查，发现排污口已封堵，有生猪 200 头。2017 年 2 月 3 日，被告对刘某某养殖户的养殖现场进行现场检查，发现有生猪约 150 头。2017 年 2 月 22 日，被告对刘某某养殖户的养殖现场进行现场检查，发现有生猪 100 余头。当日，刘某某向被告承诺："于 2017 年 3 月 4 日前处理完所有生猪，并将养殖场院内猪粪、污水、养殖场地等清理干净，该场地不再养殖，6 月份后另行选址搬迁新建，若逾期不能完成，我养殖户自愿接受贵局按照国家相关环保法规进行处罚并承担相关法律责任。"2017 年 3 月 7 日，被告对刘某某养殖户的养殖现场进行现场检查，发现有公、母猪 18 头，肥猪 3 头，小猪 6 窝。2017 年 3 月22 日，被告对刘某某养殖户的养殖现场进行现场检查，发现所有圈舍都没有猪，堆捂房内粪便已清理干净，圈舍进行了清扫。

法院认为：根据《公益诉讼试点工作决定》的授权，公益诉讼人宾川县人民检察院具备提起行政公益诉讼的主体资格；根据《环境保护法》第10条、《畜禽规模养殖污染防治条例》第5条的规定，被告宾川县环境保护局作为环境保护主管部门，是本案的适格被告。

公益诉讼人起诉时提起两项诉讼请求："一、确认被告对刘某某养殖户环境违法行为未依法履行监督管理职责的行为违法；二、判令被告继续履行对刘某某养殖户畜禽养殖污染防治监督管理职责。"公益诉讼人发现被告对刘某某养殖户未履行环境保护法定职责后，于2016年11月10日向被告发出检察建议书，督促被告履行法定职责。被告收到检察建议书后，及时对刘某某养殖户立案调查，在1个月的法定期限内作出行政处罚决定，并将查处情况书面向公益诉讼人报告；同时，向宾川县人民政府报请拆除或关闭刘某某养殖户的规模生猪养殖场，在宾川县人民政府作出批复后，及时向刘某某养殖户发出《关于责令停止养殖拆除养殖设施的通知》。被告采取前述监督管理措施后，刘某某养殖户缴纳了罚款，并压缩了养殖规模。在公益诉讼人起诉后，被告又多次对刘某某养殖户的养殖现场进行现场检查、督促，刘某某养殖户封堵了排污口，并继续压缩养殖规模，至2017年3月22日停止养殖。鉴于被告在公益诉讼人发出检察建议书后及提起诉讼后直至诉讼过程中，积极履行了一定的法定职责，采取了一系列监督管理措施，刘某某养殖户在被告采取一系列监督管理措施后已逐步改正环境违法行为，直至停止养殖，使人民检察院的诉讼请求全部实现，公益诉讼人当庭申请撤回第二项诉讼请求，同时变更第一项诉讼请求为："确认被告在公益诉讼人履行诉前程序后未依法对刘某某养殖户环境违法行为作出行政命令的行为违法。"经审查，公益诉讼人申请撤回第二项诉讼请求符合法律规定，予以准许。《人民检察院公益诉讼试点工作办法》第49条规定："在行政公益诉讼审理过程中，被告纠正违法行为或者依法履行职责而使人民检察院的诉讼请求全部实现的，人民检察院可以变更诉讼请求，请求判决确认行政行为违法，或者撤回起诉。"《环境行政处罚办法》第11条规定："环境保护主管部门实施行政处罚时，应当及时作出责令当事人改正或者限期改正违法行为的行政命令。责令改正期限届满，当事人未按要求改正，违法行为仍处于继续或者连续状态的，可以认定为新的环境违法行为。”第12条规定：“根据环境保护法律、行政法规和部门规章，责令改正或者限期改正违法行为的行政命令的具体形式有：（一）责令停止建设；（二）责令停止试生产；（三）责令停止生产或者使用；（四）责令限期建设配套设施；（五）责令重新安装使用；（六）责令限期拆除；（七）责令停止违法行为；（八）责令限期治理；（九）法律、法规或者规章设定的责令改正或者限期改正违法行为的行政命令的其他具体形式。根据最高人民法院关于行政行为种类和规范行政案件案由的规定，行政命令不属行政处罚。行政命令不适用行政处罚程序的规定。”针对公益诉讼人变更后的诉讼请求，根据上述规定，虽然被告在诉前程序中作出的行政处罚决定已明确责令刘某某养殖户立即停止违法行为，另外被告在随后作出的《关于责令停止养殖拆除养殖设施的通知》中亦明确责令刘某某养殖户立即停止养殖生产行为、限期自行拆除养殖设施，但行政命令有快捷、高效等特点，且行政命令责令改正期限届满，当事人未按要求改正，违法行为仍处于继续或者连续状态的，可以认定为新的环境违法行为，行政命令不适用行政处罚程序的规定，故被告在对刘某某养殖户的环境违法行为进行行政处罚时，未及时作出责令当事人改正或者限期改正违法行为的行政命令，使刘某某养殖户的违法排污行为仍处于继续状态，直至公益诉讼人提起诉讼时和案件诉讼过程中，被告采取多种措施积极履行监督管理的法定职责才封堵了排污口，被告确实存在履行法定职责不及时、不到位的违法行为。被告在公益诉讼人提起诉讼后直至诉讼过程中积极履行了一定的法定职责，采取了一系列监督管理措施，刘某某养殖户在被告采取一系列监督管理措施后已逐步改正环境违法行为，直至停止养殖，使人民检察院的诉讼请求全部实现，故对公益诉讼人当庭变更的诉讼请求应予支持。

法院判决：依照《行政诉讼法》第74条的规定，判决如下：

确认被告宾川县环境保护局在公益诉讼人宾川县人民检察院履行诉前程序后未依法对刘某某养殖户的环境违法行为作出行政命令的行为违法。

案件受理费50.00元，由被告宾川县环境保护局负担。

如不服本判决，可以在判决书送达之日起 15 日内向法院递交上诉状，并按对方当事人的人数提出副本，上诉于云南省大理白族自治州中级人民法院。

【知识点关联及案例点评】

本案是行政公益诉讼起诉人在未完整提交起诉所需材料的情况下，经法院释明后补正材料的典型案例。

环境行政公益诉讼原告需要提交相应的诉讼材料。首先，应当满足行政诉讼法规定的起诉状及其副本要求。其次，提交国家利益或社会公共利益受到损害的初步证明材料。因为人民检察院提起诉讼需要满足有损害发生的条件，所以，人民检察院需要提交被诉行政行为或者不作为已经损害国家利益或社会公共利益的初步证明材料。再次，提交检察机关已履行诉前程序的相关证明材料。由于行政公益诉讼的主要目的是督促行政机关正确履行职权，若经过诉前程序，行政机关依旧不正确履行职权，检察机关才能提起行政公益诉讼。《检察公益诉讼司法解释》第 22 条规定："人民检察院提起行政公益诉讼应当提交下列材料：（一）行政公益诉讼起诉书，并按照被告人数提出副本；（二）被告违法行使职权或者不作为，致使国家利益或者社会公共利益受到侵害的证明材料；（三）检察机关已经履行诉前程序，行政机关仍不依法履行职责或者纠正违法行为的证明材料。"

《行政诉讼法》第 51 条规定："人民法院在接到起诉状时对符合本法规定的起诉条件的，应当登记立案"，"起诉状内容欠缺或者有其他错误的，应当给予指导和释明，并一次性告知当事人需要补正的内容"。本案中，宾川县人民检察院提起行政诉讼时，未提交办理登记立案手续所需的介绍信以及相关工作人员的工作证、身份证等，属于提交材料存在"其他错误"的情况。经法院释明后，宾川县人民检察院最终补齐起诉材料，使法院得以顺利立案。

（案例编辑人：邱涛韬、张舒）

第三节　诉讼过程中原告之诉讼请求全部实现的处理

【案例文书1】福建省三明市清流县人民检察院诉清流县环境保护局期间被告依法履行职责实现诉讼请求，原告变更诉讼请求案①

公益诉讼人：福建省三明市清流县人民检察院

被告：福建省三明市清流县环境保护局

审理法院：福建省三明市明溪县人民法院

案件基本情况：刘某某在没有办理任何合法审批手续的情况下，在三明市清流县龙津镇严坊村黄秋口“塘周架”建筑熔炼炉焚烧废电子电器产品、废弃的印刷电路板等，熔炼金属锭。2014年7月31日，清流县环保局执法人员会同公安局民警到现场调查，责令刘某某立即停止生产，查扣现场堆放的电子垃圾，初步估算重量，并存放于附近的养猪场。公安机关和清流县环保局均未出具扣押手续。根据《国家危险废物名录》，案涉的废电子电器产品及废弃的印刷电路板属于危险废物，废物代码为900－044－49和900－045－49，危险特性为毒性。后被告考虑到存放地点不当，为妥善保管，于8月7日、9日将扣押的电子垃圾转移至东莹公司的仓库储存保管，并对电子垃圾过磅称重，实际重量为28 580千克。被告经过调查，认为刘某某焚烧电子垃圾已涉嫌污染环境罪，8月11日，被告作出环保行政案件调查报告。8月15日，被告将案件移送公安局并附现场照片、电子垃圾过磅单。扣押的电子垃圾仍储存于东莹公司的仓库。

2014年9月2日，公安局对刘某某涉嫌污染环境案刑事立案侦查；2015年4月2日，将该案移送清流县人民检察院。5月5日，公安局作出扣押决定书，扣押刘某某污染环境案中的电子垃圾28 580千克。7月7日，清流县人民检察院对刘某某作出不起诉决定。

① 福建省三明市明溪县人民法院（2015）明行初字第22号行政判决书.

2015 年 5 月 12 日，被告考虑到储存电子垃圾的东莹公司仓库现状以及距离门卫较远，存在安全隐患，专门到九利公司租用仓库一间，支付租金 2 000元后，当天雇人将存放在东莹公司的电子垃圾转移至该仓库储存。九利公司没有危险废物经营资质。

2015 年 7 月 9 日，公益诉讼人向被告发出检察建议书，建议：(1) 再查处涉嫌污染环境违法犯罪案件时，要严格按照省人民法院、省人民检察院、省公安厅和省环保厅《关于办理环境违法犯罪案件若干问题的会议纪要》中的规定，及时收集、固定证据；(2) 对扣押的电子垃圾要严格按照法律的规定进行处置；(3) 对犯罪嫌疑人焚烧电子垃圾后的残留物进行科学处置，防止对环境造成二次污染。7 月 22 日，被告向公益诉讼人回函反馈：(1) 我局组织全体执法人员认真学习相关文件，要求执法人员在今后办理环境违法犯罪案件过程中，及时收集、固定证据，查明违法事实，规范制作笔录并及时移送公安机关；(2) 对扣押的电子垃圾等危险废物，将严格按照法律、法规的规定，交由有处置危险废物资质的单位处置，同时加强与贵院、公安等单位的沟通、交流。但被告在收到检察建议并作出反馈回函后，对储存于九利公司的电子垃圾实际上并未处置。2015 年 12 月 16 日，公益诉讼人询问刘某某，得知被告未对其作出行政处罚。公益诉讼人根据《公益诉讼试点工作决定》及《人民检察院公益诉讼试点工作办法》第 28 条的规定，于 2015 年 12 月 29 日提起行政公益诉讼。

2016 年 1 月 11 日，三明市环保局同意清流县环保局 1 月 5 日提出的固体废物跨市转移的报批，要求清流县环保局于 1 月 31 日前按规定执行危险废物转移联单制度完成转移。

2016 年 1 月 18 日，公安局告知清流县环保局，清流县人民检察院对嫌疑人刘某某不起诉。1 月 23 日，被告对刘某某作出责令停止生产并对焚烧现场残留物进行无害化处理及罚款 20 000 元的行政处罚，同日将案涉 28 580千克电子垃圾交由福建德晟环保技术有限公司处置。

法院认为：行政机关应当依法履行职责，作出的行政行为必须符合法律规定。根据《国家危险废物名录》的规定，本案的电子垃圾属于危险废物，危险特性为毒性。被告在处置案涉危险废物过程中，发现刘某某涉嫌犯污染环境罪并将案件移送公安机关，随案移送过磅单、现场照片等证据。自2014年7月31日起被扣押的危险废物由被告管理。2015年5月5日公安机关决定，扣押28 580千克的危险废物，并出具扣押清单；但是，被告未将危险废物移交公安机关，危险废物始终由被告负责管理。被告管理危险废物的行为，属于履行监管职责的行为。作为管理人，被告对危险废物的管理，必须符合法律规定。根据《环境保护法》第10条（县级以上地方人民政府环境保护主管部门，对本行政区域环境保护工作实施统一监督管理）和《固体废物污染环境防治法》第10条第2款（县级以上地方人民政府环境保护行政主管部门对本行政区域内固体废物污染环境的防治工作实施统一监督管理）的规定，被告作为地方环境保护主管部门，具有对本行政区域环境保护及固体废物污染环境防治工作实施统一监督管理及依法处置的职责。同时，被告在管理危险废物的过程中，知道或者应当知道处置危险废物的程序、方式，必须按照《固体废物污染环境防治法》第17条第1款（收集、贮存、运输、利用、处置固体废物的单位和个人，必须采取防扬散、防流失、防渗漏或者其他防止污染环境的措施；不得擅自倾倒、堆放、丢弃、遗撒固体废物）、第52条（对危险废物的容器和包装物以及收集、贮存、运输、处置危险废物的设施、场所，必须设置危险废物识别标志）之规定处置危险废物。然而，作为环境保护主管部门的被告在明知案涉电子垃圾属于危险废物、具有毒性、理应依法管理并及时处置的情形下，并没有寻找符合储存条件的场所进行储存，而是将危险废物从扣押现场转移至附近的养猪场，再转至没有危险废物经营资质的东莹公司，后再租用同样不具资质的九利公司的仓库来储存，且未设置危险废物识别标志。而且，根据《行政诉讼法》第34条关于“被告对作出的行政行为负有举证责任，应当提供作出该行政行为的证据和所依据的规范性文件。被告不提供或者无正当理由逾期提供证据，视为没有相应证据。但是，被诉行政行为涉及第三人合法权益，第三人提供证据的除外”的规定，被告对于自己保管处置危险废物的行为之合法性负有举证责任，但被告提交的证据不能证明其储存危险废物已经采取了防扬散、防流失、防渗漏或者其他防止污染环境的措施。另外，《行政诉讼法》第47条规定："公民、法人或者其他组织申请行政机关履行保护其人身权、财产权等合法权益的法定职责，行政机关在接到申请之日起两个月内不履行的，公民、法人或者其他组织可以向人民法院提起诉讼。法律、法规对行政机关履行职责的期限另有规定的，从其规定。"公益诉讼人于2015年7月9日向被告发出检察建议书，被告于7月22日向公益诉讼人回函反馈称将被扣押的危险废物移交由有处置危险废物资质的单位处置。实际上，被告自收到检察建议书开始，在长达半年的时间里只是将危险废物进行储存保管却没有依法处置，直到2015年年底才开始联系处置危险废物的相关事宜，经依法报批后，于2016年1月23日交由福建德晟环保技术有限公司处置。被告对危险废物的处置已经明显超过两个月的法定履行期限。被告没有正确作出处置行为，构成事实上的不作为。即使当地目前尚未建成危险废物集中处置设施场所，但作为危险废物监管部门的被告理应积极主动向政府及上级主管部门汇报，根据福建省危险废物经营许可证发放情况，联系有资质的企业处置危险废物，依法履行职责、维护环境公共利益。

综上，保护环境是我国的一项基本国策。生态文明建设是中国特色社会主义事业的重要内容。行政机关应当依法办事，环保行政执法机关要严格按照环保法律法规的授权履行对大气、水、土地等自然资源和生活生态环境的监督管理职责，保护生态环境，建设生态文明。2014年7月31日，被告接到举报称有人非法焚烧电子垃圾，随后立即会同相关部门赶赴现场进行调查，查扣危险废物，当场责令刘某某停止生产，并采取相关行政措施，即履行了相应的职责。但是，被告作为具有环境保护及固体废物污染环境防治工作监督管理及依法处置职责的行政机关，在保管危险废物的过程中，既没有积极依法处置危险废物，也没有联系有资质的企业代为处置，而是将危险废物自行转移且租用不具有危险废物经营资质的企业的仓库储存。公益诉讼人得知后，向被告送达了检察建议书，被告也明确表示将依法处置危险废物，但被告依然拖延履行职责，未及时将危险废物交由有资质的企业处置。被告的行为应被认定为未依法履行法定职责。因此，公益诉讼人请求确认被告处置危险废物的行为违法，事实清楚、理由充分，法院予以支持。被告的答辩意见不能成立，法院不予支持。

法院判决：依照《环境保护法》第 10 条，《固体废物污染环境防治法》第 10 条第 2 款、第 17 条第 1 款、第 52 条，以及《行政诉讼法》第 34 条、第 47 条第 1 款、第 74 条第 2 款第 1 项的规定，判决如下。

确认被告清流县环保局处置危险废物的行为违法。

案件受理费 50 元，由被告清流县环保局负担。

如不服本判决，可以在判决书送达之日起 15 日内，向法院递交上诉状，并按对方当事人的人数提出副本，上诉于福建省三明市中级人民法院。

【案例文书 2】山东省莱西市人民检察院诉莱西市水利局，被告撤销原行政处罚，原告变更诉讼请求环境行政公益诉讼案①

公益诉讼人：山东省莱西市人民检察院

被告：山东省莱西市水利局

审理法院：山东省莱西市人民法院

案件基本情况：山东省莱西市人民检察院在履行职责中发现，2014 年 6 月 27 日，青岛广豪建设工程有限公司取得莱西市日庄镇堤上村小沽河河道采砂权后，长期违法大面积超采。经鉴定，该公司堤上砂场共采砂 34 万余立方米，超采 32 万余立方米，价值高达 1 200 余万元。对此，莱西市水利局仅于 2014 年 12 月 10 日认定砂场管理人员张某某超范围采砂 75 立方米，对其作出罚款 5 000 元的行政处罚，对该公司的其他违法行为却一直未依法履行职责。2015 年 10 月 28 日，莱西市人民检察院向莱西市水利局发出检察建议，建议其撤销案涉行政处罚决定并对非法采砂行为重新作出行政处罚。莱西市水利局收到检察建议后未在规定时间内纠正违法行为，致使国家利益和社会公共利益仍处于受侵害状态。

---

① 检察机关提起公益诉讼试点工作典型案例.（2018-01-31）［2018-03-28］. http://www.spp.gov.cn/spp/zxjy/qwfb/201801/t20180131_362948.shtml.

2016年8月17日，莱西市人民检察院依法向莱西市人民法院提起环境行政公益诉讼，请求撤销莱西市水利局案涉行政处罚决定书，并判令该局对案涉非法采砂行为依法履行法定职责。诉讼过程中，莱西市水利局主动撤销了案涉行政处罚决定书，检察机关遂将第一项诉讼请求变更为确认案涉行政处罚决定书违法。

法院判决：2017年4月11日，莱西市人民法院对该案进行了公开开庭审理，并于4月21日作出一审判决，确认莱西市水利局作出的案涉行政处罚决定书违法，并责令其对案涉非法采砂行为依法履行法定职责。

【案例文书3】贵州省贵阳市开阳县人民检察院诉开阳县花梨镇人民政府，原告变更诉讼请求，法院释明后原告坚持原诉讼请求环境行政公益诉讼案[①]

公益诉讼人：贵州省贵阳市开阳县人民检察院

被告：贵阳市开阳县花梨镇人民政府

审理法院：贵州省清镇市人民法院

案件基本情况：2016年11月，公益诉讼人开阳县人民检察院发现花梨镇十字村九步坎垃圾堆放场存在生活垃圾随意倾倒现象，影响周边生态环境。2016年11月9日，开阳县人民检察院向花梨镇人民政府送达了检察建议书，建议花梨镇人民政府对该处随意倾倒垃圾的违法行为依法履行管理职责，并在收到检察建议书后1个月内将办理情况书面回复。花梨镇人民政府并未在指定期限书面回复开阳县人民检察院。2016年12月1日、12月11日公益诉讼人开阳县人民检察院先后对该处垃圾堆放场堆放垃圾情况进行复查，发现随意倾倒垃圾现象依然存在。为更好地维护公共利益、保护环境，2017年1月9日，公益诉讼人开阳县人民检察院依法提起行政公益诉讼。

花梨镇十字村九步坎垃圾堆放场，系花梨镇人民政府指定的垃圾堆放场，位于花梨镇十字村的自然沟槽内，总面积为0.072公顷，未建设防渗处

① 贵州省清镇市人民法院（2017）黔0181行初3号行政判决书.

理设施。花梨镇产生的部分生活垃圾直接被堆放在该沟槽内。该堆放场不时有垃圾焚烧现象。在本案庭审前，花梨镇已停止向十字村九步坎垃圾堆放场堆放垃圾，花梨镇的垃圾被运往开阳县城按规定进行处理。花梨镇人民政府采取部分清运、部分原地覆土填埋的方式，对该垃圾堆放场的垃圾进行处理，目前已完成覆土工作。庭审中，鉴于被告已履行一定的管理职责，公益诉讼人当庭表示撤销第二项诉讼请求。法院认为简单的覆土不足以消除垃圾对环境的影响，遂向公益诉讼人进行释明。公益诉讼人收回了其撤销第二项诉讼请求的申请，坚持原诉讼请求，仍要求判令被告依法履行管理职责。

另查明，开阳县花梨镇垃圾中转站建设工程于 2016 年 7 月 19 日获开阳县发展和改革局批复，目前主体工程已建设完毕，即将投入使用。

法院认为：公益诉讼人开阳县人民检察院依照《人民法院审理人民检察院提起公益诉讼案件试点办法》《人民检察院公益诉讼试点工作办法》等的规定，提起本案的行政公益诉讼，符合法律法规及相关政策的要求。

依据《环境保护法》及《贵州省城镇垃圾管理办法》的相关规定，本案被告花梨镇人民政府应当对行政区域内的环境质量负责，应当积极履行本辖区内的垃圾卫生管理职责。被告选址花犁镇十字村九步坎处作为垃圾堆放场，未按相关规定采取相应的环境保护措施，导致该堆放场所堆放的垃圾对周边环境造成污染。公益诉讼人向被告发出检察建议书后，被告未积极履行相应职责，消除该垃圾堆放场对环境的危害。对公益诉讼人要求确认被告怠于履行管理职责的行为违法的诉讼请求依法应予支持。

针对公益诉讼人所诉，在本案庭审前，被告采取了一定措施，对案涉的十字村九步坎垃圾堆放场进行处理，但尚无证据证明被告所采取的措施足以消除该垃圾堆放场的垃圾对周围环境造成的危害，且直接覆土填埋后，被填埋的垃圾所产生的渗滤液仍可能污染地下水及周边土壤。因此，花梨镇政府依然需要采取更加科学合理的管理措施对已经覆土填埋的垃圾进行处理，以消除对周边环境的影响。公益诉讼人起诉要求判令被告依法履行管理职责的诉讼请求成立，法院予以支持。

法院判决：依照《环境保护法》第6条第2款《行政诉讼法》第76条，参照《贵州省城镇垃圾管理办法》第7条第2款之规定，判决如下。

（1）确认被告开阳县花梨镇人民政府怠于履行本辖区内（十字村九步坎处）的垃圾卫生管理职责的行政行为违法。

（2）限被告开阳县花梨镇人民政府于本判决生效之日起15日内履行相应的管理职责，采取合理的措施对案涉地垃圾进行处理，以消除十字村九步坎处垃圾堆放场对周边环境造成的影响。

如不服本判决，可以在判决书送达之日起15日内向法院递交上诉状，并按对方当事人的人数提出副本，上诉于贵州省贵阳市中级人民法院。

【知识点关联及案例点评】

上述三个案例均属于行政公益诉讼过程中，原告的诉讼请求全部或者部分实现，致使原告变更诉讼请求的典型案例。

环境行政公益诉讼开始审理之后、法院判决之前，可能会出现原告之诉讼请求全部实现的情况。在诉讼过程中原告之诉讼请求全部实现是指，在诉讼开始审理之后、法院判决之前，被告及时改正违法行为，对违法行为造成的后果进行积极补救等，从而使原告的诉讼请求全部实现的情况。在诉讼过程中出现这种情况，一般有两种处理方式：第一种，原告因诉讼请求全部实现而申请撤诉；第二种，原告申请变更诉讼请求，请求法院确认原行政行为违法。

《检察公益诉讼司法解释》第24条规定："在行政公益诉讼案件审理过程中，被告纠正违法行为或者依法履行职责而使人民检察院的诉讼请求全部实现，人民检察院撤回起诉的，人民法院应当裁定准许；人民检察院变更诉讼请求，请求确认原行政行为违法的，人民法院应当判决确认违法。"案例1中，在原告清流县人民检察院提起诉讼之后、案件审理过程之中，被告清流县环保局纠正了其违法行为，履行了其法定职责，使原告之"判决清流县环保局依法履行职责"的诉讼请求得到实现，因而，清流县人民检察院变更了诉讼请求，最终法院依法判决，确认清流县环保局的行政行为违法。案例2中，在诉讼过程中，被告莱西市水利局主动撤销了案涉行政处罚决定书，原告遂将第一项诉讼请求变更为确认案涉行政处罚决定书违法，法院亦予以支持。案例1和案例2均属于《检察公益诉讼司法解释》第24条规定的情形，因而原告变更诉讼请求符合相关法律规定。

与前两个案例不同的是，案例3中被告花梨镇人民政府在庭审前完成的覆土工作不足以消除已堆放的垃圾对环境的影响。相对于原告提出的“判令被告依法履行管理职责”的诉讼请求，被告的补救行为仅仅是履行了部分而非全部管理职责。故而出于对社会公共利益的考虑，法院就诉讼请求变更向原告进行了释明，原告最终坚持原诉讼请求。

（案例编辑人：邱涛韬、张舒）

第四节　环境行政公益诉讼的裁判方式

【案例文书1】吉林省白城市洮北区人民检察院诉洮北区畜牧业管理局，法院判决确认行政行为违法、责令被告履行职责环境行政公益诉讼案[①]

公益诉讼人：吉林省白城市洮北区人民检察院

被告：吉林省白城市洮北区畜牧业管理局

审理法院：吉林省白城市洮北区人民法院

案件基本情况：2015年春季，顾某平未经任何部门审批，私自将位于镇南种羊场报好农场南侧的草原非法开垦。吉林省白城市洮北区畜牧业管理局接到群众举报后，指令洮北区草原站执法人员进行了现场勘查。经勘查，被破坏草原性质为国有，面积为10.068公顷。2015年7月8日，洮北区畜牧业管理局将该案移送公安机关侦查，并告知了顾某平，但未责令顾某平将破坏的草原恢复植被。洮北区人民检察院于2017年7月28日向洮北区畜牧业管理局发出检察建议，建议其依法履行监管职责，责令顾某平停

① 吉林省白城市洮北区人民法院（2017）吉0802行初52号行政判决书．此案判决书主要内容参见第十二章［案例文书2］“吉林省白城市洮北区人民检察院诉洮北区畜牧业管理局请求确认行政行为违法、行政机关依法履行职责、恢复草原植被环境行政公益诉讼案”。

止开垦，恢复植被。2017年8月28日，洮北区畜牧业管理局向洮北区人民检察院书面回复称找不到当事人顾某平，已将该案移送公安机关。此后的一个月内，顾某平破坏的草原植被仍然没有恢复。2017年9月22日，洮北区人民检察院向洮北区人民法院提起行政公益诉讼，提出如下诉讼请求：（1）请求确认白城市洮北区畜牧业管理局未依法履行督促顾某平恢复草原植被的监管职责违法；（2）请求洮北区畜牧业管理局依法履行监管职责，采取有效措施，恢复被破坏的草原植被。

法院判决：2017年12月12日，法院作出判决，确认被告白城市洮北区畜牧业管理局未依法履行督促顾某平恢复草原植被的监管职责违法；责令被告白城市洮北区畜牧业管理局依法履行监督管理职责。

【案例文书2】广东省肇庆市怀集县人民检察院诉怀集县林业局，法院判决确认行政行为违法、责令被告履行职责、恢复原状环境行政公益诉讼案①

公益诉讼人：广东省肇庆市怀集县人民检察院

被告：肇庆市怀集县林业局

审理法院：广东省肇庆市鼎湖区人民法院

案件基本情况：袁甲以其父亲袁乙的名义于2014年4月14日承包怀集县蓝钟镇下竹村村委会土名为“云起埇两傍”的山地。2014年5月至12月间，袁甲在没有办理“使用林地审核同意书”的情况下，擅自到该山场开采矿砂。2014年12月16日，怀集县林业调查规划设计队受怀集县林业局委托，对该山场被占用林地情况进行现场调查鉴定，核实占用林地面积0.47公顷，原有植被和表土已被取走，石块均裸露，林业生产条件已被严重毁坏。怀集县林业局于2014年12月27日作出怀林罚决字〔2014〕第E12号“林业行政处罚决定书”，对袁甲在2014年5月至12月间改变林地用途开采矿砂的违法行为作出处以罚款94 000元及责令3个月内恢复原状的行政处罚。2015年春节后，袁甲在没有办理相关审批手续的情况下，又

① 广东省肇庆市鼎湖区人民法院（2017）粤1203行初23号行政判决书.

在案涉林地西侧继续开采矿砂。2015年8月12日，怀集县林业调查规划设计队受怀集县林业局委托，对该山场被改变林地用途的情况进行调查鉴定，核实改变林地用途面积0.88公顷，原有植被已被破坏，原有地貌已被改变。公益诉讼人在履行职责过程中，于2016年11月30日派员到案涉林地进行现场勘查并拍照，发现虽然案涉被毁林地人为稀稀疏疏地种植了一些树木，但与周边林地相比，案涉林地土地养分明显不足，甚至还有高高堆起的矿砂，水土流失严重，取土地带存在崩塌的危险。2016年12月12日，公益诉讼人向怀集县林业局发出怀检民行行建〔2016〕2号“检察建议书”，建议怀集县林业局：(1) 将2014年12月27日对袁甲作出的行政处罚决定的执行和后续监管工作落实到位，依法检查和验收行政处罚的完成情况。(2) 对袁甲于2015年春节后的违法行为，依法作出相应的行政处罚。2017年1月5日，怀集县林业局函复公益诉讼人：该局于2014年12月27日对袁甲作出处罚后，袁甲对毁坏的林地进行了复绿，种植了一些树木。2016年12月27日该局对袁甲发出怀林催字〔2016〕第001号催告通知书，催促袁甲于2017年1月5日前再次按采伐迹地种植标准进行补植，后袁甲补种了芒草，但仍未达到“恢复原状”的效果。因袁甲在2015年春节后继续进行开采，已涉嫌非法占用农地犯罪，该局将案件移送公安机关查处，而未对其予以行政处罚。2017年1月13日，公益诉讼人再次派员到案涉林地进行现场勘查并拍照，发现较2016年11月30日的勘察情况，案涉林地的植被恢复状况没有多大变化，土地养分仍然明显不足，泥土质层不复存在，满地矿砂堆叠不平，像小山状的砂堆依然存在，水土流失严重，案涉山场两旁的取土带仍然存在崩塌的危险，森林和林地资源以及生态环境资源仍然处于受侵害的状态。2016年12月16日，公益诉讼人向怀集县人民法院提起公诉，指控袁甲犯非法占用农用地罪。怀集县人民法院于2017年1月22日作出了（2017）粤1224刑初10号刑事判决：查明2014年4月14日，袁甲以其父亲袁乙的名义租用位于怀集县蓝钟镇下竹村土名为“云起埇两傍”的山场。后袁甲在没有向县级以上林业行政主管部门申请办理“使用林地审核同意书”的情况下，擅自雇请李某乐等人到“云起埇两傍”山场开采矿资源，造成该山场林地被大量毁坏，改变林地用途0.88公顷，原有植被已被破坏，原有地貌已被改变。为此，依法判决袁甲犯非法占用农用地罪，判处有期徒刑1年，缓刑2年，并处罚金2万元。

法院认为：根据《森林法》第13条关于“各级林业主管部门依照本法规定，对森林资源的保护、利用、更新，实行管理和监督”的规定，怀集县林业局作为怀集县林业主管部门，对其辖区内的森林资源有管理和监督的职责，是本案适格被告。袁甲擅自改变林地用途，毁坏林地采矿，被改变用途的林地面积共0.88公顷，并且一直未恢复原状。《森林法》第44条第1款规定：“违反本法规定，进行开垦、采石、采砂、采土、采种、采脂和其他活动，致使森林、林木受到毁坏的，依法赔偿损失；由林业主管部门责令停止违法行为，补种毁坏株数一倍以上三倍以下的树木，可以处毁坏林木价值一倍以上五倍以下的罚款规定。”该条第3款规定：“拒不补种树木或者补种不符合国家有关规定的，由林业主管部门代为补种，所需费用由违法者支付。”《森林法实施条例》第43条第1款规定：“未经县级以上人民政府林业主管部门审核同意，擅自改变林地用途的，由县级以上人民政府林业主管部门责令限期恢复原状，并处非法改变用途林地每平方米10元至30元的罚款。”国家林业局《关于〈森林法实施条例〉第43条“责令限期恢复原状”规定具体应用有关问题的复函》认为：“《森林法实施条例》第43条关于‘责令限期恢复原状’规定的具体应用，即由县级以上人民政府林业主管部门责令擅自改变林地用途的公民、法人或者其他组织，在一定的期限内将擅自改变用途的林地恢复到改变前的状态。”因此，怀集县林业局应当作出适当的行政行为，不仅要对袁甲进行处罚，而且要实现被擅自改变用途的林地恢复原状即恢复到改变前的状态。但是，怀集县林业局未能依照上述法律、法规的规定，完全履行对森林资源的保护管理和监督检查职责。怀集县林业局经公益诉讼人提出检察建议后，仍未能履行相关法定职责，致使国家利益仍处于受侵害状态。据此，公益诉讼人根据《公益诉讼试点工作决定》、《人民检察院公益诉讼试点工作办法》第41条的规定，向法院提起诉讼，请求确认怀集县林业局怠于履行职责的行为违法，并责令怀集县林业局在一定期限内依法履行职责，使被毁林地恢复原状，依据充分，法院予以支持。

法院判决：依照《行政诉讼法》第72条的规定，判决如下。

(1) 确认被告怀集县林业局对袁甲毁坏林地采矿的违法行为怠于履行监管职责违法。

(2) 限被告怀集县林业局于本判决发生法律效力之日起60日内履行法定职责，作出具体行政行为，使被毁坏林地恢复原状。

如不服本判决，可在判决书送达之日起15日内，向法院递交上诉状，并按对方当事人的人数提出副本，上诉于广东省肇庆市中级人民法院。

【知识点关联及案例点评】

上述两个案例中，原告均提出要求被告修复环境的诉讼请求，但是相关的法院却作出了不同判决。

《检察公益诉讼司法解释》第25条第1款规定了五种判决类型，即："（一）被诉行政行为具有行政诉讼法第七十四条、第七十五条规定情形之一的，判决确认违法或者确认无效，并可以同时判决责令行政机关采取补救措施；（二）被诉行政行为具有行政诉讼法第七十条规定情形之一的，判决撤销或者部分撤销，并可以判决被诉行政机关重新作出行政行为；（三）被诉行政机关不履行法定职责的，判决在一定期限内履行；（四）被诉行政机关作出的行政处罚明显不当，或者其他行政行为涉及对款额的确定、认定确有错误的，判决予以变更；（五）被诉行政行为证据确凿，适用法律、法规正确，符合法定程序，未超越职权，未滥用职权，无明显不当，或者人民检察院诉请被诉行政机关履行法定职责理由不成立的，判决驳回诉讼请求。"

《行政诉讼法》第74条规定，行政行为违法，但不具有可撤销内容的，人民法院判决确认行政行为违法。上述两个案例中，除了要求确认行政机关的行政行为违法，原告还均提出了要求被告修复环境的诉讼请求，但是案例1中的判决并未支持这一项，而案例2中的判决却支持了这一诉讼请求，限令被告在一定期限内采取补救措施。根据《检察公益诉讼司法解释》

第25条的规定，法院在判决确认行政行为违法的同时，“可以”责令行政机关采取补救措施，即此并非强制性规定，故法院可以根据具体的案情来判断是否需要“责令行政机关采取补救措施”。

（案例编辑人：邱涛韬、张舒）

【案例文书3】陕西省汉中市西乡县人民检察院诉西乡县国土资源局法院，判决确认行政行为违法、责令被告继续履行职责环境行政公益诉讼案[①]

公益诉讼人：陕西省汉中市西乡县人民检察院

被告：汉中市西乡县国土资源局

审理法院：陕西省汉中市西乡县人民法院

案件基本情况：西乡学府花园房地产开发有限公司（以下简称“学府花园公司”）于2013年11月26日成立，经营房地产开发、投资等。2014年6月4日，被告西乡县国土局将位于西乡县城北街道办事处樱花三路东侧的102.04亩国有建设用地使用权，以挂牌方式出让给学府花园公司，出让价款为4 908万元。同日，双方签订了国有建设用地使用权成交确认书，约定：学府花园公司保证于2014年7月4日以前付清全部成交价款及佣金，付清全部成交款项后10日内与县国土局签订“国有土地使用权出让合同”。不按时付清全部成交价款视为违约，并按成交总价的20%向西乡县国土局支付违约金，西乡县国土局有权对挂牌宗地再次出让，再次出让的价款低于本次挂牌成交价款的，低于部分由学府花园公司赔偿。2015年7月29日，西乡县人民政府对学府花园公司竞买102.04亩案涉土地作出批复（西政土批〔2015〕12号），确认挂牌出让有效，并决定同意将其中的30.9亩作为拆迁安置住宅用地先行办理出让手续，就出让价款等各事项按“成交确认书”中的条款执行。同日，西乡县国土局就该30.9亩土地开具了土地使用权出让金专用票据，收款金额为1 486.256万元，该款系从学府花园公司已缴纳的出让金中折抵。2015年7月31日，西乡县国土局与学府花园公

---

① 陕西省汉中市西乡县人民法院（2017）陕0724行初1号行政判决书.

司签订国有建设用地使用权出让合同，双方约定将该宗 102.04 亩出让地块中的 30.9 亩出让给学府花园公司，成交价款为 1 486.256 万元。同年 8 月 14 日，西乡县国土局为该 30.9 亩土地单独办理了国有土地使用权证。此后，西乡县国土局多次向学府花园公司发出催缴通知，要求其缴纳欠缴的土地出让金 2 945 万元。学府花园公司一直未缴清欠款。学府花园公司挂牌竞买该宗 102.04 亩土地后，在其中的 97.62 亩土地上进行房屋开发建设。西乡县人民检察院于 2016 年 11 月 9 日向西乡县国土局发出检察建议书，建议其依法履行监管职责。同年 11 月 30 日，西乡县国土局作出回复称，学府花园公司欠缴土地使用权出让金 2 945 万元情况属实，因供地时没有达到“净地”条件，未按时交付土地，导致政府违约在先，故未对学府花园公司进行违约处罚；该宗地除 30.9 亩拆迁安置区动工建设外，其余 71.14* 亩因价款未交清，故未受理欠缴价款宗地的确权登记发证工作。2016 年 12 月 20 日，西乡县国土局对学府花园公司非法占地行为立案查处，于 2017 年 2 月 10 日作出西国土资罚字〔2017〕4 号行政处罚决定书，责令学府花园公司退还非法占用的 70.21* 亩国有建设用地，没收地上建筑物和其他设施，并处罚款 702 103 元。学府花园公司收到处罚决定书后于 2017 年 3 月 21 日向西乡县人民政府申请行政复议，西乡县人民政府于 2017 年 5 月 17 日作出西复决字〔2017〕第 5 号行政复议决定书，决定维持西国土资罚字〔2017〕4 号行政处罚决定。学府花园公司至今未履行该处罚决定书确定的义务。

法院认为，《土地管理法》第 66 条规定，“县级以上人民政府土地行政主管部门对违反土地管理法律、法规的行为进行监督检查”。据此，被告西乡县国土局作为土地行政主管部门，具有对违反土地管理法律、法规的行为进行管理和监督的职责。该法第 76 条规定：“未经批准或者采取欺骗手段骗取批准，非法占用土地的，由县级以上人民政府土地行政主管部门责令退还非法占用的土地，对违反土地利用总体规划擅自将农用地改为建设用地的，限期拆除在非法占用的土地上新建的建筑物和其他设施，恢复土地

---

* 判决书原文。

原状，对符合土地利用总体规划的，没收在非法占用的土地上新建的建筑物和其他设施，可以并处罚款；对非法占用土地单位的直接负责的主管人员和其他直接责任人员，依法给予行政处分；构成犯罪的，依法追究刑事责任。超过批准的数量占用土地，多占的土地以非法占用土地论处。”据此，被告西乡县国土局对学府花园公司未全部交清土地使用权出让金和未经用地审批而非法占用国有建设用地的行为，应当依照法律、法规规定履行监督管理职责，但其未依法全面履行监管职责，且将挂牌出让的102.04亩地块中的30.9亩土地按出让价款缴纳比例分割单独办理土地使用权证书，违反了《招标拍卖挂牌出让国有建设用地使用权规定》（第39号）第23条的规定，造成国有土地被非法占用，致使国家和社会公共利益受到侵害。被告西乡县国土局在庭审陈述中承认对学府花园公司非法占用土地修建房屋未及时制止和立案查处以及工作中存在失误的事实。被告西乡县国土局虽然在收到检察建议书后，对学府花园公司非法占地进行立案查处，在应诉期间提交了行政处罚决定书，对学府花园公司非法占用国有建设用地70.21亩的行为作出了行政处罚，但学府花园公司尚未履行该行政处罚决定，被告西乡县国土局仍负有继续依法履行监管的职责。故，公益诉讼人西乡县人民检察院诉请确认被告西乡县国土局对学府花园公司非法占用土地不依法履行监管职责的行为违法及判令其继续依法履行监管职责的理由成立，应予以支持。被告西乡县国土局提交的证据不能证明其依法正确履行了监管职责，对其辩解意见，法院不予采纳。

法院判决：依照《行政诉讼法》第72条、第74条第2款第1项的规定，判决如下。

（1）确认西乡县国土局对学府花园公司的非法占地行为未依法履行监管职责的行为违法；

（2）责令被告西乡县国土局继续依法履行监管职责。

案件受理费50元，由西乡县国土局负担。

如不服本判决，可在判决书送达之日起15日内，向法院提交上诉状正本一份、副本二份，并预交上诉案件受理费，上诉于陕西省汉中市中级人民法院。

【知识点关联及案例点评】

本案是环境行政公益诉讼中法院判令被告行政机关“继续履行职责”的典型案例。在大多数环境行政公益诉讼案例中，法院的判决表现为“责令被告行政机关履行职责”，而本案的判决是“责令被告继续依法履行监管职责”，有其独特之处。

《检察公益诉讼司法解释》第25条规定：“被诉行政行为具有行政诉讼法第七十四条、第七十五条规定情形之一的，判决确认违法或者确认无效，并可以同时判决责令行政机关采取补救措施”，“被诉行政机关不履行法定职责的，判决在一定期限内履行”。《行政诉讼法》第74条规定，行政行为违法，但不具有可撤销内容的，人民法院判决确认行政行为违法。本案中，被告西乡县国土局对学府花园公司非法占用土地的行为未依法进行监管，属于《行政诉讼法》第74条中规定的行政行为违法但不具有可撤销内容的情形。收到检察建议书后，被告西乡县国土局虽然作出相关行政处罚，但是学府花园公司并未切实履行处罚决定，即西乡县国土局没有完全履行其监管职责，故而法院判决责令被告“继续”依法履行监管职责。

（案例编辑人：邱涛韬、张舒）

【案例文书4】吉林省大安市人民检察院诉大安市林业局，法院裁定驳回起诉环境行政公益诉讼案①

公益诉讼起诉人：吉林省大安市人民检察院

被告：吉林省大安市林业局

审理法院：吉林省大安市人民法院

案件基本情况：2015年大安市修建G223国道。大安市交通运输局于2015年7月7日发出大交发（2015）45号《关于确定临时取土场的函》，确定大安市四棵树乡新立村22号林班、双榆树村23号林班、合计3.23公顷林地，为取土场。在乡政府协调下村民大会同意在西块林地取土，临时占

① 吉林省大安市人民法院（2017）吉0882行初10号行政裁定书.

地手续报送大安市交通运输局，由大安市交通运输局报送大安市林业局办理审批手续，但在占地手续和采伐许可证没有办理的情况下就开始伐木、取土。2017年3月16日大安市林业局将该案移送到白城市林业局森林公安刑警大队，白城市林业局于2017年3月30日分别对刘某波等10人作出处罚决定。大安市人民检察院于2017年4月20日向大安市林业局发出检察建议函，建议立即依法采取有效措施，恢复被破坏的林地。大安市林业局于2017年5月17日对检察院建议作出答复函。原告于2017年8月21日向法院提起公益诉讼，请求：判令被告大安市林业局对林地破坏未依法履行监督管理职责的行为违法；判令大安市林业局依法履行监督管理职责，恢复被破坏的林地。被告大安市林业局以已经履行监管的法定职责、不存在违法行为，同时白城市林业局作出的“林业处罚决定书”10份未到法定期限，申请执行，故被告不存在违法行为为由提出抗辩。

法院认为，在原告发出检察建议前时，被告已将该案移送到白城市林业局，白城市林业局针对行政违法行为作出了10个处罚决定，其中就有恢复生态资源一项，即“限你于2017年春季将林地恢复原状”。由于10个处罚决定在提起公益诉讼时没有发生法律效力，即使现在发生法律效力，仍然存在3个月的申请执行期限，所以行政机关在其职权范围内通过行政行为实现诉讼目的，司法权不能代行行政机关的职责，只能补充环境行政执法的不足，故原告提起的公益诉讼不符合起诉条件。

法院裁定：根据《最高院执行行政诉讼法司法解释》第32条及《最高院行政诉讼法司法解释》（法释〔2015〕9号）第3条第10项之规定，裁定如下。

驳回原告大安市人民检察院的起诉。

如不服本裁定，可在裁定书送达之日起10日内，向法院递交上诉状，并按对方当事人的人数提出副本，上诉于吉林省白城市中级人民法院。

【知识点关联及案例点评】

本案是环境行政公益诉讼起诉人提起诉讼后，法院裁定驳回起诉的典型案例。本案的争议焦点在于法院是否应该“裁定驳回起诉”。

《行政诉讼法司法解释》第3条第10项规定，“不符合其他法定起诉条件的。人民法院经过阅卷、调查和询问当事人，认为不需要开庭审理的，可以径行裁定驳回起诉”。本案中，在原告发出检察建议前，被告已将该案移送到白城市林业局，白城市林业局针对案涉违法行为作出10个处罚决定，其中就有恢复生态资源一项，即“限你于2017年春季将林地恢复原状”。由于10个处罚决定于提起公益诉讼时没有发生法律效力，即使现在发生法律效力，仍然存在3个月的申请执行期限，所以行政机关在其职权范围内已通过行政行为实现诉讼目的，司法权不能代行行政机关的职责，只能补充环境行政执法的不足，故原告提起的公益诉讼，不符合起诉条件。

（案例编辑人：邱涛韬、张舒）

第五节　检察机关跨区域指定管辖

【案例文书】贵州省毕节市人民检察院指定毕节市金沙县人民检察院诉毕节市七星关区大银镇人民政府不履行行政职责上级人民检察院跨区域指定管辖环境行政公益诉讼案①

公益诉讼人：毕节市金沙县人民检察院

被告：毕节市七星关区大银镇人民政府

审理法院：贵州省仁怀市人民法院

案件基本情况：2010年以来，被告大银镇人民政府将该镇集镇及邻近村寨产生的固体生活垃圾收集后，雇请专人集中运输倾倒在该镇羊桥村石人脚公路旁。该镇将垃圾倾倒后未作任何处理，导致大量垃圾露天堆放，散发出难闻气体，严重危害当地生态环境，影响当地群众的生产生活。其间，因垃圾被倾倒在公路上影响该处正常通行，被告大银镇人民政府于2016年3月底组织修建了简易围墙将垃圾场与公路隔开，除此之外并未对场内垃圾进行任何处理。七星关区人民检察院于2016年4月28日向被告大

① 贵州省遵义市仁怀市人民法院（2016）黔0382行初4号行政判决书.

银镇人民政府发出诉前程序检察建议书，督促被告大银镇人民政府“及时纠正违法行为，并采取补救措施，消除其违法倾倒垃圾对周边环境和群众生产生活造成的影响”。被告大银镇人民政府虽于 2016 年 6 月 24 日作出书面回复，但并未积极履职，亦未采取补救措施。七星关区人民检察院经回访发现，被告大银镇人民政府仍未采取措施对堆存的垃圾进行处理，并继续将垃圾倾倒在该处，使当地生态持续遭受破坏，社会公共利益仍处于受侵害状态。

另查明，被告大银镇人民政府获得建设一个大型垃圾中转站的指标，预计投入资金 500 万元，占地约 27 亩。

法院认为，保护环境人人有责，作为一级地方政府，大银镇人民政府对当地生态环境进行保护，更是责无旁贷。本案的争议焦点表现在以下几个方面。

（1）公益诉讼人是否有相应的诉讼主体资格？

检察机关在履行职责中发现于生态环境和资源保护等领域负有监督管理职责的行政机关违法行使职权或者不作为，造成国家和社会公共利益受到侵害，公民、法人和其他社会组织由于没有直接利害关系，没有也无法提起诉讼的，可以向人民法院提起行政公益诉讼。本案中，由于公民、法人和其他组织没有也无法提起公益诉讼，检察机关遂以公益诉讼人的身份提起行政诉讼。该行政诉讼指向的被告大银镇人民政府是于生态环境和资源保护、国有资产保护、国有土地使用权出让等领域违法行使职权或者不作为的行政机关。由此可见，其诉讼目的是维护国家利益和社会秩序。在本案中，公益诉讼人认为，被告大银镇人民政府履职不当，侵害了国家利益，按照《行政诉讼法》第 2 条关于“公民、法人或者其他组织认为行政机关和行政机关工作人员的行政行为侵犯其合法权益，有权依照本法向人民法院提起诉讼”之规定，公益诉讼人是为了保护公共利益、维护社会秩序、监督行政机关依法履职而对被告大银镇人民政府提起诉讼的。关于被告大银镇人民政府提出的公益诉讼人与七星关区人民检察院的诉讼主体问题，按照《最高院执行行政诉讼法司法解释》第 62 条关于“人民法院审理行政案件，适用最高人民法院司法解释的，应当在裁判文书中援引。人民法院审理行政案件，可以在裁判文书中引用合法有效的规章及其他规范性文件”之规定，援引最高人民检察院《人民检察院公益诉讼试点工作办法》第29条关于“人民检察院提起行政公益诉讼的案件，一般由违法行使职权或者不作为的行政机关所在地的基层人民检察院管辖……有管辖权的人民检察院由于特殊原因，不能行使管辖权的，应当由上级人民检察院指定本区域其他试点地区人民检察院管辖”之规定，毕节市人民检察院指定毕节市金沙县人民检察院管辖本案符合法律规定，予以确认。

（2）被告大银镇人民政府倾倒垃圾的行为是行政行为还是民事行为？

行政机关作出的行政行为是享有行政职权的组织运用行政权对行政相对人所作的法律行为。而行政机关作出的民事行为是指平等主体之间关于设立、变更、终止民事权利和民事义务的行为。一个行为属于行政行为，其构成条件有三：作出该行为的主体必须是依法享有行政权力、履行一定行政管理职能的国家机关或国家机关内部特定的机构或者被授权或受委托的社会组织；该行为是凭借国家行政权力而作出的；行为是基于行政权而作用于公民或法人之私权利的，对公民或法人的私权利产生一定的影响。被告大银镇人民政府作为一级政府，行使国家法律赋予的行政权，对辖区进行管理。自2010年以来，被告大银镇人民政府在将该镇集镇及邻近村寨产生的固体生活垃圾收集后，雇请专人集中运输倾倒在该镇羊桥村石人脚公路旁，该行为系被告大银镇人民政府依照行政管理职权作出并指向了周围居民，故不是平等主体之间的行为。按照《行政诉讼法》第6条关于“人民法院审理行政案件，对行政行为是否合法进行审查”之规定，可确认被告大银镇人民政府倾倒垃圾的行为属于行政行为。

（3）被告大银镇人民政府收到检察机关的检察建议书后，其履职行为是否消除了倾倒垃圾的危害，是否有进一步进行生态修复的必要？

2010年以来，被告大银镇人民政府将该镇集镇及邻近村寨产生的固体生活垃圾收集后，雇请专人集中运输倾倒在该镇羊桥村石人脚公路旁。此后，被告大银镇人民政府于2016年3月底组织修建了简易围墙，将垃圾场与公路隔开，除此之外并未对场内垃圾进行任何处理。七星关区人民检察院于2016年4月28日向被告大银政府发出诉前程序检察建议书，督促被告大银镇人民政府“及时纠正违法行为，并采取补救措施，消除其违法倾倒垃圾对周边环境和群众生产生活造成的影响”。被告大银镇人民政府于2016年6月24日作出书面回复。七星关区人民检察院经现场调查，发现垃圾倾倒的行为并未停止，致使周围的环境持续遭到破坏。根据《环境保护法》第4条（保护环境是国家的基本国策）、第6条第2款（地方各级人民政府应当对本行政区域的环境质量负责），被告大银镇人民政府应当对本行政区域的环境质量负责。又根据《环境保护法》第37条（地方各级人民政府应当采取措施，组织对生活废弃物的分类处置、回收利用）以及《固体废物污染环境防治法》第41条（清扫、收集、运输、处置城市生活垃圾，应当遵守国家有关环境保护和环境卫生管理的规定，防止污染环境），被告大银镇人民政府在倾倒垃圾时应当采取措施，遵守国家有关环境保护和环境卫生管理的规定，防止污染环境。按照《水污染防治法》第46条“建设生活垃圾填埋场，应当采取防渗漏等措施，防止造成水污染”之规定，被告大银镇人民政府在倾倒垃圾时还应当防止垃圾液体渗漏而污染地下水。按照《贵州省城镇垃圾管理办法》第7条第2款关于“镇人民政府负责本辖区内的垃圾管理工作”之规定，镇人民政府对辖区内的垃圾管控工作责无旁贷。又依据《贵州省城镇垃圾管理办法》第10条关于“垃圾处理设施的规划、建设和管理，按照有关法律、法规的规定和标准执行。规划、建设垃圾处理设施的地点，应当远离公路两侧视线范围以外，远离风景名胜区、饮用水源保护区等保护区域”之规定，可确认被告大银镇人民政府在选取倾倒垃圾地点及倾倒垃圾方面存在不当之处。按照《行政诉讼法》第70条［行政行为有下列情形之一的，人民法院判决撤销或者部分撤销，并可以判决被告重新作出行政行为：……（六）明显不当的］以及第76条（人民法院判决确认违法或者无效的，可以同时判决责令被告采取补救措施……），被告大银镇人民政府应当对倾倒垃圾的行为采取补救措施，消除对环境造成的危害。

法院判决：《环境保护法》第 4 条、第 6 条第 2 款、第 37 条，《固体废物污染环境防治法》第 41 条，《水污染防治法》第 46 条，《贵州省城镇垃圾管理办法》第 7 条第 2 款、第 10 条，《行政诉讼法》第 2 条、第 6 条、第 70 条、第 76 条，《最高院执行行政诉讼法司法解释》第 62 条以及最高人民检察院《人民检察院公益诉讼试点工作办法》第 29 条之规定，判决如下。

（1）确认被告大银镇人民政府倾倒垃圾的行为违法；

（2）责令被告大银镇人民政府依法履行法定职责，采取补救措施。

免收本案诉讼费。

如不服本判决，可在判决书送达之日起 15 日内，向法院递交上诉状，并按对方当事人的人数提出副本，上诉于贵州省遵义市中级人民法院。逾期，本判决即发生法律效力。

【知识点关联及案例点评】

本案属于检察机关跨区域指定管辖的典型案例。本案的亮点在于上级人民检察院跨区域指定下级人民检察院针对行政机关的违法行为提起环境行政公益诉讼。

《人民检察院公益诉讼试点工作办法》第 29 条规定："人民检察院提起行政公益诉讼的案件，一般由违法行使职权或者不作为的行政机关所在地的基层人民检察院管辖。违法行使职权或者不作为的行政机关是县级以上的人民政府的案件，由市（分、州）人民检察院管辖。有管辖权的人民检察院由于特殊原因，不能行使管辖权时，应当由上级人民检察院指定本区域其他试点地区人民检察院管辖。"

本案中，对于大银镇人民政府的违法行为，七星关区人民检察院向大银镇人民政府发出过检察建议书，而之后提起行政公益诉讼的却是毕节市金沙县人民检察院。在毕节市七星关区人民检察院未能行使管辖权的情况下，毕节市人民检察院指定金沙县人民检察院管辖本案，符合《人民检察院公益诉讼试点工作办法》的规定。

（案例编辑人：邱涛韬、张舒）

附　录

多信仰社区组织诉霍尼韦尔国际公司案

公民诉讼使社会组织和公民个人等群体可以提出与政府机关相同的实体法和程序法主张。能展示这一原则的主要案例之一是2005年由美国联邦第三巡回上诉法院裁判的多信仰社区组织诉霍尼韦尔国际公司案。[①] 在本案中，社会组织成功地说服法院发出禁制令，要求被告企业挖掘并修复曾经受到150万吨含铬废物严重污染的土地。这些废物是1895年至1954年之间曾在该地块上生产铬金属产品的企业堆放的。这些废物被长期堆放在新泽西州的沿河湿地地区，并富含对人体有致癌作用的有毒物质六价铬（hexavalent chromium）。检验结果显示，该地块有毒物质的浓度超过新泽西州法律允许的最高限值数千倍。

该公民诉讼案件是多信仰社区组织在1995年根据《资源保护与回收法》（Resource Conservation and Recovery Act）针对霍尼韦尔国际公司（以下简称"被告企业"），即造成案涉土壤污染的化学企业的债务继承人发起的。原告诉称被告企业未能及时有效地对被污染土地进行修复。起初，当地居民发现案涉土地附近河流水域有绿色气体悬浮并有黄色漂浮物出现。新泽西州政府应居民举报，曾于1983年对被告企业进行行政处罚。在行政

① 399 F. 3d 248 (3d Cir. 2005).

处罚7年之后，被告企业仅仅采取了临时修复措施，并且，这些临时修复措施还比行政机关的要求晚了2年。然而，即使在正常运行的条件下，这些临时修复措施也根本不足以防止六价铬渗漏。1993年，新泽西州政府命令被告企业投入6 000万美元进行全面修复。几年过去了，被告企业仍没有履行该命令。名为多信仰社区组织的非营利组织据此于1995年向法院起诉。

经过由法官主持的、持续两周的审理后，联邦地区法院判定该受污染土地构成即刻与实质性危险。2003年5月21日，法院认定，被告企业拖延修复长达20年，且仅仅进行了并不充分的临时修复。例如，面积为17英亩（约合6.9公顷）的塑料防渗层上大约每1英亩面积上有100万个漏洞。受污染土地表面覆盖的沥青保护层也多处碎裂。被告企业承认受污染土地一直发生渗漏。根据法院的禁制令，被告企业必须对受污染土地进行挖掘并移除受污染土壤，清理附近受污染河流，并调查地下水污染。

被告企业在一审结束后向联邦第三巡回上诉法院提起上诉。被告企业主张原告不具备起诉资格、联邦地区法院就即刻与实质性危险的认定有误，以及联邦地区法院发出禁制令的做法构成滥用自由裁量权。上诉法院于2004年12月14日开庭审理，并支持了联邦地区法院的观点。上诉法院于2005年2月18日宣判认为原告有力证明了案涉土地上存在即刻与实质性危险，即使地区法院在认定危险存在的问题上采用了比法律要求更高的证明标准。上诉法院也澄清了即刻与实质性危险的认定并不要求量化计算。上诉法院指出：即使不存在实际损害，如果存在实质损害的风险，那么也可以认定存在即刻与实质性危险。上诉法院认为，“尽管这样裁判可能是错误的，但为了保护公共卫生、公众福利和环境，这样出现错误的风险还是值得承担的”。上诉法院进一步认定，即使地区法院在污染事实是否对人身有危害性问题的认定上有错误，《美国法典》第42编第6972条a款第1项B目也只要求作出环境危害性认定，而关于环境危害性在本案中凭案卷资料即可认定。上诉法院判决维持地区法院发出的禁制令，并指出被告企业的拖延战术造成了长达20年的环境治理不作为。

被告企业主张禁制令的范围过于宽泛且与行政处罚程序相矛盾。上诉法院驳回了这一主张，并指出禁制令的范围是修复受污染土地所必需的。上诉法院认为："有关法律不仅不排斥禁制令这一救济方式，国会通过载于其立法资料中的立法本意也反对被告企业的观点。"上诉法院认定："根据污染的严重程度和证据可以证明的其他情况，我们认定禁制令建立在合理论证的基础上，其范围适中，并对修复现有污染土地具有必要性。就本案各方已经花费了太长的时间，开始清理正当其时。"

在上诉法院于2005年2月宣判后不久，被告企业向美国联邦最高法院提出了上诉。在联邦最高法院于同年晚些时候拒绝受理上诉后，被告企业开始修复受污染土地。[①] 法院任命了一位特别主事官来监督判决按时执行。

多信仰社区组织的胜诉也鼓舞了其他社会组织在新泽西州其他土壤污染较严重的地区开展公民诉讼，也提升了社会组织与政府合作解决环境问题的意识和热情，并直接促进了公众参与的发展。

本案重申了根据《美国法典》第42编第6972条提起的公民诉讼的范围。该条款的立法本意是允许公民提出与联邦政府机关相同的实体法和程序法主张。[②] 本案中，原告取得的范围广泛但严密切合修复需要的禁制令也展示了法院如何审视并考量被告企业的恶意拖延及其采用的不彻底、不充分的修复措施。此外，本案还展现了公民诉讼原告如何说服法院判令采取全面修复措施，即使被告已经采取了某些修复措施或者政府已经实施了行政或司法手段。

[本案例编写者：杰弗里·B. 格瑞斯、乔伊斯·E. 孔（Joyce E. Kung）；翻译者：刘卓识]

马萨诸塞州诉美国国家环境保护局案

马萨诸塞州诉美国国家环境保护局（U. S. Environmental Protection Agency，EPA，"美国环保署"或"环保署"）案是公益组织在美国发起的

① 125 S. Ct. 2951 (2005).

② S. Rep. No. 98-284, 98th Cong., 1st Sess., at 59 (1983).

最重要的环境公益案件之一。该案引发了美国联邦最高法院判令美国环保署履行为应对气候变化而对新生产的机动车二氧化碳排放进行监管的职责。[①] 联邦最高法院在该案中要求环保署分析判断机动车排放的温室气体是否会在合理预期之下构成《清洁空气法》第二编规定的“对公共健康和福利的危害”[②]。根据有关法律规定，如果环保署的结论是肯定的，那么它就有义务对机动车排放进行监管。联邦最高法院指出，除非环保署认定温室气体不会造成气候变化或可以合理解释为什么环保署不能作出任何结论，否则环保署必须颁布有关规章，而这两项结论都是环保署无法作出的。环保署长期以来一直认定温室气体是气候变化成因之一，但布什政府仅仅支持通过企业界的自愿行动进行减排，并反对环保署作出可能引发规章制定的积极结论。作为本案的结果，环保署在 2009 年奥巴马总统任期内认定温室气体对公共健康构成危害。环保署在 2010 年制定了机动车二氧化碳排放标准，并首次颁布了强制性的联邦规章监管这一气候变化的根源。

本案起源于 1999 年，当时 19 家公益组织联合申请环保署就机动车温室气体排放制定规章。这些组织中除了地球之友与绿色和平等大型组织之外，主要是提倡可再生能源的小型环保组织。这些组织主张二氧化碳应当被认定为大气污染物，且环保署必须决定二氧化碳排放是否满足危害性标准。如果环保署认定二氧化碳危害公共健康，那么环保署就必须根据《清洁空气法》来监管新生产机动车的尾气排放。4 年后，环保署拒绝了申请，理由是环保署认为二氧化碳不符合《清洁空气法》关于污染物的定义。环保署还认为，即使二氧化碳是污染物，环保署也可以拒绝监管机动车排放。其依据是布什政府更希望采用其他非强制方法进行减排，并且国会通过不作为表明了其不支持环保署监管温室气体排放的态度。2003 年 10 月 23 日，环保署的决定被上诉至美国哥伦比亚特区巡回上诉法院。2005 年 9 月 13 日，上诉法院的三位法官以二比一的多数作出判决，支持环保署的决定。

---

① Massachusetts v. Environmental Protection Agency, 549 *U. S* 497 (2007).

② 《清洁空气法》有关条款载于《美国法典》第 42 编第 7521 条 a 款第 1 项 [42 *U. S. C.* 7521 (a) (1)]。

持少数意见的法官发表了态度鲜明的反对意见。

在环保署的不作为被上诉至上诉法院时，几十家公益组织和政府机构加入该案支持起诉。其中，马萨诸塞州等州政府的加入对联邦最高法院的判决产生了重要影响。这些州政府主张气候变化已经对这些州的包括财产权益在内的利益构成了直接的威胁。很多全国性的环保组织加入该诉讼对原告表示支持，但同时也有很多州政府和企业行业协会加入诉讼对环保署表示支持。

2007 年 4 月 2 日，联邦最高法院以五比四撤销了上诉法院的判决。美国最高法院的多数意见并不质疑二氧化碳是《清洁空气法》在广义上定义的污染物。根据《清洁空气法》，污染物的定义为"任何被释放或通过其他方式进入大气的物理、化学、生物、放射性……物质"[①]。持多数意见的五位大法官和持少数意见的四位大法官的分歧主要在于原告是否具有起诉资格和环保署是否有自由裁量权。两派的另一分歧意见是如果行政机关采纳强制性规章之外的其他方式应对气候变化并以此为由拒绝制定有关规章，法院是否应当遵从行政机关的决定。

在本案中，起诉资格至关重要。多数意见认为马萨诸塞州证明了气候变化正在造成并将继续引发海平面上升，进而影响沿岸地区。多数意见认为环保署的行政不作为威胁到了马萨诸塞州足够的现实利益。多数意见还认为，来自新生产的机动车的二氧化碳排放量巨大，其数量之大足以证明环保署制定规章监管可有效应对气候变化。多数意见并没有回答公益组织是否证明了它们或其会员有足够充足的利益受到了环保署不作为的损害。如果公益组织不能证明这一点，它们就不具备起诉资格。

持少数意见的大法官们认为，原告各方并未证明它们遭受了确实与具体的损害，而这类损害是《美国宪法》第 3 条所规定的在联邦法院具备起诉资格所必需的条件。这些大法官认为，气候变化对马萨诸塞州的影响过于不确定、在时间上过于遥远，机动车排放对全球温室气体总量变化的贡献在

① 《美国法典》第 42 编第 7602 条 g 款［42 *U. S. C* Section 7602（g）］。

一般层面上没有大到明显影响全球气候变暖，且在具体层面上也没有大到有导致马萨诸塞州遭受损害的可预测性。最后，少数派大法官们认为，多数意见关于环保署应当决定排放是否构成危害的判断不恰当地让司法干涉了应当由立法机关和行政机关决定的国家政策。

如果联邦最高法院的保守派大法官们认为某项观点会降低起诉资格的门槛，那么他们通常会反对这些观点。在特朗普总统已经任命了新的保守派大法官的情况下，这一趋势应该会继续。然而，各州在联邦环境案件中主张起诉资格的能力已经因为本案得到了加强。那些包含了具体公民诉讼条款的立法应不太可能受到法院对公益诉讼之敌对态度的影响。

在本案之后，环保署开始采取措施研究机动车尾气是否危害公共健康和福利，但确认存在危害的事实认定直到 2009 年奥巴马上台后才完成。在确认危害事实的报告发布后，环保署于 2010 年颁布了机动车二氧化碳排放新标准。事实认定和新标准都在 2012 年的一起诉讼中得到了哥伦比亚特区上诉法院的支持。[①] 尽管联邦最高法院在点源排放的影响这一问题上推翻了环保署的决定[②]，但它一直拒绝审查环保署就机动车排放作出的事实认定和新标准。

特朗普政权反对大部分针对温室气体的监管措施。然而，环保署不太可能挑战其就机动车排放作出的事实认定。在 2009 年后支持该事实认定的证据愈发增多，在联邦最高法院拒绝审议该问题的情况下，环保署尤其不太可能那样行事。如果环保署试图降低机动车排放标准，那么就必须在法规制定程序中提出能支持这种做法的充分证据。不论环保署新的动议结果如何，本案永久性地加强了气候变化案件的法律基础。该案在美国气候政策和应对气候变化的具体措施问题上产生了深远的影响。

（本案例编写者：莱斯利·卡罗瑟斯、约翰·彭德格拉斯、泰勒·利利；翻译者：刘卓识）

---

① Coalition for Responsible Regulation, Inc. v. EPA, 684 F. 3d 102 (D. C. Cir. 2012) .

② Util. Air Regulatory Grp. v. EPA, 134 S. CT. 2427 (2014).

环境得克萨斯公民游说团体等组织诉埃克森美孚石油公司案

埃克森美孚公司（ExxonMobil Corporation）、埃克森美孚化学品公司（ExxonMobil Chemical Company）和埃克森美孚炼油与供应公司（ExxonMobil Refining & Supply Company）（以下统称"埃克森"或"被告"）在美国得克萨斯州贝敦市（Baytown，Texas）拥有并经营一处大型工业设施（以下简称贝敦设施），该设施包括一座炼油厂和两座石油化工厂。贝敦设施是全世界最大的综合冶炼和石油化工设施之一，其环境管理和守法对埃克森美孚这样的大公司也很有挑战性。因此，很多环保组织积极调查该设施。它们试图发现埃克森可能存在违反联邦《清洁空气法》（Clean Air Act）排污许可的行为，并据此在联邦法院提起诉讼，请求法院发出禁制令并要求埃克森支付罚款。

在上述背景下，名为环境得克萨斯公民游说团体（Environmental Texas Citizen Lobby，Inc.）的环境保护公益组织和塞拉俱乐部（Sierra Club）（以下统称"原告"），于2010年下半年在依法发出诉讼意向通知60天后在美国联邦地区法院得克萨斯州南区分院向埃克森发起了诉讼，指控它违反了《清洁空气法》。原告的诉讼请求集中在埃克森涉嫌违反得克萨斯州环境质量委员会根据《清洁空气法》第五编签发的运营排污许可证，并通过大量引用埃克森向政府部门提交的公开监测数据支持其关于埃克森过去和持续违法的主张。

该案于2014年开庭审理。经过13天没有陪审团参与的审理后，联邦地区法院驳回了原告的大部分诉讼请求，并拒绝判令任何处罚。[①] 原告在庭审中出示了有关证据，试图证明埃克森在长达8年的时间里数千次违反根据联

---

① Env't Tex. Citizen Lobby，Inc. v. ExxonMobil Corp.，66 F. Supp. 3d 875（S. D. Tex，2014).

邦法律发出的排污许可。[1] 值得注意的是，原告试图证明埃克森“（1）屡次违反明确规定‘不得进行非计划排放（emissions from upset event）’的排污许可监管条件，（2）屡次违反排污许可规定的每小时排放速率排放污染物，（3）屡次超过每小时 1 200 磅的排放限值排放高化学反应活性挥发性有机物（highly reactive volatile organic compounds，HRVOCs），（4）屡次违反禁止在连续两小时内进行超过五分钟可视燃除的规定，和（5）屡次违反诸多与排放相关或不相关的其他许可证管理条件，且该等违反体现在埃克森提交给得克萨斯州环境质量委员会的偏离方案报告中”[2]。

原告将本案上诉至美国联邦第五巡回上诉法院，要求上诉法院撤销地区法院的判决。原告主张地区法院“仅仅认定了 94 项违反排污许可监管条件的行为”并（从原告角度）出人意料地“拒绝进行任何判罚、宣告违法或发出任何禁止令”[3]。上诉法院于 2016 年 5 月 27 日发布判决，基本支持原告的主张，撤销了地区法院的判决并发回重审。

在上诉法院的判决中，上诉法院指出，地区法院仅仅在原告主张的几千项可诉案涉违法行为中认定其中 94 项可以根据《清洁空气法》的公益诉讼条款引发诉讼。上诉法院还指出，地区法院不仅拒绝对其认定的违法行为进行任何处罚，还认为即使原告主张的几千项违法行为都确实违法也不应当判令任何处罚。上诉法院认为地区法院仅仅认定 94 项可诉违法行为在事实认定上存在错误，并在根据《清洁空气法》分析处罚问题时滥用了自由裁量权，地区法院对自由裁量权的滥用包括没有考虑原告提出的关于埃克森通过违法行为获得经济利益的证据。

在讨论地区法院就赔偿责任所作认定时，上诉法院由三名法官组成的合议庭详细审阅了原告提交的证据，这些证据包括列举了埃克森多份报告和记录的详细清单。原告和埃克森对这些报告和清单的准确性没有争议。然而，双方争议的焦点在于基于这些报告和记录可以作出什么样的法律结论。

---

①②③ Env't Tex. Citizen Lobby, Inc. v. ExxonMobil Corp., 824 F. 3d 507, 508 (5th Cir., 2016).

例如，双方就埃克森根据法律要求向监管机关提交的这些资料是否构成自认违法排污有着很大分歧。合议庭进一步分析了原告的每一项主张和所适用的法律标准。根据美国有关法律，上诉法院在审查一审法院的法律分析时应当不受一审法院的影响而独立进行。如果上诉法院发现一审法院事实认定明显错误，那么案件可能被发回重审。上诉法院合议庭最终认定地区法院在诸多处罚问题上存在事实认定和法律分析错误，遂将案件发回地区法院并指示其根据上诉法院的意见重新进行审理。

上诉法院进一步审查了地区法院关于不进行任何判罚的决定。上诉法院认为地区法院没有宣布埃克森违法并无不当。上诉法院指出："埃克森作出了可诉的、违反许可证监管条件的行为，这一事实让宣布其违法意义不大。"上诉法院之后将关注点放在处罚数额计算等具体问题上。上诉法院适用的法律标准包括：(1) 是否对埃克森给予处罚属于地区法院自由裁量权范围之内，(2)《清洁空气法》要求法院必须考虑法律规定的七项要素和准确裁判所要求的其他要素。这七项要素由《美国法典》第 42 编第 7413e 款第 1 项所规定，其中包括：(1) 案涉企业规模；(2) 处罚对案涉企业的经济影响；(3) 案涉企业的全部合规历史以及为达到合规所作出的善意努力；(4) 可信证据所支持的违法行为持续时间；(5) 案涉企业对同一违法行为此前引发处罚的支付和执行情况；(6) 案涉企业通过违法违规所得到的经济利益；(7) 违法违规行为的严重程度；

上诉法院基本按照与地区法院相同的顺序讨论了这七项要素，并且努力适用地区法院在法官审理而非陪审团审理案件时应当适用的判断标准。地区法院认为，"案涉企业全部合规历史以及为达到合规所作出的善意努力"可以支持不对埃克森进行处罚。上诉法院认为地区法院在这一问题上没有滥用自由裁量权。然而，上诉法院认为，地区法院错误地对待了原告就埃克森因未能更早应用某些污染治理手段而收获经济利益所提交的证据。上诉法院指示地区法院在重审时要分析解决案涉违法违规问题是否有必要采用这类污染治理手段。上诉法院还认为地区法院在分析违法行为持续时间和严重程度时滥用了自由裁量权。最后，上诉法院指出，地区法院拒绝应原告请求发出禁制令的做法没有构成滥用自由裁量权。

在上诉法院作出上述判决后，美国联邦地区法院得克萨斯州南区分院的一名法官主持了本案的重审。这名法官也曾是本案的一审法官。原、被告双方根据上诉法院的判决修改了其事实主张和法律结论并提交给地区法院。[①] 2017 年 4 月 26 日，地区法院发布了《事实认定和法律结论（修订版）》并就埃克森违反《清洁空气法》之排污许可的行为判令支付 2 100 万美元罚款。由于埃克森已经支付给州政府和地方环保机关 140 多万美元罚款，埃克森实际需要缴纳的罚款略低于 2 000 万美元。地区法院认为原告"基本上赢得了"本案，并认为埃克森应支付原告"合理的律师费、专家费和其他诉讼费用"[②]。

有趣的是，在地区法院发布《事实认定和法律结论（修订版）》后，原告和埃克森都宣称自己取得了胜利。原告认为自己通过公益诉讼迫使埃克森就其违反《清洁空气法》的行为支付了几百万美元的民事罚款，并且有可能收回数额不菲的诉讼费用。埃克森认为法院判罚的约 2 000 万美元的罚款远低于它之前预估的 6.4 亿美元到 10 亿美元罚款，并且它还成功地说服法院驳回原告关于禁制令和其他救济的请求。有评论认为，本案表明任何生产设施都不能以其规模巨大或结构复杂为理由而不完全彻底地遵守《清洁空气法》。诸多公益组织也注意到这类公益诉讼导致案涉企业降低排放，也促使企业就污染处理设备维护、更新和人员培训增加投入。

本案对于研究根据联邦环境法针对企业发动比较高调的公益诉讼的风险与收益也很有意义。2017 年 8 月 28 日，在地区法院正在研究由埃克森支付原告的律师费问题时，埃克森就地区法院的《事实认定和法律结论（修订版）》向联邦第五巡回上诉法院提起上诉。2018 年 6 月 6 日，地区法院发布裁定，驳回原告关于要求被告支付原告律师费、专家证人费和诉讼费的请求。根据有关法律规定，对地区法院这一关于律师费等问题的裁定可以上诉。而对实体问题的上诉将由联邦第五巡回上诉法院或者联邦最高法院

① 2017 年 4 月 26 日《事实认定和法律结论（修订版）》第 2 页。

② 2017 年 4 月 26 日《事实认定和法律结论（修订版）》第 100 页。

判决。原告已经向地区法院提交了关于要求被告支付600万美元律师费等的申请，这一申请在地区法院发布有关裁定前就遭到了埃克森的坚决反对。在本案再次被发回重审或以其他方式返回地区法院后，地区法院肯定会再次研究律师费等费用的承担问题。2018年11月7日，联邦第五巡回上诉法院听取了原告和埃克森的口头辩论，并预计在2019年作出判决。[①]

在资源允许的情况下，环保组织将继续提起旨在执行环境法律的诉讼，从而寻求对埃克森等违法企业和贝敦设施等工业设施的金钱处罚和禁制令。在条件合适的情况下，案涉企业将积极应诉。因为环保组织资源有限，它们应当从时间、费用和诉讼程序角度精心谋划要起诉的案件类型。像本案展现的一样，几家环保组织可以有策略地在某些问题上展开合作。此外，这些组织的生存需要稳定的项目经费、捐赠和其他收入来源，因为像本案这样的大型案件从发起到判决可能经历较长时间，环保组织不应当在经济上依赖胜诉后可能由被告支付的各类诉讼费用。

总之，环保组织需要在发动诉讼之前仔细评估证据的强度，也需要评估为取得判决、调解或和解所需要付出的时间成本。一旦案件被诉至法院，所有诉讼参与人必须耐心而坚决地参与诉讼。

（本案例编写者：罗伯特·L. 海因斯，刘卓识；
翻译者：刘卓识）

① 截至本书出版时，该判决尚未作出。

图书在版编目（CIP）数据

环境公益诉讼案例精编/竺效主编. —北京：中国人民大学出版社，2019.3
（中华环保基金会中国环境法治丛书）
ISBN 978-7-300-26873-6

Ⅰ.①环… Ⅱ.①竺… Ⅲ.①环境保护法-行政诉讼-案例-中国 Ⅳ.①D925.305

中国版本图书馆 CIP 数据核字（2019）第 065676 号

中华环境保护基金会中国环境法治丛书
环境公益诉讼案例精编
主编　竺　效
Huanjing Gongyi Susong Anli Jingbian

出版发行	中国人民大学出版社		
社　　址	北京中关村大街 31 号	**邮政编码**	100080
电　　话	010－62511242（总编室）		010－62511770（质管部）
	010－82501766（邮购部）		010－62514148（门市部）
	010－62515195（发行公司）		010－62515275（盗版举报）
网　　址	http://www.crup.com.cn		
	http://www.ttrnet.com（人大教研网）		
经　　销	新华书店		
印　　刷	涿州市星河印刷有限公司		
规　　格	170 mm×228 mm　16 开本	**版　　次**	2019 年 3 月第 1 版
印　　张	29.5　插页 2	**印　　次**	2019 年 3 月第 1 次印刷
字　　数	418 000	**定　　价**	88.00 元